于翠玲　王颖吉◎主编

媒介文化素养的多维视角

MEIJIE WENHUA SUYANGDE
DUOWEI SHIJIAO

北京师范大学出版集团
BEIJING NORMAL UNIVERSITY PUBLISHING GROUP
北京师范大学出版社

图书在版编目（CIP）数据

媒介文化素养的多维视角 / 于翠玲，王颖吉主编 . —北京：北京师范大学出版社，2019.9
　（大学通识书系）
　ISBN 978-7-303-25078-3

　Ⅰ.①媒…　Ⅱ.①于…②王…　Ⅲ.①传播媒介－文化素质教育－高等学校－教材　Ⅳ.①G206.2

中国版本图书馆 CIP 数据核字（2019）第 178364 号

营　销　中　心　电　话　010-57654738　57654736
北师大出版社高等教育与学术著作分社　http://xueda.bnup.com

MEIJIE WENHUA SUYANG DE DUOWEI SHIJIAO
出版发行：北京师范大学出版社　www.bnup.com
　　　　　北京市西城区新街口外大街 12-3 号
　　　　　邮政编码：100088
印　　刷：保定市中画美凯印刷有限公司
经　　销：全国新华书店
开　　本：787 mm×1092 mm　1/16
印　　张：20.75
字　　数：340 千字
版　　次：2019 年 9 月第 1 版
印　　次：2019 年 9 月第 1 次印刷
定　　价：58.00 元

策划编辑：周劲含　　　　　　责任编辑：朱前前
美术编辑：李向昕　　　　　　装帧设计：李向昕
责任校对：段立超　　　　　　责任印制：马　洁

本书各章撰写分工

于翠玲（北京师范大学文学院教授）：引言、第一章、第二章

陈　莹（香港城市大学博士研究生）、于翠玲：第三章

王颖吉（同济大学艺术与传媒学院教授）：第四章、第六章、第七章

郭　毅（重庆大学新闻学院讲师、澳大利亚麦考瑞大学媒介史研究中心研究员）：

　　第五章

姜　申（北京师范大学新闻传播学院副教授）：第八章

宋素红（北京师范大学新闻传播学院教授）：第九章

刘　斌（北京师范大学新闻传播学院教授）：第十章

周　敏（北京师范大学新闻传播学院副教授）：第十一章

引　言

　　媒介文化涉及与媒介及传播相关的文化现象，是多学科的研究话题。媒介素养是指人对媒介的基本认知能力，媒介素养教育有必要在大学生中加以推广。本书旨在从文化研究的角度，探讨媒介素养概念的文化内涵及知识资源，理解媒介素养教育的文化价值及社会意义。正如学者所言，"媒介素养是一种视角，通过这个视角，我们接触媒介、解释所接触的媒介信息的含义。我们基于不同的知识结构去建构我们的视野"①。在当今媒介融合、网络互联的社会环境中，人与媒介的关系正在发生前所未有的变化，媒介素养教育也成为与时俱进的一个研究课题。

一、读者对象

　　本书的读者对象定位于大学生（包括大学文化程度的读者）。本书的作者主要来自大学新闻传播专业的教师，其教学对象就是大学生，对大学生的知识结构、日常生活及媒介接触行为有比较深入的了解。大学生具备综合的人文素养及科学素养，也有不同的学科专业背景，通识教育及公共选修课程为大学生提供了学科交叉、学术融合的基础。在当今的媒介环境中，在读大学生已经是网络社会的"原住民"，无论是在专业学习还是日常生活中，其作为一个思维活跃、个性鲜明的群体，有能力运用更多的数字技术、传播媒介，获取多种多样的学术信息及媒体信息，因而不仅需要具备基本的媒介素养，还应从文化层面提升对媒介（传媒、技术）及其传播现象、对媒介文化产品的批判性思考和解读能力。大学生的社团活动、支教活动、社会实习等更是丰富多彩，形成了人际交往、社会接触的特殊氛围，其媒介文化素养的状况如何不仅反映个人媒介化生存的能力，还关系到大众传播环境的建设及中国

---

① ［美］詹姆斯·波特：《媒介素养》（第四版），李德刚等译，11 页，北京，清华大学出版社，2012。

未来社会的发展。所以说，大学生理应对于我们置身其中的纷繁复杂的媒介世界有更深刻的认识，成为推广媒介素养教育的积极行动者。

媒介素养教育也是世界各国关注的话题。联合国教科文组织、联合国文明联盟于 2011 年共同发起了"媒介信息素养与跨文化对话大会"，以此作为全球交流的平台，在世界各地推广媒介与信息素养的合作研究与教育实践。2013 年联合国教科文组织发布的《全球媒介与信息素养评估框架：国家状况与能力》[①] 指出，媒介与信息素养（Media and Information Literacy，MIL）是一个复合概念，"将信息素养、媒介素养、信息和通信技术（ICT）和数字素养汇集在一起，以建设这种新的素养，来赋权于人、社区以及国家，它有助于大家在全球知识社会的建构中积极参与并发挥作用。这一做法需要一个更大的可达性、融合性视角，以及更丰富的信息和媒介内容传播，并以各种形式，通过多样化的数字工具得以实现。媒介与信息素养有助于培养批判性思维和解决问题的能力，同时也增加了人的合作性和参与性。这意味着每一个国家都需要投入一定的人力和资源，来创建有利于培养媒介与信息素养的环境；也意味着公民需要配备必要的工具和资源，来实现建立于媒介与信息素养基础之上的个人、职业和社会的目标"。由此可见，在当今的媒介生态环境中，媒介与信息素养无论对于公民还是对于国家，都是非常重要的能力指标。国外学者也从全球化的角度，强调媒介素养教育的重要性："在全球教育的背景下，媒介素养有助于培养学生以批判的观点分析媒体如何运作、如何确立意图、被如何运用以及如何评价呈现在他们面前的信息。媒介素养与批判性素养和文化研究有密切关系，即在社会、文化、地缘政治和历史的背景下研究媒介作品。"[②] 在当今创建世界一流大学的背景下，中国的大学生已经有更多机会参与国际文化交流和学术研讨活动，媒介素养教育是一个不容忽视的跨学科的研究领域，有必要结合中国本土的媒介发展状况不断探讨。

作为教师，我们希望通过本书的内容，与大学生加强沟通、不断探讨，为在大学推广媒介文化素养教育担当一份责任。我们曾在 2010 年出版了《大学生媒介素养概论》一书，2015 年进一步修订，将书名改为《大学生媒介文化素养概论》，强调以

[①] 联合国教科文组织：《全球媒介与信息素养评估框架：国家状况与能力》中文版由张开教授等人翻译，即将出版。

[②] ［加］巴里·邓肯、卡罗琳·威尔逊：《全球研究和媒介教育：新世纪的出路》，见蔡帼芬、张开、刘笑盈主编：《媒介素养》，1 页，北京，中国传媒大学出版社，2005。

媒介文化作为关键词和贯穿全书的视角，将媒介素养拓展到对媒介文化的认知能力层面。在此基础上，我们进一步深入研究，编著这本《媒介文化素养的多维视角》，旨在从多学科、多层面考察媒介文化传播现象，探讨媒介素养的文化内涵和社会价值，为大学生进行跨学科的媒介文化考察及学术研讨提供一种参考读本。

二、基本内容

本书的特点是以专题形式组织各章内容，汇集为三编——历史回望、理论透视、新媒介观察。读者可以从任何一章开始，选择自己感兴趣的专题，但三编的思路有内在关联，相互补充。

（一）历史回望

英国学者马丁·李斯特等人所著《新媒体批判导论》一书谈到"本书的历史维度"时指出："在种种环绕着新媒体展开的论述与想法中，我们是可以得见诸多历史的回音。我们需要去思考'旧'媒体技术亦曾是新媒体，并且因为这一原因而对它们所存在的彼时赋予了巨大的意义"。因而，有必要引入历史维度，去追问和探讨"究竟在哪些术语中，这种'新'被孕育而出；在哪些方面它们可与我们早拥有的术语互相比较；它们与最终的产出之间又有哪些关联？为了回应我们当代的'新'，我们仍从其他的历史时空去学习"。① 这本书的思路是值得参考的。

在中国，伴随着媒介技术的发展，新媒体的传播方式不断变化，各种各样的媒体信息渗透在人们日常生活的方方面面，并带来了纷繁复杂的社会效应。于是，关于媒介素养教育的话题最先引起了新闻传播学界的关注，西方媒介素养教育的理论也被翻译引入②，为中国学者倡导和推广媒介素养教育提供了借鉴。然而，媒介是一

---

① ［英］马丁·李斯特等：《新媒体批判导论》（第二版），吴炜华、付晓光译，引论 004 页，上海，复旦大学出版社，2016。

② 参见卜卫：《论媒介教育的意义、内容和方法》，载《现代传播——北京广播学院学报》，1997（1）。其中介绍："媒介教育（media education）的概念最初由英国学者提出。20 世纪 30 年代初期，电影的普及给社会带来了流行文化，其价值观念往往与学校正统教育相冲突。因此，一些教师认为大众化的电影是对青年人文化趣味的一种腐蚀。"另参见［英］大卫·帕金翰：《英国的媒介素养教育：超越保护主义》，宋小卫译，载《新闻与传播研究》，2000 年第 2 期。其中指出：英国媒介素养教育的历史起点，是 ER. 利维斯（ER. Leavis）和他的学生丹尼斯·桑普森（Denys Thompson）于 1933 年出版的文学批评著作《文化和环境：培养批判意识》（Culture and Environment：The Training of Critical Awareness）。按：本书特别请香港城市大学的陈莹博士查阅了英文资料，加以说明；并追溯中国儿童电影教育的开端，进行比较。详见本书第三章。

个宽泛的概念，大众传播媒介也有一个发展的过程。中国在近代也曾受到西方的影响，涌现出多种新媒介（大众化的报纸、杂志、电影等），并相应开展过针对大众（公民）的教育活动。本书第一编"历史回望"，首先进入中国近代社会文化转型的背景之中，梳理中国读书教育的悠久传统及其所发生的演变（第一章）、追溯儿童读报（新闻）教育的开展（第二章），以及儿童电影（视觉）教育的兴起（第三章）①。综言之，这是当时的媒介生态环境的一种呈现，是中国媒介史上不可忽视的一个阶段，也可以看作是中国媒介素养教育的源头。我们有必要关注中国新旧媒介之间的关联、媒介教育兴起及发展的历史进程，而不必拘泥于"媒介教育"或"媒介素养"等新引进的术语。"温故而知新"，中国近代出现的针对大众（包括儿童）的媒介教育，涉及教育史、出版史、新闻史、电影史等方面的资源，在当今也是书籍史、阅读史、媒介史研究的对象，这为今天理解媒介素养教育的跨学科特点提供了"后视镜"。

（二）理论透视

理解媒介文化的复杂现象，需要以理论作为透视的工具。第二编主要借鉴西方文化研究理论，展现有关媒介技术、文化传播的多学科理论资源和研究方法。正如《新媒体批判导论》一书提及"对更为深广的文化与技术问题的强调"时所指出的："新媒体已成为研究和理论的一大焦点，媒介与文化研究的新兴领域，现在拥有一个复杂的思想和写作团体。思考新媒体也已经成为一个批判与竞争的研究领域。"②

媒介环境学的理论对当今的媒介素养教育具有启发意义。从马歇尔·麦克卢汉所说的"媒介即是讯息"③ 的名言，到尼尔·波兹曼发出的"娱乐至死"④ 的警告，都关注媒介技术与文化的关系，这在有关新媒介研究的论著中得到延伸和拓展。《新媒体批判导论》的作者也认为："我们的文化已经深深沉浸于改变技术的形式之中，一个重要的问题也于此出现了，究竟我们的新媒体与传播技术能在多大程度上决定

---

① 按：第三章提到民国时期的"视觉教育"概念和第八章所论"新媒介与视觉沉浸"可以联系起来，了解视觉媒介的发展及影响。

② ［英］马丁·李斯特等：《新媒体批判导论》（第二版），吴炜华、付晓光译，引论 002 页，上海，复旦大学出版社，2016。

③ ［加］马歇尔·麦克卢汉：《理解媒介——论人的延伸》，何道宽译，033 页，北京，商务印书馆，2000。

④ ［美］尼尔·波兹曼：《娱乐至死》，章艳译，桂林，广西师范大学出版社，2004。

它们所依存的这一文化。正如过去及今天很多的评论者所指出的那样，那些争论不休、未有定论的问题再度被新媒体所激发，横亘于我们眼前。"①

第四章梳理了媒介文化研究的理论与范式，在此基础上集中阐述媒介环境学派的理论，有助于认识媒介教育的人文视角。第五章梳理西方"媒介事件"理论的学术脉络，为解读媒介、文化、仪式之间的复杂关系提供了多学科的学术资源。第六章针对人类交流的可能性与不可能性这一本质问题，进行辩证思考，展现了哲学、心理学研究的深邃思想及论证逻辑，这对我们理解传播研究的思想史有启发意义。第七章从科技哲学视角，探讨仪器作为技术性媒介物对科学的建构作用，辨析媒介与仪器的联系与不同，涉及"更为深广的文化与技术问题"②。通过上述各章，可以初步了解媒介、文化、传播等关键词是相互关联的，这是一个多学科的思想资源汇集的研究领域。要提升对媒介文化的认知能力，必须借鉴多学科的理论，掌握透视问题的工具。

（三）新媒介观察

新媒介技术的飞速发展，不断生产各种形态的超文本信息、建构起交互式的传播网络，为当今人类社会带来了前所未有的深刻影响，尤其是"新媒体可以被看作是网络化而非大众化的媒介，是因为消费者在新媒体中可以更为容易地拓展他们的媒介参与，从主动解释到实际参与"③。或者说，这是一个社会化媒体盛行的网络时代。因此，如何回应或参与来自各种媒体的信息传播，如何辨析各种各样的媒介文本的符号意义，如何理解复杂的媒介话语并揭示其背后的制约因素，就成为每个媒介人（网民）无法回避的现实问题，也是需要不断学习和反思的课程。大学生接受知识教育的程度高于一般人，既是媒介信息的接受者、媒介产品的评判者和传播者，也是媒介文本的制造者、媒介事件的参与者。对上述问题的思考，既可以提升个人在媒介化社会中的认知能力与生存能力，也可以从多学科角度进入专题研究而有所发现。

本书第三编主要结合中国当今新媒介环境的特点，选择新媒介技术、新媒体传

---

① ［英］马丁·李斯特等：《新媒体批判导论》（第二版），吴炜华、付晓光译，引论 005 页，上海，复旦大学出版社，2016。

② 同上书，引论 005 页。

③ 同上书，041 页。

播的典型案例，借鉴文化研究的相关理论，进行具体考察和分析。第八章从视觉文化角度，分析"虚拟现实"（VR）、"增强现实"（AR）技术的特点及其所带来的多方面影响。第九章基于女性主义视角与媒介话语的关系，考察当今新媒体对女性话语的建构问题。第十章分析广告的符号系统，揭示新媒体广告营销中的文化操纵特点。第十一章探讨风险社会中的风险信息（新闻）的特殊性及其传播问题。

总之，全书以媒介文化为关键词，涉及媒介历史、媒介理论、媒介现实等层面。历史与当今进行参照，理论与现实相互关联，构成了多维度的研究视角，由此反映媒介素养教育所涵盖的文化内涵和社会价值。各章所引述的理论著作、报刊资料、学术论文等参考文献，均采用页下脚注方式，读者可以进一步展开阅读，进入更为广阔的学术领域。

三、作者情况

本书的作者主要是北京师范大学具有博士学位的教授、副教授，近十年来一直致力于媒介文化与媒介素养教育研究，曾合作出版过《大学生媒介素养概论》（2010年）、《教师与媒介教育导论》（2013年）、《大学生媒介文化素养概论》（2016年）、《中国近现代媒介技术演进与文化传播途径研究》（2015年）等书籍。此外，郭毅、陈莹是北京师范大学的硕士毕业生，他们在海外攻读博士学位期间应邀参与了本书的写作。于翠玲负责全书统稿工作。

本书吸纳了多位作者的研究成果，每位作者有自己关注的研究领域，也有早期的研究成果作为基础。[①] 本书有赖大家的分工合作，绝非一人之力可以完成。由于新媒介技术所带来的文化传播现象如此纷繁复杂，令人应接不暇；中国的媒介环境以及媒介教育也有自己的特点，需要不断观察和深入思考，本书所涉及的专题和论述的内容肯定是有局限的。我们将此书作为进一步学习和探讨的基础，也作为推广媒介素养教育的一种行动。我们寄希望于大学生读者，基于其自身的媒介体验和学科背景，不断丰富知识结构，提高对媒介文化的独立思考能力、研究能力和行动能力。

---

① 本书作者另有相关论著，例如，于翠玲：《信息素养：应对网络信息社会》一章，见王天德主编：《大学生媒介素养读本》，北京，高等教育出版社，2016。于翠玲：《印刷文化的传播轨迹》，北京，中国传媒大学出版社，2015。王颖吉：《电子阅读的文化忧思——技术现象学的视角》，载《编辑之友》，2017年第4期。王颖吉：《媒介的暗面：数字时代的媒介文化批评》，北京，北京大学出版社，2013。宋素红：《新形势下的女性传媒》，北京，北京师范大学出版社，2018。

本书是 2015 年度北京师范大学自主科研基金项目（项目名称《媒介文化素养的理论体系创新与教育推广实践研究》，由中央高校基本科研业务专项基金提供资助，项目编号 SKZZA2015014）的成果之一，得到学校社科处和出版社的大力支持，特此说明。

2018 年 9 月

目　录

1

第一章

推动历史变革的读书教育

从媒介发展史的角度看，人类在有了文字和图书之后，识字读书就成为文人的基本能力。中国古代有着悠久的读书教育传统，到晚清民国时期，在西学与中学交汇的过程中，在多种媒介的作用下，读书教育的观念和实践都发生了根本变化。本章基于中国本土的媒介发展历史，综合考察民国时期的"文化"语境，梳理中国读书教育的轨迹，以此作为中国早期媒介素养教育的一个源头，也为当今新媒介时代的读书教育及媒介素养教育提供借鉴。

第一节 聚焦"读书教育"问题

一、从"读书"进入历史

图书是文化传播的一种媒介，读书能力是公民的基本素养。以"读书"作为关键词，将其置于宏观的历史研究领域，可以发现多学科的交叉点。读书教育可以说是以图书为媒介的教育史、出版史，以及文化传播史。近年来，翻译出版了多种西方的学术著作，涉及图书的历史研究，例如，西方的媒介史、书籍史、阅读史，可以成为研究中国"读书"历史的一种借鉴。

在当今的媒介环境中，各种新媒介不断出现，许多新技术词语令人迷惑，而传统的读书方式受到了很大冲击，我们为什么还要回过头去，梳理人类对于图书的阅读历史呢？西方媒介环境学派[①]关注传播媒介本身的发展及其对人与社会所产生的影响，以一个时代占主导地位的媒介为标志，以新媒介取代旧媒介的趋势，来划分人类文明的发展进程，概述为口语传播时代、文字传播时代、印刷传播时代、电子传播时代。从这个宏观的角度来看，书籍是印刷传播时代的代表，书籍史只是人类媒介发展进程中的一个阶段。研究书籍的历史，要将其置于这种长时段的媒介历史进程之中，认识书籍与印刷媒介的关系，理解当今媒介技术的变迁对书籍传播所产生的复杂影响。麦克卢汉根据媒介是人的延伸的观点，说明研究印刷书籍的社会历

---

① ［加］哈罗德·伊尼斯：《传播的偏向》，何道宽译，1 页，北京，中国人民大学出版社，2003。伊尼斯自述"按传播媒介将世界史分为以下几个时期"，书中谈到口头传统、书面文化、印刷术等媒介的特征（偏向）及其对文明传播的影响。上述作者、译者的《帝国与传播》一书（出版社、出版年同上）根据"口头传统""文字传统""纸张与印刷机"等概念讲述历史的资料。

史，应该关注"印刷术的心理和社会影响"。① 尼尔·波兹曼强调印刷文化对"童年"概念的意义："自从有了印刷术，未成年人必须通过学习识字、进入印刷排版的世界，才能变成成人。为了达到这个目的，他们必须接受教育。因此，欧洲文明重新创造了学校，从而使童年的概念也变成社会必需的了"；而"童年是以学习阅读开始的"，"儿童走向成年需要获得那些我们心目中的好读者所具备的能力，即活跃的个性意识，有逻辑、有次序的思考能力，能使自己与符号保持距离的能力，能操控高层次的抽象概念的能力和延迟满足感的能力"。② 由此，我们考察民国时期文人所关注的儿童阅读、"儿童用书研究"等问题，便有了可以相互印证的感觉；还可以更好地理解：图书阅读素养实际上是当今提倡的媒介文化素养教育的源头。

西方的书籍史研究可以追溯到法国年鉴学派，其代表作《印刷书的诞生》（1957年）提出了具有开创性的研究角度："试图厘清，印刷书所代表的，如何、为何不单只是技术上巧妙发明的胜利，还进一步成为西方文明最有力的推手，将多位代表性思想家散布于各地的理念，荟萃于一处"，特别是"新的印刷技术究竟在文艺复兴与宗教改革的划时代变局里扮演何种角色"。③ 印刷图书是如何形成的，又怎样进入了读者的阅读环节；特别是在历史的变革时代，图书如何成为思想凝聚和文化传播的推动力量，或者说文化通过图书而得以传播，构成了文化传播史的重要内容。这已经是一个多学科的研究领域，正如罗伯特·达恩顿所指出的："书籍史研究的诞生，是因为许多学科都在探讨跟传播有关的问题"，而"书籍史研究把史学家、文学研究专家、社会学家、图书学专家或任何对书籍在历史上的作用感兴趣的人组织到一起"，便诞生了一个书籍史学科。④ 他还描述了一个研究书籍传播的"交流圈"，图书从作者到读者，又从读者到作者，经历了诸多环节。"图书史的研究不仅要探讨这个过程中的每一个环节，也要研究这整个过程，这个过程在不同时间地点的表现形式，以及它同周边其他经济、社会、政治以及文化系统之间的关系。"在"读者"这一环

---

① ［加］马歇尔·麦克卢汉：《理解媒介——论人的延伸》，何道宽译，219 页，北京，商务印书馆，2000。

② ［美］尼尔·波兹曼：《童年的消逝》，吴燕莛译，53、62、68 页，桂林，广西师范大学出版社，2004。

③ ［法］费夫贺、马尔坦：《印刷书的诞生》，李鸿志译，作者序 3 页、248 页，桂林，广西师范大学出版社，2006。

④ ［美］罗伯特·达恩顿：《拉莫莱特之吻：有关文化史的思考》，萧知纬译，86 页，上海，华东师范大学出版社，2011。

节，他进一步研究"什么人阅读，读的是什么，阅读是在什么时候和什么情况下发生的，阅读的效果又是怎样的，这类问题把阅读研究跟社会学联系起来了①"。如此来看，阅读史是书籍史的延伸，"我们甚至可以称之为以印刷品为载体的社会和文化交流史。因为它的宗旨是了解理念在过去 500 年间通过印刷品传播的过程以及印刷文字作为载体如何影响人类的思想和行为"②。通过书籍的流通方式和读者的阅读活动，书籍所承载的内容对人类的思想和行为产生了深刻影响。而本章所说的"读书"，涉及中学（国学）与西学的图书，正是通过出版及阅读等环节，形成了一种前所未有的对话过程，这是更为广泛的社会文化史、中西文化交流史的组成部分。民国时期的读书人群体所推动的读书教育运动有着特殊历史语境和社会传播效应。

中国具有悠久的图书发展历史，传统的文献学（目录、版本）、民国时期出现的印刷史、出版史、教育史、图书馆史、文学史等学科，都涉及图书的内容、形式及传播方式等方面。民国时期的各种文化运动和思想论争也与印刷媒介有着密切关系。此外，报纸、杂志等新式出版物迅猛发展，摄影、广播、电影等新媒介也进入了人们的日常生活，相应地也出现了针对民众的读书教育、读报教育和电影教育。本章借鉴西方媒介史、书籍史、阅读史的视角，特别突出图书作为印刷媒介的文化价值，选择"读书教育"这个话题，进入阅读史的视角，探讨在社会变迁和文化转型的民国时期，中国人的阅读行为发生了什么变化？读书人所推动的"读书教育"具有怎样的历史语境和文化价值？其实，即使是在当时，中国读书人的"读书"理念和推广方式不仅超越了传统社会的模式，而且构成了西学书籍在中国的阅读史。然而，中国的阅读史依然形成了自己的发展轨迹，有关读书的各个方面都开始了新的变革与实践过程。面对今天的文化语境和媒介环境，"温故而知新"，有助于认识印刷文化的特殊价值、读书教育的现实意义，以此作为中国媒介文化素养教育的本土资源和研究起点。而且，中国的书籍史、阅读史在今天依然是海外汉学家关注的话题，大学生也有机会继续展开新的学术对话。

---

①　［美］罗伯特·达恩顿：《拉莫莱特之吻：有关文化史的思考》，萧知纬译，89、110 页，上海，华东师范大学出版社，2011。

②　［美］罗伯特·达恩顿：《阅读的未来》，熊祥译，179 页，北京，中信出版社，2011。

二、民国时期的"读书"话题

选择"读书教育"作为话题，出于这样的思考：图书是一种印刷媒介，中国在民国时期针对大众的读书教育，可以看作媒介素养教育的源头。然而，理论的视角必须有文献资料作为依据。本章以"读书"为关键词，开始搜集相关资料，发现多部专讲"读书"的著述，例如，《通俗教育丛书：读书法》（商务印书馆 1916 年）、《学生丛书之一：读书法》（中华书局 1920 年，见图 1-1）、《读书方法》（世界书局 1933 年）、《读书问答集》（申报流通图书馆读书指导部 1934 年）、《读书的艺术》（开明书店 1935 年）、《怎样读书》（生活书店 1935 年）、《怎样解决读书问题》（上海

图 1-1　《学生丛书之一：读书法》

南强书局 1935 年）、《读书的方法》（群学书店 1936 年）等。还有多种以"读书"为名目的杂志，如《读书杂志》（1922 年创刊，《努力周报》增刊）、《读书月刊》（1930）、《读书与出版》（1933 年）、《读书生活》（1934 年）、《读书顾问》（1934 年）、《读书季刊》（1935 年）、《读书之友》（1936 年）、《读书青年》（1936 年）、《读·书月报》（1937 年）等。其他刊物也会发表有关读书的文章，或编辑读书问题专辑。利用"瀚堂近代报刊"数据库进行统计，1911 年至 1949 年间，以"读书"为检索词，进行标题检索，共有 8546 个记录（有论述文章，也有消息报道等）；而 1935 年多达1073 个，其中包括以"读书运动"为题目的记录 131 个，因为这一年出现了全国读书运动大会。利用《全国报刊索引》精确检索 1911 年至 1949 年间的期刊，题名中包括"读书运动"的文章，共有 412 个结果；题名中包括"读书法"的文章，共有 318个结果；题名中包括"读书指导"的文章，共有 366 个结果。

上述著述和文章，不少是由学者名流专门撰写的，反映了当时文化界、出版界、教育界、图书馆界所共同关注的"读书教育"问题。笼统而言，当时已经形成了一个相互关联、协同作用的读书人群体。1930 年创刊的《读书月刊》宣称："本刊第一个使命，就是要作为出版界与读书界互通声息的一个机关。"1937 年创刊的《读·书月报》，在封面上标明是"为读书界服务的月刊杂志"，说明"本刊是读者的忠仆，是出版

界的宣扬者，同时又是读书与出版界的仲介"。创刊号及第二号连续以"对于目前出版界的意见"为题，征求并刊发了多位名人的文章。其第三号的特辑"读书生活面面观"，以多篇文章分别报告学生、前线战士、工人、商人、军队中人、电影艺人、监狱中人、农民的读书生活，便于文化界、出版界、读书界了解各色人的读书情况和要求，"推动各处与实践相配合的读书运动"。可见"读书运动"涉及整个读书人群体的观念与行动。

民国时期的读书教育涉及两个不同的群体：一是指导者，包括社会各界的文化人士、学者名流；二是被指导者，针对具有一定识字阅读能力的学生及普通读者。作为指导者的读书人不断在报刊发表文章，组织各种专题讨论，并对不同类型的读者详细解说。其基本问题可以归纳为三个：为什么读书（目的）？读什么书（书目）？如何读书（方法）？这三个问题是递进关系，也是相互联系的。例如，礼泉《读书之研究》一文强调图书的文化价值："书籍包括人类之历史，人类之发展，以及各时代所积聚之经验。设使人类不能用文字将劳作与思想之经验留传久远，仅藉口语辗转之传授，则吾人在今日，欲获得黎明初期之智识，戛戛乎其难。且文字不经过细密之组织，则人类之思想，不易成为系统化。故凡用文字组织过之经验与思想，当然只能留存于书籍之中。读书之首要意义，即将前人及同时代人之经验心得，用最经济之时间，获得此等经验，再加上自己的思考、研究与批判，而追求新的真理。"① 读书不仅可以获取各种知识，还能培养独立思考的能力和批判精神。徐伯康《怎样读书？》一文涉及对图书性质的基本认识："有了电话的智识，我们省得为了片言只语，而奔走忙碌；有了电灯的智识，我们省得多少每日预备灯火的无谓工作；有了航空智识，一日数万里不算稀奇；有了无线电的智识，广播音乐，何等赏心乐意？这些都是就物质方面的生活而言。再从精神方面的生活来说，有了文字的技术，藉书札之便，虽远隔重洋，如相晤一室；有了判断的能力，对于事事物物应付裕如；有了高尚的理想，可使我们希望无穷，心地愉乐；有了艺术的兴趣，可调节生活，免得枯燥烦闷。你看，这一切事，若不读书，那能得来？所以我们可以说读书的目的，是学习文字，以增长智识或经验，养成读者透彻、迅速、扼要等阅读图书的能力；足以欣赏文献，扩充思想，涵养性情，适应并创造幸福的生活。"② 可见当时学

---

① 礼泉：《读书之研究》，载《中华青年》，1935 年第 1 卷第 3 期。
② 徐伯康：《怎样读书？》，载《读书顾问》，1934 年第 2 期。

者已经涉及多种"泛媒介"的作用，强调读书的目的是获取各种知识，丰富现代人的物质与精神生活。而商务印书馆的《出版周刊》设有"读者指导"栏目，结合其新近出版的专科门类的书籍，指导读者阅读；还连续发表了张明仁1939年编写的《古今名人读书法》，讲述了从古代到民国三百多位著名人物谈读书或治学方法的内容。《读·书月报》1939年第1卷第7期是"读书的方法与经验"专题。《读书通讯》1947年第124期是"培养读书兴趣特辑"。

值得关注的是，当时的读书教育对象还包括为数众多的不识字人口。为了国家富强、文化发展，就必须开启民智，从扫除文盲及读书教育做起。由此凝聚起社会各界文化人士的力量，开展多种多样的读书推广和宣传活动，致力于让普通民众养成读书的习惯。读书教育不仅针对个人的阅读行为，还是一个与时俱进的宏大话题，涉及更为深刻的社会文化背景：读书与开启民智、读书与救国、读书与民族复兴、读书与文化建设，等等。在中国社会发生根本变革的时代，现代教育制度的创立、文化思想的论争、印刷出版事业的兴盛、图书馆的建设，诸多方面的进步都与读书教育紧密相关，而普通国民的读书状况是衡量一个国

图1-2 《读·书月报》

家文明程度、文化实力的基本标准，这也是学者专家反复言说的共识。这种持续不断的读书教育运动是史无前例的，对于中国的图书阅读史、出版史、教育史等都有研究意义。本章以上述资料为基础，梳理民国特定文化环境中所出现的各种形式的读书教育运动及其所涉及的具体问题。

本章第二节首先引出读书教育的指导者，即当时属于精英层面的读书人，探讨在中学与西学论争的背景下，读书人知识结构的变化。中小学读经问题则是教育制度根本变革、学科体系更新的开端。

第三节从图书文本要素的角度，考察当时的国语运动如何改变了图书的内容和表达方式，而印刷出版技术已经成为知识读物大量复制流通的推动力量。

第四节讲述当时推广读书教育的社会活动。图书馆是直接针对普通读者的文化机构，读书运动大会聚合了社会各界的力量。

由于资料繁杂，本章只能选取几个相关问题，列举有一定代表性的例证，由此形成一个相互链接的文本，借以窥探民国时期读书教育的不同层面和诸多环节。民国时期的读书教育运动，在与世界比较的视野下，在与西学对话的语境中，可以说是一段丰富而复杂的图书阅读史，也是中国文化传播史中不可忽视的组成部分。

第二节　中学、西学并存的图书格局

关于读书教育，涉及的问题不外是为什么读书、读什么书和怎么读书。这三个基本问题，在民国时期，受到新文化思潮的影响，还牵扯对中学以及西学的评价问题，形成了两大类型的图书出版物。这种中西并存的格局是前所未有的根本的变化，影响到读书教育的各个方面。

一、对读书基本问题的指导

在中国传统社会中，文人苦读儒家经书是毋庸置疑的事情。民国时有文章讲述了读书目的及其变化："在离开我们而去的中古时代，有两种答案。普通的是读书为求功名，进一步的是读书为求圣贤。孔丘叫人读书的目的，就是叫人要由善人和有恒者起，经过君子、仁者的阶段而达于圣人。及汉代以后，君主们把读书变成了禄利之阶，于是一般人就相率以读书为求富贵功名的手段了。但得着富贵功名的某些人和看不起富贵功名的某些人，依然以读书为学圣贤的门径。所以这两种答案都有人赞成。从汉武帝到清道光，其间整个的中古时代，对于为什么读书一问题的答案，不外于此。"此后，中国社会"便发生了剧烈的变动。读书的目的，原随环境而不同，何况欧风美雨的侵袭，已猛烈地改变了我们的读书方法呢。科举停了，圣贤书也不能读了。所以为什么读书一问题，又被提起，必要求我们另寻答案"。文章根据文字出现之后，人们用文字将知识记录下来的变化，将人们读书的本来目的概括为"学得知识"四个字，而其他目的只是读书的作用。[①]

此文作者就经历了当时的社会文化变动。1905 年科举制度废除，中国延续上千年的文人读书道路从此断绝。为了拯救衰败的国家命运，晚清民国之际，一些文人

[①]　叶青：《论读书》，载《教育杂志》，1935 年第 25 卷第 3 号。

开始接触被输入中国的西学书籍，并与中国传统经典进行比较，从而改变了原有的思想观念和知识结构。由此形成了中学、旧学、国学、国粹等概念，而与西学、新学、外学等相提并论，并不断展开论争。因而，当时的读书人谈到读书，必然涉及中学或西学两种类型的图书及其所带来的不同阅读体会。我们不妨列举几位著名人物的读书经历，梁启超（1873—1929）在1902年所作的《三十自述》① 中，谈到他从小就阅读儒家"五经"、《史记》等史书，十七岁（1889）时参加乡试中了举人；十八岁（1890）时从坊间购得徐继畬所著介绍世界地理的书籍《瀛寰志略》，"读之，始知有五大洲各国"。他还接触了上海江南制造局翻译馆翻译的若干种西书，产生了阅读兴趣。后来他在京师强学会，"会中于译出西书购置颇备，得以余日尽浏览之"。这种先读中国书，后读西学书的经历，使他以为得知了真正的学问，"决然舍去旧学"的研究方法。他后来编写了《西学书目表》，并在序中表述中学与西学的关系："舍西学而言中学者，其中学必为无用；舍中学而言西学者，其西学必为无本。无用无本，皆不足以治天下"。② 作为一个文化转型时期的文人，梁启超的知识结构具有典型的过渡特征。再者，蔡元培（1868—1940）晚年曾向青年人谈"我的读书经验"，反省自己当年读书不专心："我初读书的时候，读的都是旧书，不外乎考据词章两类"，到四十岁以后，开始学习德文、法文，"在德国进大学听讲以后，哲学史、文学史、文明史、心理学、美学、美术史、民族学，统统去听，那时候这几类的参考书，也就乱读起来了"。③ 这正好说明了旧书与新书是不同的知识体系，蔡元培所读的西书涉及不同学科门类，代表了当时留过学的读书人已经具有的开阔的学术视野。民国时期，这类谈读书经验的文章很多，不少人谈到旧学与新学交汇的过程及其所带来的知识结构、思维方式、文化观念的转变。

经历了新文化运动之后，学术界对于中学、西学的关系的论争依然存在，有的提倡保存国粹，有的提出整理国故；有的主张"全盘西化"，有的主张"中国本位的文化建设"④。各种声音交织在一起，先后在报刊上发表许多文章。这些文化论争也涉及指导青年人读什么书的问题。1923年，应《清华周刊》记者的要求，胡适为即

---

① 梁启超：《饮冰室合集》文集之十一，15～17页，北京，中华书局，1996。
② 梁启超：《西学书目表后序》，见《饮冰室合集》文集之一，126～129页，北京，中华书局，1941。
③ 蔡元培：《我的读书经验》，载《读书季刊》，1935年第1卷第2期。
④ 王新命等：《中国本位的文化建设宣言》，载《文化建设》，1935年第1卷第4期。

将赴美留学的清华学生开列了"一个最低限度的国学书目"①，梁启超则发表了《评胡适之的〈一个最低限度的国学书目〉》一文说明："我的主张，很是平淡无奇。我认定史部书为国学最主要部分，除先秦几部经书几部子书之外，最要紧的便是读正史、通鉴、宋元明纪事本末和九通中一部分，以及关系史学之笔记文集等，算是国学常识，凡属中国读书人都要读的。"他在《国学入门书要目及其读法》后面附录《最低限度之必读书目》，又附言："以上各书，无论学矿学、工程学……皆须一读，若并此未读，真不能认为中国学人矣。"② 两位知名学者对国学书目有不同看法，但都注意到当时大学生已经不读中国书的现象，这是不利于中国学术发展的。所以，他们所开列的"国学书目"，对于当时学生偏重读西学专科书籍的现象是有矫正意义的。

学者开列的国学书目经过报刊转载，对青年人选择国学图书产生了很大影响。1935年孙寒冰《谈读书》一文提到："十几年前，胡适之、梁启超也都开过所谓'最低限度的国学书目'，并且引起了一度的争论。后来《京报副刊》又提出'青年必读书十部'的问题，征求国内学者的答案。这种由学者选定最好书或必读书的办法，对于一般的读书人是很有助益的。"③ 此外，还有文章指出："我们是希望全国的人，无论男女老幼都努力读书，我们的对象是全国人民，所以我们不能如张之洞写一本《书目答问》，亦不能如胡适之写'一个最低限度的国学书目'，我们只能提出一个选择书籍的原则与范围，使爱好读书的人们各就他的程度与志趣，随时随地选择他们应读的书籍而已"，因而将图书归为三类，也说明了读书的目的："一、修养人格的书籍；二、增长知能的书籍；三、陶冶情趣的书籍"。④ 1925年1月4日，《京报副刊》发布了"本刊之二大征求：青年爱读书十部、青年必读书十部"。前一种希望全国青年各将平时爱读的书写出十部，后一种则请海内外名流学者推荐今日青年非读不可的十部书。后来发布的多位学者推荐的必读书，有中国传统典籍，也有翻译出版的外国书籍。例如，黎锦晖列出的全是古籍：《左传》《史记》《战国策》《论语》《孟子》《老子》《庄子》《墨子》《诗经》《楚辞》。章锡琛是上海商务印书馆的编辑，他所列出的全是商务印书馆出版的外国名著："《群学肄言》《社会通诠》《群己权界

---

① 胡适：《一个最低限度的国学书目》，载《清华周刊：书报介绍附刊》，1923年第2期。
② 梁启超：《最低限度之必读书目》，载《清华周刊：书报介绍附刊》，1923年第3期。
③ 孙寒冰：《谈读书》，载《教育杂志》，1935年第25卷第3号。
④ 陈高佣：《读书生活中的三大问题》，载《教育杂志》，1935年第25卷第3号。

论》《名学浅说》《天演论》《社会改造原理》《爱情与健康》（登十卷《妇女杂志》）《自助论》《职分论》《欧洲文艺复兴史"》。其中包括严复翻译的《天演论》等书，还顺便提及《妇女杂志》（章锡琛任主编），这是借报刊版面为商务印书馆做广告宣传了。这些阅读及推荐书目，内容各异，却包容中学与西学，不仅反映了当时出版物的基本格局，也是研究当时阅读史的具体资料。

二、对中小学读经问题的讨论

中小学生是否应该读经，这在民国时期曾是一个不断引起争议的问题，而在今天的学界和民间依然有回响。从阅读史来看，这是关系儿童读什么书，或者如何通过读书教育而培养儿童的问题。

中国传统社会，识字人口很少，而通过读书扬名、传家，走科举入仕的道路，是读书人的基本生活目标。根据科举考试的要求，儒家的"五经"是文人的必读书目。即使民间的私塾教育，同样渗透着儒家的伦理观念。宋代理学家朱熹对小学、大学有明确区分，所谓小学属于八岁开始的"童蒙之学"，主要学习的是为人弟子在言行举止方面的日常规矩；而十五岁时开始学习"穷理、正心、修己、治人之道"。①朱熹所注释的"四书"、所编纂的《小学》和《童蒙须知》，对童蒙教育产生了深远影响。元代人程瑞礼规定私塾读书的日程是，"自八岁入学之后"，先读朱熹《小学》，在十五岁后"依朱子法读《四书》注"。② 宋人所编的《三字经》罗列了儿童阅读的书目及顺序："唯学者，必有初，小学终，至四书。"晚清理学家罗泽南在《小学韵语》中说明："首读《大学》，规模宏远；次读《论语》，立其根本；次及《孟子》，观其发远；次及《中庸》，微妙以揭。"清代康熙年间的秀才李毓秀根据朱熹的理念，编纂了三字句式的《弟子规》，具体规定了各种"非礼勿动"的规则，由于便于背诵，而在乡村私塾中广为流播。这种基于儒家伦理观念的教育方式，可以说是一种尊崇孔子及儒家经典的仪式。在儒家修身、齐家、治国、平天下的整体设计中，儿童是一个相对成人而存在的伦理角色，童蒙教育是这个链条中不可忽视的一个环节。尽管儒家的读书教育注重道德修身，但其知识体系是封闭的、停滞的，所采用

---

① ［宋］朱熹：《小学》，见《朱子全书》，393 页，上海，上海古籍出版社，2010。
② ［元］程瑞礼：《程氏家塾读书分年日程》，28、40 页，合肥，黄山书社，1992。

的是背诵记忆和灌输的教学方法，儿童不可能成为具有独立思考和自主实践能力的阅读主体。1905年清末举人施崇恩为私塾编写了《绘图四书速成新体白话读本》，以绘图、白话形式解读儒家经书，其中也渗透了一些西学知识，开始改变"一味呆读，全不讲解"的教学方法。此书由彪蒙书室发行后，曾风行一时。

晚清以来，西方的儿童教育观念逐渐传入中国，还有出访海外的官员也了解到国外教育的具体情况。曾纪泽1879年（光绪五年）在《出使英法俄国日记》中记载了他参观国外小学的感慨："中华所谓小学有古今之分。汉学家以文字、声音、训诂为初学津梁，古小学也。宋学家以洒扫、应对进退为童蒙基址，今小学也。西人所谓小学则以显微镜察验纤细么之物，以助格致家考究万物材质凝动之分，生死之异，动植之类，胎卵湿化之所以别，由细而知巨，由表以验里，由无用以求有用，由同种以察异种，以此为小学，与光学、电学之属争奇而并重。设公会邀人观览，亦集思广益之意也。"① 朱熹所谓"小学"的童蒙教化方式，与西方小学校所讲授的实验科学是完全不同的。如此巨大的差异，如果不是走出国门的人是无法考察的。

民国时期，受到从西方输入的"儿童本位"观念的影响，"儿童"已经成为一个被发现的文化概念。不少读书人直接投身教育及文化出版事业，开始思考如何从儿童开始，在新式教育体制中培育新一代有知识素养的国民。1912年，蔡元培任教育部总长，颁布《普通教育暂行办法通令》，其开篇就宣称："民国既立，清政府之学制，有必须改革者。"其中明确规定："小学读经科一律废止。"这标志着教育体制的根本变革、新式"学校"② 的建立，传统的童蒙教育体系从此废除。蔡元培发表对于新教育的意见，清代，"有所谓钦定教育宗旨者，曰忠君，曰尊孔，曰尚公，曰尚武。忠君与共和政体不合，尊孔与信教自由相违"。③ 这是对传统教育宗旨的彻底批判。早在1903年，商务印书馆成立了编译所，张元济曾介绍蔡元培任所长，"以谋改进，依蔡之计画，决议改变方针，从事编辑教科书，此商务印书馆编辑教科书之发端也"。④ 商务印书馆编纂各种门类的新式教科书，早已得到蔡元培的支持和赞许。

---

① 曾纪泽：《出使英法俄国日记》，见钟叔河：《走向世界丛书》，177页，长沙，岳麓书社，1985。
② 从前各项学堂，均改称为学校。
③ 《教育部总长对于新教育之意见》，载《东方杂志》，1912年第8卷第10号。
④ 蒋维乔：《编辑小学教科书之回忆》，载《出版周刊》，1935年新156号。

1912年陆费逵与时俱进，成立中华书局，编辑出版"中华教科书"。《中华书局宣言书》慷慨陈词："立国根本，在乎教育；教育根本，实在教科书。教育不革命，国基终无由巩固；教科书不革命，教育目的终不能达到也。"其中《中华初等小学国文教科书》的"编辑大意"说明："本书以养成中华共和国完全国民为宗旨，以独立自尊自由平等为经，以生活上必须之知识为纬。"[1] 《中华高等小学修身教科书》的"编辑大意"也说明："本书以养成中华共和国高等国民为宗旨，以独立自尊自由平等为经，以公德私德国民科为纬。"当"国民"概念被引入教科书之后，儿童的读书目的及读书内容也就全然更新了。

图1-3　《教育杂志》

本来小学废止读经科后，儿童是否读经的问题已经有了规范。然而，这个问题在1935年重新引起了讨论，由于"年来广东、湖南诸省发生强迫各级学校学生读经的事实，以致引起教育专家的研究，而至造成教育专家的论战。商务印书馆《教育杂志》的总编辑何炳松先生有鉴于此，就广征全国教育的专家对读经问题的意见，便于五月间推出读经问题专号"[2]。这期专号发表了"全国专家对于读经问题意见"共73篇讨论文章[3]，成为阅读史的一份真实记录。

诸位专家无论是赞成还是反对读经，都能平心静气地表达意见，相互参考，因为他们共同的目标是"复兴民族"。例如，蔡元培发表意见，"读经问题，是现在有些人主张，自小学起，凡学生都应在十三经中选出一部或一部以上作为读本的问题"。而"我觉得不妥当，认为无益而有损"。因为"经书里面，有许多不合于现代事实的话，在古人们处他们的时代，不能怪他。若用以教现代的儿童，就不相宜了。例如尊君卑臣、尊男卑女一类的话"。胡朴安指出："吾以为小学断不宜读经"，但"在大学中宜设一专科，养成整理中国学术之人才，必不能在学校中普读也"。叶青

---

[1] 《中华书局宣言书》，载《中华教育界》，1912年第1卷第1号。

[2] 朱时龙：《关于小学读经问题的研讨：读教育杂志的读经问题专号后》，载《进修半月刊》，1935年第5卷第3期。

[3] 《教育杂志》1935年第25卷第5号设"读经问题专号"。

则表示"不可读经"的多种理由，简单概括地说，"就是经只能适用于从前，而不能适用于现在。中国自从鸦片战争后，就大踏步地向着近代的历史舞台走。从前的中古时代，从汉武帝起，到'戊戌'止，这一个读经时代是过去了"。正如这次讨论的编辑者所言："其实所谓读经，假使当作一种专门研究，让一班专家去下若干苦工夫，本不成问题。现在所以成为问题，就是因为有人主张中小学生都应该读经的这一点。"各位专家没有激进地反对读经，对于大学生读经及培养专门人才更是没有异议。仅就儿童读经问题而言，极端赞成或反对者也在少数，大多数人的意见是相对赞成或反对，都有具体论述和理性分析。兼听则明，温故知新，当年诸多专家的讨论意见，对于我们如何认识今天复兴的少儿读经现象，应该是很有参考价值的。

第三节　图书媒介要素的演变

图书不仅是一种内容丰富的文献类型，也是多种媒介因素的物质载体，涉及文字符号、物质形态、复制方式等方面。中国从"书于竹帛"的典籍开始，发展到纸质抄本书籍，再到手工印刷版本，经历了漫长的历史过程。晚清民国时期，中国的图书不仅形成了中学与西学并存的内容格局，还受到语言文字及文体改革的影响，并通过更为先进的机械印刷技术在大众中得到普及传播。

一、语言文字的改革

从媒介史的角度看，文字符号是表达语言的工具，也是文化传播的媒介。中国文字历史悠久、独具特色，是中国文化得以绵延生长的基因。中国自汉代以来，儒家经典备受尊崇，古代文字作为注释经书的工具也形成了专门的学问，从《说文解字》及其注释书籍到《康熙字典》等字书，所收录的文字注重解读各种字形，书写繁难，引证烦琐。鲁迅小说《孔乙己》中描写孔乙己问别人："'回'字有四样写法，你知道么？"就是一个有趣的细节，因为只有熟悉《康熙字典》的编辑体例，才能找到"回"字的四种写法。古代文人的文章也有好古的传统，为了适应科举应试的需要，文言文体、诗赋格律是必备的文学素养。这就形成了日常口语与书面文体长期分离的状况。

由于文字繁难，中国人口中大多数不识字。直到 20 世纪 30 年代，有关统计数字还是令人忧虑的。有文章提到"人口百分之九十以上没有读书机会的中国"①。有文章引述"据最近的统计，我国四万万人民中，不识字者仍占百分之七十以上，约计不识字的人，仍在三万万左右"②。这是一个非常严峻的问题，因为"国家的盛衰，种族的文野，可以由其文盲的多少去判断的。识字的人数多，则国家必强盛，种族必文明；文盲的人数多，则国家必衰败，种族必野蛮。此为尽人都知道的事理。调查各国的文盲，加以统计的比较，则我国百事落伍，国际地位低下，诚有教育落后之感。由是扫除文盲的工作，真是刻不容缓了"③。而且，与古代社会的读书目的不同，在新的时代"读书是每一个国民的基本资格、基本权利和义务"④。因此，要推广读书教育，开启民智，就有必要改革文字、提倡采用白话文体的出版物。

新文化运动时期，陈独秀、胡适曾发表文章，提倡白话文学，产生了很大影响。1939 年有文章纪念新文化运动，还提到"中国文学从诗经、楚辞到唐诗、宋词、元曲，不是艰深晦涩，便是空洞想象，这种古旧的形式不能表现科学精神与现生活，因此当时的文学革命急先锋胡适之先生认为旧文学是死文学，而提倡新的白话文学"⑤。此后，关于中国语言文字改革的"国语运动"持续发展，值得关注的是全国国语运动大会，即在全国各地分别举行宣传推广国语的活动，让普通人对国语有所了解。1925 年出版的《全国国语运动大会会刊》第一期说明，要在 1926 年 1 月 1 日至 31 日举行全国国语运动大会，提出的口号是："国语普及，言文一致。大家努力，传播国语。有统一的国语，才有统一的国家。"黎锦熙在《全国国语运动大会宣言》中指出："国语运动，具有两大宗旨，一曰国语统一，二曰国语普及。"因为，"灌输常识，启发民智，叫多数人对于所处的时代不至于太落伍，对于正当的人生观不至于全然不知道，其唯一的工具就是'文字'"；"我们所以决计根本改造，按照标准的国语，制定一种真正'言文一致'的文字出来，凡受义务教育的，须于很短的时间内熟悉这种'国语字'，以后便可尽量读书、看报，毫无困难，终身求智识，到老还有新机"。总之，统一是指"推行注音字母，传习国语话和国语文"；

---

① 少轩：《读书论》，载《读书月刊》，1932 年第 3 卷第 1—2 期。

② 俞爽迷：《从全国读书运动说起》，载《厦大图书馆报》，1936 年第 1 卷第 7 期。

③ 赵宝忠：《关于民众学校各种问题的商讨》，载《山东省立民众教育馆月刊》，1936 年第 2 卷第 9—10 期。

④ 胡秋原：《论读书》（二），载《读书通讯》，1941 年第 21 期。

⑤ 里予：《"五四"与新文化运动》，载《五月特刊》，1939。

普及是指"提倡言文一致的国语话和国语文，增加义务教育和平民教育的效率，即以提高民智"。[①] 1934 年黎锦熙又提出建设"大众语"的文学[②]，动员大众参与实践，写作大众语的诗歌、戏剧、小说等文学作品。黎锦晖也说明："一种大众所能了解、能使用，且不必多费心思气力就能欣赏的语言，用这样的语言为标准构成的文学，就是'大众语文学'。"[③] 从提倡大众语的文学开始实践或者说实验，目的是让大众能够有阅读理解文学作品的能力。钱玄同、黎锦熙还提倡使用简体字，"以便利一般人书写迅速为目的"[④]。

晚清民国以来，有关汉语言文字改革的国语运动，经过多次论争，走过了不断探求和艰辛努力的路程。许多学者参与研究制定标准和社会推广活动，希望用统一的国音、大众语的文学，改变中国识字人口少、读书难以普及、教育水平落后的状况。这种面向普通大众的文字改革和推广运动，是中国历史上前所未有的事情。尽管有的言论比较偏激而无法实现（改用拼音文字），但参与国语运动的学者教授，都怀抱着开启民智、教育救国的理想，借助各种媒介（图书、报刊、广播、电影、广告、宣传大会、培训、演讲等）进行推广。就像《国语周刊》发刊词所言："我们相信中华民族今后之为存为亡，全靠民众之觉悟与否；即唤醒民众，实为智识阶级唯一之使命。……讲到唤醒民众，必须用民众的活语言和活文艺，才能使他们真切地了解。"[⑤] 这一运动促进了白话文学的发展，催生了大量白话体的教科书以及报纸、杂志和图书出版物。1924 年商务印书馆就出版过悔初编纂的小册子《劝君读书》，作为"平民小丛书"之一，以通俗的白话说明其编印宗旨"是专使吾们一般仅能识字，不能读高深古书的，都能享受读书的快乐"。乐嗣炳总结"十年来的国语运动"也提到："中华书局总经理陆费逵当国语运动发生之初，早知国语教育势必实现，所以参加国音推行会，创办国语专修学校，制造国音留声机片，出版大众国语用书，赶造国语教科书"。[⑥] 1925 世界书局发行国语教科书，造成中华书局、商务印书馆、世界

---

① 《全国国语运动大会会刊》第 2 期，1926。按：关于国语运动的历史，见黎锦熙：《国语运动史纲》，北京，商务印书馆，1934。

② 黎锦熙：《建设的"大众语"文学》，载《师大月刊》，1934 年第 14 期。

③ 黎锦晖：《拥护大众语文学》，载《社会日报》"大众语问题特辑"，1934 年第 1 卷第 3 期。

④ 黎锦熙：《简体字之原则及其推行办法》，载《国语周刊》，1935 年第 205 期。

⑤ 钱玄同：《发刊词》，载《国语周刊》，1925 年第 1 期。

⑥ 乐嗣炳：《十年来的国语运动》，载《世界杂志》，1931 年增刊。

书局三家竞相推销。这也成为促进国语教育的力量，功不可没。

二、印刷出版业的推动

中国从晚清进入民国时期，印刷出版业迅速发展。我们可以列举诸多著名的出版人，还有商务印书馆、中华书局等著名的民间出版机构，这在今天已经成为中国出版史研究的热点。本章的主题是读书教育，关注的是图书出版环节中的读者可以阅读什么图书？通过什么途径获得图书？换个角度看，出版机构的编辑者是连接作者与读者的中介。出版机构是如何策划和编辑图书的？其针对的读者是哪些？还有，中国的社会转型及文化变迁是与印刷出版业的发展相互作用的，由此来考察以图书为媒介的文化传播史。

（一）出版与文化的关系

无论从出版理论还是从出版历史来看，今天的研究者大多关注出版与文化的关系，这个问题可以从多种角度加以探讨。我们不妨直接进入民国时期的历史语境，倾听一下当时的读书人群体即知识精英是如何表述的。无论是直接投身出版职业，还是间接参与或关注编辑工作，由于正处在一个新旧交替、文化变迁、中西融合的时代，这个群体有着非常明确的文化理念和自觉的文化追求。伴随着这个"进化"过程，各种类型的图书出版物应运而生，从印刷出版机构进入读者流通环节，在社会上产生了广泛的传播效应。例如，商务印书馆是当时成立较早、规模最大的出版机构，其编辑人员对本馆的文化责任，不断发表文章，反复陈述，始终不变。1926年朱金农在《本馆对于文化事业应负的责任》一文中强调："一个独立的国家，不可不有独立的文化。建立一种独立的文化，应做三种工作。一、整理固有的文化。二、采取外来的文化。三、创造新的文化。"[1] 王云五 1929 年在《商务印书馆三十年来对于文化事业的努力》一文中陈述："本公司自成立以逮今兹，素以发扬文化为己任，故除编印各级教科用书之外，复努力于一般文化之促进，一面翻译外国之名著，以为介绍世界最新学说之梯航；一面集印中国历来著名之巨籍，以期宣扬我国固有之学术。"[2] 该社的出版物既有属于西学的，又有属于中学的，二者融合，致力于创造

---

① 朱金农：《本馆对于文化事业应负的责任》，载《励志》，1926 年第 3 期。

② 王云五：《商务印书馆三十年来对于文化事业的努力》，载《东方杂志》，1929 年第 26 卷第 10 期。

新的文化。王云五还在《本馆与近三十年中国文化之关系》一文中，详细列举了商务印书馆出版的各类图书，特别说明："政治上每经一度之变动，文化上辄伴以相当之改进。而对此改进之工作，三十年间不绝赞助且赞助最力者，其唯我商务印书馆乎。"① 何炳松在商务印书馆成立三十六年时也如此总结："本馆深知出版事业关系我国文化前途甚巨，故确定方针，一方发扬固有文化，一方介绍西洋文化，谋沟通中西以促进整个中国文化之光大。本馆因此有中外名著之系统刊行。"②

图书是文化的载体，也是衡量一个国家文化实力的重要指标。而出版业与各界发起的读书运动是同时并进的关系。王云五在《出版与国势》③ 一文中论述："我们要计量文化的势力，不当仅仅计量受教育的人数或其比例，却应计量真肯研究学术者的人数或其比例。所谓真肯研究学术者的人数或其比例，可从一国出版物的数量、出版物的定价和生活程度的比例，以及出版物的性质，这三者观察而得。"他通过比较 1932 年间中俄日美英法德意八国新出版物的种数，说明"我国文化势力的薄弱"，出版物的种数远远落后于其他任何一个国家。还有，推定各国对于各类书读者的倾向程

图 1-4　《出版周刊》

度和人数，也可以推知各国的文化势力和倾向，我国同样是落后的。所以，"从出版方面而所观察的我国国势，既然是这样的落后，欲谋挽救，则政府对于教育设施之猛进，社会对于读书运动之提倡，与出版对于优良出版物之努力，三方面负有同等的责任，而且是要同时并进的"。这种统计比较的方法具有世界眼光和文化担当，并不局限于商务印书馆出版的图书在全国所占的较大比例和优势地位。具体到某一种类图书的评价也是如此，1918 年商务印书馆出版了《植物学大辞典》，蔡元培为之作序，同样指出："一社会学术之消长，观其各种辞典之有无与多寡而知之。各国专门学术，无不各有其辞典。"由此可见，图书出版物的种类与数量，读者购买和阅读的情况，是关系整个国家文化实力强弱的重要问题。

① 王云五：《本馆与近三十年中国文化之关系》，载《励志》，1926 年第 3 期。
② 何炳松：《商务印书馆被毁纪略》，载《东方杂志》，1932 年第 29 卷第 4 期。
③ 王云五：《出版与国势》，载《广播周报》，1935 年第 36 期。

在相对宽松的出版体制和文化氛围中，民间出版机构迅速发展，许多学养深厚、各有专长的学者教授，参与了图书的编辑策划，借助图书出版物，传播国故新知，辅助教育事业，推动文化建设。张元济曾任商务印书馆编译所第一任所长，他是翰林出身，学养深厚，于是致力于整理和刊印多种重要的大型古籍图书。他对朋友说："吾辈生当斯世，他事无可为，惟保存吾国数千年之文明，不至因时势而失坠，此为应尽之责，能使古书多流传一部，即于保存上多一分效力，吾辈炳烛余光，能有几时，不能不努力为之也。"[1] 他充分利用了当时的印刷技术："影印之事，如早十年，各种条件没有具备，不可以做；迟二十年，物力维艰，就不能够做。能于文化消沉之际，得网罗仅存之本，为古人续命，这是多么幸运啊！"[2] 第二任所长王云五则与时俱进，策划出版了多种大型丛书。1937 年他发表了长文《编纂〈中国文化史〉之研究》[3]，详细梳理了中国文化史的资料及特点，参考外国学者编著的中国文化史及世界文化史的书目及方法，借鉴国外文化史丛书的体例，提出了以分科方法编纂"中国文化史丛书"的思路，策划了 80 种专门文化史的选题，"斯皆萃一时之宏雅，发吾国之辉光，分之为各科之专史，合之则为文化之全史"。这套丛书最终出版了 40 多种，其余因为抗战爆发而未能完成。如此宏大的文化史丛书，约请当时多位著名学者教授参与，每一种专史都具有创新性，由此呈现了当时中国学术研究的学者阵容和最新成果，竟然由一个民间出版人进行规划与具体运作，可见中国的历史研究、新文化建设已经积淀了丰硕的成果，进入了整体建设的阶段，而图书出版物成为新文化建设的物质载体。

（二）印刷技术的功用

中国是印刷技术的发明国，但中国古代并不重视对印刷技术的研究。反而是西方学者参照古腾堡发明的机械印刷技术，追溯其源头，论证中国作为印刷术发明国的地位。美国学者卡特的《中国印刷术的发明和它的西传》一书，1925 年在美国出版后，很快传入中国，向达先后翻译了该书的部分篇章[4]，分别在《图书馆学季刊》发表，引起许多中国学者的关注。然而，中国古代的印刷技术一直停留在手工操作

---

① 张元济：《致傅增湘》，见《张元济全集·第三卷·书信》，337 页，北京，商务印书馆，2007。
② 顾廷龙：《回忆张菊生先生二三事》，见《商务印书馆九十年——我和商务印书馆（1897—1987）》，14 页，北京，商务印书馆，1987。
③ 王云五：《编纂〈中国文化史〉之研究》，载《东方杂志》，1937 年第 34 卷第 3 期。
④ 最早发表的一篇载《图书馆学季刊》，1926 年第 1 卷第 4 期。

阶段，到了晚清民国时期，已经不能适应民间印刷出版业迅猛发展的需要。这一时期不仅从国外大量引进先进的印刷机械，还有留学归来的印刷技术专家努力学习国外先进技术，并在中文字模、排版技术等方面进行创新，全力配合中国各种类型出版物的印制需求，中国的印刷术也进入了"改革时代"①。

印刷技术专家对于印刷术与文化的关系同样有自觉认识。刘龙光曾具体论述印刷术的传播功能及其对文化的影响："一国文化的水准，与其国印刷术发达的程度成正比例。大凡印刷术发达者，其国的文化水准必高。印刷术不发达者，其国的文化水准必低。何以言之，因为传播文化的工具是文字，文字的功用有二：（一）永久；（二）布于广远。前者是时间之事，即纵的传播；后者为空间之事，即横的传播。但此二者都非赖印刷术不为功。以后者言，欲文字布于广远，必须将其印刷成无数的复本，则其传播自广。以前者言，欲文字传于永久，并非徒事保存便可奏效的，也是要将它印刷成无数复本，则不怕阙佚之患了。所以传于永久和布于广远，两者是有因果关系的。传播既广，则其流传自永。由此观之，文字固然是传播文化的工具，印刷术则是传播文化的利器。"② 陈昌蔚则具体论述了教育与印刷的关系："要教育普及然后人民才知有国家，才知国民应有的责任。普及教育的主要工具是印刷物，须有价廉物美的书籍，使人人能以最低限度的代价，换取有益的知识。然后才能唤起一般人阅读书报的兴趣。印刷术在我国虽具有极悠久的历史，但因国民保守性很重，至今还没有多大的进步。愿关心国民教育者，今后努力促进印刷术的发展。"③ 印刷技术发展，可以提高图书的质量，降低图书印制的成本，使更多的平民百姓有条件购买和阅读图书。

中国最初的新式出版业与印刷业是相互关联和辅助的。王云五《中国的印刷》一文指出："在欧美各国出版业很少兼营印刷业的，我国却不是如此。在光绪二十年左右有了新式出版业以后，规模较大的出版家没有不自办印刷所的，并且印刷业在中国简直是出版业的附属品。"④ 陆费逵《六十年来中国之出版业与印刷业》一文也提到这一现象："我国习惯，对于出版业和印刷业，向来界限不分。古昔不必说了，

---

① 贺圣鼐：《中国印刷术沿革史略》，载《东方杂志》，1928 年第 25 卷第 18 号。
② 刘龙光：《中国印刷术的沿革》（上），载《艺文印刷月刊》，1937 年第 1 卷第 1 期。
③ 陈昌蔚：《印刷术》，载《商务印书馆出版周刊》，1936 年第 180 号。
④ 王云五：《中国的印刷》，载《文化建设月刊》，1935 年第 1 卷第 1 期。

就现在两个大的出版印刷业说：商务印书馆谁都知道它是我国唯一的出版家，它的营业，出版占十分之六，印刷占十分之三；但是它最初是专办印刷的，所以它的牌号到现在还有'印书馆'三字。中华书局在印刷业也占着全国第二的位置，彩印且占第一的位置，但是它最初只营出版业，不从事印刷，所以到现在仍是以书局为名"，"还有许多招牌用某某书局，实际上或专营出版，或专营印刷，或兼营出版与印刷"。① 然而，印刷术或印刷业，只是一种习惯的表述，更为宽泛的概念是印刷工业。孙中山在《实业计划》中所提到的印刷工业涉及造纸业、墨胶工场、印模工场、印刷机工场等辅助工业。从这个角度来看，中国印刷工业还处在落后状态。《近代中国印刷术》一文列出三种表格，统计中国自 1911 年至 1929 年间纸张、铅印石印材料和印刷机器的进口情况，指出"统观上列三表，有令人不寒而栗者。历年洋纸、铅印、石印材料及印刷机器输入之总额，突飞猛进，一方适足以表示吾国近年印刷数量的进展，一方适足以表示吾国印刷事业每年漏卮之巨。故欲谋今后吾国印刷事业正当之发达，于培植印刷人才之外，更宜努力于印刷原料之制造"。② 所以，中国的图书出版业的发展有赖于印刷工业的进步，例如，有了彩色照相制版术，中国教科书的插图、绘画图片集、摄影杂志等才得以发展，可以为大众提供喜闻乐见的阅读方式。

西方媒介史、书籍史研究特别重视印刷媒介的作用，因而书籍史与印刷史有着密切关系。印刷书籍的出现不仅是技术问题，还是社会变革的推动力量，从而构成了书籍的社会史和文化传播史。这实际上突出了书籍出版史上的重要节点，即新旧媒介技术的交汇这一因素。有关印刷书籍所能产生的影响，更为广泛传播的书籍文本及其内容如何成为社会变革的推动力量，法国年鉴学派的代表作《印刷书的诞生》③ 探讨了古腾堡发明的印刷技术对欧洲文艺复兴与宗教改革的影响。然而，中国古代的印刷术对于古代政治、文化的意义，并不是"革命"性的，反而起到了维护其秩序稳定的作用。只是到了近代，中国的印刷术与印刷书籍一同进入了"改革时代"，终于成为"再造文明"、建构新文化的有力推手。这个时期相对于欧洲印刷术的革命时代已经滞后了很多年。或者说，古腾堡的印刷术与西方的印刷术，先是通过传教士进入中国，后来又通过中国的出版人和学者输入中国，对中国的文化变迁

---

① 陆费逵：《六十年来中国之出版业与印刷业》，载《申报月刊》，1932 年第 1 卷第 1 期。
② 贺圣鼐、赖彦于：《近代中国印刷术》，载《中国印刷杂志（纪念号）》，1936 年第 2 期。
③ ［法］费夫贺、马尔坦：《印刷书的诞生》，李鸿志译，桂林，广西师范大学出版社，2006。

及社会变革间接产生了革命性的影响。

中国的社会变革和文化变迁，是基于本土的历史传统和现实需要而发生的。如果我们考察中国的出版物所形成的中学与西学相提并论的格局，就能看到一种温故而知新、知新而温故的思路，这已经超越了古代文人"为往圣继绝学"的使命，而是投身于建设新文化、新文明的伟大事业。还有，如果研究图书营销的具体案例，中国与西方也有不同。美国学者达恩顿曾研究狄德罗《百科全书》在国外的营销情况：这是"一桩投机生意"，也是"一部书的传记"。① 印刷术促进了知识整合型的大型书籍的编辑出版，而"百科全书"不仅是一种书籍类型，也是欧洲书籍史及出版史上的一个里程碑。西方编纂的百科全书也曾输入中国，商务印书馆 1907 年曾受伦敦泰晤士报馆委托在中国销售《大英百科全书》②，其刊发在《申报》的广告强调：《大英百科全书》"在日本发售，一年之间，销行至五千五百部，是书价值，可以想见"，推测"以中国之人数例之，不应什百于日本乎"。然而，考虑到中国社会的政治、经济、文化等方面因素，《大英百科全书》的销量很少。王云五曾统计分析："我国书籍售价最低的是小学教科书，次之是中学教科书，再次之便是字典词典。这可见我国的读书界还是在被动的时代，换句话说，就是大多数还是按照学校规定的功课而读书，所以只有这一类书销售特多。但就这一类中的词典而论，我国流行最广的普通辞书，像《辞源》一书，和日本流行较广的《汉和辞典》比较，还是望尘莫及。查《辞源》在过去约莫二十年间总计印数还不满一百版，而日本的《汉和大字典》，从大正六年到昭和八年间，共印过六百二十版。仅此一例，便可推及其他了。"③ 对于中国的印刷出版业来说，竞争最为激烈的是中小学教科书。1936 年政府推广汉字注音，规定"凡编辑儿童及民众读物者，一律须用注音汉字印刷"。由此也促进了印刷界改进技术，解决注音汉字铅字铜模及排版问题。所以，印刷与教育的关系非常密切，印刷是辅助教育发展的重要媒介，中小学教科书是中国印刷史、出版史上的典型案例，也是当时阅读人数最多、影响最为广泛的图书。这也构成了中国儿童阅读及教育史的一种底色。

---

① ［美］罗伯特·达恩顿：《启蒙运动的生意：〈百科全书〉出版史（1775—1800）》，叶桐、顾杭译，北京，生活·读书·新知三联书店，2005。

② 商务印书馆 1907 年曾几次在《申报》刊登广告，介绍《大英百科全书》之"真价值"及购买方法。此后一直代售此书。

③ 王云五：《出版与国势》，载《广播周报》，1935 年第 36 期。

第四节 读书教育的社会运动

民国时期的读书教育是由知识阶层及其相关文化机构所主导的，肩负着开启民智的文化使命，因而组织了各种各样的面向普通民众的宣传教育活动（当时亦称为"运动"）。图书馆不仅是藏书机构，也是图书流通、服务读者的渠道。现代意义的图书馆与出版社配合，积极参与读书教育运动。政府主管部门也组织了读书运动大会，动员社会各界关注读书教育对文化建设的重要意义。

一、图书馆推动读书普及教育

中国有悠久的图书整理和收藏历史。但官方藏书不对社会开放，著名的私人藏书楼也以家族方式存在，很少允许他人借阅。古代的读书教育及藏书观念，是与扬声名、显父母的家族传统相联系的。晚清民国时期，现代意义的公共图书馆纷纷建立，逐渐取代了私人藏书楼，成为图书流通及公众教育的机构。蔡元培曾指出："教育并不专在学校，学校以外，还有许多的机关。第一是图书馆。"① 中国的图书馆从以藏书为主，转向为普通公众服务，不仅借鉴了西方图书馆的经验，也是普及教育的现实需要。图书馆学专家沈绍期提出："欧美国民，视图书馆为继续终身之教育机关，如日用之布帛菽粟，不可须臾离者。故平日好书人多，阅书人数，不可胜计。中国阅书人少，人民求学之心力薄弱，无容讳言。"② 由于中国不识字的人口占多数，图书馆不仅为高端的学术研究服务，还要将普通民众作为读者对象，"我国现时急需的就是普及教育，要使一般的民众都到图书馆里来"③。

必须通过教育活动使民众了解图书馆的性质。有文章这样总结 1922 年图书馆教育的成效："人民受图书馆教育较前略深也。前此一般人民，知识幼稚，对于图书馆，若以为憩息之所，其览阅也，又以为消遣之为。及至现在，皆已如梦初醒，知此种事业，不愧为教育机关。"④ 1929 年中华图书馆协会第一次年会的宣言说明：

① 蔡元培：《何谓文化》，见《蔡元培全集》第四卷，13 页，北京，中华书局，1984。
② 沈绍期：《中国全国图书馆调查表》，载《教育杂志》，1918 年第 10 卷第 8 号。
③ 沈祖荣：《世界民众图书馆专号卷头语》，载《文华图书馆学专科学校季刊》，1934 年第 6 卷第 2 期。
④ 《民国十一年之图书馆教育》，载《新教育》，1923 年第 6 卷第 2 期。

"近世图书馆功在致用，其鹄的在使国族无男女老稚以逮聋瞽喑哑，读书机会一切均等。"① 因此，图书馆教育运动采取各种平民化的措施：开放公共图书馆、建立民众图书馆或通俗图书馆，还走出图书馆，深入民间实施图书巡回展览，组织读书会，"其目的在使凡有阅读之能力者，不问其年龄阶级与性别之如何，皆得有适当之读物。苟年龄太幼不能诵读者，则为之备置图画"② 。还要根据图书馆的特殊性质，对不同的读者进行具体指导。1934 年徐旭《民众图书馆学》一书第九章专门论述了"民众阅读指导法"，包括"用书法""读书法""引起民众阅读兴趣的方法"等内容。《申报》附设的流通图书馆特设了读者指导部，《申报》也增设"读者问答"一栏，回答一般读者来信提出的读书问题，"素被社会人士称为失学青年之南针"③ 。

图书馆的读书教育与出版机构有密切关系。李泽彰指出："图书馆运动约发生于民国十四年，其主旨一在保存文化，一在建设文化。此运动之发轫，当推中华教育改进社图书馆教育委员会提议，将美国退还庚款三分之一建设图书馆八所，以为模范。民国十七年，全国教育会议大会通过，请大学院通令全国各学校都须建置图书馆，并于每年全校经费提出百分之五以上为购书费。于是出版界之趋势，应运而兴者，厥为大量出书，在十八年更为显著。其最好例证，为商务印书馆发售之《万有文库》第一集，共书有一千种两千册，并附有十大本参考书，使图书馆经费支绌，管理人才缺乏，难致相当图书的困难，得以迎刃而解。"④ 王云五也自述："从前主编《万有文库》，为中等学校及一般图书馆作整个的贡献。结果因这部书而成立的图书馆，多至数千。我的努力总算没有落空。"⑤ 此后，商务印书馆还出版了"民众基本丛书""社会教育小丛书""小学生文库"等

图 1-5　《万有文库》第一集封面

_____

① 《中华图书馆协会第一次年会宣言》，载《中华图书馆协会第一次年会报告》，1929 年 7 月。
② 刘衡如：《近代图书馆之性质及功用》，载《浙江公立图书馆第八期年报》，1923。
③ 李公朴：《读者问答集》，申报流通图书馆读者指导部印，1934。
④ 李泽彰：《三十五年来中国之出版业》，载《浙江省立图书馆月刊》，1932 年第 1 卷第 2 期。
⑤ 王云五：《缘起》，载《申报》1933 年 7 月 28 日，《小学生文库》广告。

图书，可以说是为各种图书馆提供了成套的书库。读书教育对于形成读书风气产生了一定影响，1937年有文章指出："三四年来，中国出版界和中国社会读书风气都已有了显著的进步"，"由于教育之进步与各方面环境的推动，近年来社会读书的风气也确然有进步的表示。虽则因积习和经济的关系，购书之风仍不发达，但就公家图书馆的供给看来，已可看到社会程度的进步。就浙江图书馆而论，阅借应用科学和国际政治经济等图书的人，日见增多，而一部分无聊的小说小品之顾客，则颇见减少"。①

这里再以儿童图书馆与儿童出版物为例。除了中小学教科书之外，儿童读物的质量是关系儿童教育的问题。图书馆学专家杜定友在《儿童图书馆问题》一文中指出："据实际上的调查，国内的儿童，毕业于小学而绝学的，不可胜数。这种小学生每每因为生计所逼，经济所困，不得不出而谋生。他们若是从少没有求学的基础，没有读书的习惯，没有学问的兴趣；那出校之后，不免永远抛离读书，置学问于脑后，以致终身沦落，无以自拔。所以在儿童时期，在学校方面，当给以相当的知识；而在图书馆方面，就要注重求学的基础，使他们有读书的习惯。"通过儿童图书馆，培养儿童读书和利用图书馆的习惯，这是儿童教育的一部分。因为图书馆"所办的事业，非但在图书馆馆舍以内，而且要伸张出去与家庭和社会机关联络，互谋儿童的幸福。儿童图书馆在教育制度中占一重要的位置，为初等教育的一部分"。对于儿童借书习惯要善于引导，不要过于严格，"儿童在十一二岁的时候，正是阅读兴味萌芽的时候，正是应该养成读书习惯和图书馆习惯的时候，若是加以限制和阻滞，那么，对于儿童的前途，大有阻碍。把培养读书习惯最适当的时机白白错过，岂不可惜"。② 这篇文章强调儿童图书馆的社会责任，高度重视儿童时期的读书问题，还详细讲述了儿童用书的选择、指导儿童阅读的方法等问题。此外，还有《可爱的小图书馆》③ 一书，专门谈儿童图书馆建设以及指导儿童阅读的问题。

出版社同样关注为儿童提供有益的课外读物，如王云五策划的《小学生文库》就是考虑了儿童图书馆的需求。商务印书馆在《出版周刊》中专门介绍这一丛书的特点："《小学生文库》第一集出版后，贡献于儿教事业殊大。举其主要者：1. 科目

① 陈训慈：《多多出版有益社会的读物》，载《读书》，1937年第3号。
② 杜定友：《儿童图书馆问题》，载《教育杂志》，1926年第18卷第4期。
③ 张九如、周羲青编：《可爱的小图书馆》，上海，中华书局，1928。

齐备，儿童得就其兴趣所在，自由选读。2. 备此大部书籍，即足以成立一个中高年级儿童图书馆。3. 费有限的金钱，换得人类全部智识的雏形。"还刊载了一个小学校高年级儿童借阅情况的统计表，说明这一文库"为现代儿童精神上的主要粮食，已无疑义"。这一丛书包括 46 个门类，345 种，装订成 500 册，共计 1160 多万字。执笔者达 120 人，都是当代专门学者或富有教学及编撰经验者。[①] 后来又编印了《幼童文库》，这些儿童丛书"对于引起儿童自动读书的兴趣，培养儿童自动读书的能力，以及供给适于儿童的补充读物三点，总算有了点贡献"[②]，曾经风行一时。

关于儿童用书的研究，也是社会各界关注的问题，涉及教育学、儿童心理学、儿童文学、图书馆学等方面。1921 年有中小学教师成立了儿童用书研究会，《儿童用书研究为什么是一件特别紧要的事？》一文指出："从儿童与社会之关系上看，不可不研究。儿童是社会组织的基本要素。"因此，"儿童的好坏，绝非生成，势必借助教育的陶冶。而教育的陶冶，又必以用书为最要的工具。工具适用，即可促进其身心的发达，将来庶可为社会之健全分子"。文章还列举美、英等国家组织儿童研究会的情况，说明"我国人口最多，教育又不普及，对于儿童用书，尤宜悉心研究，不遗余力，随着世界潮流，一同奋进。庶几他日文化程度、教育状况，不致远落人后"。[③] 1922 年儿童用书研究会利用《中华教育界》杂志，刊发了一期儿童用书研究号，"希望全国教育界把儿童用书研究当做一个专门事业"、对现有的儿童用书加以具体的批评，希望有心研究儿童用书的人士予以帮助。[④] 如果对比中国古代的童蒙读物及其教育方式，就可以看出中国儿童观念以及儿童读书教育思想已经发生了根本变化，具有了世界眼光。或者说，儿童的读书教育，关键的问题是儿童读什么书，这就需要编辑出版适宜儿童阅读的图书。这在中国也是一个前所未有的学术话题，《儿童读物的分类与选择》[⑤] 一文就详细论述了什么是儿童读物、儿童读物的分类、儿童读物的选择标准等问题。儿童读物的编辑出版、儿童图书馆的设立，是和教育界对儿童用书的研究密切相关的，从而形成了各界专家共同探讨、进行图书批评的

①　蛰庵：《小学生文库与小学生》，载《出版周刊》，1935 年第 125 期。

②　《编印小学生分年补充读本缘起》，载《出版周刊》，1935 年第 158 期。

③　沈振声：《儿童用书研究为什么是一件特别紧要的事？》，载《中华教育界》，1921 年第 11 卷第 6 期。

④　陈启天：《发刊〈儿童用书研究号〉的希望》，载《中华教育界》，1922 年第 11 卷第 6 期。

⑤　王人路：《儿童读物的分类与选择》，载《教育杂志》，1929 年第 21 卷第 12 期。

学术氛围。此外，《读书心理的研究》①一文详细介绍了西洋的儿童读书心理学及调查实验，"可惜中国还在开始研究，着手实验阶段"，希望引起教育界同人的关注。

二、全国读书运动大会的作用

1935 年的报刊发表有关读书的文章最多，因为这一年出现了全国读书运动大会。

"运动"这个词的含义，黎锦熙曾在《国语运动的纪念年》一文中概括："大凡一种'运动'总是起于少数先知先觉者一种有意的宣传，跟着政府也受其影响而起了反应。"②这相当于今天所说的"活动"，而不是特指政治运动。民国时期的读书教育或读书运动针对各种层次的读者，一直在推进，有民间的，也有官方的，聚集了各方面的力量。而读书运动又是与国语运动、图书馆运动相互关联、互相辅助的。这些不断发起的文化"运动"，充分利用了当时的图书、报刊、广播等媒体进行宣传，引导舆论，还组织专家名流进行专题讨论，成为新文化建设的组成部分。而政府部门也随之产生"反应"，从上到下发起读书运动。

1935 年的全国读书运动大会是一次大规模的教育与宣传活动。当时在媒体发布的消息是："中国文化建设协会为造成全国好学风尚、提高文化水准起见，于二十四年四月八日至二十一日，举行全国读书运动大会。在这期间，除请全国各大出版机关本版书籍一律五折发售外，总会以及各地分会，并敦请学者名流，按日举行播音演讲。"③该会理事长陈立夫在南京播送全国读书运动大会开幕词《民族复兴与读书运动》，潘公展的闭幕词题为《三个基本认识》。由此可知，这是一次有官方背景的全国性的读书教育活动，动员了出版机构、大中小学、学界名流参与，还有多家报纸杂志、广播电台等媒体作为宣传报道的平台。

这次读书大会在全国动员，得到了社会各界的响应，据报道：在两周期间，各图书馆开图书展览会；全国各大中小学校举办读书运动纪念周，讨论读书问题，开读书演讲会，指导学生读书的方法；各大报发表读书运动评论，并发行读书问题专刊。全国各大出版机构一律廉价，发售半价书籍。④例如，商务印书馆以"提高文化水平，

---

① 吴肇基：《读书心理的研究》，载《江苏教育》，1935 年第 4 卷第 3 期。
② 黎锦熙：《国语运动的纪念年》，载《国语周刊》，1932 年第 2 卷第 31 期。
③ "读书讲座"的编者按说明，载《文化建设》，1935 年第 1 卷第 8 期。
④ 《全国读书运动大会》，载《中华图书馆协会会报》，1935 年第 10 卷第 5 期。

充实救国能力"① 为口号，发布了赞助全国读书运动商务印书馆半价书目。还有，学者名流蔡元培、王云五、何炳松等 13 人在广播的演讲词也集中在杂志发表。② 其中有"读书运动与中国革命""文化建设与读书运动"等涉及当时政治的题目，也有如何研究哲学、自然科学、政治学、国际政治、经济学、教育学、法律科学、史地、文学等具体学科的读书指导，这可以反映当时知识专业化、学术图书出版以及阅读的状况。

读书运动的目标是提高国民的文化水平，实现民族复兴的使命。读书教育不仅针对学校的学术研究，还包括一般民众，"扫除文盲"就是现实问题。潘公展在闭幕词中谈到："我国有四万万七千万同胞，即使说中国文盲不到百分之八十，至少也有百分之七十，即以百分之七十而言，也有三万万二千九百万不识字的广大文盲。这广大文盲而遗失在知识圈之外，中国一切的建设事业如何可完成？"所以，"更须扫除中国广大的文盲，以巩固民治的基础"，这也是读书运动的一个要义。③《申报》在当年 4 月 8 日读书运动大会特刊发表《对于读书运动之感想与期望》的时评，也谈到"我国文盲甚多，良好之通俗刊物殊少，加之设备完善之图书馆又限于几个大城市有之，欲求读书竞进会之效能增加，与夫读书运动之实效，将来能普遍于全国各地，则扫除文盲工作之策进，通俗读物之编订，以及图书馆之扩充与增设，要非同时并进不可"④。可见读书运动，必须与图书出版机构以及图书馆相互协作，共同推进。

需要指出的是，这次读书运动的组织者中国文化建设协会具有官方色彩，陈立夫所谓"民族复兴"也与政府的"文化统制"主张有关联。如何评价这次读书运动的目的，不能只是根据其宣传口号或表面文章，还需要根据更多资料，进行综合考察。对此，今天的学者已有文章⑤，可以参考。然而，读书教育不是一次大会的事情，而是社会各界学者始终关注的一个话题，报刊媒体经常发表有关文章，组织专

---

① 《出版周刊》，1935 年新第 123 期。
② 《文化建设》，1935 年第 1 卷第 8 期。
③ 潘公展：《三个基本认识：全国读书运动大会之闭幕词》，同上刊。
④ 《对于读书运动之感想与期望》，载《申报》，1935-04-08。
⑤ 史春风：《20 世纪 30 年代国民政府文化运动研究》，载《山东社会科学》，2012 年第 2 期。文章指出：1934 年中国文化学会曾在其控制的《前途》杂志出版了一期"文化统制专号"，宣传专制独裁，要求加强对思想文化领域的控制。"读书运动，中国文化建设协会则以政府名义来大张旗鼓，高调亮相。协会理事长陈立夫为全国读书运动大会亲自致开幕词，其他党政要人如吴铁成、潘公展等则著文演讲，推波助澜。其公布的书目中，蒋中正著《革命哲学》《新生活运动纲要》，立法院编《中华民国宪法草案》，陈立夫编《唯生论》等赫然在列。读什么书？政府用心昭然若揭。"

题讨论。全国读书运动大会只是借此机会聚集了各方面的力量，凸显了读书教育的现实意义。作为读书教育的一次大规模的宣传活动，这也是中国现代阅读史的一个案例，具有史料价值。

第五节　读书教育话题的延续

从阅读史的角度，考察民国时期的读书教育活动，可以获得多方面的启示。民国时期是中国印刷文化的一个高峰，各种类型的图书不仅传承了古代典籍，也包容了西学读物，为中国的新文化建设奠定了知识基础。在当今的文化背景下，中华优秀传统文化的复兴重新受到重视，民间的少儿读经活动依然存在争议，民国学者编写的语文（"国语""国文"）教科书、国学概论等书籍再版发行后，反而使今天的读者有豁然开朗的感觉。图书作为积淀深厚的文化载体，其历时性的阅读依然在延伸并焕发出新的生命力，读书教育问题其实也在接续民国时期的话题而继续展开。温故知新，以史为鉴，有助于今天的学人培养独立思考的精神，找到文化平衡的支点，明确文化发展的方向。

在当今的媒介环境中，基于数字技术和网络平台，图书的文本形式和流通方式都发生了很大变化。中国新闻出版研究院每年发布的《全国国民阅读调查报告》统计数字中已经涵盖纸质图书阅读、手机阅读、网络在线阅读等方式，而纸质图书阅读所占比例总体来讲大幅下降且回升缓慢。这种情况正如《书籍的秩序》一书所分析的："电子文本所引发的革命也将是一场阅读革命。阅读屏幕与阅读纸本大异其趣。文本的电子版式彻底改变了文本的生存环境；它用无定所的虚拟书取代了实体书；印刷品字、画依托于纸的版面要求，电子文本却允许可随意操纵的碎片自由组合；书本所含的整体内容看得见且能即刻感知，而电子版式却让人长航在海岸漂移的文本岛之间。上述转变强制性地、不可避免地会引发新的阅读方式、新的与文字的关系、新的知识处理技术。如果说前几次阅读革命发生后书的基本结构未变，那么在当今世界，它已经不可能不变。这场已然发端的革命首先是传播文字之载体之形式的革命。"具体而言，这种数字化的书籍，改变了文字及其知识内容所附着的文本形式，而且"文本彻底脱离了为其建构历史含义的习惯形式"。这不仅改变了读者与书籍接触的方式，也会失去传统的文本文化的特征。因为，"事实上，话语之秩序不可能脱离其时代的书籍形式"。[①] 数字化技术使书籍文本的信息脱离了原有的秩序和语境，而不被控制的信息四散传播，可以产生无数任意链接的页面。面对这场阅读"革命"，读书教育的任务更为艰巨，不仅要认识新媒介的特征，更要强调纸质图书不可替代的历史意义和积淀厚重的文化价值。我们自然联想到民国时期学者对读书教育的呼唤与行动，读书依然是衡量一个国家文化实力的重要尺度，提高国民的文化素养还是要从读书教育入手。中国社会各界的有识之士同样需要担当起文化启蒙、读书教育的社会责任。图书馆界学者所关心的对读者的信息素养教育，尤其不能忽视纸质图书的特殊价值，那些追赶在新媒介技术后面的泛泛之谈反而显得缺少深度。

伴随着媒介技术的发展，媒介素养教育必然提上日程。早在民国时期，不仅有读书教育，也逐渐出现了读报教育（见第二章）、电影教育（见第三章），可以说当时的媒介环境已经与古代社会全然不同了。但是，读书教育关系到更为深刻的社会变迁、更为宏大的文化主题，需要具备历史的眼光和开阔的视野，采用多学科的研究方法，形成多元文化对话的平台，这是当时刚刚出现的大众媒介所不能达到的境地。因而，从民国时期的读书教育进入中国本土的阅读史，我们从古今关联、新旧更替的轨迹中会有更多的发现，可以说，这也是一种基于媒介历史的文化素养教育。正如《新媒体批判导论》一书所指出的："理解新媒体应试图立足于历史的角度"，"如果我们没有仔细将其与已经存在或者很久以前存在的东西作比较，我们如何知道哪些东西是新的或在什么样的方式下它是新的？"为了理解新媒介的变化，"我们需要从之前'事情已经变化'的陈述中建立一种历史维度"。[②] 面对今天的网络信息时代，我们不妨转过身去，回望民国时期的读书教育所经历的深刻变化，进而反思和探讨我们如何应对一场新的阅读革命和文化建设运动。

---

① ［法］罗杰·夏蒂埃：《书籍的秩序》，吴泓渺、张璐译，21、26 页，北京，商务印书馆，2013。

② ［英］马丁·李斯特等：《新媒体批判导论》（第二版），吴炜华、付晓光译，55 页，上海，复旦大学出版社，2016。

2

第二章

阅读史视角下的儿童读报教育

从媒介发展史的角度来看，媒介的发展与媒介教育是相互联系的。报纸与图书都是印刷媒介，但是报纸作为"新闻纸"是大众传播媒介。民国时期，伴随着报刊事业大众化的趋势，进行广泛的读报教育，扩大阅报的人数，成为社会各界关注的问题。读报教育还通过小学社会科目的时事教学正式进入课堂，儿童开始了解报纸的常识，这是中国教育史及媒介史上前所未有的变化。本章以民国时期的儿童读报教育为中心，追溯当时复杂的历史文化语境，为当今的媒介素养教育提供一种参照。

第一节　绪论：儿童读报教育的话题

一、研究思路：从读报发现儿童

在当今的新媒介时代，为什么要探讨民国时期的儿童读报教育？简单说，这是民国时期曾经发生的历史事实，在今天可以借鉴西方的媒介史及阅读史的研究视角，进行重新解读，具有学术价值；可以追溯中国本土的以儿童为对象的媒介素养教育的开端，这对当今的青少年媒介素养教育具有参照意义。

报纸是以新闻为主要内容的大众媒体。报纸的时效性，必然需要发展高速运转的印刷工业和即时发行的交通网络，报纸的运营也需要更为广泛的读者数量。报纸的新闻信息来自不同的媒体机构及各国通讯社，新闻的内容联通中外、版面形式独具特色。报纸的这些特征对读者认知世界、了解社会所产生的影响显然是与图书不同的。加拿大学者伊尼斯《帝国与传播》一书就以西方媒介史上的具体案例，分析报纸与纸张、印刷术的关系，揭示"报纸倚重空间的偏向及其知识垄断"对社会所产生的影响。[①] 其实，中国学者对报纸媒介在中国出现的意义早有深刻论述。中国有着悠久的读书传统，到晚清民国之际受到西方的影响而进入读报时代。著名记者戈公振1926年所著《中国报学史》一书就指出："欧美人有不读书者，无不读报者。盖报纸者，人类思想交通之媒介也。夫社会，为有机体之组织，报纸之于社会，犹人类维持生命之血，血行停滞，则立陷于死状；思想不交通，则公共意识无由见，而社会不能存在。有报纸，则各个分子之意见与消息，可以互换而融化，而后能公同

---

① ［加］哈罗德·伊尼斯：《帝国与传播》，何道宽译，180 页，北京，中国人民大学出版社，2003。

动作，如身之使臂，臂之使指然。报纸与人生，其关系之密切如此，故报纸之于知识，乃国民所应具。"① 他将中国报纸的发展史分为几个时期：官报独占时期、外报创始时期、民报勃兴时期、民国成立以后。其研究角度是"专述中国报纸之发达历史及其对于中国社会文化之关系"，所以说，报纸的发展史也是中国媒介史及社会文化史的一部分。

从阅读史角度研究报纸是近些年的一个热点。阅读史从书籍史发展而来，已经拓展到对报纸的阅读史。阅读史不仅关注个人的阅读行为，也关注群体的阅读变化。晚清民国时期，中国不同阶层人群的读报历史具有特殊的文化研究价值。李孝悌的《清末的下层社会启蒙运动：1901—1911》一书，关注的是知识分子以开民智为目的的启蒙运动，"更重要的，则是启蒙者对媒介形式和场合的重视，从白话、宣讲、讲报、演说、戏曲到阅报社、半日学堂和茶馆，我们看到上、下层文化的交涉如何达到一个空前频密的地步"。其中提到"阅报社的大量出现是 1905、1906 年的事。这个时候，报纸与开发下层社会民智的关系已经格外受到关注，特别为下层社会设想的阅报社也开始出现"。② 从阅读史角度看，读报向下层推广，这也是阅读革命的开端。章清所关注的是民国初期读书人的阅报行为，"试图结合读书人与报刊的互动，尤其是身处大学校园的读书人与报刊的关联，审视读书人的生活形态呈现出的新的特性"，探讨民初的思想环境如何影响到对读书人的塑造。他根据当时文人写的日记等资料，说明"阅读报刊实际成为那个年代青少年思想训练的主要管道"。③ 然而，与读书人相比，民国时期正在小学读书的儿童是如何接触报纸、开始读报的，报纸对儿童的社会化过程产生了怎样的影响，这反而成为一个有待进一步探讨的问题。

媒介的发展是与媒介的教育密切相关的。中国古代的童蒙读物，其出发点是道德伦理教化，儿童的知识视野受到极大限制。民国时期，西方"儿童本位"的教育思想传入中国，教育界和出版界开始探讨儿童读物的特点，编写适合儿童阅读的出版物（包括图书、杂志和报纸）。尤其值得关注的是，儿童在读书识字的同时，开始在小学教师的指导下，接触报纸、阅读报纸，这是中国历史上最早接受读报教育的

① 戈公振：《中国报学史》，自序 2 页，上海，商务印书馆，1927。

② 李孝悌：《清末的下层社会启蒙运动：1901—1911》，再版序 2 页、50 页，石家庄，河北教育出版社，2001。

③ 章清：《民初"思想界"解析——报刊媒介与读书人的生活形态》，载《近代史研究》，2007 年第 3 期。

儿童群体，其知识结构和思维方式及社会化过程，必然受到报纸文本所带来的影响。因而民国时期的儿童读报教育，可以看作中国早期的媒介素养教育的一个起点。

本章的研究对象是民国时期的儿童读报教育，将其置于当时复杂的历史语境之中，探讨其产生的原因、读报教育内容及教学方法，由此涉及中国新闻史、教育史、出版史等方面的资料。在当今的新媒介时代，媒介素养教育已经受到各界学者的关注，但媒介素养教育是何时、在何地发端的？这还需要追溯历史的轨迹。有学者翻译介绍了英国学者的文章，其中提到："英国媒介素养教育的历史起点，是 ER. 利维斯（ER. Leavis）和他的学生丹尼斯·桑普森（Denys Thompson）于 1933 年出版的文学批评著作《文化和环境：培养批判意识》"，"该书首次就学校引入媒介素养教育的问题作了系统的阐述并提出了一套完整的建议。作者在书中设计了一系列以新闻、广告和流行小说为题材的课堂练习"。① 此文被中国的媒介素养研究文章广泛引用。其实，中国有自己的媒介发展历史，中国在民国时期针对儿童而进行的读报教育，在 20 世纪 30 年代达到了高潮，已经进入了小学的课程体系，不仅渗透了新闻学的批评观点，也开发了具体的教学案例。探讨中国本土的媒介素养教育的起点，为什么不从这里切入呢？

二、儿童读报教育的资料

民国时期的儿童读报教育是有大量文献资料作为依据的。由于小学是读报教育的起点，本文不涉及中学的读报教育。

1914 年的《少年》杂志（第 4 卷第 6 期）刊发了《阅报之有益》的短文，作者金善鉴是无锡县立第二高小一年级的学生，其中已有"国愈文明，则报纸愈发达"的表述。而 1917 年丁光宇的短文，明确以《小学生阅报之研究》② 为题，开篇便谈到"报纸者，间接观察社会之媒介也"，但其建议是在学校中编印学生报纸。1919 年已有文章提出"学校增设读报科"，因为"学校少年，必不可不略知时事，以立一对于国家及世界之意见"。③ 但儿童读报教育的高峰是在 20 世纪 30 年代出现的，并逐

---

① ［英］大卫·帕金翰：《英国的媒介素养教育：超越保护主义》，宋小卫摘译，载《新闻与传播研究》，2000 年第 2 期。

② 丁光宇：《小学生阅报之研究》，载《南汇县教育会月刊》，1917 年第 14 期。

③ 顾泰来：《学校增设读报科之商榷》，载《教育杂志》，1919 年第 11 卷第 2 期。

渐与抗战时期小学社会科时事教学的内容融合在一起。

儿童读报教育的资料，包括多种专题编写的图书教材。其中一类是以儿童为读者的图书。例如，张九如、周翥青合编的《新闻编辑法》（苏皖浙省师范附小联合会儿童课余服务丛书，中华书局，1928 年），以儿童新闻社成员及老师在教室对话讨论的形式，讲述了新闻的基本知识以及采编新闻的具体步骤，语言浅显生动，便于儿童理解。张廷铮的《小朋友阅报指导》（上海北新书局，1933 年），以弟弟提问、哥哥回答的书信体，向儿童系统介绍读报的常识。巴克的《少年阅报指导》（上海乐华图书公司，1934 年），也是指导儿童读报的书。但

图 2-1 　《小朋友阅报指导》封面

有书评指出："阅报指导一类的图书，确实是少年们所最需要的"，编书的人要了解现代儿童的特点，还要明了新闻学，此书在这两方面存在问题。[①] 还有金仲华编写的《报章杂志阅读法》（初中学生文库，中华书局，1935 年），开篇便强调"我们在学校里的时候，欲求得丰富而充实的知识"，在教科书以外，不能离开报纸和杂志作为补充读物。

另一类是以小学教师为对象的教材。例如，严国柱、朱绍会编著的《儿童阅读书报指导法》（儿童教育丛书第四种，上海大东书局，1933 年），讲述儿童心理、儿童阅读环境、儿童兴趣于阅读上的利用、儿童阅读兴趣中的读物、怎样指导儿童阅书、怎样指导儿童阅报等内容。读报与小学的时事教育课程密切相关，针对小学教师的专题图书有：马精武所编写的《小学时事教学法》（中华书局，1936 年），内容包括时事教学的意义和准备、指导儿童阅报的方法、各种新闻的教学法。中国儿童文化协会编《今日之儿童》（上海生活书店，1936 年）一书收录了黄寄萍《怎样创办儿童报馆》、何公超《我们给儿童用些什么书报》、李白英《怎样编辑儿童新闻》等文章。聂仲元编《小学时事教学与乡土教学》（中华文库小学教师用书第一集，中华书局，1948 年）第六章专门谈"怎样指导儿童阅读报纸"，将报纸看作小学教学时事

---

① 皎我：《少年阅报指导》，载《报学季刊》，1934 年创刊号。

最重要的一种工具。杨公怀编《课外阅读指导法》（国民教育文库，商务印书馆，1948 年）也讲述了"儿童阅报指导法"。

儿童读报教育的资料，还有许多篇发表在期刊上的文章。利用《民国时期期刊全文数据库》进行检索，其中直接以"指导儿童阅报"（包括"读报"）为题目的文章就有 20 多篇，都发表在小学教学类刊物。1937 年发行的《江苏省小学教师半月刊》第 4 卷第 11 期是"时事教学号"，发表了 28 篇文章，专门讨论儿童时事教学的有关问题。

由此可见，儿童读报教育是小学课程的补充，报纸是时事教学的工具。儿童读报教育的指导者是小学教师，因而如何指导儿童读报成为集中探讨的话题。我们由此可以了解民国时期开始的，针对小学生的，以报纸媒介为文本的新闻素养教育的基本情况。

第二节　儿童读报教育的媒介环境

新闻事业的发展与新闻教育是相辅相成的关系，这种关系是在复杂的媒介环境中形成的。下面仅从两个方面简单描述，探讨读报如何成为儿童教育的一个话题。

一、报纸走向大众化

民国建立以来，中国的报纸数量和种类有了很大发展，呈现出大众化的趋势。据 1937 年《十年来的中国新闻事业》一文统计："十年前全国报纸的总数为六百二十八种，现在则为一千零三十一种。"[1] 报纸也是一种文化商品，报纸的销量是衡量读者市场的指标，报业的发展依赖于不断扩大读报人口的数量。1936 年有文章提到"统计报纸的销路还是有限之至。譬如全国销数最多的《申报》《新闻报》，在五年前便打破日销十二万份的纪录，而过了五年到如今，依然保持纪录，并未增加到十五万份以上。于此可信报业进展之不易了"。[2] 黄天鹏论及"新闻事业之大众化"时指

---

① 邵力子：《十年来的中国新闻事业》，见中国文化建设协会编：《十年来的中国》，486 页，上海，商务印书馆，1937。

② 黄寄萍：《怎样创办儿童报馆》，见中国儿童文化协会编：《今日之儿童》，310 页，上海，生活书店，1936。

出："新闻事业之目的，在服役公众，新闻纸之性质，亦一最普通之教育，故以极峰之造诣言，新闻事业必日趋大众化，新闻纸之必趋浅显化也。各国教育，弗论其发达至何程度，而受高等教育究属少数，大部以受普通教育为多。报纸为扩充其势力，则必推广其销数，欲推广其销数，自必从此大多数人着想，而文字遂向通俗方面。"特别是"我国教育素极幼稚，全国人口四万三千六百万，而识字者不过八千七百万，仅占总数百分之二十。其余百分之八十为未受教育而不识字之民众。加以文字组织之繁难，即识字亦多仅识之而已。此在国家固然为一严重之问题，即在报纸之销路，亦为最大之阻碍。补救之方，一方在普及教育，而一方报纸必力趋浅显，或径改用白话，俾凡受过义务教育，或有同等程度之人，都能读报，而感到兴趣，则报纸之造福于民众益巨，销路亦可增加若干倍"。① 报业发展需要大众化，大众化又与文字改革及教育普及相关联，通俗的白话报纸由此应运而生。

报纸是大众传媒，报纸的大众化也与商业化密切相关。黄天鹏总结报业的发展："从清末到民初的报纸，是由政论本位（以宣传维新或革命为主）到新闻本位（以新闻为主已渐商品化），报界已渐走上托拉斯化的道上，报界已有大集团的形成。"② 有文章指出："欧美的资本主义的浪潮，已波及中国社会，是很明显的事实。报纸尤其是输入西洋学术思想的媒介机构，自然要首先接受外来的影响。这种影响，便是随着资本经济的条件而商品化。"③ 戈公振在《报纸的商业化》一文中指出：高速度印刷机、电气通讯、飞航交通，都同报纸息息相关，这"均需极大的资本，才能举办，那么报纸也就商业化了"。而且，"报纸经济独立了，便可不受任何束缚自由发挥言论和意见了。这样一个变化，就把政治色彩很浓的报纸转到商家的手中了"。由于这种变化，"民众们对于报纸的起源、沿革及报馆的组织，都应有相当的认识。它的言论怎么记载如何，也应当天天去监督它，使它处处合乎正轨，造福给社会"。④ 这就涉及民众对报纸媒介的认知及读报教育的问题。

报纸具有开启民智的功能，读报教育也是民众社会教育的组成部分。而针对普

① 黄天鹏：《中国新闻事业》，162 页，上海，上海联合书店，1930。
② 黄天鹏：《四十年来中国新闻学之演进》，载《中国新闻学会年刊》，1942 年第 1 期。
③ 陶涤亚：《戈公振著中国报学史》，载《图书评论》，1933 年第 1 卷第 11 期。
④ 戈公振：《新闻纸的商业化》，载《商业月刊》，1931 年第 1 卷第 4 期。按：戈公振《报纸与电信》一文，也谈到无线电报、无线电话、电机传形、电机摄影等电力技术对报纸的影响，载《电信》，1930 第 1 卷第 2 期。

通民众设立的阅报处"到1910年代末期，其功能和重要性，已经普遍受到认同"。[1]
例如，1905年的《北京日新阅报处创办章程》说明"本处专备报纸，任人观览，此
外不涉他事，故以阅报处命名"，其宗旨阐明"学堂教育，一时不能普及，多一阅报
人，即多一晓事人。开通风气，断以此举为要算，且又简便易行，所以亟亟兴办"。[2]
此后由于教育主管部门的推动，阅报处在民间进一步普及。1928年9月全国教育会
议委员陈剑修有关阅报处的提案被通过，大学院院长蔡元培发布"训令广设民众阅
报处推广社会教育"，要求各教育行政机关酌情办理。这一训令也下达到各中小学。[3]
官方编写的《全国社会教育概况》一书统计1929年度的情况，其中就包括了"各省
市民众阅报处比较图"。[4] 蒋建白编写的《民众阅报处》一书指出，"民众阅报处、民
众茶园、民众阅报牌、教育标语牌，在国内犹是新兴的社教事业，以其简单易行，
所费不多，在稍为注意社教事业的省市地方，已经很普遍的采用"。而这些"都是社
会教育的事业，都是社会教育的工作"，可以"在文化落后的中国，负担起复兴文化
的责任"。[5] 这些阅报处的设立是民众社会教育的一种方式，但也可以促进报纸的销
量和传播，推动成人读报教育在各地的普及，并进一步延伸到中小学的儿童。1935
年9月《申报》就刊发一张新闻图片，说明"首都新成立之儿童阅报室上月廿六日
正式开放，此为参观儿童之一部"[6]。

　　儿童是为数众多的读者市场，儿童读报也是报纸大众化的一个方面。徐锡龄
《儿童阅读兴趣的研究》一书指出："中国报纸的销数，依戈公振先生报告，在民国
十三年'全国平均每一百六十四人可阅一份'，比外国本算落后得多。但民十三的销
数比民元也增加三倍半以上，则增进的趋势已属极为明显。'能看普通日报'，现行
课程标准，亦经定为小学毕业最低标准之一。从这点看来，校中儿童看报实况，实
值得我们详细考察。"此书还参照美国儿童阅报的情况，以中国"儿童阅报的兴趣"
为题，选取广州的中小学生为对象，进行了调查统计和研究。[7] 此外，王寒鸥的《报

① 李孝悌：《清末的下层社会启蒙运动：1901—1911》，59页，石家庄，河北教育出版社，2001。
② 《北京日新阅报处创办章程》，载《教育杂志（天津）》，1905年第8期。
③ 《国立中央大学教育行政周刊》，1928年第62期。
④ 教育部社会教育司编：《全国社会教育概况·民国十八年度》，南京，大陆印书馆，1932。
⑤ 蒋建白编：《民众阅报处》，1～2页，上海，商务印书馆，1937。
⑥ 《图话特刊》，载《申报》，1935-09-09。
⑦ 徐锡龄：《儿童阅读兴趣的研究》，58页，上海，上海民智书局，1931。

刊大众化与儿童读报》一文，题目鲜明，其中谈到争取儿童读者的功效："在抗战前曾一度被报界关注的儿童阅报问题（上海申、新等报有儿童副刊、晨报等有儿童新闻），现在似乎又沉落了。但这也是不可以忽略的问题。今后的报纸，不仅应有刊登童话故事的儿童副刊，简直应有专供儿童阅读的每日新闻，以养成儿童每天阅读新闻的习惯。假使这个孩子是每天阅读《申报》的儿童新闻的，长大了他一定是《申报》的一个基本读者。儿童新闻争取读者的力量，比较妇女、青年及娱乐等许多副刊周刊还要强大得多。"①

儿童读报，最好是阅读专门为儿童编辑、适合儿童阅读的报纸。小学教师曹锡胤就建议："根据'以儿童为本位的教育'宗旨，从速创办儿童日报，直接惠我儿童，间接惠我国家，文化之发达，知识之灌输，国光之发扬，收效于此，实非浅鲜。"② 实际上当时的儿童报纸数量较少，例如杭州《儿童时报》、无锡《儿童新闻》、上海《新儿童报》由于经济不充裕，营业勉强维持。③ 1931 年儿童报社刊发广告，宣称"本报创办之三日刊《儿童报》，内容注重时事教育，目的在养成儿童阅报的习惯。材料丰富，编制新颖"④。1932 年上海晨报社创办《儿童晨报》，其广告说明："鉴于儿童阅报之重要与夫国内儿童报纸之尚付阙如，因拟创刊彩色《儿童晨报》一种，冀为全国儿童谋幸福。"其编辑大纲说明"暂以小学三年级起至初中一二年级学生均能阅读为标准，阅者年龄约在八九岁至十四五岁之间"。其内容之一为消息类，包括"各省市及各国时事新闻及儿童活动新闻"。报社还通过各地的教育主管部门向中小学推广订购。⑤ 1935 年官方举办全国儿童年，这对儿童报纸也有促进作用。有文章提到："欧美及日本，对于供儿童阅读的定期刊物，提倡不遗余力，久有成绩。我国之有人注意，须归功于晚近一般热心儿童教育者的鼓吹和编印。儿童年实施委员会有'自二十四年某月起，各报馆每周或两周出版儿童周刊及发行儿童刊物'之规定；北平记者又有'儿童新闻社'之组织"；"我们希望将来的儿童刊物，能一日

---

① 王寒鸥：《报刊大众化与儿童读报》，载《申报馆内通讯》，1948 年第 2 卷第 10 期。

② 曹锡胤：《对小学设读报科的商榷》，见王澹如编：《新闻学集》，151 页，天津，天津大公报西安分馆，1931。

③ 黄寄萍：《怎样创办儿童报馆》，见中国儿童文化协会编：《今日之儿童》，313 页，上海，生活书店，1936。

④ 《出版界消息》，载《申报》，1931-09-06。

⑤ 《鄞县教育周刊》，1932 年第 33—34 期。

千里，与欧美日本，并驾齐驱"。① 1936 年开明书店《新少年》杂志创刊，为了使少年认识社会，特设"少年阅报室"栏目，"系统地报告最近半月来的时事消息，并把重要的时事另外写成一个专篇"。②

当时的大众报纸也附带儿童副刊，以吸引儿童读者。例如，《申报》有"儿童周刊"，1935 年就有文章针对儿童来谈"读报习惯"。《大公报》也有"儿童"版，其中1931 年发表 11 岁的陈有耐写的《读报的好处》一文，就提到《大公报》中的儿童作品有助于作文。

二、新闻教育的延伸

民国初期，新闻学教育也被称为现代报学教育或报业教育，新闻学也被称为报学研究，新闻系也称报学系，都是基于报纸媒介的发展而产生的，而报业也演变为专业化的职业。为了适应新闻事业发展的需要，首先在大学设立了新闻学科，培养专门的新闻人才。著名记者和新闻学者戈公振《中国报业教育之近况》一文对此有介绍："民国元年，全国报界俱进会曾提议设立新闻学校，是为我国知有报业教育之始"；"民国七年，北京国立大学设立新闻学研究会，请文科教授徐宝璜为主任，是为报业教育之发端"。③ 专家学者对新闻学的研究也逐步展开，黄天鹏 1942 年发表的《四十年来中国新闻学之演进》一文说明：就他个人搜集，"关于新闻学的著述，专著期刊约七八十种，论文约三四百篇"。包括翻译引入国外的教材，介绍国外的新闻理论，还有中国学者自己编写的新闻学教材等。

新闻教育有两个层面，一是专业的，一是普及的。正如潘觉所说的，新闻教育包含两种意义："一种是在大学校里设新闻学系或办新闻专科的专门教育；一种是在中等学校添设新闻学科或向民众讲授新闻学知识的普通教育。前者的目的是在养成新闻的专业人才；后者的目的是在培植能阅读报纸、写作和鉴别新闻的普通公民。这两种工作，在新闻教育的范畴内是同样重要的。"④ 新闻学者将新闻教育延伸到民众的层面，不仅在于普及新闻教育，还基于以报纸启蒙大众的社会理想。戈公振总

---

① 迟受义：《儿童阅报指导：阅报指导的意义和范围》，载《文化与教育》，1936 年第 99 期。
② 《编辑后记》，载《新少年》，1936 年第 1 卷第 1 期。
③ 戈公振：《中国报业教育之近况》，载《国闻周报》，1926 年第 3 卷第 10 期。
④ 潘觉：《怎样普及新闻教育》，载《报学季刊》，1935 年第 1 卷第 3 期。

结民国成立后的报纸，就提到"民国以来，报纸对于社会，亦非全无影响。如人民阅报之习惯，业已养成，凡具文字之智识者，几无不阅报，偶有谈论，辄为报纸上之纪载。盖人民渐知个人以外，尚有其他事物足以注意……今则渐知自己以外，尚有社会，尚有国家，去真正醒觉之期不远矣。且人民因读报而渐有判断力"，"报纸之作用，已为一般人所审知"。[①]他论述《新闻教育的目的》时也指出："其实新闻学是每个青年都应该研究的。因为每一个人，皆和报纸发生关系，而参与人类团体的生活。现在公众对于报纸的知识，非常缺乏，比旁的文化事业，还要危险"，"倘使我们对于报纸，比较有理解，或者还可以加上批评的态度，那么，我们社会上各人的生活，才不会变成旁的样式。倘使现在每一个国民，都能知道报纸是从什么需要而来的，报纸有何种力量，报纸受何种势力的影响，那么，人才可以对报纸有理解和正当的态度。所以，对于报纸的目的、组织及技术，等等，是于公众知识有关系的，足称为舆论一分子"。所以说，"新闻学是无条件的一种国民必修科"。[②]

新闻学的理论也转化为针对普通人的新闻常识和读报知识。黄天鹏1931年的《怎样阅报》一文，就是针对普通读者而言的："我们一天要做'社会人'，我们就非天天看这时候的缩影——报纸不可。"值得注意的是"社会人"这个概念，报纸是一种大众传媒，反映的是社会的缩影。个人通过阅读报纸，才能了解社会所发生的事情，将个人与他人联系起来，形成"社会人"的身份认同。普通人读报也需要了解新闻学常识，黄天鹏指出："我是主张阅报者都应有新闻学的常识的。我在上海复旦大学曾这样的讲过：新闻学不但是从事新闻事业的人应当研究，就是一般人也应当具有这种智识，才对新闻纸的记载，有评判正谬，辨别是非的能力。且可知道尊重舆论的威严，以及记者的人格，来督进新闻事业的发展。另进一步，由此种涵养历练，可以观察世变，洞悉奸网，揭发社会上的黑幕，政治上的真象，而战争期内犹可解读记事字行里间所流露出来的消息。当那疑云当前、谣言纷纷的时候，较一般不知新闻学者较为容易明了许多，或先领会一切的。所以新闻学这一门也可以说是授人以敏锐的眼光，灵敏的思考，刚果的决断力。进可以理解复杂的社会，左右人

---

① 戈公振：《中国报学史》，201页，上海，商务印书馆，1927年。
② 戈公振：《新闻教育的目的》，见戈公振编：《新闻学撮要》，24～25页，上海，商务印书馆，1929。

群的潜势力；退可以析疑辩难，为立身处事的辅助"①。因此，一般读报者也应该具备新闻学的常识。

读报教育要有教师指导，新闻学也要培养指导读报的教师。潘觉《怎样普及新闻教育》一文提出普及新闻教育的建议，第一条就是在师范学校添列新闻学课程，因为"师范学校的目的是造就小学师资，而小学教师是负教导小学学生的责任，如果要使受过国民教育的学生能够有读报和写作新闻的能力，就得先要使这般教导小学生的教师能有新闻学的知识，然后才可在教授公民课程的时候，或在课外作业的中间去指导学生读报和办理学校新闻"。② 有学者提出报学教育发展的目标之一是："培植传播报学知识的师资，使报学成为通习的科目。因为报业和人类社会生活不可分离，差不多每个国民都要了解它。将来报学系可以栽培报学教师，在专科以上学校和高级中学里面，担任讲授报学科目，加深一般学生对于报业的认识。"③ 所以，儿童读报不同于成人读报，小学教师是儿童读报教育的关键人物，其首先要具备新闻学知识。通过小学教师的指导，读报教育才能延伸到小学生层面，进入小学的课程之中，报纸文本才能成为儿童课内及课外必须阅读的出版物。

第三节　儿童读报教育的知识要点

如前所述，关于儿童读报教育的文献资料，有专题论述的书籍，也有发表于报刊的文章。儿童读报教育的话题，就像儿童读书的话题，同样可以归纳为三个基本问题：为什么读报（目的）？读什么报（内容）？如何读报（方法）？无论是直接与儿童对话，讲述读报的道理；还是以教师为对象，探讨指导儿童读报的方法，都会涉及这三个基本问题。本文梳理材料，将其分为两个层面加以探讨，一是读报常识，一是新闻解读，前者比较浅近，后者相对深刻。将这些资料置于当时的语境中，可以发现其论证逻辑及其思想资源，渗透着当时从西方输入的教育学、社会学，特别是新闻学的观点。

---

① 黄天鹏：《怎样阅报》，载《读书月刊》，1931 年第 1 卷第 5 期。
② 潘觉：《怎样普及新闻教育》，载《报学季刊》，1935 年第 1 卷第 3 期。
③ 袁昶超：《报学教育的前途》，载《报学杂志》，1949 年第 1 卷第 9 期。

一、儿童读报的常识

现代报纸也被称为"新闻纸",每天负载和传递着各种各样的社会信息。报纸的普及改变了成人的生活世界,也改变了儿童的成长环境。儿童不仅要学习识字和读书,还要具备读报的能力。或者说,儿童在成长为"社会人"的过程中,报纸已经是必不可少的媒介及教材。

(一)儿童为什么要读报?

这是与教育观念的变化相联系的。古代的童蒙教育,采用灌输的方式,将儿童看作相对成人而存在的角色,由此推及儿童与他人的伦理关系。而读报教育的目的是帮助儿童认识现实社会,成长为一个"社会人"、一个"现代人"。当时人经常引用瑞典教育家爱伦凯的名言"二十世纪是儿童的世纪"。儿童被看作独具个性的群体,也是国家的公民和未来的主人翁。基于这样的教育观念,报纸成为儿童认识现实社会的一种媒介,也是儿童社会教育、公民教育的一种工具。读报教育也要以儿童为本位,而不同于传统教化的灌输方式。《少年阅报指导》一书劝说"少年诸君,现在是二十世纪的社会",而"报纸是社会的缩影,你们要想做个'社会人',很显然的,你们就非拿报纸作你们的伴侣不可了。因为只有报纸,才可以使你们知道现社会的真相是怎样的;处在这个社会下,你们做怎样的人才可以适应它,亦自然容易解答吧"。[①] 有文章谈到,要培养儿童"每日必读报"的习惯,"使儿童对时事发生兴趣,儿童是社会人群的一份子,绝不能离开社会人群而单独生存,社会人群的变动,实足以影响到个人的本身。所以自儿童时代起,即训练他们留心社会人群的转变,使他们对现社会有深刻的认识,是极其需要的"[②]。有文章指出:"现代人的世界,已到了物竞天择,适者生存的时候。世界的事物,变化无穷,世界的新发明,日甚一日,世界的新知识,日新月异,但报纸上除了登载新闻消息,给我们知道,不时尚有新的学说和新的知识,供我们探讨及研究,所以指导儿童阅报,以期补充课本上未有的新知识。"[③] 显然,当时从西方输入的教育社会学、进化论等观念,都是论述儿童与社会关系的思想资源。换个角度看,在现代社会的环境中,报纸作为

① 巴克:《少年阅报指导》,17 页,上海,乐华图书公司,1934。
② 迟受义:《儿童阅报指导:阅报指导的意义和范围》,载《文化与教育》,1936 年第 99 期。
③ 陈坤:《指导儿童阅报的检讨》,载《江苏省小学教师半月刊》,1937 年第 4 卷第 11 期。

一种大众传播媒介，每天传递各种各样的国内外信息，这对儿童的思想观念、知识结构、行为方式必然产生影响，从而成为塑造现代意义"儿童"的工具，也凸显了儿童与媒介及社会之间的关系。

儿童读报教育进入小学的课程后，还有具体的学习目的，《儿童阅读书报指导法》一书指出："看报目的，大概说来，不外下列几个：（1）培养其阅读能力和兴趣——报纸文字如专电、时评、小说、游记、笔记等，都可作为阅读的资料，儿童多看，可以增加阅读的速率，养成阅读的兴趣。（2）使儿童对于时事发生兴趣——儿童是人群的一分子，对于社会间一切情状，自应有相当的认识；国内外时局大势，亦得有相当的了解。（3）获得各种常识——报纸为现代的史料，上面各种知识，往往为其他书籍上所没有的，便不得不由这上面找寻。"[①]

（二）儿童应该读什么报？

基于"儿童本位"的教育观念，教育者鼓励和指导儿童自己动手办报，在做中学习。1928年出版的张九如《新闻编辑法》一书就讲述了儿童新闻的内容、儿童新闻社的组成、采访方法等知识。1936年出版的《今日之儿童》一书中也收录了《怎样创办儿童报馆》《怎样编辑儿童新闻》两篇文章。当时出版的儿童报纸也努力适合儿童的阅读需要，1930年浙江绍兴儿童时报社编辑的《儿童时报》出版，其"简则"说明："本报专供小学儿童阅报，一方面使儿童注意时事，养成阅报的习惯；一方面供给小学教师时事教材，免除摘录新闻的麻烦；同时藉以培养儿童创作的能力，引起儿童自由发表的兴趣。本报内容以时事为主，儿童文艺为辅。文字悉用语体，务求简洁浅显，富有趣味，以适合儿童心理。"其中新闻内容包括国际、国内、本省及各县的要闻及儿童新闻、小时评、通讯等。[②] 1935年上海的《儿童日报》创刊，《小朋友》杂志特别介绍："《儿童日报》是专门给小朋友们看的每日出版的报纸，编辑得非常好，它有几个优点：1. 文字非常浅近，三四年级以上的小学生，都能看得懂。2. 国内和国外紧要的新闻，都用白话写出来，很是清楚。3. 有各种常识、游戏和图画，也很有趣。他们在报端，刊着两句标语：'能关心国内大事，才是一个爱国儿童，能明了世界大势，才是一个现代儿童。'这话说得是很对的。"[③] 这些都是专门为儿童阅报、

---

①　蒋息岑主编：《儿童阅读书报指导法》，75页，上海，大东书局，1933。

②　《儿童时报简则》，载《浙江教育行政周刊》，1930年第40期。

③　《书报介绍：儿童日报》，载《小朋友》，1936年第701期。

了解新闻而编辑的报纸，但对报纸所刊载的新闻内容，还有待进行专门研究。

儿童读报要在教师的指导下进行，读报内容并不限于儿童报纸。读报教材不仅介绍儿童报纸，还介绍有代表性的成人报纸，或者说是经过教师选择的适宜儿童阅读的内容。例如，张廷铮《小朋友阅报指导》一书说明："我要介绍给你们看的是上海出版的《时事新报》《晨报》和天津出版的《大公报》。《申报》长处也有，可是不适合你们看。《新闻报》虽说不好，可是商人定阅的最多。这两种报销路如此大，你们的家里，或许已定了这种报，所以我也把它的内容、长处、坏处写了许多。《儿童晨报》既然是专门替小朋友们办的，所以我也介绍一下。《儿童世界》《小学生》是小朋友订阅最多的杂志，里面又都有新闻一栏，所以，我也简单地谈了一下它们的内容。"①

二、报纸新闻的解读

报纸的本质是"新闻纸"。一张报纸是怎样形成的？报纸有哪些栏目？报纸的新闻有什么特点？新闻是从哪里来的？这些不仅是报纸的编辑问题，还涉及新闻体制、社会环境等因素。而对新闻文本的解读，需要进一步了解新闻学的知识，具备比较和辨析的能力。

新闻学的知识要向儿童讲述，必须采取生动活泼的形式。小学教师编写的《新闻编辑法》一书很有代表性，其内容参考了邵飘萍著《新闻学总论》、伍超著《新闻学大纲》，以及几本国外的新闻学书籍，有比较完整的知识框架。其编写却"用详明浅显的文字，分章叙述编辑新闻的事实，鼓励儿童编辑新闻的兴味，供给儿童经营新闻事业的方法"。例如，书中设计儿童演讲及讨论的方式，来讲述新闻的要点及重要性："赵文讲了，便有人问道：'社会上如没有新闻，就成怎样一种现象？'赵文不假思索，笑着回道：'请你塞着耳朵，闭着眼睛，闷着胸怀，你就会知道了。'"还有同学说不知道什么叫"新闻"？于是，"张平说：新闻的定义，讲来很啰嗦。我本来也不明白，昨天查了书，才略知一二。欧美、日本新闻学者所下的定义很多，用一句话来说明，便应该说，'新闻是迅速报告大多数人最喜欢注意的近事。'这一句话里，所包括的意思颇多，必须分项说明才行"。② 这个简明的定义即出自当时专业的

---

① 张廷铮：《小朋友阅报指导》，61～62 页，北京，北新书局，1933。
② 张九如、周覃青：《新闻编辑法》，2 页，上海，中华书局，1928。

新闻学教材。

时评是对新闻时事的评论。《小朋友阅报指导》一书介绍"报纸里面有些什么?"首先就举出时评:"时评——有的叫社评或社论。大半都是拿当时社会上的问题做题目,来讨论的。这种评论,就叫作舆论,势力是很大的。并且这种评论,也就是表示这份报纸的主张、意见的地方。要是这报纸的评论能够得到社会上多数人的同情,那么这种言论就有左右社会的力量,左右政治的力量。也就是这份报纸有左右社会,左右政治的力量了。那么,这种报纸的公正言论,是既可以指导民众,又可以监督政府。所以,外国的许多著名的报纸,它们的言论,就可以代表他们国民的主张,代表他们政府的政策。政府有什么错处,只要他们一篇社评,就可以改掉。民众有什么错处,也只要一篇社评,大家就会觉悟。但是我们中国的报纸,却没有这种力量。一则是办报纸的人没有力量,二则是我们中国,言论不能自由。时评批评了政府,政府可以把新闻记者治罪"。接着以记者邵飘萍被害等事例说明,"所以中国的报纸,也就不敢说话。有人说中国的时评是'有言无评',倒是真话。不过在中国报纸里面,稍微敢说话一点的时评,有《大公报》和《新事时报》"。①

报纸的新闻来自通讯社,各家通讯社有着不同的体制和立场,这就需要加以辨别。金仲华曾指出:"出现于我国报纸中的国际新闻,全是由外国的重要通讯社所供给的。这些外国的通讯社有着强固的政治经济背景,它们的新闻多少总是和本国的政策相呼应的。中国通讯社因为不能把新闻网伸张到外国去,所以只能让国外通讯社的势力深入我国,为我的报纸布成一国际通讯网,使我国的报纸不能不采用它们的多少带有政治背景的新闻。"② 当时的指导读报的教材也介绍各国主要的通讯社,提醒教师在教学时关注新闻立场问题。例如,"报纸杂志上登载的时事,有时不十分正确,或各报互相矛盾。教师必须有辨别时事的能力,然后可以知道时事的真伪。要有辨别时事的能力,一方面是多看报纸和杂志,相互比较;一方面是要知道各报纸和通讯社的立场。例如路透社是英国对外宣传机构,哈瓦斯社是法国人创办,合众社是美国人创办,海洋社是德国创办,联合社及电通社是日本人创办,塔斯社是苏联创办。中央社是我国创办,消息最为正确。既知道各通讯社立场,就可以知道

---

① 张廷铮:《小朋友阅报指导》,13~14 页,北京,北新书局,1933。
② 金仲华:《中国新闻事业的现状》,见中学生社编:《中国面面观》,178 页,上海,开明书店,1935。

时事的真伪，有辨别时事的能力"①。"我们在指导儿童阅报的时候，应该使儿童明白各通讯社的背景。例如关于欧战的消息，路透社和海通社所发表的，我们看起来，不能不予以相当的保留；合众社所发表的比较可信，但也不能全相信。我们应该指导儿童把各项消息，加以仔细的比较，求出一个真相来"②。

新闻学的一个关键问题就是新闻的真实性。当时有人翻译外国学者的《新闻与真实》一文，并说明"从事新闻事业者，多知'真实'为新闻之最重要条件。然事实上，'真实'每为其他势力所排斥。于是吾人日常所见之新闻与标题，多具色彩，或被删改，与事实相距实远。如何以公正精神，排除万难，而求'真实'，实今日新闻事业中之最大问题"。③ 李白英从怎样编辑儿童新闻的角度，提出一个问题："报纸上说的都是真的吗？"由于儿童报纸有一部分消息"必须从大报上转录，所以编辑新闻，也就必须自己有眼光，这是一件不容易的事。编辑新闻的修养，社会科学自然必需的，政治、经济、国际情势、国内一切情形，要平时常常考虑分析，才会从不尽实的新闻中看出一点真相"。④ 马精武指出："我们必须根据浮在时事表面上的各种现象，发现它的本质。怎样发现时事的本质呢？我们只有认识关于时事的一切方面的关系，才能做到。"⑤ 金仲华则谈到阅报要有观察能力："要从报纸中去求得正确的知识，我们应该每天看报，同时读几本有价值的时事问题的书籍和杂志"。因为"报纸中所载的新闻，未必是可靠的，有的是全部处于虚构的；有的一部分是捏造的。要判断新闻的正确性，我们必须具有观察的能力"。⑥ 金仲华还对报纸广告提出了批评："为了获利，报纸的主持者总是愿意让广告侵入新闻的版页，这不能不说是目前新闻事业上的一种重大的缺憾。"⑦

总之，指导儿童读报不仅要介绍报纸的基本常识，使儿童从小养成阅报的习惯，获得"社会人"的基本素养；还要培养儿童认识新闻、分析新闻的能力，揭示对新

---

① 卞达卿：《时事教学的一般研究：时事教学的方法和教师的修养》，载《江苏省小学教师半月刊》，1937 年第 4 卷第 11 期。

② 克真：《怎样指导儿童阅报》，载《小学教师》，1940 年第 2 卷第 4 期。

③ 《新闻与真实》，载《报人世界》，1936 年第 5 期。

④ 李白英：《怎样编辑儿童新闻》，见《今日之儿童》，322 页，上海，生活书店，1936。

⑤ 马精武：《小学时事教学法》，4 页，上海，中华书局，1936。

⑥ 金仲华：《报纸杂志阅读法》，38 页，上海，中华书局，1935。

⑦ 金仲华：《中国新闻事业的现状》，见中学生社编：《中国面面观》，184 页，上海，开明书店，1935。

闻真实性产生制约的复杂因素，这样儿童才不会轻信报纸上说的都是真实的。这一时期的儿童读报教育已经渗透新闻学的基本理论，涉及新闻的定义、新闻的来源、新闻的真实性等问题，使儿童对报纸的认知具有批判性思维，达到了一定的深度。

第四节　非常时期的儿童读报教育

读报教育之所以在全国小学普及，还有特殊的历史背景，这就是抗日战争爆发后，中国进入了"国难时期"，或者说"非常时期"，小学的读报教育与时事教学紧密结合起来，不仅受到高度重视，还有具体落实的措施。

一、读报的重点转向时事

小学的时事教学包括公民、历史、地理等内容，并不等于读报教育。但是关系国家危亡的重大事件，也是报纸的重大新闻，必然成为时事教育的教材。1929 年底发生了中俄同江之役，1930 年 1 月教育部向全国各省市教育当局发布训令，要求各小学校在时事教学时讲述中俄战事，"而对同江战役，尤应为之特别表彰"。[1] 1931年"九一八"事变不久，10 月 10 日出版《浙江教育行政周刊》第 3 卷第 6 号，就刊登了一张桐乡县立崇实小学的摄影图片（见图 2-2），标明是"时事教学"，拍摄的是小学生在课间看壁报。壁报有醒目的标题："看！暴日竟敢强占我南满""暴日兽行揭露"，还有"日军所占据我国"的图示。这里指的就是"九一八"事变日本强占我国东三省。此后，"九一八"成为国难日，时事教学与国家命运密切相关，受到特别重视。1932 年

图 2-2　桐乡县立崇实小学教学摄影

《兰溪县各级小学时事教学实施办法》一文，内容非常详细。同一期还刊有"九一八"国难周年纪念日小学生所写的义愤填膺的文章。[2]

---

[1] 《云南省教育厅训令第三一九号（中华民国十九年一月）》，载《云南教育》，1930 年第 1 卷第 8 期。

[2] 《兰溪县各级小学时事教学实施办法》，载《兰溪教育半月刊》，1932 年第 6 期。

这是一个标志，由于国家危难，小学的时事教学具有了非同寻常的地位，而报纸的时事新闻也成为教学资料的来源。卢冠六1932年所写《小学时事教学法》一文说明"近年以来，应时势的需要，时事知识的必须教学已为一般从事教学者所注意。就是在小学课程暂行标准里，在社会科中也已有时事研究的规定了"。此文概括小学时事教学的目的，并详加解释，其要点有："1. 使儿童注意时事，藉以明了本国现状和国际间的形势"；"2. 补助各种常识的增进"；"3. 培养儿童阅览报章的能力和兴趣"；"4. 养成儿童研究社会问题的兴趣和习惯"。① 由此可见，了解国内和国际形势已经被放在了第一位。教师指导儿童读报，进行时事教学，实际上肩负着重大的社会责任。教师马精武1936年所编写的《小学时事教学法》一书指出："儿童是未来的大众，要挽救民族危机，首先应该使儿童认识目前的中国，随时随地留心社会上发生的事变，把握它的本质，走上实践的道路，这便是每一个小学教师对于时事教学应有的认识。"② 1937年全面抗战开始，唐斯盛在《非常时期和小学时事教学》一文中呼吁：在国难危急的时候，教师要"认清我们的使命，去培植小学的儿童，使这般儿童个个成为雄气昂昂的战士"；"希望教育当局和教育界人士，多多采用时事教材，热烈地授予儿童，俾养成为国家所期待的人才"。黄显亭也指出："我们要成一个现代的人，不得不对社会潮流、时事变迁加以注意，学校的社会科中加重时事教学的成分，也就是这个原因。"③

在国难时期，小学的时事教学主要选择国家大事、国际新闻、抗战局势方面的资料，这与系统介绍读报常识的教材是有区别的。例如，茅乐楠1938年的《战时小学社会科教学》④ 一文在教材分析部分列举有关抗战时事的报道文章54篇，其来自《大公报》、中央社等多家媒体，包括卢沟桥畔、陷落前的宛平、血泪平津、沦陷后的南京等消息。小学读报教育的主题已经转向了爱国救亡，成为全民动员、抗战宣传的组成部分。正如一篇指导儿童阅报的文章所指出的："报纸所载的新闻消息，都是当时所发生的事实，所以报纸犹如一部历史书，我们阅读报纸，就是读的现代的目前的历史书。指导儿童阅读报纸，可以使儿童知道时事，明白我国的社会现状，

---

① 卢冠六：《小学时事教学法》，载《儿童教育》，1932年第4卷第9期。
② 马精武：《小学时事教学法》，上海，中华书局，1936。
③ 黄显亭：《指导儿童阅报的研究》，载《教育月刊》，1937年第2卷第10期。
④ 茅乐楠：《战时小学社会科教学》，载《闽政月刊：教育辑》，1938年第1卷第9—10期。

世界大势，我国国际地位，国民和国家的关系，以及列强侵略我国的概况，以培植儿童爱国家爱民族的意识。"[1]

这里可以引出一个问题，五四运动以来，杜威以儿童为本位的教育思想，对小学教育产生了很大影响。有文章指出："近代小学教育呈现出一个极大的变化，就是以前以社会为本位的教育现在变为以儿童为本位的教育，处处要顾到儿童的利益，任何教育的计划与方法，均当以他们的幸福为前提，倡导这种革命最有力之人为杜威。"[2] 受到这种观念的影响，与小学教育相关的儿童出版物（教科书、图书、杂志、报纸等）在题材内容、语言文字、装帧设计等方面，都要考虑儿童的特点，努力适合儿童的认知心理和阅读兴趣。1931 年第 3 卷第 8 期的《儿童教育》杂志是"儿童读物号"，专门就"儿童读物与鸟言兽语的讨论"，刊发了几篇文章。所谓"鸟言兽语"是童话的特点，在儿童出版物中大量出现。当时有人提出批评，也有人反驳批评，这起码说明教育者对儿童读物的内容、形式及其影响都非常重视并展开研讨。

然而，儿童时事教育所选择的报纸文本，向儿童呈现的是一个非常复杂的现实世界，这与文学故事所建构的童话世界是完全不同的。对此，当时的教育者又是如何认识的呢？这又涉及杜威"教育即生活"观点："学校为一种社会的缩影，儿童天性为整个社会历程之一部分，其活动为社会生活之表现……如果学校能收录并训练每个儿童以充团体中之一份子，并灌输以服务的精神，则在大社会中必能和衷共济，担任伟大事业。"这种教育观念，也成为当时指导儿童读报教育的一种思想资源。陈柏如提出："儿童为什么要阅报？儿童头脑清净，心地明白，是否可以把现代龌龊的行为，来搅乱儿童的思想？要知道在这 20 世纪的时代，一切的人们，不可不明白外界的形形色色的生活。成人要熟悉时事，而儿童是成人的预备，应当给他们时事的概念，使他明白个人对于社会国家所负的责任，一方面培养他的国家思想，一方面增进常识方面种种的智识。并且儿童对于时事的求知，是不亚于成人，尤其是在国难当中更甚。"[3] 马精武则分析："儿童与成人是否生活在两个社会里呢？事实很明显地摆在我们的眼前：儿童所生存的社会，就是成人所生存的社会……儿童既然一生

---

① 陈坤：《指导儿童阅报的检讨》，载《江苏省小学教师半月刊》，1937 年第 4 卷第 11 期。

② 王正国：《杜威教育学说及其对于现代小学教育之影响》，载《哲学与教育》，1933 年第 2 卷第 2 期。

③ 陈柏如：《怎样指导儿童阅报》，载《初等教育界》，1931 年第 2 卷第 7 期。

下来就和人类的社会接触，那么我们从事教育的人，便应该想出种种方法来，逐渐使儿童认识这个社会，参加这个社会。固然，天下决没有这样的傻子，把马赛惨案讲给三岁的孩子听。但是，在儿童有了懂得马赛惨案的可能性的时候，我们仍旧不去讲给他们听，我们的教育便将失去它的意义了。"[①] 童友三更是表达急切："儿童们曾经被关在死书本里学书蠹去蛀书，'教育即生活'的呼声救出了这条小生命。曾经被送上天国去做天使享清福，频年来国难的严重，也终于警醒了这迷梦。"[②] 锡麟则指出："儿童和人类社会有着密切的关系，这是任何人不能否认的事实，社会的一切，足以影响及儿童的幸福和疾苦，因此教育者就得用种种方法使儿童认识这个社会，参加这个社会。阅报，便是使儿童逐渐接近这个社会和认识这个世界的形形色色之唯一方法。至于目前的中国，民族遭遇了破天荒严重的危机，阅报在救亡图存下小学教育上的重要性，更是尽人皆知。"[③]

显然，进入小学时事教学的读报活动，将儿童作为"社会人"，引导儿童认识其所生存的现实社会及重大时事，这是儿童无法回避的社会现实。根据杜威的教育思想："学校是一种特殊的社会环境，用来改造儿童心智和道德倾向，传达社会中有价值的文化。这种环境须与社会打成一片，然后才能使教育和实际的生活发生关系。"[④] 在国难时期，读报教育与时事教学相结合，这与"教育即生活""学校即社会"[⑤] 的教育思想也是相吻合的。

二、进入社会科的读报教学方法

中国的小学教育受到杜威"以儿童为本位"的思想影响，在教材选择、课程设

---

① 马精武：《小学时事教学法》，上海，中华书局，1936。按，马赛惨案，参见《马赛惨案纪详》，载《中央时事周报》，1934 年第 3 卷第 41 期。1934 年 10 月 9 日 "南斯拉夫王亚历山大与法外长巴尔都，今日下午被以克罗特商人暗杀殒命"。这是当时轰动世界的时事新闻，中国报刊也有多篇报道。

② 童友三：《各科教学以时事为联络中心》，载《浙江小学教育》，1937 年第 5 卷第 4 期。

③ 锡麟：《怎样指导儿童阅读报纸》，载《江苏省小学教师半月刊》，1937 年第 4 卷第 11 期。

④ 孙邦正：《杜威的教育学说》，载《福建教育》，1936 年第 2 卷第 10、11 期合刊。按，此文指出："在二十世纪教育思想家中，杜威是一个领袖人物。今日各国的教育理论和实施，受他学说影响者比比皆是。我们常常听到或看到'教育即生活''生活即社会''从做上去学（Learning by doing）'，'平民主义的教育'等口号，都是杜威教育思想的标志。"

⑤ 《学员质疑解答》，载《浙江省民众教育辅导半月刊》，1936 年第 2 卷第 18 期。按，此文指出："'学校即社会，教育即生活'，是杜威的教育主张。杜氏以教育为'继续不断的改造经验，使后来的经验，意义格外增加'，所以，'教育就是生活'，学校为求生活的适应，故学校必须'社会化'。"

计、教学活动等方面，开展了积极探索，这对读报教育的方法也产生了直接影响。由于时局的变化，时事教学成为小学社会科的重要内容。《小学高年级社会课程标准》的教学要点包括："社会教学应以儿童眼前的日常问题为出发点，教师可从时事、纪念日，或本地社会偶发事件等引起研究等问题"；"应当指导儿童练习看报，并养成儿童留心时事的习惯"。① 因此，如何指导小学生读报，与时事教学的方法探讨，往往相提并论。有关读报教育的三个基本问题，也会围绕时事教学而展开，即为什么进行时事教学？时事教学包括什么内容？采用什么方法开展时事教学？根据小学社会科时事教学的要点，读报教育也在这个框架中进行广泛探讨，并具体落实。正如王振铎《怎样使你的学生常常阅报》一文所说："我国以往教育，对于时事教学，素不注意。所以，一般人对于国家观念、民族意识及现实大事，均极幼稚。近年以来，外患益迫，内患频仍，时事教学的重要，颇为教育家重视。所以，《小学课程标准》在社会科作业要项有研究时事之规定，《小学公民训练标准》中有'我常常看报，留心公众的事情'之条目。其目的无非在培养儿童阅览报章的能力和兴趣，使儿童注意时事，借以明了本国现状及世界大势，辅助各科常识的增进。"②

　　小学生读报本应该阅读专门为儿童编辑的报刊。但是，由于儿童报刊数量不多，其中时事新闻有限，教师还需要从成人报纸中选择适当的有意义的材料，并具体设计课程的教学单元。马精武《研究报纸：教学社会科的一种补充材料》一文，介绍了许多利用报纸的教学方法，涉及报纸及新闻等知识。例如，"特殊的目的：a. 供给儿童许多经验和活动，使他熟悉报纸的内容。b. 指导儿童研究报纸的历史、发展及其组织，使他们知道报纸对于人类文化的贡献。c. 教儿童练习阅报的正当方法"。关于读报活动也有具体活动设计，而不是简单灌输式："1. 指定几种新闻使儿童口头报告，然后全级加以讨论。2. 把有价值的新闻揭示在布告板上。3. 搜集各种报纸，比较研究同一新闻事件。4. 在某一时期，搜集关于某项新闻的材料，例如：探险家及探险事业的新闻。5. 学级辩论会——辩论的题目，可以自由决定，例如，'报纸上应该刊载罪恶的新闻吗？'这一类题目，都可辩论。"③ 时事教学对小学教师而言是一个新问题，《江苏省小学教师半月刊》杂志1937年编辑了"时事教学号"（见图2-3），

---

① 《部颁小学高年级社会课程标准》，载《江西教育》，1936年第21期。
② 王振铎：《怎样使你的学生常常阅报》，载《教育短波》，1935年第29期。
③ 马精武：《研究报纸：教学社会科的一种补充材料》，载《儿童教育》，1934年第6卷第5期。

组织专门研讨。其编后记说明：当时课程标准上规定各级的常识或社会科里都有时事教学，尤其三年级以上应该每星期都有时事教学。所以，教师遇到困难，进行探讨，涉及教学时间、教学材料、教学方法、教师素养等问题。其中王丙辰的文章呼吁："当此国际风云日紧，民族危急存亡之秋，我小教同志应该怎样充实自己，对时代有正确的认识，使时事教学发挥最大的作用，才能负担起救亡图存的非常工作来，由此可知时事教学是怎样的重要了。"[①] 1942 年，《国民教育指导月刊》（第 1 卷第 10 期）也编辑了"社会科专号"，讨论了"国民学校的时事教学"问题，包括时事教学的具体经验和方法。

图 2-3 《江苏省小学教师半月刊》封面

在国难时期，小学教师基于对时事教学方法的探讨，对报纸的基本知识有了更为实际的理解。例如，关于时事的概念，聂仲元在教材中概括为："所谓时事，就是在最近期内发生或发现的，并能有影响及于社会的，被正确报告出来的事实。"这里"时事"和"新闻"的概念基本相同，因而认识时事的真相与认识报纸新闻的特点是相关联的，"每一个负责任的教师，必须要利用一切的机会，将重要的时事介绍给儿童，辅导他们自动自发地去研究时事发生的因果，明了时事的真相，进一步透彻认识这个现实的社会"。[②] 为了适应时事教学的需要，小学教师必须订阅报纸，具备对时事的分析能力，不断从报纸中选择有意义的文章或内容，作为时事教学的补充材料，由此也总结出不少实用的方法和经验。有文章谈到时事教学的要则之一是"从时事出发，如报载'日本增兵华北'之新闻，教师即利用此种消息，作一设计单元，讨论日本在华之阴谋，及中日间之关系"。[③] 在小学时事教学的课程单元设计中，儿童并不是被动的。聂仲元谈到"指导儿童读报的几个要则"，第一点就是"儿童本位"。[④] 儿童在教师的指导下，通过课内讨论或课外活动，参与时事教学的具体环节，

---

① 王丙辰：《乡村小学时事教学研究》，载《江苏省小学教师半月刊》，1937 年第 4 卷第 11 期。
② 聂仲元：《小学时事教学与乡土教学》，2 页，上海，中华书局，1948。
③ 邓其龙：《非常时期之小学社会科教学》，载《安徽教育辅导旬刊》，1936 年第 2 卷第 10 期。
④ 聂仲元：《小学时事教学与乡土教学》，上海，中华书局，1948。

如时事测验、演讲、写作，还有办阅报室、办壁报、办小报、剪报等。前面提到的那张小学时事教学照片，小学生所观看的时事壁报应该是教师指导儿童完成的。而儿童杂志也会刊登小学生读报的体会，例如，《时代儿童》征文中就有一个小学六年级学生写的短文《阅报的益处》，其中感慨："我们现在是儿童，从小养成阅报的习惯，那么便可获得许多新知识，不致成为时代的落伍者。"[①] 可见教师所讲述的为什么要读报的常识，小学生已经耳熟能详了。

总之，非常时期的小学时事教学，有教育部颁发的课程标准进行推动，有小学教师的积极探讨，在全国小学得到普及。这使小学生超越了家庭与学校的环境，关注更为广阔的外部世界，了解国家正在发生的重大事件，特别是全民抗战的动态局势，这不仅可以提高对新闻时事的认知能力，也激发起强烈的民族情感、爱国精神。这种政治动员和社会教育的意义是和平时期的儿童读报教育所不具备的特点。

第五节　结论：儿童读报教育研究的启示

本章以民国时期的文献资料为基础，探讨民国时期儿童读报教育产生的历史语境、读报教育的知识内容及教学方法等问题，可以获得如下启示：

一、儿童读报研究的历史价值

民国时期儿童读报教育，可以看作中国本土产生的媒介素养教育的开端。报纸是当时最新出现的大众传播媒介，报纸的本质特征是即时传播的新闻纸，因而与图书媒介的内容和形式都有不同。新闻事业的发展与新闻教育的普及是相互关联的，当时的新闻教育不仅指大学的新闻专业教育，还与民众社会教育、儿童社会教育结合，延伸到全国各地的阅报处，也走进了小学的课堂。但儿童读报教育不同于成人读报教育，儿童是从小学开始，在识字阶段就开始读报的一个群体，这是中国前所未有的一代新人。当时编写的儿童读报教材不仅讲述报纸常识，也渗透新闻学观点，注重培养儿童对新闻时事的辨析能力。小学教师也积极探讨指导儿童读报的教学方法，使儿童参与读报教学的具体环节。可以说，当时的儿童读报教育已经形成了一

---

① 程瑞珍：《阅报的益处》，载《时代儿童》，1945 年第 1 卷第 1 期。

套知识体系和指导方法，这是新闻界学者和教育界人士合力而为的结果。

　　基于中国的媒介发展进程而产生的读报教育，是一种新闻普及教育。从媒介史的角度看，媒介是泛称概念，大众媒介是不断更新的。中国在大众媒介出现之后，无论是读报教育，还是电影教育（见第三章），都是与时俱进的，这正是中国媒介素养教育的开端，具有不容忽视的价值。在当今的网络时代，新媒介素养教育提上日程，成为新闻传播学者关注的问题，不少中小学教师也在利用校本课程等形式，推广媒介素养教育。我们有必要回顾中国媒介素养教育曾经走过的历程，而不是仅仅关注西方媒介素养教育的起点。何况民国时期的儿童读报教育，在当时就受到西方新闻理论、社会教育观念的直接影响，具有与世界比较的眼光。例如，《儿童阅读兴趣的研究》一书根据国外的统计资料，介绍美国儿童"看报的能力与习惯自少便养成，三四年级便常看报，五年级便成了看报习惯"。还对中国广州中小学生读报情况进行调查，由此说明中国小学是落后的，"从百分比率看来，小四年级有看报习惯的很少，百人中只约有十二人，小五小六有增进而甚慢"。[1] 联想到梁启超 1896 年所发出的呼唤："阅报愈多者，其人愈智；报馆愈多者，其国愈强。"[2] 从当年读书人劝君办报，到民间广设阅报处，再到读报教育进入小学课程，可以说见证了中国社会文明演进的历程。读报教育不仅有益于儿童成长为"社会人"，还被赋予了"开民智"的社会意义，以及"救亡图存"的民族使命。因而在当时的语境中，儿童读报教育是积极的媒介素养教育，即使是对报纸媒介的批判，也是为了提升儿童的选择及辨别能力。

　　当今的中国已经进入了新媒介时代，报纸媒介也转换为数字载体，进入网络等平台进行多渠道的传播。但是，报纸依然是新闻传播的重要媒体，对新闻本质的理解，对于所有公民来说都是必要的常识。民国时期儿童读报教材就吸纳了当时新闻学、社会学、教育学的理论。在新媒介环境中，新闻理论和传播理论更为丰富多彩，对媒介的认知能力需要不断提升。然而，在新旧媒介转型的时期，如何认识新媒介对人与社会的影响，如何进行媒介素养教育，依然需要历史的眼光、比较的方法。民国时期儿童读报教育的经验，就是一面可以参照的镜子。当时的读报教材可以说

---

① 徐锡龄：《儿童阅读兴趣的研究》，58、62 页，上海，上海民智书局，1931。
② 梁启超：《论报馆有益于国事》，载《时务报》，1896 年第 1 期。

是早期的媒介素养教育读本。而今天的媒介素养教材注重新媒介的发展，反而忽视了报纸媒介以及基本的新闻学知识，更没有将其作为每一个公民的基本素养。从媒介史的角度看，新旧媒介是相对而言的，新媒介对个人成长及社会发展所产生的影响，需要从新旧媒介的比较中进行考察。媒介技术及新闻载体是在不断变化的，媒介文化素养教育是与时俱进的，但媒介发展的历史是其中不可或缺的内容。

二、儿童与媒介的关系

儿童读报教育作为一种媒介接触行为、一种社会教育活动，是报纸媒介发展以及新闻教育延伸的结果。从更为长久的历史来看，儿童概念本身也是文化演变的产物。中国古代的童蒙教育，尊崇儒家的伦理观念，儿童被视为相对成人而存的角色，《弟子规》讲的就是"为子当孝，为弟当悌"的规范。民国时期，伴随着西方文化观念及教育思想的传入，"儿童"成为一个被发现的概念。所谓"二十世纪是儿童的世纪""儿童本位论"，在当时已经广为人知，儿童读报教育提倡者也引以为据。儿童读报教育涉及儿童阅读心理、儿童出版物、儿童新闻编辑法、小学时事教学等方面，有许多著述和文章进行研究和讨论，其中有相互关联的内容。报纸是儿童在成长为"社会人"的过程中不可或缺的一种媒介。儿童读报资料不厌其烦地讲述为什么读报的道理，折射出"儿童本位"以及"教育即生活"的观念，也是"儿童"概念在中国变迁的见证。

儿童从读书到读报，这是前所未有的教育变革。这一代从小学认字阶段就开始接触报纸的儿童，其人生成长的轨迹肯定不同于前人。章清研究"新型传播媒介的浮现与读书人新的生活形态"，描述了清季民国时期读书人开始读报的记载，例如，梁漱溟在其小学时代就开始阅读报纸杂志；吴宓在 11 岁到 16 岁期间就开始办杂志。[①] 但民国以后出生并读小学的儿童是怎样读报纸的，徐锡龄《儿童阅读兴趣的研究》一书有一个调查结果，报刊也发表过个别儿童所写的读报体会。要了解这些从小读报的儿童，和从小只读书、成人后才读报的人相比，究竟有什么不同，还需要发掘资料。读报教育从民国时期开始，一直延续了很长的时间。我们不妨回顾一下自己的读报经历，例如，20 世纪 50 年代出生的人，对中小学时参加有组织的读报学

---

① 章清：《清季民国时期的"思想界"》（下），758、760 页，北京，社会科学文献出版社，2014。

习，一定会有深刻的记忆，读报在当时被看作"关心国家大事"的表现，却没能使人"放眼世界"。报纸在中国已有百余年历史，报纸作为一种大众传播媒介，其对儿童的影响是潜移默化的，而一个人的新闻素养或媒介素养，也会伴随着个人的成长过程，不断反思、逐步提升。在今天我们如何读报，依然是值得思考的现实问题。

儿童是一个被建构的文化概念。美国学者尼尔·波兹曼在《童年的消逝》一书中，考察媒介变迁对儿童的塑造作用，"尤其是印刷术如何创造了童年，电子媒介又如何使之'消逝'"。他认为电子媒介的发展带来了复杂的社会影响，例如"电报作为新闻传播者这个用途"，"电报把信息从个人拥有转变为一个在世界范围内有价值的商品，从而创造了'新闻事业'"。此后，"电视侵蚀了童年和成年的分界线"，"电子媒介完全不可能保留任何秘密。如果没有秘密，童年这样的东西也不存在了"。①借鉴此书的视角来看，民国时期的印刷媒介（图书、杂志、报纸等）创造了"发现儿童"的环境，读报教育在小学教师的指导下进行，不仅让儿童接触报纸，也过滤了不适合儿童阅读的内容，区分了儿童与成人的界限。同样是印刷媒介，报纸具有不同于图书的特征，其对"童年"的建构也是不同的。而且，媒介所承载的信息不仅取决于媒介技术本身，还有更为复杂的社会文化背景。民国时期的儿童读报史，在"发现儿童"的文化语境中，同样可以揭示媒介与儿童的关系，凸显报纸媒介对个人及社会的作用，因而具有案例价值。在当今的新媒介时代，儿童从小接触的媒介在不断更新，这对印刷出版物的阅读产生了很大冲击。警惕新媒介对儿童的侵蚀作用，依然需要具有批判性思维能力。而今天的儿童媒介接触行为，对其成为社会人的过程，也会产生不同于读报的影响。新媒介与儿童的关系，正是今天学者所关注的媒介素养教育的话题。

三、报纸文献的学术价值

清季民国时期的读书人经历了从读书到读报、从读报到办报再到劝人读报的过程变化，因而对报纸作为新闻纸的特征，对于报纸所呈现的世界景观以及社会现实，有着非常真切的体验。读书人往往将报纸描述为社会的缩影、社会的镜子或百科全

---

① ［美］尼尔·波兹曼：《童年的消逝》，吴燕莛译，引言3页，102、115页，桂林，广西师范大学出版社，2004。

书，特别是最新知识的载体及传播媒介，这正是报纸与图书不同的地方。中国近代以来的大众报纸已经有了百余年的历史，当年的新闻纸记载了国内外的风云变幻、社会文化的方方面面，早已成为历史资料，但在今天还有重新解读的价值，而且会有许多发现。李孝悌《清末的下层社会启蒙运动：1901—1911》一书的自序提到："开始仔细地阅读当时的报纸。读了几年份的报纸后，我确定这些看起来好像没有什么关联的报导，其实共同反映出一个新的时代动向。进一步的爬梳，使这个时代动向的面貌益发清晰，所以我决定将它勾画出来。"章清《清季民国时期的"思想界"》一书着眼于报章作为新型媒介的影响，其后记说明："不可否认，报章构成包含近代信息最为丰富的载体，也成为近代社会变迁最真实的写照。聚焦于此，自也可以揭示近代中国历史演进中值得重视的一些现象。"由此可见，利用报纸文献的大量片段信息，发现其中的关联，可以窥探中国近现代社会演进的方方面面，而报纸的阅读史也是社会文化史，具有广阔的研究空间和学术价值。

伴随数字技术的发展，民国时期的图书、报刊已经开发出多种规模巨大的数据库，容纳了无数的、历史的文献信息，并可以进行全文检索。本章研究儿童读报教育，就利用了《瀚文民国书库》《瀚堂近代报刊》《民国时期期刊全文数据库》等检索工具。当然，我们是在今天的语境中回顾历史、解析资料的，这也是一个复杂的读报过程。大学生有各自的学科背景，也有丰富的新媒介体验，可以从跨学科的角度切入，从历史报刊中发现有意义的研究题目。儿童读报教育就涉及媒介史、新闻史、出版史、教育史等学科领域。但借助于报刊文献所呈现的历史面目，还有特殊的语境和描述方式，或者说也是一种被建构的历史。我们站在今天，回望历史，重新解读老旧报刊的文献资料和历史信息，依然需要借鉴新闻学及传播学的理论，认识大众媒介的本质特征。我们从长时段的历史中梳理和辨析资料，发现线索和问题，进行反思和质疑，这有助于提升综合的媒介文化素养。总而言之，"温故而知新"，今天的新闻也是明天的历史。报纸的媒介形式在不断变化，但究竟如何读报，或者说如何理解新闻媒介及其传播现象，的确是大有深意、不断延展的课题。

第三章

3 | 伴随电影媒介的儿童电影教育

20世纪20年代初期，以电影为代表的大众媒介在西方世界蓬勃发展，威胁到传统的学校教育。当时有学者、教育家认为应当倡导媒介教育，培养公众的辨识和抵制能力，以捍卫文化传统、抵制大众文化。1933年，英国学者利维斯和他的学生汤普森合作出版《文化与环境：批判意识的培养》一书，提出了"文化素养教育"的概念，与学校以外兴起的电影、报纸、广告等大众传媒相抗衡，标志着英国媒介素养教育的起点。[①] 相较于英、美等国家而言，中国围绕媒介素养开展的教育活动起步较晚。但是在民国时期，随着电影媒介的影响日渐兴盛，国内的有识之士已经对电影媒介的性质展开讨论，尝试利用电影进行教育，并通过立法规范、行政管理、协会组织等方式加以实施。作为新文化运动中被发现的新兴群体，儿童在这场电影教育中备受瞩目，如何规避电影媒介对未成年人的负面影响，如何利用电影的教育特性指导儿童的成长，制作专门给儿童放映的教育电影，都是当时讨论的重要话题。将儿童电影教育放置在晚清民国之际"儿童"话语的脉络中，有助于理解这一活动的缘起、发展及呈现特点。本章着眼于针对儿童的电影教育，利用民国时期的文献材料，梳理儿童电影教育的观念、教育实践以及实施效果的争议，为考察早期的媒介素养教育提供中国本土的案例。

第一节　电影教育在中国的兴起

一、电影作为教育的工具

1895年12月25日，经由法国人卢米埃尔兄弟发明，电影正式诞生，而后传入各国都市。根据程季华所著《中国电影发展史》的说法，1896年8月11日（清光绪二十二年），上海徐园内"又一村"放映"西洋影戏"，这是中国第一次电影

---

① F. R. Leavis and Denys Thompson, *Culture and Environment：The training of critical awareness*, London, Chatto & Windus, 1950, p. 1. 英国传媒学者大卫·帕金翰在梳理英国媒介教育的历史时，将《文化与环境》一书视为源头，认为这本书首次系统地提出了在学校如何教授大众媒体的教学提纲。David Buckingham, *Media Education：Literary Learning and Contemporary Culture*, Cambridge, UK, Polity Press, 2003, pp. 6-7. 这一观点近年来也被中国学者引入，作为媒介素养教育的开端。参见［英］大卫·帕金翰：《英国的媒介素养教育：超越保护主义》，宋小卫摘译，载《新闻与传播研究》，2000年第2期。

放映。① 论及电影艺术，时人认为"不四十年，（电影）竟能在 20 世纪工业中居第三位，其发达之速，传布之广，在人类文化史中，尚不多见"，"吾人所处之新时代，乃是以电影为新工具"。②

电影的发明，其最初功用就是作为教育的工具。郭有守考察电影发达的经过后指出："以吕氏兄弟创作成功以后，最初的目的本是专为教育。因为它能传实境实物，故用作教学的工具。后来被舞台式的表演所侵入，遂至变为纯粹娱乐品，失掉本来的意义，实不是意料所及的。"郭氏又举例说明欧洲各国把电影看作教学的工具，成为一种运动。③ 电影教学的原理依托于"视觉教育"，当时已有人翻译介绍国外的"视觉教育"的概念，如一篇文章说明，"我们的印象或直接从我们的官觉得来，或间接从别人的官觉得来"，前者为经验的印象，后者为间接印象。"而活动影片不只能将经验印象记录下来，而供给通讯，而且能打破寻常视觉范围的限制"，采用延时摄影法或高速摄影法，提高记录和传播的质量。由此而言，视觉教育"或称为记录的经验的通讯（recorded visual communication）比较更为正确，至少比描写更清楚些"。④ 活动影片是"间接传达视觉印象的符号"⑤，是教学的一种工具。还有人摘译美国 1937 年发表的一篇杂志文章，介绍"由科学实验法知电影用于教材中，远较不用电影要好得多"⑥。根据 1934 年美国《教育》（Education）杂志研究，"视觉教育"指"所有应用各种教材——如挂图，幻灯，展览品，标本，模型，以及电影之类——经过感觉器官的技能者"⑦，注重在学习过程中的具体印象。在原始时代，实

---

① 程季华：《中国电影发展史》，北京，中国电影出版社，1963。按，国内已有学者对这一说法进行质疑，经过考证得出，上海徐园"又一村"的放映时间要早于中国的其他地点，但根据《申报》副刊关于"徐园告白"的广告记载，放映的时间应该是 1896 年 6 月 30 日。参见刘小磊：《"影"的界定与电影在中国传入伊始的再考辨》，载《电影艺术》，2011 年第 5 期。侯凯：《电影传入中国的问题再考》，载《电影艺术》，2011 年第 5 期。

② 参见郭有守：《电影教育研究：我国电影教育运动之鸟瞰》，载《教与学》，1936 年第 1 卷第 8 期。郭文提到的"吕密哀兄弟"即指卢米埃尔兄弟。1895 年 12 月 28 日，卢米埃尔兄弟在巴黎卡普辛路 14 号大咖啡馆进行电影史上第一次公映，放映的影片是《墙》《婴孩喝汤》《卢米埃尔工厂的大门》和《水浇园丁》。参见：路易·达更：《纪念电影诞生六十周年》，徐昭译，载《世界电影》，1955 年第 12 期。

③ 参见郭有守：《我国之教育电影运动》，2 页，中国教育电影协会印行，1935。

④ 刘之介译：《何谓视觉教育》，载《电影与播音》，1944 年第 3 卷第 4 期。作者是美国俄亥俄州立影片流通处处长 B. A. Aughinbaugh，译文选自其原著中"问答四十二条"的第一条。

⑤ 刘之介译：《何谓视觉教育》（续完），载《电影与播音》，1944 年第 3 卷第 5 期。

⑥ 屈应琛节译：《视觉教育的价值》，载《电影与播音》，1943 年第 2 卷第 2 期。

⑦ 宗亮东：《由电影谈到视觉教学的基本价值》，载《文化与教育》，1935 年第 56 期。

物教学非常普遍，直到印刷术发明，才被教科书所取代。19世纪末，由于科技发达，挂图、幻灯片、模型等各类视觉辅导物迅速出现，同时以杜威的思想为代表的近代教育思潮提倡"教育即生活"，"学校不是预备生活，而是为实际的生活"，所以，调动感觉器官、增强人们直接印象的"视觉教育"，成为高效的教育方式，被运用于各级学校。在各种视觉教学的材料里，电影（活动影片）因其独特的媒介特性，成为效率最高的教育工具，乃至出现为教育而特制的教育电影。根据《中国教育电影协会成立史》记载，"自电影事业发达以来，欧美各国莫不利用之以为辅助教育，宣扬文化之工具"[1]。

二、电影教育的发展

这里有必要区分电影教育和教育电影。1937年，谷剑尘在《教育电影》一书中对"电影教育"和"教育电影"做出如下定义：前者是从教育的观点来看，专指用电影作为方法和手段来实施教育，只要能够发挥教育的功效、获得教育的效果，包括娱乐、宣传、宗教、广告、新闻、教育影片；后者是以教育的立场为教育而特制的影片，有广义与狭义之分，广义接近于"电影教育"，强调电影对于社会大众的教育意义，狭义则专指教室内的教材电影。[2] 由此可知，"电影教育"涵盖"教育电影"的范畴，"电影教育"强调认识电影媒介的教育作用，并且针对课堂以外的广泛社会大众，包括利用电影媒介进行教育和教学活动，接近我们今天所说的"媒介素养教育"。因此，研究电影教育，还应该考虑到教学领域以外的、广义上的电影教育活动。这里不谈大学设立的专门的电影学研究及教育活动。

在教学领域之外，欧美各国还积极建立电影对策，发挥电影媒介的教育功效，以广泛的社会大众为对象实施电影教育。一方面建立电影审查制度、影院管理规则，隔离青少年观众等，抑制电影产生的负面影响；另一方面则积极推行电影国策，设立专门电影院，设置"电影鉴赏课程"等，发挥电影的教育功效。以美国为例，1909年便设立全国电影审查委员会，由教育家、宗教家、社会事业家、实业家等共

---

[1] 郭有守：《中国教育电影协会成立史》，载中国教育电影协会编纂：《中国电影年鉴》，1页，南京，正中书局，1934。参见曾绳点《电影教育问题之检讨》对美国、法国教育电影的介绍，载《教育杂志》，1936年第26卷第2期。

[2] 参见谷剑尘：《教育电影》，57～59页，上海，中华书局，1937。

同参与，以一般观众的意志为审查依据，除了有害风纪教化的情节必须剪除，其余视有趣味与否作为审查的标准，希望让电影成为大众的健全的娱乐品。① 美国教育家主张在学校设立电影鉴赏的课程，"规定一个时候讨论电影，叫学生分析一剧的设计，探索其中情节是否可能，再研究剧中角色之状态能否表示意念。如何能使所演的故事简单明了，剧员的化装如何方能适宜，面部的表示如何才能入情人理"②，使得青年人了解电影艺术的价值，进而提升社会的美育水平，帮助改良电影。

电影初入中国之际，由欧美商人投资影视事业，主要出品新闻片、风景片、打闹喜剧、"文明戏"等，电影的教育功效不显著。在教育救国、科学救国风潮的带动下，电影媒介因合于平民教育、社会教育的宗旨，获得国内有识之士的青睐。有人指出电影富有"平民精神"，"虽然没有识字，也可懂得片中的情形；而且影片是人生假片的描写，世界虽大，人类心理相同，故在任何影片中的描写，必可为任何国人所一望而知"。③ 而且，人们观影时恰似身临其境，电影产生的影响比文字更快捷，观影还会引发人的思想、批评和研究。④ 李柏晋认为，在直观教育工具中，"只有电影是超时间空间，打破一切，不受任何的支配的"；电影本身有独立存在的价值，"他是艺术与科学的结晶品，给世界其他事业以很大的帮助"。⑤ 还有的观点认为，电影将社会的状况输入镜头，突破舞台戏剧的技艺，吸引人最深，感人最速；同时，"电影最容易达到通俗化、普遍化，能够以低廉的经费，短促的时间，放映多量的事实，给社会以巨大的影响"，因而是社会教育收效最佳的工具。⑥ 国外电影教育的经验为国内电影教育的施行提供了参考。1914 年，有人主张借鉴英国电影研究与审查的经验，利用电影馆宣讲、教育机关设立审查会、慎选影片材料等方式，发挥活动电影的教育功效。⑦ 1928 年，《新银星》杂志的编者呼吁国内教育界注意世界的教育潮流，尤其是以影片代教科书的视官教授法，认为电影与教育并不冲突。⑧ 1929 年，

---

① 参见生江孝之：《电影与社会教育 I·美国电影概况》，徐公美译，载《湖北教育厅公报》，1930 年第 1 卷第 10 期。

② Charles H. Judd：《电影与教育之关系》，载《新教育》，1923 年第 6 卷第 4 期。

③ 沈恩孚：《影戏与教育》，载《电影杂志》，1924 年第 1 期。

④ 参见余季美：《电影与教育》，载《银星》，1927 年第 10 期。

⑤ 李柏晋：《论电影与教育》，载《银星》，1927 年第 1 期。

⑥ 萧肇川：《电影与教育》，载《中国影声》，1930 年第 1 期。

⑦ 参见严智崇：《活动电影与教育之关系》，载《京师教育报》，1914 年第 4 期。

⑧ 参见《编者呐喊：影片可以代教科书，电影就是教育的良友》，载《新银星》，1928 年第 3 期。

徐公美提倡借鉴欧美各国的电影立法、电影检查规则等制度，扶助国内电影业的发展。① 据此可知，中国对国外电影教育问题的关注早于 20 世纪 30 年代。

1929 年我国电影发展进入新时代，为我国电影教育运动奠定了基础。根据郭有守的回忆②，一是联华电影公司成立，号召国产电影复兴，拍摄题材与意识有所转变；二是在政府与社会团体的努力下，颁布《检查电影片规则》（1929 年）与《电影检查法》（1930 年），成立教育内政部电影检查委员会（1931 年）、中国教育电影协会（1932 年）及中央电影检查委员会（1934 年），效仿国外的电影教育活动，从立法规范、行政管理的层面对电影的题材与内容进行指导，教育电影运动积极开展。经由国产电影运动与教育电影运动的开展，我国电影教育得以普遍推广。

值得注意的是，自电影发明以来，儿童群体亦是电影观众之一。随着国内新文化运动对儿童的发现，儿童区别于成人的主体地位得以确立，同时，儿童不单是成人施教的对象，他们的成长与民族、国家的未来紧密相关。因此，针对儿童的电影教育活动备受瞩目。

第二节　以儿童为对象的电影教育

在电影教育运动普遍开展以前，国人对于儿童电影教育的关注，是从教育理论的角度，探讨电影媒介对于儿童教育的积极效果。由于当时儿童没有专门的观影场所，而且电影院播放的电影缺乏教育意义，电影给儿童带来的负面作用引发电影界的忧虑。进入 20 世纪 30 年代，儿童电影教育逐渐从观念自觉发展为教育实践，借助"儿童节""儿童年"的设立进一步推广，一方面从限制观影儿童的年龄、规范电影情节减少儿童受到电影的负面影响；另一方面，以设置儿童电影日、放映儿童电影等方式，发挥电影的教育功效。

一、电影教育观念

早在 20 世纪 20 年代，教育界便留意到电影媒介对于儿童教育的积极作用，并介

---

① 参见徐公美：《短评：检查电影》，载《上海特别市教育局教育周报》，1929 年第 22 期。

② 参见郭有守：《电影教育研究：我国电影教育运动之鸟瞰》，载《教与学》，1936 年第 1 卷第 8 期。

绍欧美国家儿童的电影教育情况。如《电影与教育》一文指出,相较于文字、图画、幻灯片,"活动影片能激发儿童之注意,明示诸重要之点,与以解析综合之观念,领悟既易,而记忆亦坚",并谈到"欧美各国之以电影助教育已由试验而进于实行"。①另有一篇谈《电影与教育》的文章,参考英国教育部电影教育委员会的报告,从儿童心理的角度立论,认为"应用到教育上,(电影)就可以使儿童与真正的世界、真正的生活相衔接;应用到学校课程上,因为它新奇,儿童格外注意专心,记忆力得活动影响之助,也更能保守勿忘"。②

然而,儿童与成人观看电影应该有所区别,这个问题在国外已经引起关注,并推行相关举措。据《申报》1925 年的报道,美国已经注意到儿童观众的特殊性,倡导"星期六早晨电影"(Saturday Morning Movies),专供儿童观看。因为"儿童与成人之观电影不同……儿童则对于影片所含者一知半解,而有者竟漠无所知",所以影院播映的片子经过各方人员的几度审查,"常以选择对于儿童所真实要求者为先着……大半以兴趣为主"。播映的时间大约在一个半小时以内,省却儿童的劳力。③苏联、日本两国,亦有针对儿童专门播映电影的举措。④ 1927 年,莫斯科召集的电影会议,决定摄制 25% 的儿童电影,并设立专门机关从事研究,特别提到卡通影片对于儿童的吸引力。1928 年,东京市与 29 家电影公司合作,定星期日为"儿童电影日",放映教育影片。

但在中国,儿童往往与成年人混合在电影院之内⑤,卡尔登等多家上海影戏院曾推出日戏儿童半价的举措,却没有专为儿童开设的影戏设施⑥。20 世纪 20 年代末期,我国古装片、武侠片、神怪片等商业电影甚嚣尘上,有的家长会带儿童一同观看成人的电影,电影对于儿童的负面影响显露,引发了社会关注。1925 年,有学者在论述"儿童和影戏"时指出:"因影戏能活现种种新奇的事情出来,故富于模仿性的儿童最为欢迎,因此养成不良少年的效力也很大。从感化院中逃出来的不良少年能遇见于影戏场内者,在欧洲为常见之事。考查他逃出的原因,其动机实发于嗜好影戏。

① 王昌祉:《电影与教育》,载《圣教杂志》,1926 年第 15 卷第 5 期。
② 陈宝锷:《电影与教育》,载《新教育评论》,1927 年第 3 卷第 6 期。
③ 《美国之儿童电影》,载《申报》,1925-10-04。
④ 谷剑尘:《教育电影》,140、150 页,上海,中华书局,1937。
⑤ 定一:《观影戏之杂感》,载《申报》,1921-11-14。
⑥ 《美国之儿童电影》,载《申报》,1925-10-04。

故关心社会教育者，及研究保护儿童者，对于影戏和儿童的关系，不可不深加考虑。为投合儿童嗜好，利用儿童模仿性，不得不有良善的影片。"① 1927 年，《电影与教育》一文提出，儿童为特殊的观众群体，父母和教师应当帮助指定儿童应该看的电影，从卫生和身体健康的需要出发，限制儿童看戏的次数；并鼓励艺术家和教育家制作精美、清洁的影片，适应学校的教材。② 1930 年，《电影与儿童教育》一文认为，儿童最容易受小说和电影暗示，当时流行的表现迷信、表现肉感爱情的影片，对儿童的恶劣影响很大，"而在孩童底眼光，当然信为世界确有此事。所以看了武侠电影，便想去学仙，看了冒险底电影，便想去航海!"③ 还有文章从保护儿童的角度，发出警示的声音："若欲使正在成长的儿童得到真正的正常成长，则于进小学校以前，不宜使其观看电影，就是入学以后，除却教育影片外，决不可使其上影戏院观看成人们所观看的电影。假使不是这样，则因是在道德方面尚无从判断的儿童，故既不能了解影片的剧情，结果只采取恶劣的成分，于不知不觉间单纯的思想被侵蚀，甚至因此而堕落，趋于之自灭之途，那是常有的。"④ 这些观点和看法显然也是基于保护儿童的立场，对电影媒介的内容提出批评。

到 20 世纪 30 年代，随着我国教育电影运动的开展，儿童电影教育成为各界探讨的问题之一。1932 年 7 月 8 日，中国教育电影协会成立，联合教育界、学术界、电影界及政界重要人士，以"研究利用电影，辅助教育，宣扬文化，并协助教育电影事业之发展"为创办宗旨，并且注重电影在娱乐消遣之外的教育意义，主张一切影片都可视为教育电影。⑤ 协会主席蔡元培发言称，"儿童好模仿，电影里的动作，影响最大，因此坏的影片，海淫荒谬之类，宜禁止放映，电影所以要审查，就是此意"⑥。

这一时期，报刊上登载国外儿童电影教育的相关文章，尤其是科学调查，从而促进教育界对儿童电影教育的认识进一步完善。比如《儿童与电影》一文，介绍美国《基督教世纪》杂志发表的伊斯门调查，从观众年龄构成、影片主题种类与主角

---

① 孙逸园：《社会教育设施法》，157 页，上海，商务印书馆，1925。
② 余季美：《电影与教育》，载《银星》，1927 年第 10 期。
③ 文泉：《电影与儿童教育》，载《影戏杂志》，1930 年第 1 卷第 10 期。
④ 祖汾：《电影与儿童》，载《联华画报》，1937 年第 9 卷第 2 期。
⑤ 郭有守：《中国教育电影协会成立史》，载中国教育电影协会编纂：《中国电影年鉴》，9 页，南京，正中书局，1934。
⑥ 《教育电影协会成立，郭有守，蔡元培等当选执监委员》，载《中央日报》，1932-07-09。

表演活动，分析电影对儿童的身心造成的负面影响。① 徐公美指出，既要利用儿童的模仿性、电影对儿童的吸引力，养成其向善之心；又要限制儿童的观览时间，避免观看电影妨害儿童的健康。② 有人提议，应当模仿美国设立儿童影戏院的举动，郑重地挑选适合儿童的影片，摒弃迷信的片子。③ 另有文章建议规避电影对儿童的负面影响："（直接负有监督儿童责任的父兄）……（一）儿童观览电影的场所时间，应该予以郑重的考虑，免受不健全娱乐的影响，（二）对于一般营业电影的上映，应为彻底的监视，凡不适宜儿童观览的，应严禁其前往。"④

儿童对电影的反应，可以说明电影的传播效果，对此也有相关论述。1934 年的一篇译文《电影与儿童》指出："儿童对电影之反应有三种不同方向，影响到智力，感情，与意志。"电影能够促进儿童的观察力，满足城市儿童听童话故事的需求。还列举许多感化院的案例，说明商业影片会导致判断力弱的青少年堕落与犯罪。比如，一位年轻女性曾说："实在是电影使我堕落的，我喜欢看华丽的衣服，和漂亮的男女演员……我常常去影戏院去看那一类的片子，真是百看不厌。我心中渴望着我也要享受那种同样的快乐，于是我就尽量寻求满足我的欲望的方法"。⑤《电影与儿童品格》一文介绍美国出版的《电影造成的儿童》一书，其中统计有 139 个 15 岁以下犯罪的儿童，其中 17% 说因为看电影学会了犯罪手法，他们大多数是出于模仿或表现自己的本领，并未有特定的目的。⑥

儿童电影教育受到全国教育界的专家关注后，有文章指出了这一活动的未来发展方向，以切合儿童需要为最重要标准；同时，灌输科学智识，传授生产技能。在设施方面，既要应对急需，制作儿童影片，又要利用卡通片，设立儿童电影院；培植儿童电影教育人才，创办儿童电影教育杂志。⑦ "四四儿童节"和儿童年的设立，主张保护儿童权益，进一步推进了儿童电影教育的实践。1931 年 3 月 7 日，中华慈幼协会主张中国仿效邻国成立"四四儿童节"，"使人人有慈幼观念，人人负慈幼责

---

① 参见《儿童与电影》，载《时兆月报》，1934 年第 29 卷第 3 期。
② 参见徐公美：《电影教育概说》，载《教育与民众》，1932 年第 3 卷第 8 期。
③ 参见云：《儿童电影院的需要》，载《申报》，1932-11-23。
④ 徐公美：《电影的教育底检讨》，载《联华周报》，1932 年第 2 期。
⑤ ［法］Marianna Hoffmann：《电影与儿童》，晓萍译，载《文艺月刊》，1934 年第 5 卷第 4 期。
⑥ 参见田信耕：《电影与儿童品格》，载《华年》，1933 年第 2 卷第 37 期。
⑦ 参见朱彤：《电影教育与电播教育：值得注意的儿童电影教育》，载《教育与民众》，1937 年第 8 卷第 9 期。

任，并可使儿童自知所处之地位，庶扩大慈幼范围，树强国强种之基"。① 同年 8 月 10 日，国民政府颁布儿童节纪念办法，儿童节正式宣告成立。1933 年 11 月，上海市儿童幸福委员会拟请市政府定 1934 年为儿童年，并将实施办法纲要建议于中华慈幼协会转呈国民政府，后由行政院交内政教育两部审议。1934 年 1 月，内政教育两部会同审议，最终决定 1935 年 8 月 1 日至 1936 年 7 月 31 日为全国儿童年，目的在"为唤起全国民众，注意儿童教养，保障儿童身心健康及图谋儿童福利，使完成儿童之肉体精神及社会的能力为目的"。② 儿童电影教育活动依附于这类节日而得以进一步开展。

二、电影教育活动

自 20 世纪 30 年代开始，儿童电影教育便从教育观念逐渐落实为教育实践，采取了各种举措。

(一) 限制儿童观影的举措

在限制儿童观影方面，一是禁止儿童不宜的内容。根据《中央电影检查暂行标准》，其中规定"表演儿童犯罪之情形"，"妨害善良风俗或公共秩序者"，应即修剪，或全部禁止 。③

二是限制儿童观影的年龄。1932 年，湖北教育厅发布训令，根据电影检查委员会函，"电影院映演禁止儿童观览之影片时，未满十六岁之儿童一概禁止入内"④。中国教育电影协会第四届年会提出："凡六岁以下儿童，非因电影院映放儿童教育影片，特准入场观看外，平时不准入电影院"⑤，该提案于 1935 年 8 月由上海市政府批准执行。1937 年，国民政府内政部开会讨论限制儿童观影的年龄问题，决定六岁以下儿童绝对禁止观览电影，七至十五岁的儿童除教育电影之外，仅能观览中央电影检查委员会认可的影片，不得观看夜场。这些条规除先行在首都实行外，全国都城市镇，都将次第履行。⑥

---

① 许建屏：《中华慈幼协会一览》，中华慈幼协会，1934。见《民国文献类编·社会卷（28）》，120 页，北京，国家图书馆出版社，2015。

② 全国儿童年实施委员会：《全国儿童年实施委员会总报告》，1～2 页，1936 年 12 月。

③ 舒湮：《中国的电影检查》，载《影迷周报》，1934 年第 1 卷第 4 期。

④ 《训令仁字第一八〇五号》，载《湖北教育厅公报》，1932 年第 11-12 期。

⑤ 《上海市政府训令第一五三五〇号》，载《上海市政府公报》，1935 年第 160 期。

⑥ 《六岁以下小孩禁止看电影，七岁至十五岁不准看夜场：内政部会商决定》，载《影与戏》，1937 年第 1 卷第 10 期。

（二）设立儿童电影日

1935 年，儿童电影日开幕，开映儿童电影，招待儿童免费参观。开幕礼上上海市教育局局长潘公展演讲，主张儿童应有儿童教育片，"现在放映的电影完全不配给小孩子看的……所以我们的计划，拟在普通的戏院内，不准带孩子进去，而在每一星期里，规定三、五、日三天，假月光戏院公开映儿童教育片"。① 1935 年，上海市儿童幸福会成立儿童电影委员会，主张在月光戏院创设一个"儿童电影日"，专门放映适合儿童兴趣与需要的影片，这在国内尚属首创。儿童电影日开幕典礼定在四月四日儿童节，每届影片的选择，"除中华慈幼协会供映之大批教育影片外，余由各公司，就出品中自行选定，函会编配，轮流映演"。②

（三）放映、推广儿童电影

据《申报》报道，中国电影教育协会上海分会时常把特摄的或选出的儿童影片，在各中小学轮流免费公映。③ 根据记载，上海分会于 1933 年 7 月成立，同年 10 月在各级学校、社会场所推行教育电影，曾在 1842 所小学放映 2048 次电影，有观众 882208 人。④ 上海分会还被中国教育电影协会划定为试验区，该分会在实施映演教育电影方案中，提出成立儿童教育电影院。儿童是中国未来的主人翁，电影对儿童的影响很大，"本分会在实施方案办有成绩，而为社会所重视以及经济略为充裕之后，拟建造或租赁房屋成立儿童教育电影馆，开映长度适宜儿童目力的儿童教育片。凡由父母携来的儿童，都容纳参观。对于儿童，我们不收入场费；对于父母也许要酌收最低的代价，作为该馆的经常费"。⑤

除了在学校播映儿童电影，还会在普通影院放映影片。1936 年 1 月 9 日下午，上海市儿童电影推行委员会举行首次会议，蒋健白担任会议主席，就放映儿童电影的时间、地区、票价、内容、场所布置、宣传、剧本、播放次序等进行细致的规定。比如，"决定儿童电影每星期放映一次"，"由宣传组编印小册分发，内容除说明映片

---

① 《电影文选：儿童应有儿童教育片》，载《影戏年鉴》，280 页，1935。
② 《一月来各省市中重要民众教育消息汇志（二十四年三月份：上海市），载《民众教育通讯》，1935 年第 5 卷第 2 期。
③ 《各国对于儿童电影片之重视》，载《申报》，1939-04-13。
④ 郭有守：《电影教育研究：我国电影教育运动之鸟瞰》，载《教与学》，1936 年第 1 卷第 8 期。
⑤ 郭有守：《中国教育电影协会成立史》，载中国教育电影协会编纂：《中国电影年鉴》，16 页，南京，正中书局，1934。

外，并附各种常识"，"放映儿童电影之各戏院内外之特殊环境布置，由总务处办理""请本市各播音电台加插宣传儿童电影报告，由宣传组拟定材料后，交总务组派员接洽"，以及"儿童电影开映时，讲词灌制长片，以便播放"。① 1936 年 3 月 3 日下午，上海市儿童年实施委员会召集全市校长联席会议，商议解决各戏院星期日加映儿童教育影片亏本的问题，提议"戏票减售半价，取费五分"，"由就近戏院各校组织儿童电影推行分会"，"成人带儿童观影，应予优待"。② 1936 年 3 月 10 日，儿童电影推行委员会成立八处分会，以扩大每星期日上午放映儿童电影的推广范围，该会除了选择、介绍适宜于儿童观看的电影外，还由会员学校于映演前指派教员向儿童实施公民训练、灌输普通常识，补足学校教育之不足。③ 1937 年，上海市儿童电影推行委员会每周日上午映演专为儿童观览电影的影片，"创办之初，有五家电影院参加，划分为东南西北中五区，现在已由五家扩充至十家，由一场而增加至两场，票价为五分钱，每逢星期日，儿童去观览的人数，异常踊跃"。④

（四）摄制儿童教育电影

蒋健白的文章提到，儿童电影的材料应当"凡是给儿童观览后，不致发生恶劣印象的影片，包括卡通漫画、新闻时事与滑稽片"⑤。但当时适合于儿童观看的电影较为有限，有识之士主张为儿童摄制教育电影。吴研因建议，儿童教育影片应当集合文艺界、教育界、电影界多方力量，拓宽题材与剧本的来源，摄制影片的经费应当由教育部、宣传部、中国教育电影协会及各电影制片公司负一部分责任。⑥

有人认为，相比于普通电影，卡通电影更适宜儿童观看，因为卡通片的取材、摄制较普通电影经济且省时，同时儿童简单的神经系统对活动水墨画兴趣极大，建议多摄制教育卡通片。⑦ 就中国儿童电影的发展而言，自 1926 年，"万氏兄弟"成功摄制中国第一部卡通短片《大闹画室》以来，卡通片逐渐发展成为适合教育儿童的

---

① 老赵：《从影日历》，载《联华画报》，1936 年第 3 卷第 2—3 期。
② 老赵：《从影日历》，载《联华画报》，1936 年第 7 卷第 6 期。
③ 参见《上海市完成儿童电影网》，载《申报》，1936-03-10。
④ 朱彤：《电影教育与电播教育：值得注意的儿童电影教育》，《教育与民众》，1937 年第 8 卷第 9 期。
⑤ 蒋健白：《教育电影的实施：儿童电影的展望》，载《教育与民众》，1936 年第 7 卷第 8 期。
⑥ 参见吴研因：《教育电影的实施：如何广置有关儿童教育的影片》，载《教育与民众》，1936 年第 7 卷第 8 期。
⑦ 参见朱彤：《电影教育与电播教育：值得注意的儿童电影教育》，载《教育与民众》，1937 年第 8 卷第 9 期。

电影艺术形式。据万籁鸣回忆，在 20 世纪 20 年代末、30 年代初，他们主要创作反帝斗争片与寓言动画片，后者改编自伊索寓言，富有教育意义，适合儿童观看。[①] 卡通片尤其受到儿童观众的喜爱，因为其诙谐有趣，而且其中的寓意往往简洁明快，儿童和妇女容易明了。[②] 联华电影公司拍摄过两部儿童电影，分别是《小天使》（1935 年）与《迷途的羔羊》（1936 年）。1935 年，江苏省教育厅征求全国电影剧本、委托联华公司拍摄了儿童教育片《小天使》（图 3-1），《联华画报》评价这部影片是"中国第一部崭新的教育片""最有力的一部儿童教育片"。[③] 1936 年蔡楚生担任编剧、导演，摄制完成的《迷途的羔羊》一片则展现了流浪儿童的悲惨遭遇。

（五）出版儿童电影教育读物，向儿童普及电影常识

这一时期的儿童读物有：徐应昶编著《活动影戏》（商务印书馆《小学生文库》，1934 年版），沈西苓、凌鹤编著《电影浅说》（中华书局《初中生文库》，1936 年版），温太辉编著《有声电影和电视》（正中书局《儿童科学丛书》，1948 年版）。举例来说，《活动影戏》从走马灯、惊盘（可以看活动图画的一种圆盘）、活动照片开始讲解，介绍活动影戏的原理、有声电影、摄制影片的过程及活动影戏的价值，书中展示13 幅插图，推荐学生做"旋转画片""活动画片"实验，以理解"视觉持久性"原理。《电影浅说》一书以初中生王博文与舅舅对话的形式，采用浅显易懂的语言与具体的故事情境，分析电影的发明及制作过程、

图 3-1　电影《小天使》海报

电影公司的运作、怎样观看电影、电影发展的历史、中国电影的发展及电影的大众化趋势。其中谈到，电影应当为大部分观众服务，履行教育大众的职能，如此才能对国家与社会有利。而"'通俗'不是'庸俗'，通俗是电影艺术的表现真实而且要大众化，使每一个观众都能看懂，慢慢地提高观众的鉴赏水准；而庸俗则是将电影

---

① 参见万籁鸣口述：《我与孙悟空》，71 页，太原，北岳文艺出版社，1986。
② 参见万籁鸣、万古蟾：《闲话卡通》，载《明星》，1935 年第 1 卷第 6 期。
③ 《"小天使"小言》，载《联华画报》，1935 年第 6 卷第 3 期。

艺术作为低级兴趣的俘虏，目的在逗乐观众而已"。① 儿童刊物也发表有关文章。上海的儿童杂志《小朋友》曾刊登一篇《看教育电影记》，南京的一名小学生记载了学校组织去金城大戏院看教育电影，观看了防火的方法、东印度岛人民的生活、造纸的方法及滑稽片子四幕，他认为"第三幕是造纸的方法，在我们自然书上也曾学到，不过先生所讲的，没有比亲眼看到的清楚"。② 这反映了教育电影的内容及其对儿童的影响。

（六）参与国际教育电影会议，促进儿童电影教育的发展

中国教育电影协会自成立以来，就与国际教育电影机关联络合作，开展活动。1934 年 4 月 4 日至 7 日，国际教育电影会议举行，中国教育电影协会派驻意大利公使馆秘书朱英代表出席。在该年的会议流程中，国际教育电影协会分教课、教育、电影与国际关系三部展开讨论，第一部第三委员会专门讨论教授法的电影及儿童心理，认为放映电影使功课容易，能够提高观察力、记忆力、创造力，并且培养学生的品格，同时留意到学校滥用电影的危险，以及电影对非常态儿童心理与生理上的影响。③

儿童教育电影事业在儿童年得到大力提倡，取得了一定进展。但随着抗日战争的全面爆发，南京国民政府西迁重庆，中国教育电影协会亦迁离南京，电影事业逐渐分散为上海孤岛地区、沦陷区、国统区、抗日根据地等地区，儿童教育电影逐渐陷入停滞状态。由于时局动荡、生产物资紧缺，孤岛电影人抓紧摄制和播映具有商业价值的影片，无暇顾及儿童电影教育。只有在庆祝儿童节的时候，上海各电影院播映免费的儿童电影，儿童才能享受看教育电影的福利。④ 有文章评论，各影院放映儿童电影仍是无意识的影片，"非但没有达到奠定儿童基础之任务，反而是使儿童们趋于堕落的歧途！"⑤ 因为没有商业价值，"儿童片在中国是谁都不注意的"⑥。即便是"培育儿童心理"的卡通影片《铁扇公主》，也包含武侠、神怪、成人色情的情节，并非是完全合乎儿童教育的电影。

---

① 沈西苓：《电影浅说》，50 页，上海，中华书局，1936。

② 严正仪：《小朋友园地：看教育电影记》，载《小朋友》，1936 年第 698 期。

③ 参见郭有守：《中国教育电影协会成立史》，载中国教育电影协会编纂：《中国电影年鉴》，27 页，南京，正中书局，1934。

④ 参见焦超：《孤岛近讯：热烈庆祝儿童节：免费观看电影》，载《天下（香港）》，1940 年第 23 期。《儿童团体筹备庆祝儿童节》，载《申报》，1941-03-17。

⑤ 施文军：《漫谈电影教育和儿童电影》，载《青青电影》，1939 年第 4 卷第 24 期。

⑥ 焉用牛：《谈儿童片》，载《新影坛》，1943 年第 2 卷第 2 期。

第三节　儿童电影教育的深度思考

自 20 世纪 30 年代开始，中国的儿童电影教育活动由观念自觉转入具体实践。然而就儿童影片的界定与标识、"教育电影"的内容及观看"教育电影"的受众群体而言，这一活动没能达到预期的教育效果。

一、电影教育效果的争议

民国时期，教育界、电影界、出版界、政界合力推行儿童电影教育，既从电影情节、观影年龄限制儿童观影，又积极利用电影的教育特性服务儿童，设立儿童电影日，放映、推广儿童教育电影，摄制儿童教育电影、出版儿童教育读物，以及参与国际教育电影会议，教育实践涵盖各个层面，还通过立法规范、行政管理、协会组织等方式确保推行，似乎取得了突出的成绩。然而，仔细考察当时有关观影情况的资料，儿童电影教育的实际效果存在着争议。中央电影检查委员会限制儿童观看教育影片之外的电影，但该法令对于儿童影片的界定与标识尚不明晰。当时有文章介绍，根据 1925 年 12 月 10 日第 2277 号《母亲与婴儿保护律》，意大利内政部每月须将上月检查合格之影片列表通知该院，并注明何片适于青年儿童。[①] 根据瑞典 1911 年颁布的法令，检查员将公映之影片分为公开于公众与公映于儿童之前，后者的准映执照应具另一种形式，承认"该片适合于儿童之文字"应写于执照的主要处。[②] 而我国"对于影片的检查，并没有是否适于儿童观看的标明，国家更没禁止儿童看某一类影片的法令"[③]。

当时各大影院放映的儿童教育电影往往名不符实，影片的教育意义值得怀疑。有文章批评，"有普遍的教育意义的电影，在国产片中几乎找不到一部好的儿童影片"[④]。据时人观察，儿童电影"居然连《荒江女侠》之类的影片也包括在内"[⑤]，另

---

① 参见《意大利的电影检查》，载中国教育电影协会编纂：《中国电影年鉴》，5 页，南京，正中书局，1934。

② 《瑞典的电影检查》，载中国教育电影协会编纂：《中国电影年鉴》，3 页，南京，正中书局，1934。

③ 《各国对于儿童电影片之重视》，载《申报》，1939-04-13。

④ 经执：《儿童电影的倾向》，载《申报》，1936-04-05。

⑤ 凌鹤：《由儿童年的儿童电影谈到〈迷途的羔羊〉》，载《妇女生活》，1936 年第 3 卷第 2 期。

一篇报道称，"本月八日，丽都也以映儿童教育片为名，于上午十时加演一场，然而，所映的却是一本破旧不堪的《蛮牛渡憨王》的滑稽片"①。有人这样概括国民党当局放映的儿童电影："如果我们考查考查'儿童电影周'的内容，以及所开映的片子的内容，那我们就要不寒而栗；在这里，我并不必把每张片子的活字写出来，但不外乎这几种：A好莱坞的滑稽片，B中国的侦探神怪片，C爱情片子。"作者质疑"'儿童电影周'的主持者，对于片子一点也没有选择、考虑，简直使我们不能相信他们是懂得电影，懂得教育！这样的教育儿童，等于杀害儿童，这句话一点都不过火。"②

儿童年的设立有助于推广儿童电影教育，但能够观看儿童影片的儿童，只能是家庭富裕的孩子，流浪街头的苦孩子依然分不到儿童年的福利。③ 正如论者所言，"'儿童年'是为了增进儿童的福利。但是千千万万的中国儿童，在外来侵略和天灾兵祸的虐杀下，连生存权也给掠夺了，简直没有机会走进福利的门槛中来，只有极少数一部分小少爷小姐姐们，才能收得儿童年的实利。……同样'星期儿童电影'的电影院的大门，决不会有江北小瘪三闯进去，为的是他们无钱买票的原故"④。当时的杂志绘制一幅《儿童电影周》漫画（见图 3-2），一边是几个打扮时尚的儿童走进悬挂"今日再映神怪片"条幅与神怪片电影海报的影院，另一边则是一群衣着褴褛的流浪者被挡在影院外面，图画配文写道："儿童年啦，儿童电影周啦！整千万迷途的羔羊是被摒弃在门外"。⑤ 这幅漫画生动地讽刺了"儿童电影周"播映神怪电影，儿童年福利无法惠及流浪儿童的怪相。

图 3-2　儿童电影周漫画

鉴于儿童电影名不符实的情况，有人讽刺"儿童电影周"设立只是让电影院和制片公司获利。"而儿童年有了'星期儿童电影'为电影院和影片公司多找一批生意，未尝不是'儿童年'发明人的功绩了"。还有的说，"'电影周'的当局者，以及

---

① 军：《儿童教育片》，载《电影艺术》，1935 年第 1 期；转引自郑欢欢：《中国早期儿童电影史（1921—1949 年），博士后出站报告，北京师范大学，2011。

② 勃浪：《小言儿童电影周》，载《明星（上海 1933）》，1936 年第 6 卷第 3 期。

③ 旅冈：《从"儿童年"说到"儿童"戏剧》，载《申报》，1935-08-27。

④ 凌鹤：《由儿童年的儿童电影谈到〈迷途的羔羊〉》，载《妇女生活》，1936 年第 3 卷第 2 期。

⑤ 沐旦：《儿童电影周》，载《明星》，1936 年第 6 卷第 3 期。

电影院的老板们，都在这许多孩子的牺牲之下，腰包渐渐地大了起来!"① 还有，"儿童电影周"持续时间不长，活动热度亦逐渐下降，据时人观察，一开始全上海的大小电影院都被动员起来，可惜轰轰烈烈几个月后，只有周日上午上海电影院生意兴隆。② 原本规划以官商合作的方式，专门播映儿童电影的月光大戏院，更名为亚豪大戏院，仍以普通电影院的姿态出现。③ 还有的评论说："因为今年是'儿童年'，好些人就大发慈悲，要为孩子们谋幸福。首先，被人提到的就是儿童电影的问题，有人在'儿童年'开幕之日，建议了一种'儿童电影日'，而且，好象还实行过好几回，但不久可就没下文了。"④ 而且，南京及江苏省各县，"对于儿童的电影教育问题，还似乎仍取漠视的态度，即使有一两个电影院的举行儿童电影日，也只是敷衍了事的，对于政府所规定之儿童不得进普通电影院的规定，更置之不理"。⑤

二、儿童电影教育的反思

儿童电影教育并非孤立的个案，其缘起、发展及所呈现的特点，应当置于晚清民国时期关于"儿童"的话语中加以探讨。

第一，儿童电影教育的产生，一方面借助国外视觉教育的教育思潮，另一方面依托"儿童中心主义"的教育观念与实践，这一外部思潮与国内新文化运动相互作用，促成时人对于儿童电影教育的关注。

20世纪初，美国的进步主义教育运动蓬勃发展，欧洲大陆重视儿童的新教育运动勃兴，两股思潮合流推进教育革新，大力提倡"儿童中心"论，主张与生活紧密联系的新教育。瑞典女教育家爱伦凯在《儿童的世纪》一文中大胆预言"20世纪是儿童的世纪"⑥。清末民初，以杜威为代表倡导的儿童本位教育思潮传入中国，国人逐渐认识到教育应当顺应儿童的天性、以儿童的需要为中心，传统的以成人为本位的儿童教育观念受到批判。随着新文化运动对"人"的发现，平等、民主、科学的

---

① 勃浪：《小言儿童电影周》，载《明星（半月刊）》，1936年第6卷第3期。

② 同上。

③ 参见朱彤：《电影教育与电播教育：值得注意的儿童电影教育》，载《教育与民众》，1937年第8卷第9期。

④ 旅冈：《杂谈儿童电影》，载《申报》，1935-11-12。

⑤ 朱彤：《电影教育与电播教育：值得注意的儿童电影教育》，载《教育与民众》，1937年第8卷第9期。

⑥ ［瑞典］爱伦凯：《儿童的世纪》，卫肇基译，上海，上海晨光书局，1935。另见杨汉麟：《外国幼儿教育名著选读》，220页，武汉，华中师范大学出版社，2008。

时代氛围为中国儿童教育观念的转型提供了土壤。例如，周作人反对将儿童看作"缩小的成人"，主张要把儿童当作"儿童"，儿童独立于成人的主体性随之确立。① 当时中国的教育界人士，在论述电影的媒介特性时，都认为儿童好奇心盛、理解力弱、模仿能力强，电影媒介能够吸引儿童兴趣，以直观教学配合各门学科，是理想的儿童教育的工具。

儿童作为未来国民，又是平民教育的重要对象。根据杜威访华的观察，当时中国社会实施的教育是贵族教育、阶级教育，"由是言之，普及教育是为民国所急需而不可缓者"，最基本的方法则是实行小学教育，"全国人民，不论男女，必须共同受小学教育，其时期自五岁或六岁至十四岁"②，并发展中学教育与补习教育。平民教育的目的在于"养成一般民众有知识、有能力及有自动自思自立之精神"③。教育方法以儿童而非课程为中心，"将来社会之命运，全在此无数之儿童。而今日陶冶无数儿童之责任，全在一般之教师"④。杜威重视儿童在平民教育、社会教育的核心地位，启发了国内的教育思潮。"九一八"事变爆发后，蔡元培曾在"电影与教育"的学术演讲中指出："得电影者得人心……得儿童者得未来。"⑤ 1933 年，蔡元培在《电影事业之出路》中进一步论述，"穷、弱、愚、私、乱"是中国目前的五大患，必须解决以谋求中国的出路，而这五大问题中充满了电影的材料，所以电影应当担负起教育的职能，"电影事业的出路，实寓于民族的出路中；而民族的出路，也赖影界同人的努力呢"。⑥ 由此可见，利用电影传授儿童知识，发扬儿童民族情感与伦理道德，是培育未来国民的重要方式，儿童电影教育依托于这一背景产生。

第二，20 世纪 30 年代的儿童电影教育的展开，配合当时南京国民政府对包括儿童在内的国民的训育，不单纯是科学知识的传播，更涉及国民党意志的宣传。有论者指出，电影教育活动的开展，国民党政府模仿意大利、德国、苏联等极权国家的

---

① 参见周作人：《儿童的文学：一九二○年十月二十六日在北京孔德学校所讲》，载《新青年》，1920 年第 8 卷第 4 期。

② 杜威：《平民主义之教育》，见新学社编：《杜威在华演讲集》，上海，新学社出版部，1919。

③ 同上书。

④ 同上书。

⑤ 孙健三：《中国电影，你不知道的那些事儿：中国早期电影高等教育史料文献拾穗》，编者自序，7 页，北京，世界图书出版公司，2010。

⑥ 蔡元培口授：《电影事业之出路》，载《电影检查委员会公报》，1933 年第 2 卷第 28 期。

路线，将电影视为政治宣传的工具，进行党国意志的宣传，借以稳固其统治合法性。[①] 同时，儿童电影教育依托于"儿童年"展开，这一运动的宗旨是"唤起全国民众，注意儿童教养，保障儿童身心健康及图谋儿童福利，使完成儿童之肉体精神及社会的力量"。"儿童年"以"儿童教养"为号召，动员社会各阶层的力量讨论儿童问题。然而，仔细观察儿童年活动的实施，真正以儿童需求为出发点的活动非常有限，其主要通过"政党符号的宣传""总理遗嘱的宣读""党义教育""童子军教育""新生活运动"等方式对儿童进行训育，如论者所言，"儿童年"的活动，南京国民政府所利用的政党符号宣传、仪式操演、党化教育等形式，与国民政府举办的诸多活动一样，皆是国民党为增强统治合法性及实行社会动员的惯用策略。[②]

"儿童年"活动开展之时，正值新生活运动如火如荼之际。1934 年 2 月 19 日，蒋介石在南昌发表《新生活运动之要义》的演讲，发起新生活运动，"务使我国全国国民的生活，都能合乎礼义廉耻，适于现代的生存，不愧为现代的国民，文明国家的国民"[③]。以"全民军事化"为理念，塑造"整齐""清洁""简单""朴素""迅速""确实"六项标准的国民性格，重新打造国民的身体与精神。新生活运动期间，儿童和青少年被视为新生活运动最有力的实施对象，"尝谓新运干部训练最佳之对象，莫过于青年儿童，益以彼辈握有改革社会之权威，肩负复兴民族之责任，况乎赤子之心，本为至善，素帛染朱，为功自易，故求新运之推行无替，当以青年儿童训练为前驱"[④]。而宣传方式之一就是摄制新生活运动影片。考虑到 20 世纪 30 年代中国社会面临的民族危机，儿童教育已经逐渐远离 20 年代的平民教育、自由主义教育，而与民族、国家的命运紧密相连，儿童也被浸染国民党政府的统治意志，化身为"儿童年"活动里展现的"小国民""童子军""好孩子"。虽然这一活动因各方面条件的限制，只是流于形式，并未达到训育的理想效果，但从这一角度出发，儿童电影教育也可视为国民党利用电影媒介"感化"新国民儿童，展开党国思想的宣传与教育的活动。

① 参见冯筱才：《形塑党国：1930 年代浙江省电影教育运动》，载《华东师范大学学报（哲学社会科学版）》，2013 年第 5 期。

② 参见蔡洁：《国难、启蒙与政党话语——政治文化视野下的"儿童年"（1935—1936）》，载《兰州学刊》，2017 年第 2 期。

③ 《新生活运动》，上海市新生活运动促进会，1934 年 4 月。

④ 麦惠庭：《家庭改造问题》，65 页，1935。收录于潘光旦：《中国家庭问题》（上海，上海书局，1990年）。转引自梁雯晶：《从新生活运动看国民改造——以儿童为中心》，中正历史学刊，2010 年第 13 期。

　　第三，相较于国外的儿童电影教育，中国特别强调儿童教育的伦理导向，这与中国传统的蒙养教育注重伦理教化、将儿童视为"缩小的成人"的观念有关。这一倾向也体现在电影里的儿童形象塑造方面。1923 年，上海影戏公司拍摄的电影《弃儿》公映，影片因为展现儿童偷盗的场景饱受争议。当时有人建议，"匪人之教弃儿窃取等情，似宜删去，盖童性本善，不宜教此盗窃行为"①；有人反击，认为这一场景与儿童教育不冲突，"弃儿为社会影片，便不能不写一二幕之社会罪恶……于教育本旨并非违背"②。周瘦鹃颇有见识地指出，儿童偷窃的形象符合该片的情节，在外国的儿童小说和电影里亦不难见到，"故观影戏当具世界的眼光，不能胶教育之见，而令影戏中所有儿童皆孜孜读书也"。③ 到了 20 世纪 30 年代，我国《电影片检查暂行条例》将表演儿童犯罪视为妨害善良风俗而予以禁止。

　　这一伦理导向导致中国早期电影里儿童形象的单一化，极少出现顽童形象。在新文化运动中，儿童问题与妇女问题一起成为当时的启蒙者致力解决的社会问题，这一诉求催生了一系列以儿童为主角的故事片。明星影片公司拍摄《孤儿救祖记》（1923 年）大获成功后，《苦儿弱女》（明星影片公司，1924 年）、《弟弟》（上海影戏公司，1924 年）、《好哥哥》（明星影片公司，1925）、《小朋友》（明星影片公司，1925）等一系列社会问题片相继推出，受到当时市民观众的喜爱。儿童无一例外被视为拯救家庭、改良社会的关键人物，这种儿童形象带有中国传统的伦理色彩。以《孤儿救祖记》中的余璞为例，他年龄虽小，但彬彬有礼、聪明机智，拯救了祖父的性命，并化解了家族矛盾。《孤儿救祖记》的编剧郑正秋认为，根据中国所处的现实情况，影戏不妨先迎合、适应社会心理，再去改良社会心理。相较于西方平辈的、横向的爱，中国更重视直线的、从上而下的爱，因此，"在这个中国影戏初创时期，与其多演不伦不类的爱情戏，不如换一个方向，多从男女之爱转到亲子之爱上边去，比较的少流弊、少障碍哩"。④ 由此可见，具有伦理色彩的儿童形象更符合国人的理解和审美，既能探讨改良社会问题，又能确保营业上的成功。

---

① 《观新片"弃儿"试映记》，载《申报》，1924-01-24。
② 《"弃儿"影片之商榷（二）》，载《申报》，1924-02-15。
③ 周瘦鹃：《书弃儿影片》，载《申报》，1924-01-26。
④ 郑正秋：《中国影戏的取材问题》，见中国电影资料馆编：《中国无声电影》，290～293 页，北京，中国电影出版社，1996。

三、儿童电影教育的启示

我国学术界普遍认为，"媒介素养"属于舶来品，我国对西方媒介素养教育理论与实践的关注始于20世纪90年代中期[1]。但值得注意的是，早在20世纪二三十年代，当英国学者提出"文化素养教育"概念，来应对以电影为首的大众文化浪潮之时，我国的电影及教育界的专家已开始借鉴欧美等国家的电影教育活动，认识、利用电影媒介的教育功效，展开电影教育活动。或者说，电影教育是伴随电影媒介的发展而产生的，儿童与电影的关系是各国共同关心的话题。基于保护主义的主场而对电影的负面影响提出批评，也是自然而然的共同现象。中国在儿童电影教育方面起步并不晚，不仅与当时国外的电影教育活动有广泛交流，还形成了本土的特色。

追溯民国时期的儿童电影教育活动，当时教育界、电影界的有识之士，因规避电影对儿童的负面影响，萌生电影教育观念，之后儿童电影教育受到中国教育电影协会的重视，设立法令、成立机构、联合多方力量，积极利用电影的媒介特性，推行教育实践。尽管民国儿童电影教育在实施的过程之中存在诸多不足，引发社会争议，最终迫于动荡时局而效果不佳。但这一时期的电影教育活动是当时人们批判性认识媒介、利用媒介开展教育活动的可贵尝试。无论是从电影教育的出发点——应对新时代电影媒介的影响，其涉及对象——针对普通社会大众，尤其是身心稚弱、关系民族及国家未来发展的儿童群体，还是活动开展的具体方式——学校教学与社会教育，民国时期的电影教育都可以被视为中国早期媒介素养教育的案例。

同时，中国的儿童电影教育活动，与民国时期对儿童的认识及相关话语有紧密联系，其牵涉以科学手段推广平民教育、利用电影媒介的"感化"功效施行国民党的意识形态教育，以及延续中国传统儿童教育的伦理导向，这些话语对于"儿童"群体的重塑及据此开展教育实践，说明媒介素养教育不仅是基于媒介本身的教育，还有更为深刻的社会文化背景。

当今的儿童生活在传媒频繁更迭的社会转型时期，伴随视听媒介的发达，涉世

[1] 参见袁军：《媒介素养教育论》，20页，北京，中国传媒大学出版社，2010。

未深的儿童可以接触大量媒介产品，而视频网站传播色情、暴力视频对儿童的负面影响更引发社会普遍关注。作为儿童成长的"把关人"，学校、家庭与社会如何运用新型媒介教育儿童，如何为儿童身心发展提供合理的保护与关爱，依然是值得教育工作者、传媒工作者及学者深入思考和研究的问题。

4

媒介文化研究的理论
与范式

当代媒介文化研究主要有大众文化、通俗文化与媒介环境三种研究范式，它们产生的历史和社会环境不同，具有各不相同的理论内涵。中国的媒介文化研究，需要厘清不同研究范式之间的意义差别，在此基础上结合中国社会历史文化传统和现实需要，建构一个开放包容的研究范式。这样的媒介文化研究，虽然以技术关注为基础，但并不采取技术还原的态度，也不采取去政治化的技术主义方法，而是含容历史和政治意识形态的讨论，以更加全面的视角研究当代中国媒介文化实践。借鉴媒介文化研究的理论，可以进一步提升对媒介及其文化传播现象的批判性思维能力。

第一节　媒介文化研究的进路

当代媒介文化研究的兴起，是学术界对快速发展的媒介技术社会的回应。20世纪的文化研究，经历了一场贯穿始终的媒介转型。这种转型由于数字媒介技术的应用普及而在21世纪得以延续，并正在成为应时而兴的显学。

欧洲媒介文化研究的路径与经典范式，主要是法兰克福学派的大众文化研究、伯明翰学派的通俗文化研究和奠基于多伦多—纽约学派的媒介环境学。受到西方媒介文化研究的影响，当代中国媒介文化研究也有相应的三种研究范式，即大众文化研究范式、通俗文化研究范式和媒介环境研究范式。由于中国社会历史条件和媒介文化实践与西方不同，因而如何将西方学术资源与中国文化经验相结合，实现这一学术领域的转化与创新，就成为中国媒介文化学者努力探索的方向。

在西方媒介文化研究的三种取向中，大众文化研究范式和通俗文化研究范式，都可以置于西方马克思主义的学术谱系之中来把握，它们之间所存在的差别，反映出西方马克思主义在媒介与文化研究领域发生的演化。这些观点对于中国媒介文化研究具有重要启示意义，因此我们既要重视这些研究范式的基本观点，又不能囿于其视角来观察中国自身的文化现实。多伦多—纽约学派所采取的技术效应研究视角，与欧洲学术界所采取的政治意识形态本位视角不同，也与美国学术传统中的行政和实证倾向不同，对于我们观察当代中国媒介文化具有重要借鉴意义。我们要在厘清三种研究范式相互关系的基础上，建构一个考察当代中国媒介文化的可行性框架，使各种研究范式都能得以并存对话，从而形成一个开放性的学术研究领域。

一、大众文化与文化工业批判

在媒介文化研究历程中，从大众文化研究到通俗文化研究的转变，意味着两种研究取向之间的紧张对立。尽管两者都属于西方马克思主义文化理论的范畴，但却有着截然不同的学术主张。可以说，这种转变浓缩了从法兰克福学派文化批判到当代英国文化研究的学术发展历程，是文化研究史上的两个阶段，是两种不同的研究范式。

大众文化与大众社会理论密切相关，这种理论将从事工厂流水线作业的人群，视为没有个性特点、容易受到暗示和操纵、缺乏理性思考能力的乌合之众。在大众社会理论中，个人的力量和需求微不足道，文化的生产首先考虑大众需求而非个性化需求。在这种情况下，生产大众文化成为文化工业的必然取向。

大众社会理论的兴起，与当时的媒介文化现象有着密切关系。19世纪上半叶，英、美等国廉价报纸的诞生，给传统文化和社会生活带来巨大冲击。这些资本主义国家的大众报业，先后经历了政党报纸和黄色新闻时代，报纸成为政客们进行政治投机或商人们搜刮钱财的工具。政治和商业腐蚀的结果，使报纸变成一个让人恐惧的怪兽，在提供有限的信息和娱乐之外，其主要影响似乎是腐蚀和破坏传统的有机社会共同体。于是，当时一些具有社会责任感的知识分子，开始批判大众传媒及其文化，捍卫传统的文化价值观念，无论是美国的杜威、帕克还是英国的马修·阿诺德、利维斯夫妇，都对大众传媒及其文化表示深切的忧虑。借助于马克思主义的批判精神，霍克海默、阿多诺等法兰克福学派的精英，对资本主义大众传媒及其文化——大众文化，进行全面而彻底的否定，揭示其政治上和经济上的欺骗性。总体来看，法兰克福学派认为资本主义大众文化是文化工业的产物，是一种抹杀艺术个性、自上而下强加给民众、用虚假快乐麻痹人民的文化，是统治阶层借以复制现存社会利益结构和权力体系的工具。与法兰克福学派的批判相比，杜威、帕克等人对大众文化负面影响的担忧和批评，多少有点乐观、浪漫、简单化思维的味道①，总是寄希望于通过教育和社会改良的方式，使大众文化趋利避害。

麦奎尔指出，早期的大众一词带有负面含义，大众通常被认为是未受教育、无

---

① ［美］詹姆斯·凯瑞：《作为文化的传播》，丁未译，65页，北京，华夏出版社，2005。

知且有可能是不理智、不驯服甚至是凶暴的。尽管后来大众概念因政治视角不同而具有正面意义，但它在欧洲语境中的主导倾向，一直是对大众现象的否定，即使大众对社会秩序没有构成任何威胁。西方社会与文化价值取向是个人主义和精英主义，对集体行动存有偏见。撇开大众的政治意义不谈，当指涉特定人群时，大众一词也有贬义，《简明牛津英语字典》将它界定为"个人在其中丧失了个性的集合体"。① 联系到 20 世纪前后一段时间，大众传媒对传统社会文化造成的冲击，我们就不难理解学术界对这种取消个性的大众文化所作的尖锐批评。

在报纸、广播、电视等大众传媒的单向信息输出模式下，普通民众要求的媒介参与权，几乎是一种难以实现的奢望。对于媒介机构来说，受众就是市场，争取受众的最好办法，就是提供受众喜欢的产品。然而，单向信息流动的传播模式，使得媒介机构不可能为每个受众量身定做他所喜欢的节目，因而只能将受众的个性抹杀掉，将工作重点转向受众的共同兴趣。这种对受众共同兴趣的猜想，最终会落实到诸如反常、暴力、色情、浪漫等人类天性中的脆弱关节点上。技术上的限制使得媒介信息只能以单向流动方式进行，受众无法在媒介活动中发挥主动性，更谈不上对媒介信息进行抵抗。

统治阶层认识到媒介技术特点有利于通过文化工业对大众意识进行操纵，也就是说在大众没有反馈渠道进行有效抵制的前提下，通过满足大众的普遍趣味，将他们的反抗意识逐步消磨掉。而隐含在大众文化中的主流意识形态，则自然而然地通过声色犬马的文化商品消费行为占领大众精神世界。这样一来，大众文化也就成为统治阶层复制其意识形态的工具，成为生产现存社会秩序的必要手段。由此来看，法兰克福学派对大众文化的批判，显然是切中时弊的。

二、通俗文化研究与微观意识形态话语

后来许多理论家对法兰克福学派关于大众文化的否定性批判提出质疑，认为学者们没有看到大众文化中蕴藏的丰富内涵，也没有看到大众内部的复杂性，大众并非铁板一块，其内部有着较大的差异性；他们并不总是让人牵着鼻子走，也不总是

---

① ［英］丹尼斯·麦奎尔：《大众传播理论》（第四版），崔保国、李琨译，34 页，北京，清华大学出版社，2006。

任由掌权者和大众传媒摆弄的羔羊；在大众的地盘上——理解和利用媒介信息，他们可以是积极主动的，也会使用一些巧妙方法对掌权者传达的意识形态进行有效抵抗。文化研究者们发现，过去理论界对于大众的解释存在缺陷，早期理论家并未考虑到受众理解文化时，在意义生产机制上存在着复杂的情况，于是大众社会理论就被逐渐抛弃了。

在文化和传播研究领域，观众（阅听人）逐渐取代大众（受众）、通俗文化逐渐取代大众文化而成为新的研究视角。麦奎尔观察到这种新变化，并指出大众文化一般带有贬义，主要是因为它和假定中无涵化的、没有个性的或者下层受众文化偏好有所关联。现在大众文化这个术语已经过时，部分原因是阶层差异不再明显，文化品位的层次不再得到广泛认可或接受。即使在这个观念流行时，大众文化纯粹是属于下层的观念也不易获得证实，因为它代表了几乎每一个人的正常文化经验。现在人们比较偏爱使用通俗文化这个词语，因为它代表了多数人的爱好。①

通俗文化的提法，弱化了精英与大众、高雅与庸俗等带有二元对立价值判断的争论。通俗作为一个比较中性的词语，强调的是文化亲和力，以及文化生产和消费的民间色彩。通俗作为一个意识形态用语的话，它和大众文化的评价功能正好相反，后者代表的是一种否定的态度，也就是对大众文化形式的完全否定或批判；而前者代表的是一种肯定的态度，这种态度并不是赞扬、拥护、维护的意思，而是说没有对其进行价值判断上的贬低和排斥。通俗文化理论认为，它是人们当下日常生活所体验的文化，其内部存在着复杂性，只有进行具体深入的研究，才能对其政治意义作出判断。

事实上，通俗文化是一个文化复合体，既直接产生于文化生产者的日常生活实践和文化环境，又广泛摄取其他文化领域能够为我所用的元素。它是最为实用的文化，与普通民众的日常生活相伴随。有的学者认为，通俗文化的产生受到商业影响，或者是受到外部文化影响，并因此否定它产生于普通民众中，这种观点值得重视。通俗文化研究者之间的意见分歧很大，有些主张继承法兰克福学派的文化批判精神，有些主张要乐观地看待通俗文化，认为其中蕴藏着许多反抗资本主义制度的东西。

---

① 参见［英］丹尼斯·麦奎尔：《大众传播理论》（第四版），崔保国、李琨译，37 页，北京，清华大学出版社，2006。

然而，无论是持批判的意见还是持非批判的意见，学者们都认为通俗文化不具有大众文化那样的整体性，不能用整体的视角去处理，而应该借鉴一些行之有效的研究方法和技巧，深入到通俗文化的文本内部或社会历史结构中去研究，解释其对资本主义意识形态的抵抗及解放意义。

从大众文化与通俗文化两种研究范式的关系来看，虽然两者之间存在很大的差异，但两者都体现出西方左派知识分子对资本主义文化的批判，在批判精神上是一脉相承的。许多学者指出，大众文化或文化工业的研究范式已经过时，对此我们应该有所甄别。这种研究范式隐含着精英文化与大众文化的对立，两者对立至今仍是一个争论不休的问题。我们对大众文化究竟应持批判态度还是欢呼态度？英国学者麦克盖根指出，在通俗文化研究范式中，一些学者看到其存在的抵抗空间和自主空间，因而为通俗文化大唱赞歌。这种研究逐渐褪去批判色彩，滑向民粹主义立场。正是由于通俗文化研究中存在这种倾向，一些左派知识分子认为保持批判理论的否定性思维很有必要。

通俗文化研究的重点，并不是给文化贴上意识形态标签，而是深入到文化的微观层面，深入到日常生活实践，探讨文化领域的各种意义与意识形态矛盾纠葛，即霸权争夺过程中收编、抵抗、商谈、斗争等关系。当代文化研究学者的理由是，既然人们希望世界变得更加美好，社会变得更加人性，那就有必要通过知识介入影响政治、经济、美学等方面的实践。为此，我们除了发展超越功利和现实的艺术与美学研究之外，还应该关注人们的日常生活，因为任何社会改革实践都与人们的日常生活密切相关，所以了解人们日常生活也是进行社会改革的重要一环，并且日常生活中潜藏着人类解放的动力和种子，从日常文化着手，知识介入和干预实践的行动会更加有效。

三、走向技术效应的媒介文化研究

大众文化与通俗文化是媒介文化研究中最显著的两种范式，但媒介文化研究还有许多途径。从这个意义上讲，媒介文化研究只是与批判理论和文化研究有着共同的交集，但不能完全相互替换，其研究重点是媒介与文化的关系，突出强调媒介这一载体形式对文化的影响。这与文化研究将文化本身视为重心有所不同，文化研究并不突出媒介的地位。对于文化研究来说，它将自己的经纬线设定在权力和意识形态争夺问题上，以此来搭建文化研究的框架结构。批判理论和文化研究都有这样的特点，比如它们都可以被视为借助文化权力与意识形态的分析批判而进行的政治实践，具有比较强烈的政治诉求。

媒介文化研究不一定以权力和意识形态分析为经纬线，也不一定关注意识形态实践，比如媒介技术形态与人类历史发展的关系问题，或者媒介技术形态与人的文化感觉变化问题，就不被批判理论或文化研究关注，但却是媒介文化研究关注的重点。此外，媒介政治经济学也是媒介文化研究的重要内容。应该指出，媒介文化研究的是与媒介及传播相关的文化现象，这个概念本身并不含有特定的政治意识形态或者方法论意义，是一个更加中性的概念，甚至有着一定的技术论倾向，那些具有特殊理论价值或者技术倾向的研究范式都可以被吸收进来。

不过，正如有些学者所批评的，媒介环境学派以技术效应为中心的研究范式，具有将社会历史文化变迁的复杂动因简单还原为技术动力的倾向，并且具有去政治化的倾向，因而时常遭到人们质疑。对于中国媒介文化研究而言，无论是大众文化与通俗文化研究范式，还是媒介环境学派研究范式，都只能作为多元化的学术资源，单一的意识形态研究并不完全符合中国需要，没有意识形态踪影的技术决定倾向也不符合中国实际。我们要在关注技术效应的基础平台上，融合多元文化和价值观念的媒介文化研究范式，并结合中国历史文化传统和现实需要，探索符合中国实际的媒介文化研究范式。

需要指出的是，媒介文化研究的基础是技术效应，在这个社会事实的基础之上，包括文化政治和意识形态的所有问题，都应该得到严肃的讨论。尽管存在误解的风险，但媒介文化研究的概念有其特殊优势，它显示出一个真正开放的学术领域，为容纳多元的研究途径提供了可能。当然，这个包罗万象的研究框架也有缺点，即它只是一个意义宽泛的通名，没有专名的理论内涵或特殊价值，不像批判理论或文化研究那样的词语，具有较为特殊而明确的理论内涵。虽然遗憾不可避免，但也不应求全责备，因为不同性质的学术语汇，都有自己的特殊指称功能。因此，如果要指称由多种研究范式共同构成的学术领域，那么使用包容性强、内涵比较模糊、执行通名功能的名词，则是必要的。

我们也要看到，随着一个概念使用时间的增加，人们对这个概念的理解就会特殊化，其结果是通名变成专名。媒介文化研究这一通名，很有可能在使用过程中被赋予特殊的内涵，比如用它来指称"批判的"或"技术的"媒介文化研究。一个学术领域经常包含着统一与离散这两种方向相反的运动和力量，媒介文化研究也会在统一或离散两个不同的层面得到理解和使用，这是很合理自然的事情。

前面述及，作为一个较为新颖的词语，媒介文化研究这一术语的使用，很大程度上是因为其他词语不能满足我们的使用要求。大众文化、通俗文化和媒介文化研究范式，都将媒介与传播作为社会文化研究的主题，也都从自己的学术立场来研究媒介与文化的相互影响关系，其视角是特殊的，也是有限的。

可以说，媒介文化研究这一术语的最大好处，是它没有特别限定意识形态上的内涵或价值观念上的倾向性，只是说明媒介已经拓殖文化，表明媒介是文化发行和散播的基本载体，证明人们生活在一个由媒介主宰休闲和文化的世界里，因而媒介文化是当代社会文化的主导形式与场所。①

第二节 媒介环境学的警示意义

媒介环境学理论认为，每一种媒介/技术都具有其自身内在的意识形态偏向，这种偏向会对人类的社会结构和文化产生整体生态学意义上的影响。媒介/技术偏向发展到极致就会破坏人类媒介环境的协调与平衡，从而破坏人类文化的健康。当今社会是技术垄断意识形态盛行的时代，技术造福人类，同时也会毁灭人类。如果我们不能在媒介或技术所带来的舒适生活和娱乐消遣中保持清醒，不能对其无限扩张趋势加以遏制的话，必然会陷入赫胥黎在《美丽新世界》中所预言的那种悲剧之中，即人成为媒介或技术或机器的奴隶。因此，我们必须重新倡导人文主义传统，在公民教育和媒介素养教育中努力培养具有人文精神的下一代，并重新恢复遭到破坏的媒介环境，以避免悲剧的上演。本节主要以媒介环境学派的代表人物尼尔·波兹曼为线索，阐述媒介环境学的理论视角。

一、对人类文化灾难的警告

20世纪上半期，乔治·奥威尔和阿道司·赫胥黎用两种截然不同的方式预言了

---

① 参见［美］道格拉斯·凯尔纳：《媒体文化：介于现代与后现代之间的文化研究、认同性与政治》，丁宁译，北京，商务印书馆，2004。

人类文化的灾难。奥威尔在《一九八四》① 等小说中描绘了集权主义统治下的社会生活。在"奥威尔版"的社会中，人们的一切活动都处于严密的监控之下，思想文化则由"真理部"负责，它的工作就是剔除不符合"老大哥"意志的思想，对于驳杂不纯的信息要么加以改写，要么加以屏蔽，总之，务必要使社会文化领域成为无形的监狱，将人们的思想意识囚禁于其中。不过，当 1984 年来临的时候，人们发现奥威尔所担忧的专制集权并没有使世界的精神文化毁灭，至少结果还不算糟糕。几十年过去了，如今奥威尔所预言的那个社会已经渐行渐远，然而，赫胥黎在《美丽新世界》② 中提供的另一版本的灾难寓言却在不知不觉间向我们微笑着走来。我们似乎还没有察觉到它的恐怖程度，因为这个版本讲述的是科技"造福"人类，技术使生活"快乐无忧"的故事。在《美丽新世界》中，技术能够解决人生的一切麻烦，人们习惯于自己从事的工作、满足于自己的身份地位和生活环境，并且只将追求工作"效率"视为最重要的事情。即便偶发"不快"这类"疾病"，也可以服用由国家发放的"解忧丸"加以治疗，它可以让你立刻将不愉快的事抛到九霄云外。这到底是个怎样的社会呢？在这样的社会中人们不再需要艺术文化生活，不需要恋爱结婚或者组建家庭，也不需要宗教信仰，更不需要进行任何独立的思考和创造。无疑，这是一个文化与精神生活终结于技术化安逸享乐的社会！

作为美国著名媒介理论家、媒介批评家和公共知识分子，尼尔·波兹曼深切地感受到赫胥黎的预言相比奥威尔的预言来说更加令人毛骨悚然，因为赫胥黎的寓言击中了人性的软肋。他告诉我们："在一个科技发达的时代里，造成精神毁灭的敌人更可能是一个满面笑容的人，而不是那种一眼看上去就让人心生怀疑和仇恨的人。"③这个满面笑容的人显然不是奥威尔版的"老大哥"，而是让我们沉溺于享受和娱乐之中而不能自拔的技术垄断意识形态，是随时向你献媚讨好的电视媒介，或许还有提供无边快乐的网络游戏和手机娱乐。面对"老大哥"，我们一眼就能认出它狰狞的面目，并且"知道在监狱大门即将关上的时候要起来奋力反抗……但是，如果我们没有听到痛苦的哭声呢？谁会拿起武器去反对娱乐？当严肃的话语变成了玩笑，我们该向谁抱怨，该用什么样的语气抱怨？对于一个因为大笑过度而体力衰竭的文化，

---

① 中译本有［英］奥威尔：《一九八四》，董乐山译，上海，上海译文出版社，2008。
② 中译本有［英］阿道司·赫胥黎：《美丽新世界》，宋龙艺译，北京，北京理工大学出版社，2013。
③ ［美］尼尔·波兹曼：《娱乐至死》，章艳译，202 页，桂林，广西师范大学出版社，2007。

我们能有什么救命的良方？"①

尼尔·波兹曼看到，现代社会高度发达的媒介和技术为我们创造一个更高、更快、更强、更美、更舒适的"美丽新世界"，但在这一世界中人们被自己创造的技术和繁杂琐事牢牢控制，严肃的公共话语被媒体变成幼稚的语言，文化生活则被重新定义为娱乐的周而复始。一旦"人民蜕化为被动的受众，而一切公共事务形同杂耍，那么这个民族就会发现自己危在旦夕，文化灭亡的命运就在劫难逃"②。

面对危机，波兹曼无法依靠个人的力量去寻求"救命的良方"，但是作为教育家、媒介理论家和文化批评家，作为一名公共知识分子，他必须联合能够意识到这一问题的严重性的人们，以近乎"声嘶力竭"的嗓门向公众陈述危险的迫近。当然，在呐喊之前，他和那些有识之士还必须告诉人们：究竟发生了什么事情？它们是如何发生的？我们将如何应对？带着这些问题，波兹曼在纽约大学耕耘了数十年，与他的同事们一道创建了探究技术、媒介与文化环境之间相互关系的学问，他将这门学问命名为"媒介环境学"（Media Ecology），学术界将他所领导的学术群体称为媒介环境学的"纽约学派"。波兹曼给他的学派确定的使命就是：时时刻刻紧盯着我们文化中的媒介/技术所造成的弊端，积极寻求治病的良方，以避免人类文化向媒介/技术投降。

二、媒介环境学的人文关怀

其实，对于媒介和技术，波兹曼并非看不到它们所带来的好处，但他的眼睛却紧紧盯着它们的阴暗面。他的研究溢满了对人类命运悲天悯人的人文主义关怀，这与他的老师马歇尔·麦克卢汉大为不同。麦克卢汉这位加拿大的"媒介教师爷""电子时代的使徒"，秉持价值中立的立场向人们讲述关于媒介、技术与人类文化的故事，这个故事的风格是乐观主义的，结局是振奋人心的。尽管存在这样那样的危险性，但是最终人类都会战胜困难并取得胜利。显然，这个故事与波兹曼的故事具有同样的主题，但却有不同的风格和结局。

波兹曼非常乐意在任何场合讲述他与麦克卢汉之间的故事，因为在这个故事中

---

① ［美］尼尔·波兹曼：《娱乐至死》，章艳译，203 页，桂林，广西师范大学出版社，2007。
② 同上书，202 页。

蕴含着关于纽约学派来自何处，又将去向何方的信息。事实上，这是一个关于父亲（麦克卢汉）与孩子（波兹曼及纽约学派）之间两代人的故事。波兹曼将这个故事的起点定在 1955 年，因为正是在这一年，作为哥伦比亚大学师范学院的一名研究生，波兹曼第一次聆听了麦克卢汉的讲座。在这次演讲中，他从麦克卢汉那里学到了开启学术生涯的重要方法，即彻底改变思维方式，进行大胆假设，看看情况会怎么样。这种方法也是马克思、弗洛伊德和尼采等思想家们采用的方法。尼采曾在其一部著作中提出这样的假设：如果妇女是对的，那又怎么样？而麦克卢汉的假设则是："假定我们的确是如何表现世界的产物，那又怎么样？或者说，表达形式比任何内容都重要得多，那又怎么样？"① 这样奇特的假设深深地吸引了波兹曼的兴趣，他回顾道："用这样的宏大假设武装起来之后，我就踏上了自己的路子，我走了四十年，努力作出自己的解答。这就是麦克卢汉对我的启迪——把我送上一辈子从事的事业，去寻求我自己的答案，无论这些答案是好是坏。"② 麦克卢汉给了波兹曼最重要的学术启蒙，奠定了他日后的研究方向和基础。沿着麦克卢汉的足迹，他将多伦多学派的媒介环境研究发扬光大，并在麦克卢汉的建议和鼓励下创建了纽约大学的媒介环境学教学点，成为开宗立派的大师。也正是这个缘故，波兹曼坚定地认为自己和他的学生都是麦克卢汉的孩子。

然而，对于麦克卢汉当年提出的假设，波兹曼做出的回答却不会让麦克卢汉感到满意，因为他给出的答案具有太过强烈的道德关怀色彩。而麦克卢汉担心过于强烈的道德关怀和人文主义倾向会影响研究的客观性，他经常提醒波兹曼和其他学者注意，在对待现代媒介和技术影响的时候应该站在一个价值中立的立场上，"它们既不是上帝的恩赐，也不应该受到诅咒，它们只不过是在这里而已"③。但波兹曼并不是一个很听话的孩子，他虽然承认麦克卢汉避免思考媒介善恶问题的价值中立立场对于媒介研究来说具有很大的优点，但是他更愿意从奥威尔、赫胥黎、伊尼斯、芒福德等人那里继承人文主义精神的传统，使自己的学术研究始终充满着对人类命运的关怀。为此，他强调，媒介环境学派是"一群强调道德关怀的人。我们想建立的学术单位应该把重点放在媒介环境（Media Environment）上，我们特别感兴趣的是

---

① ［法］居伊·德波：《景观社会》，王昭凤译，5～7 页，南京，南京大学出版社，2006。
② 同上书。
③ ［美］尼尔·波兹曼：《童年的消逝》，吴艳莛译，141 页，桂林，广西师范大学出版社，2004。

媒介环境如何使我们生活得更好或更糟……坦率地说，我认为应该在道德伦理的语境中去研究媒介，用其他态度去研究媒介是没有意义的"①。采用这种近乎激进的立场，波兹曼将伊尼斯、麦克卢汉等人的理论发展成为美国传播与媒介研究领域中最具人文色彩的学派，突破了美国人长期以来将该学术领域定位为"行为科学"与"社会科学"的窠臼，从而将人类悠久的人文主义文化传统重新引入了该学术领域。

三、媒介本性与人类文化的变迁

麦克卢汉将学术研究的焦点定格在对语言、文字、印刷、报纸、广播、电视、电脑等媒介/技术形式的研究上，因为它们是社会结构和文化得以在其中形成的媒介环境。在麦克卢汉那里，由这个假设衍生出来的理论是"媒介即讯息"。波兹曼深得麦克卢汉思想的精髓，他用"媒介即隐喻""媒介即认识论""媒介即意识形态"等概念来表达与"媒介即讯息"相似的观点。这些著名的隽语中都隐含了媒介环境学的一条基本原理：即"传媒技术本身的影响要远远大于其内容的影响……媒介技术不仅对个人，而且对社会结构与文化具有主导性的影响"②。也就是说，媒介环境学的阿基米德支点就是媒介/技术③的性质及其文化影响。

那么，作为文化环境的媒介与技术究竟有何特性呢？它们何以能够对人类文化和社会结构产生根本性影响呢？这种影响的结果又是什么呢？波兹曼对当代媒介与文化的批评正是在回答这些疑问的基础上展开的。

在波兹曼看来，媒介环境学最重要的一项工作就是告诉公众，我们生活在两种环境之中："一是自然环境，其构成的要素是空气、河流和毛毛虫；二是媒介环境，其构造成分是语言、数字、全息图，还包括一切符号、技术和机器。它们是人之所

---

① ［美］尼尔·波兹曼：《童年的消逝》，吴艳莛译，141页，桂林，广西师范大学出版社，2004。

② Rita Watson and Menahem Blondheim, *The Toronto School of Communication Theory*: *Interpretations*, *Extensions*, *Applications*, University of Toronto Press；Jerusalem：Hebrew University Magnes Press，2007，p. 1.

③ 需要特别指出的是：无论是麦克卢汉还是波兹曼，都不倾向于将"媒介"与"技术"这两个概念作截然的区分，而是将它们之间的区别模糊化，并混同起来使用。麦克卢汉的《理解媒介》和波兹曼的《技术垄断》虽然名称上各有侧重，但是所谈论的主题范围是一致的，他们所谓的"媒介"并不仅限于我们现在所说的"大众传播媒介"的含义，而是要广泛得多；其范围甚至与广义的"技术"——"一切人工制品"的范围相等同。

以成为今天这个样子的原因。"① 然而，公众往往对媒介环境的重要性不太重视，也不清楚它对我们社会文化具有怎样的影响。通常，人们倾向于将媒介与技术看作是"中性"的，也就是说，它们既不好也不坏，它们对于人类文化将会产生什么影响，这要取决于使用技术和媒介的人的意愿。这种普遍而流行的关于技术"中性"的神话不啻为人类的一个巨大的认识盲点，技术的功能固然与人们的使用状况有关，但是正如大脑的状况会影响到生物体的思维及其存在状况一样，"每一种技术也有自己的内在偏向。在它的物质外壳下，它常常表现出要派何种用场的倾向。只有那些对技术一无所知的人，才会相信技术是完全中立的……每种技术都有自己的议程，都是等待被揭示的一种隐喻"。② 在《娱乐至死》一书中，波兹曼专门就"媒介即隐喻"做了详细论述，总的来说，这个概念是对麦克卢汉"媒介即讯息"的改写。波兹曼认为，"讯息"是对事物的明确而具体的说明，"但我们的媒介，包括那些使会话得以实现的符号，却没有这个功能。它们更像是一种隐喻，用一种隐蔽但有力的暗示来定义现实世界"，"把诸如文字或钟表这样的技艺引入文化，不仅仅是人类对时间的约束力的延伸，而且是人类思维方式的转变，当然，也是文化内容的改变。这就是为什么我要把媒介称作'隐喻'的道理"③。

一种媒介的使用就像隐喻一样强烈地暗示着一种新的现实世界，媒介或技术之所以会具有这种隐喻作用，很重要的一个原因就在于它影响了我们感知和认识事物的方式，从而影响了我们的认识论和世界观的形成。因此，媒介不仅是"隐喻"而且还是"认识论"。在不同的媒介环境中，我们对于"真理""智力""自由""事实"等概念的理解是不相同的。例如，对于"真理"的认识，很大程度上要取决于它所使用的媒介形式和表达方式，"它必须穿着某种合适的外衣出现，否则就可能得不到承认"④。在古希腊口语文化传统中，修辞的重要性不言而喻，真理与修辞之间具有密切关系，"说话为实"是这一文化的重要特征。在印刷时代，人们则更相信经过理性和抽象思考后的东西而不是事物表面的现象，更不是"道听途说"的东西，书籍使他们的真理观变成了"阅读为实"。到了现代技术时代，人们认为主观抽象的思考

---

① ［美］尼尔·波兹曼：《童年的消逝》，吴艳莛译，141页，桂林，广西师范大学出版社，2004。
② ［美］尼尔·波兹曼：《娱乐至死》，章艳译，111页，桂林，广西师范大学出版社，2007。
③ 同上书，12、16页。
④ 同上书，28页。

也是不可靠的，而实验、计算和测量获得的数据才是可信的，于是，现代心理学家、社会学家、经济学家乃至政客官僚都坚信，任何观点和理论只有在穿上数字的外衣时才是可信的，"数据为实""计算为实"的真理观，在我们这个时代大行其道。可见，"随着一种文化从口头语言转向书面文字，再从印刷术转向电视，关于真理的看法也在不断改变。尼采说过，任何哲学都是某个阶段生活的哲学。我们还应该加一句，任何认识论都是某个媒介发展阶段的认识论"①。"说话为实""阅读为实""推理为实""计算为实"等不同的真理观，是随着文化中的媒介变迁而跌宕起伏的。

在《技术垄断：文化向技术投降》一书中，波兹曼将"媒介即隐喻"和"媒介即认识论"的原理发展成"媒介即意识形态"的理论。他指出："每一种工具里都嵌入了意识形态偏向，也就是它用一种方式而不是用另一种方式建构的世界倾向……这是一种历史悠久、永世长存的智慧，其最简单明快的表现是古老的箴言：在手握榔头者的眼里，一切仿佛都是钉子。"② 对于我们的文化来说，媒介意识形态偏向所引起的后果是生态环境意义上的，也即整体性的、牵一发而动全身的影响，包括我们的感知方式、认识论、价值观念、常识、生活习惯、社会制度，等等。总之，媒介意识形态偏向的原理让我们明白了，"一旦被人接受，技术就会坚持不懈，就会按照它设计的目标前进"③。而我们的任务就是懂得媒介与技术的这种特性，当我们容许一种媒介进入一种文化时，就必须要瞪大眼睛看它的利弊，否则，作为人体及其功能延伸的媒介与技术就会异化为统治和支配人的力量，使得人自身变成了媒介和技术的延伸。

四、技术垄断时代的文化危机

"为了澄清当前的处境，说明前面路上的危险"④，波兹曼根据技术与文化之间的相互关系，将人类文化史划分为三个阶段，即工具使用阶段、技术统治阶段和技术垄断阶段。这里所谓的"技术"事实上就是指新技术及其所代表的意识形态，而"文化"则是指旧技术及其所代表的文化。这三个文化阶段的演进过程其实就是新技

---

① 　[美]尼尔·波兹曼：《娱乐至死》，章艳译，30页，桂林，广西师范大学出版社，2007。
② 　[美]尼尔·波斯曼：《技术垄断：文化向技术投降》，何道宽译，7页，北京，北京大学出版社，2007。（波兹曼也译作波斯曼）
③ 　同上书，3页。
④ 　同上书，12页。

术如何增强其自主性和排他性，逐渐由从属于文化传统到凌驾于文化传统之上，再到完全消除文化传统的过程，也是新旧技术所代表的文化和意识形态如何由和谐平衡的关系走向尖锐对立直至你死我活的斗争历程。通过这三种文化区分，我们可以清晰地看到我们现时代的文化中存在的危机：技术垄断破坏了媒介环境的平衡性，传统的文化和价值观念已经向技术垄断文化缴械投降，并在先进技术和媒介创造的"美丽新世界"中逐渐走向消亡。

（一）从工具使用文化到技术垄断文化

所谓工具使用文化，是指17世纪以前的人类文化，这种文化的特点在于：工具的发明与使用都不会侵害它们即将进入的文化的尊严和完整。工具不会妨碍人们去相信自己的传统价值观，不会妨碍他们相信自己的宗教、政治、教育方法或社会组织的合理性与合法性。换句话说，在这样的文化中，"技术并不被认为是独立自主的，技术受到社会体制或宗教体制的管束"①。17世纪以后，工具使用文化遭到了欧洲出现的三大发明（时钟、印刷术和望远镜），以及启蒙主义思想的冲击，其主导性地位逐渐被新兴的技术统治文化动摇。18世纪中叶瓦特改良蒸汽机之后，西方社会真正进入到技术统治时代，而19世纪后半期出现的新技术的"井喷"状况无疑让这种文化最终达到了它的巅峰，"这些发明包括赋予'传播革命'实质内容的发明：留声机和电报（19世纪30年代）、转轮印刷机（19世纪40年代）、打字机（19世纪60年代）、跨洋电缆（1866年）、电话（1876年）以及电影和无线电报（1895年）"②。与这些层出不穷的新发明相伴而生的是追求客观、高效、专业化、标准化、计量和进步的社会信念。

在技术统治文化中，工具不再处于从属性地位，而是在思想世界里扮演着核心的角色，一切都必须给新的工具技术文化的发展让路。"社会世界和符号象征世界都服从于工具发展的需要。工具没有整合到文化里面去，因为它们向文化发起攻击。它们试图成为文化，以便取而代之。于是，传统、社会礼俗、神话政治、仪式和宗教就不得不为生存而斗争。"③ 不过，在技术统治文化的时代，技术的独立性和排他

---

① ［美］尼尔·波斯曼：《技术垄断：文化向技术投降》，何道宽译，12页，北京，北京大学出版社，2007。
② 同上书，24页。
③ 同上书，15页。

性还没有发展到极致，因为工业革命的进程才刚刚开始，影响的范围也比较有限；而工具使用文化已经延续了好几千年，早已形成了一整套完整的、深入人心的意识形态和世界观。因此，尽管工具使用文化已经在与技术统治时代文化的竞争中处于下风并成为从属文化，但是它并未缴械投降，而是仍然顽强地与技术统治文化进行着抗争。

然而，技术垄断文化的兴起，使得传统世界观对新技术的抵抗彻底失败了，在技术垄断文化的独特扩张策略下，文化最终向技术缴械投降。技术垄断运用始终如一的微笑服务和无休止的娱乐精神重新界定了宗教、艺术、家庭、政治、历史、真理、隐私、智能的意义，使这些观念适应它的扩张要求。技术垄断所采取的策略并不使其他选择不合法，不使它们不道德，也不使它们不受欢迎，而是通过推行享乐主义和娱乐精神使那些具有可选择性的方案都消失得无影无形，失去意义，最终实现技术垄断的一家独尊的极权主义统治局面。赫胥黎在《美丽新世界》里对技术垄断文化的这些特征做了十分精彩的勾勒，他将亨利·福特的工业帝国兴起的时代视为技术统治向技术垄断过渡的时代，并将"福特纪年"作为《美丽新世界》的纪年方式。不过，技术垄断在意识形态上的逻辑起点可以追溯到 19 世纪"科学社会学"的创始人和实证主义哲学家奥斯古德·孔德那里，因为他奠定了技术垄断社会的一个基本的观念：对人和人类社会的研究，应该采取自然科学的方法和程序来进行，凡是不能按照自然科学方法研究的东西都是非真实的或没有价值的，这个主张为后世把人和社会当作客体物质对象来研究奠定了基础。在这一观念指导下，与道德、艺术和情感相关的那些人类精神生活的广阔领域都因为其无法测量而被放逐到科学事业之外。

对于技术垄断文化的信条，最好的表述或许是由查尔斯·泰勒在其 1911 年出版的《科学管理原理》中阐发的，如果"人听凭技术的摆布，人的价值在一定意义上低于机器时，社会就享受到最佳的服务"①。泰勒及其追随者为自己发现了一条通往"美丽新世界"的道路而倍感欢欣。然而，正如赫胥黎所揭示的，那个由技术主宰一切的世界并不像它看起来那么美丽。不仅如此，由于这个新世界用微笑和服务来推行它的霸权意识形态，用娱乐和享受来诱惑那些头脑简单的人，因此，它具有更大

---

① ［美］尼尔·波斯曼：《技术垄断：文化向技术投降》，何道宽译，30 页，北京，北京大学出版社，2007。

的危险性。在事实上，技术垄断文化是技术和信息失控之后的产物，它倡导唯科学主义和技术至上主义，借用德波的话说，技术垄断"是关于其自身统治秩序的不间断的演讲，是永不停止的自我赞美的独白，是其自身生活所有方面集权管理阶段的自画像"，"是永远照耀现代被动性帝国的不落的太阳，它覆盖世界的整个表面并永远沐浴在自身的光辉之中"。[①]

（二）信息泛滥与"文化艾滋病"

技术垄断文化的时代是传播媒介空前繁盛的时代，也是信息空前泛滥的时代。人们坚信信息越多越好，因为了解信息的人就会拥有智慧。事实上，这是将获取信息与对信息的理解和利用混为一谈了。由于不理解信息与智慧之间的真实关系，因此人们对信息不足和信息短缺怀有深度的忧虑，却对于由信息泛滥所导致的严重后果很少加以思考。

从工具使用文化到技术垄断文化，我们经历了从信息短缺到信息爆炸再到信息泛滥的过程。信息革命的开端是由16世纪初期的印刷机开创的，印刷技术解决了信息短缺的状况，推动了教育的发展，并将科学变成了一项公开的事业；这使得西方文化充满了活力，并由此走上了技术统治的道路。在信息革命的第一个阶段中，信息的生产是围绕着既定的目标进行的，与人们在实际生活中需要解决的实际问题密切相关。也就是说，信息与生产信息的实用性目的、与人的理性认知需求是密切相关的，也是与人们的行动和实践密切相关的。因此，尽管信息大量产生，但是它们被有条不紊地整合于社会行动目标或思想文化体系的之中，而不是杂乱无章和随处漂流的垃圾。

这种状况随着19世纪中期电报技术的发明而改变，电报消除了信息传输在时间和空间上的障碍，使得信息第一次实现了与交通运输的分离。这种技术优势所导致的一个结果就是：信息可以脱离它的具体社会和文化语境而成为快速流通的东西；这意味着"信息的价值不必死死地套在信息的功能上，信息和它在社会政治决策和行动里的功能不必捆绑在一起"[②]。电报的这一去语境化特征很快与商业报纸的需要结合起来，使得信息成为可以不需考虑其意义和功能而随意买卖的商品。可以说，

---

① ［法］居伊·德波：《景观社会》，王昭凤译，5～7页，南京，南京大学出版社，2006。
② ［美］尼尔·波斯曼：《技术垄断：文化向技术投降》，何道宽译，40页，北京，北京大学出版社，2007。

电报重新改写了信息的含义，信息不再是人们为了应付生存需要而苦苦寻求的东西，也不再与人的行动目标和精神文化语境相关，"它带给我们的是支离破碎的时间和被割裂的注意力"①，很多媒体信息除了纯粹娱乐的功能和可以作为商品买卖的功能之外，就不再有什么实际的用途了。

随之而来的照相和摄影技术加入了电报，从而将信息变为无语境、无目的、无意义的商品和娱乐的活动，因而启动了信息革命的第三个阶段。图像的优点很快就体现出来了，它具体形象，没有深度，不需沉思，对每一个人都十分友好。无论是儿童还是老人，知识分子还是文盲，大家都一致地喜欢它，因为它不仅能够传达信息，更重要的是它能提供娱乐。因此，图片和影像在短时间内被大量生产出来，以满足人们对于这种特殊的符号形式的需求。一场以电视为代表的"图像革命"席卷了我们的文化，将我们的社会变成了德波笔下的"景观社会"。接下来是由广播启动的第四次信息革命和由计算机网络技术启动的第五次革命，或许还有手机启动的第六次革命，每一次技术革命都在以几何级数的速度增加信息的数量，同时也在不断强化信息与人的目标和行动之间的割裂状态，"信息杂乱无章地出现，并不指向具体的人，数量难测，速度惊人，但从理论、意义或宗旨上看却是断裂分割的"②。这也正是信息泛滥的含义，它将我们的世界变成了"躲猫猫"的世界，在忽隐忽现的"躲猫猫"游戏中，我们的感官和心智疲于应付杂乱无章的琐碎信息，得不到片刻沉思或者安宁。

显然，长期以来人们低估了对信息进行控制和管理的重要意义，因为只有那些有现实语境、条理清晰、逻辑连贯的信息才能帮助我们在行动和决策过程中消除事物的模糊性和不确定性，而大量垃圾信息的存在恰恰就等于没有任何信息可用。因此，社会信息管控机制就像保护健康的免疫机制，帮助我们的文化保持健康，一旦这一机制失效，那么如洪水般泛滥的信息将会冲毁、淹没我们的文化。

在口头传播和印刷时代，信息由家庭、学校、教会、社团、政党等社会组织管控，受到社会行动目标或思想文化的体系制约。一旦出现不符合人们现实生活语境和思想文化体系的信息，上述组织就会将它们屏蔽掉。这样的社会中，信息都是井

---

① ［美］尼尔·波兹曼：《娱乐至死》，章艳译，92 页，桂林，广西师范大学出版社，2007。

② ［美］尼尔·波斯曼：《技术垄断：文化向技术投降》，何道宽译，41 页，北京，北京大学出版社，2007。

井有条的，与它的具体语境和文化相适应的。然而，在技术垄断文化中，一切传统的文化价值观念都被技术意识形态取代。学校、家庭、政党、宗教乃至国家赖以形成的价值观念和文化传统被汹涌而来的娱乐性信息冲击得七零八落、支离破碎，无法再发挥它们管理控制信息的功能。于是新的技术和制度被设计出来控制信息的泛滥，这些新的技术包括官僚主义、专家系统及形式多样的"隐形技术"，如民意测验、智力测量、标准化等"软"性技术，人们相信这些更新的技术能有效管理信息。然而，实际结果却是让人失望的，原先的信息泛滥局面还没有得到有效控制的时候，这些新增加的技术和管理制度又不断滋生出更多的信息垃圾和问题。这样，在一种毫无希望的控制——泛滥——再控制——再泛滥的循环过程中，垃圾信息与日俱增，人类信息防御的健康免疫机制因不堪重负而最终崩溃，人类文化由此患上了"抗信息缺损综合征"（Anti-information Deficiency Syndrome）[1]，也即"文化的艾滋病"。"文化的艾滋病"让我们的文化彻底失去了抵御信息泛滥的希望，这个世界支离破碎的面貌至此就再难修复了。

（三）电视娱乐与万能"解忧丸"

电视是技术垄断文化中最具有标志性的媒介。波兹曼认为，电视扮演的角色就是赫胥黎在《美丽新世界》中提到的那种能解万般忧愁的"解忧丸"。这种媒体所代言的文化就是忘掉一切烦恼、插上电源尽情消遣娱乐的文化，"通过引入'电视时代'，美国让世界看见了赫胥黎预见的那个未来"[2]。事实上，"娱乐是电视上所有话语的超级意识形态。不管什么内容，也不管采取什么视角，电视上的一切都是为了给我们提供娱乐"[3]。无论是轻松的访谈、游戏节目还是严肃的政治活动、犯罪新闻、自然灾害、战争、恐怖袭击……一切通过电视展示的内容都要以一成不变的娱乐形式出现。当人们还沉浸在几分钟以前播出的一起严重爆炸事件所导致的人道主义悲剧的时候，适时插播进来的商品广告便强行中止了人们的哀思，精美的商品图像加上模特们迷人的微笑让人们瞬间便忘却了刚才的那些血腥残暴的场面，它似乎在提醒我们：电视不是道德法庭，也不是学校或者教堂，看电视只是为了娱乐，而非为

---

① ［美］尼尔·波斯曼：《技术垄断：文化向技术投降》，何道宽译，37 页，北京，北京大学出版社，2007。

② ［美］尼尔·波兹曼：《娱乐至死》，章艳译，202 页，桂林，广西师范大学出版社，2007。

③ 同上书，114 页。

了接受教育或净化灵魂。因此，根本没有必要为电视上的不幸感到哀伤。

电视技术的特性使其具有了特殊的魅力，它展现的世界具体而生动，富有情感魅力。电视和书籍的不同之处在于：具备阅读并理解书籍内容的能力需要艰苦而长期的训练，而欣赏电视节目则不需要任何训练。书籍不会将世界的秘密摆在你的面前，而是需要你在不断积累阅读能力、推理能力、逻辑判断能力和综合理解能力的基础上去获取。正是由于书籍具有这样的特性，因此可以根据阅读理解的难度和内容进行分级，不同年龄的人阅读不同难度级别的书籍，这样儿童与成人的差别便一目了然了。由于阅读能力的障碍，儿童无法轻易从成人书籍中了解成人世界的秘密。相比之下，电视的世界则是一览无余的，对任何人来说，电视上的内容都是一目了然的，没有理解难度上的差别；此外，由于电视需要每日播出大量娱乐性节目，因此，它也不可能像电影那样实行内容上的分级管理。为了适合娱乐的需要，电视更倾向于展示成人世界的秘密，并将偷窥他人私人生活的行为公开化、合法化、日常化。电视的娱乐本性同时导致两个结果，一方面儿童很轻易地就能掌握大量成人世界的秘密，从而成为不折不扣的"小大人"，而另一方面，成人则陶醉在儿童都能理解的娱乐化信息中，成了"在知识和情感能力上还没有完全发育成熟"的"成人化儿童"。① 总而言之，印刷文化为人类文化提供了儿童与成人的区分性概念，但随着电视时代的到来，人们又回到了印刷时代兴起之前的中世纪或更早的时代，在那时的文化中，儿童和成人之间没有任何文化意义上的差别，儿童不会受到特殊的保护，而成人在智力方面也与儿童相差无几。

童年的消逝并不是电视带来的唯一后果，在商业电视高度发达的文化环境中，电视已经成为具有统治霸权的"元媒介"：它的语言形式、表达模式和娱乐精神都成为整个社会竞相效仿的典范。在媒体行业中，报纸、杂志、书籍和网络都大量使用精美图片，以迎合电视时代公众的感官习惯；与此同时，对公共事务进行的严肃而富有深度的讨论让位于煽情、肤浅、无聊的娱乐信息。更重要的是，电视娱乐通过对媒体行业的支配性影响为我们社会文化的营建提供了特殊的环境。在这一环境中，电视中所呈现的世界成为我们在现实生活中竞相仿效的模板，举凡政治、经济、教育、学术、艺术、公共事务管理……都要体现出电视文化的娱乐精神。就政治领域

① ［美］尼尔·波兹曼：《童年的消逝》，吴艳莛译，141 页，桂林，广西师范大学出版社，2004。

而言，电视重新定义了"政治"的含义。对于电视时代的公众来说，政治家的魅力并不体现在他的内在品质方面，也不一定要体现在他所阐发的施政理念中，比这些东西更为重要的是他的"表演"技巧如何，他的外形设计、说话方式、行为举止、家庭生活状况如何，这些与"形象展示"相关的因素在很大程度上决定了公众对他的支持率。为了塑造自己的公众形象，政治人物也像电视演艺明星一样热衷于形象包装和"表演秀"，他们努力给公众留下风趣幽默、机智灵活和富有人情味的印象，为此，他们必须将更多的时间和注意力集中在下一次出场表演时的细节设计方面，而不是对于政治哲学的思考和实践上。同样，在学术研究这个最不可能与电视结盟的领域，如今也已经被娱乐的精神浸染。各种专家热衷于在电视上露面，绝不是为了将精心研究的成果公之于众，而是为了迎合观众的娱乐的需求和利益集团的要求。他们使用婴儿般幼稚的流行语言将那些高深的学术问题统统改编成富有人情味的情节剧或者历史剧；他们放弃了学者严谨求实的信条，用骇人听闻或者华丽夸张的辞藻来实现"语不惊人死不休"的娱乐效果；他们都竞相在表演风格、语言能力和演讲内容上向演艺人士看齐，事实上，他们成了另一种意义上的演员而不再是传统意义上的教师或学者。

可见，在技术垄断时代，电视所呈现的模型"成了这个世界应该如何存在的模型，娱乐……统治着一切。就像印刷术曾经控制政治、宗教、教育、法律和其他重要社会事务的运行方式一样，现在电视决定着一切……我们的神父和总统，我们的医生和律师，我们的教育家和新闻播音员，大家都不再关注如何担起各自领域的职责，而是把更多的注意力转向了如何让自己变得更上镜"①。这种全民娱乐产生的结果就是：在我们的生活中，除了娱乐业之外，不再有其他的行业。

在全民性的欢声笑语中，我们逐渐习惯了电视娱乐呈现给我们的支离破碎的世界，习惯了逻辑混乱、自相矛盾和肤浅廉价的煽情表演。借助于电视这一"解忧丸"，我们终于有机会实现没有思考也没有痛苦的生活了。然而，正如赫胥黎所指出的，当人们用笑声代替了思考，却不知道自己为什么会笑以及为什么不再思考时，一切就都为时已晚了。

（四）救治疾病的良方

面对技术垄断时代所带来的文化危机，我们将如何应对呢？波兹曼认为，方法

---

① ［美］尼尔·波兹曼：《娱乐至死》，章艳译，128 页，桂林，广西师范大学出版社，2007。

可以有两种，一种是"卢德分子"采取的方法，即满怀仇恨地将技术销毁或弃之不用。这种方法看似合理，但实际上却很荒唐，因为没有人会放弃技术/媒介带来的好处，回归古代社会的那种身体劳作之苦。我们应该意识到：技术/媒介所带来的问题并不是技术/媒介的使用，而是技术/媒介的滥用。电视的问题并不是它能带来娱乐，而在于它将一切文化内容都统统变成了无聊的消遣和娱乐。因此，当一种媒介形式占据社会文化的主导地位并对其他媒介形式形成统治霸权的时候，也就意味着我们的媒介环境及其生态平衡遭到了破坏。我们必须做出努力加以适当限制，让媒介生态环境重新恢复一定程度的平衡。同样，当技术垄断盛行之时，艺术、宗教、文学、历史等传统符号体系及其价值观念都被排挤到边缘，甚至消逝得无影无踪，真正的危险也正在于此，因此，我们必须努力保持技术与人文传统之间的协调平衡状态。面对技术垄断社会，我们的任务不是像"卢德分子"那样砸毁电视机或电脑，而是制止技术意识形态僭越于文化传统之上成为人类文化的主宰，成为奥威尔笔下那个无所不在、专横跋扈地统治我们的"老大哥"。

为了对抗技术垄断的意识形态，保持媒介生态环境的平衡，我们不得不采取另外的一条具有可行性的拯救之道以寻求治病的良方，这条道路就是公民教育。如今的教育尽管也深受技术垄断文化的浸染之害，但毕竟还保存着对抗技术垄断的力量，并且是人们解决难题和困扰的希望所在，关键问题还是看我们如何设定教育的目标和教学计划。波兹曼认为，我们必须对教育的理念有清晰的认识，我们要培养的人是坚持"人类进步"理念，相信人类文化应该全面、均衡、健康发展的"爱心斗士"，还是"没有献身精神、没有观点，却有大量技能到市场上去出售"的技术专家？如果我们的目标不是培养技术社会的"拉拉队员"的话，就应该坚持将哲学、古典艺术、宗教、文学、语言学等伟大的人文主义传统贯彻到教学计划中来，"强调历史知识、科学的思维方式、训练有素的语言技能、广博的人文和宗教知识，强调人类事业的一以贯之。对于技术垄断那种反历史的、信息饱和的、热爱技术性质的教育而言，这种教育无疑是极好的矫治剂"。①

在这样的教学计划中必须体现出明确的历史意识，这倒不是说应该将"历史"

---

① ［美］尼尔·波斯曼：《技术垄断：文化向技术投降》，何道宽译，113 页，北京，北京大学出版社，2007。

这门学科作为最重要的课程来教，而是说应该将"历史"视为一种"超学科"，并且是"伴随我们年轻一代迈向未来最重要的观念"①。技术垄断已经将科学技术打扮成罗兰·巴特所说的"神话"，也即将历史的东西变成自然的东西，而我们必须通过包括科学史、技术史在内的广泛历史教育，让那些未来的"爱心斗士"明白：任何科学技术都是具体政治经济环境的产物，都是一定历史阶段中的现象，而不是自然秩序的必然体现。也就是说，任何科学技术原理都有可能在历史的长河中被证明是错误的，都有可能被重新改写。不仅如此，科学技术的成就所代表的也只不过是人类智力成就的一个重要方面，而不是所有的方面；当然，它也不是产生真理的唯一的体系。人类需要科学技术的帮助来安置他们的物质与休闲生活，也需要宗教、艺术和文学来帮助他们安置好精神与心灵上的生活。因此，科技没有凌驾于道德和人文主义传统之上的必然优越性和合法性。相反，为了不至于让人们被它始终如一的美丽笑容所迷惑，"抵抗技术垄断的斗士在认识论和精神上必须和技术拉开距离"②，唯有如此，人们才能在与技术的相互关系中形成对话，而非俯首帖耳，唯命是从。

面对技术垄断社会中层出不穷的新媒介和信息泛滥局面，我们应该对开展公民媒介教育的必要性和迫切性有所认识。传播媒介在文化与社会结构形成的过程中扮演着越来越重要的角色，因此，对于公民教育来说，"媒介意识"的树立已经迫在眉睫。媒介教育不仅应该纳入到学校和公民教育课程计划中来，而且应该成为教育的中心。当然，波兹曼所提倡的媒介教育，其重点不是"怎样利用电视（或电脑，或文字处理机）来控制教育"，而是"怎样利用教育来控制电视（或电脑，或文字处理机）。"③ 在媒介教育中，"人类进步"的教育理念必须得到贯彻和体现。根据这样的理念，我们在思考和评价一种新媒介的时候就可以有一个较为清晰的立场。比如，我们要问：它在多大程度上有利于理性思维的发展？它在多大程度上有助于民主进程的发展？它在多大程度上提供给我们有语境、有价值的信息？它在多大程度上提升了我们的道义感和向善的能力？它在多大程度上有利于我们对于历史和传统经验

---

① Neil Postman, *Building a Bridge to the 18th Century: How the Past Can Improve Our Future*, New York: Alfred A. Knopf: Distributed by Random House, 1999. p. 173.

② ［美］尼尔·波斯曼：《技术垄断：文化向技术投降》，何道宽译，111 页，北京，北京大学出版社，2007。

③ ［美］尼尔·波兹曼：《娱乐至死》，章艳译，210 页，桂林，广西师范大学出版社，2007。

的尊重？它在多大程度上有利于我们艺术审美体验的发展？……如果我们都能带着这样的一些问题去审视一种新媒介和新技术，然后再决定是否欢迎它们进入我们的文化，我们才有可能避免将赫胥黎的警告变成不可逆转的现实。

5 | 第五章
媒介事件理论的学术
脉络

媒介事件理论涉及媒体与文化的复杂关系。文化有很多定义，美国传播学者詹姆斯·罗尔在《媒介、传播、文化：一个全球性的途径》一书中写道："若干年前，雷蒙德·威廉姆斯把文化简洁地定义为'一种特殊的生活方式'，它由一个社会群体所分享，由价值观、传统、信念、物质和领域构成。从这个观点来看，文化是动态的生态学，有关人类复杂的各种事物、世界观、礼仪、日常活动和场景。文化是我们如何谈话和穿衣，我们吃的食物及怎样准备消费它们，我们创造的神以及我们崇拜的方式……"简单来说，"文化是'我们做事的方式'，它揭示'我们是谁'以及'我们不是谁'。文化提供一种框架，使我们了解自己和他人；文化标明不同文化群体间的差异，为同一文化成员提供衔接"。① 这个定义指出了文化是"由一个社会群体所分享"的特征，而文化的分享时常与传播媒介发生关系。例如，我们在日常生活中经常接触和使用大众媒体，我们一般通过电视收看重大事件（仪式）的现场直播，那么，大众媒体究竟在何种程度上影响到我们对文化的感知，其如何强化文化群体间共享的理念和价值标准，从而促进了社会的整合？"媒介事件（media event）"理论为我们理解这类问题提供了跨学科的研究视角。本章梳理西方媒介事件理论的发展脉络，揭示媒介（传媒）、文化、仪式之间的复杂关系和研究路径。

第一节　媒介事件的概念与学术渊源

一、作为学理概念的媒介事件

西方学界普遍认为，"媒介事件"作为一个学理概念提出来，最初是与对电视媒介的研究相关的。美国传播学者丹尼尔·戴扬（Daniel Dayan）和伊莱休·卡茨（Elihu Katz）从 1980 年开始，在以色列的耶路撒冷希伯来大学和美国的南加州大学举办了一系列研讨会，研究电视对重大历史事件的直播现象。他们基于这些研究完成了对媒介事件理论的初步建构。1992 年戴扬与卡茨出版《媒介事件》②，系统总结

---

① ［美］詹姆斯·罗尔：《媒介、传播、文化：一个全球性的途径》，董洪川译，147、148 页，北京，商务印书馆，2013。

② 中译本有［美］丹尼尔·戴扬，伊莱休·卡茨：《媒介事件：历史的现场直播》，麻争旗译，北京，北京广播学院出版社，2000。

媒介事件研究，标志着媒介事件理论的正式成型。①

戴扬和卡茨的媒介事件理论基于对 20 世纪七八十年代美国和以色列电视直播的观察。为什么偏偏是电视而不是其他媒介呢？因为他们是以"大众传媒是社会整合中介"的视角进行学术研究的。在当时，报纸和广播先后完成了对受众的细分，而电视取而代之成为全国性的媒介。那时候世界上大多数国家只有一家或者个别几家全国性电视台垄断着大型仪式的电视直播。按照戴扬的描述，那时"电视记者们对报道这样的大型仪式充满敬畏，即便电视节目报道冲突事件，它们也强调和解的一面而不是冲突的一面"。② 所以考察电视直播更容易看到媒介在社会整合中的效果。

要理解"媒介事件"这个概念，首先要理解"媒介"和"事件"分别指什么。如果脱离了理论而理解概念，往往会出现顾名思义式的解读。在戴扬和卡茨那里，"媒介"指的是大众传播媒介，特别是电视媒体。"事件"指的是"各种各样的现实"，而不是狭义上理解的正在发生的"事情（happenings）"。不是所有"事情"都是"事件"，因为"事件"都富有"意义"，而正在发生的"事情"则不必要有一个"意义"。③ 比如，去超市购物、坐车上下班，这只是普通的"事情"，并不满足事件意义重大的要件。但奥运会、祭孔大典，则属于戴扬和卡茨所说的"事件"。简言之，媒介事件中的"事件"往往具有重大的历史意义和文化意义。这就决定了"媒介事件"不是"事情"的媒介化呈现。

戴扬和卡茨认为媒介事件具有三重结构。他们使用语言学中的三个概念作为隐喻，对这三重结构进行了解释。④ 第一个层面是句法层面（syntactics）⑤。"syntactic"的名词形式"syntax"在英文中的主要含义是"句法"，即词汇在句子中的语法安排。

① Andreas Hepp and Nick Couldry, "Introduction: Media Events in Globalized Media Cultures," in Nick Couldry, Andreas Hepp and Friedrich Krotz (Ed.) *Media Events in a Global Age*, London: Routledge, 2010, pp. 1-20.

② Daniel Dayan, "Beyond Media Events: Disenchantment, Derailment, Disruption," in Monroe E. Price and Daniel Dayan (Ed.) *Owning the Olympics: Narratives of the New China*, Ann Arbor: The University of Michigan Press, 2008, pp. 391-402.

③ Daniel Dayan, "The Pope at Reunion: Hagiography, Casting, and Imagination," in Eric W. Rothenbuhler and Mihai Coman (Ed.) *Media Anthropology*, 2005, Thousand Oaks: Sage, pp. 165-175.

④ Daniel Dayan and Elihu Katz, *Media Event: The Live Broadcasting of History*, Cambridge: Harvard University Press, 1994, pp. 10-14.

⑤ 该书的中文译本将之翻译为"符号关系学"。参见［美］丹尼尔·戴扬，伊莱休·卡茨：《媒介事件：历史的现场直播》，麻争旗译，11 页，北京，北京广播学院出版社，2000。

其在英文中另一个意思是，"一种系统的有关秩序的安排"。戴扬和卡茨在这里想表达的是，媒介事件在电视播出"秩序安排"上的主要特征，即在电视节目播出的编排顺序上，媒介事件打破了节目的日常播出。常规播出的节目被取消，所有频道都播出同一媒介事件。[①] 打破日常节目播出编排，突出了事件的重要性；临时性的直播突然插入，打断了人们的日常生活。换言之，人们或许原本没打算在某个特定时间收看电视，但由于媒介事件的重要性，人们停下原本的计划或手头的工作，在这个特定的（或者说是"规定的"）时间坐在电视机前收看这一事件的电视直播。比如，2008 年 5 月 12 日我国四川省阿坝藏族羌族自治州汶川县发生里氏 8.0 级的大地震。中央电视台首次中断了日常的节目编排，临时性对这场地震的后续情况进行直播。四川电视台随后也中断了其他节目的正常播出，进入不间断的震情直播状态。[②]

第二个层面是语义层面（semantics）。戴扬和卡茨将"semantic"解释为"（媒介）事件的意义"。媒介事件往往公开宣称自己具有重大的历史意义，并且都包含一个核心价值观（文化意义）。电视台与组织者通力合作，紧紧围绕这些历史意义与核心价值观进行符号性表达，因此整个事件的媒介呈现看起来就像仪式一样具有神圣感。例如，为了牢记日本侵华战争给中国人民带来的沉重灾难、悼念二战期间中国的死难同胞，我国将 12 月 13 日设立为国家公祭日。2014 年 12 月 13 日，南京电视台推出了 15 小时的国家公祭日电视直播节目《勿忘国耻，圆梦中华》。直播中，丰富的镜头元素呈现了公祭参与者统一的深色着装、现场人们肃穆的表情、祭奠的鲜花、国家公祭鼎等。通过对符号要素的呈现，烘托了仪式感，传达出铭记屈辱、爱国自强、反对战争、呼吁和平的核心文化意涵与价值观。[③]

第三个层面是语用层面（pragmatics），即媒介事件比普通的电视新闻具有更庞大的收视群体，而且整个收视过程就如同一场节日狂欢。不同地区不同种族的观众在同一时间聚集到一起收看电视，甚至还为集体收视电视节目准备了食物。这就表

① 戴扬和卡茨关于媒介事件的论述基于对他们那个时代（20 世纪 80 年代）的电视直播的观察与描述。在当时，世界上多数国家的电视直播由一家或个别几家全国性电视台垄断。因此，关于"所有频道都播出同一媒介事件"的观察和描述有其历史局限，以致与如今的电视收视状况略有不同。

② 相关介绍参见严俊：《电视直播：危机中引导舆论的利器》，载《甘肃社会科学》，2009 年第 1 期。

③ 关于南京电视台国家公祭日直播报道详情，见段鹏：《南京电视台国家公祭日 15 小时大型直播节目评析》，载《中国广播电视学刊》，2015 年第 9 期。

示，传统收视行为中的被动观众变成了仪式的积极参与者。这种观众的积极参与不仅淡化了地理空间的概念，使得不同地理空间内的个体有了共同追逐的目标，而且形成了一种集体记忆。① 例如，我国一年一度的央视春节联欢晚会和各省级卫视频道的跨年晚会提供了可资参考的例子。在这些电视晚会直播中，观众自身所在的地理空间已不再重要，北京的观众可以和广东的观众一样，准时坐在电视机前收看湖南卫视的跨年晚会。观众们可能是一家人收看节目，并且常常是边吃零食、边看、边聊天。于是，跨年晚会和春晚的电视直播，变成了一家人甚至是民族团聚的时刻。在体验春晚和跨年晚会的过程中，观众往往无意间记住了某个相声小品中的台词，某段歌舞，也产生了对民族国家文化的集体记忆与认同。

二、媒介事件理论的学术渊源

媒介事件理论的提出有丰富的学术渊源。西方学界一般认为，媒介事件理论是功能主义传播学在 20 世纪 80 年代的理论产物。② 美国的早期大众传播学研究聚焦于劝服研究。20 世纪 50 年代，卡茨与拉扎斯菲尔德的研究证实了大众传媒有限效果论的存在。媒体尽管不能控制人们的思想，却占用了人们的时间，并且融入人们的日常生活，于是大众传播学的焦点开始从劝服研究转向大众传媒的社会功能。20 世纪 80 年代，功能主义传播学受到社会人类学（特别是法国社会学家涂尔干的社会学和文化人类学）启发，出现了文化研究的转向。这一研究的核心思想在于，认为大众传媒是社会整合的中介。戴扬和卡茨正是这一研究传统的代表人物，他们之所以选择在这一思想框架下研究电视直播，主要是为了与传统的传播学研究范式（劝服研究）划清界限。③

戴扬和卡茨媒介事件理论有三个学术渊源，分别是涂尔干、韦伯、特纳（Victor Turner），他们是社会学或人类学领域影响很大的学者。

（一）涂尔干的影响

法国社会学家涂尔干的《宗教生活的基本形式》一书，直接影响了戴扬和卡茨

---

① Daniel Dayan and Elihu Katz, *Media Event: The Live Broadcasting of History*, Cambridge: Harvard University Press, 1994, pp. 15-17.

② James Curran, *Media and Power*, London: Routledge, 2002, pp. 134-136.

③ Elihu Katz, Daniel Dayan and Pierre Motyl, "Communications in the 21st Century: In Defense of Media Events," *Organizational Dynamics*, 1981, 10 (2), pp. 68-80.

的研究路径和对大众传播的社会功能的基本认识。涂尔干认为,仪式是将个人与社会相连接的重要工具,因为仪式能够强化社会核心价值观,激发个人的身份认同,促进社会整合以及个人间或群体间的"情感的统一"。[①] 这个过程包含了两个彼此相关的步骤。其一是通过仪式来区分哪些是神圣的(Sacred),哪些是渎神的(Profane)。宗教通过仪式禁止渎神的事物,从而使神圣的事情被社会成员广泛接受。其二,为了使这种被社会成员所共享的信念延续,必须通过持续不断的仪式进行强化。涂尔干认为仪式不仅存在于宗教生活中,也存在于人们的日常生活之中。将仪式从传统的宗教生活衍生到整个现代社会,涂尔干认为只有通过仪式,将人们的注意力从渎神的事物转移到神圣的事物上,社会才能得以维持。受此启发,戴扬和卡茨认为,媒介事件的主要作用在于促进"社会整合"和"情感的统一"[②],也就是将处于不同地理空间内的个体联系到一起,从而使某种文化意义"合法化"(即被社会成员确认、共享和延续)。所以有学者将戴扬和卡茨的媒介事件理论总结为"媒介事件的仪式性特征以及其在社会整合中的作用"[③]。

(二)韦伯的影响

为了解释媒介事件在社会价值观合法化过程中的作用,戴扬和卡茨提出了媒介事件的三个"基本脚本"[④]:竞赛(Contest)、征服(Conquest)和加冕(Coronation)。以"竞赛"为脚本的媒介事件是那些发生在竞技场、体育场、演播室中的,围绕"谁赢"(Who will win)而展开直播的事件,如政党电视辩论、奥运会直播。以"征服"为脚本的媒介事件是围绕人类历史巨大飞跃的事件的电视直播,比如对阿波罗登月的电视直播。这些媒介事件的中心是完成这一历史飞跃过程中的英雄人物。以"加冕"为脚本的媒介事件,是对各种庆典的电视直播,比如就职典礼、皇

---

① Ronald N. Jacobs, "Rituals, Repertoires, and Performances in Post-Modernity: A Cultural Sociological Account," in John R. Hall, Laura Grindstaff and Ming-Cheng Lo (Ed.) *Handbook of Cultural Sociology*, Abingdon: Routledge, 2010, pp. 263-272. 中译本见 [法] 爱弥尔·涂尔干:《宗教生活的基本形式》,北京,商务印书馆,2011。

② 在戴扬、卡茨、涂尔干及其他社会人类学者那里,"统一"指的是个人间或群体间通过共同的目标、理想、情感要素(如喜怒哀乐)而联结在一起。参见:Wojciech Owczarski and Maria Virginia Filomena Cremasco, *Solidarity, Memory and Identity*, Newcastle: Cambridge Scholars Publishing, 2015.

③ Andreas Hepp and Nick Couldry, "Introduction: Media Events in Globalized Media Cultures", in Nick Couldry Andreas Hepp and Friedrich Krotz (Ed.) *Media Events in a Global Age*, London: Routledge, 2010, pp. 1-20.

④ 后来也将之解释为媒介事件的三种基本类型。

室婚礼、葬礼，以及奥斯卡金像奖之类的颁奖典礼。戴扬和卡茨认为，有的媒介事件兼具两种或两种以上脚本的特征，比如奥斯卡金像奖颁奖典礼就兼有"竞赛"和"加冕"两种脚本特征。[1]

这种三分法受到了德国社会学家马克思·韦伯的"合法性理想类型"[2] 理论的启发。韦伯所关注的问题是：权威的合法性从何而来？这种"合法性"指的是一种被统治者对"主宰——顺从"关系的信仰体系。这种信仰体系不是个人的，而是被所有社会成员共享的。韦伯提出了三种"合法性理想类型"[3]。第一种类型是"理性/法律型权威"，其合法性来源于人们对于科层制，以及法律制度等的信仰。第二种类型是"个人魅力型权威"，其合法性来源于人们对于领导者卓越魅力的信仰。韦伯指出，"魅力（Charisma）指的是某个人的卓群品质，这种卓群品质可能是其真实存在的，也可能是被他人所认为的"，对个人卓越魅力的信仰来源于民众对英雄人物的崇拜。第三种类型是"传统型权威"，其合法性建立在人们对传统神圣性的信仰上。当某一个人的命令在传统上被认为合法时，他就是这种传统型权威。也就是说，这些人在被称为"权威"之前，就已经具有了传统意义上"权威"的正统身份。韦伯认为没有任何权威只存在于单一类型之中，而是或多或少融合了这三种类型。

戴扬和卡茨通过观察指出，观众在不同的媒介事件脚本中扮演着不同角色。在以"竞赛"为脚本的媒介事件中，观众扮演裁判的角色，他们依据现代文明的信仰体系（比如法律、规则、秩序等）做出是非评价。在这个过程中，现代文明的一些信仰体系不仅被观众（作为仪式主体）广泛认同，而且被反复强化。在以"征服"为脚本的媒介事件中，观众扮演的是见证者角色，他们被媒介事件中的"英雄人物"震撼和打动，在对"英雄人物"卓越品质的欣羡上达成一致，其卓越品质为社会广泛认可。在以"加冕"为脚本的媒介事件中，观众也扮演了见证者角色。但作为见证者，他们不是被"英雄人物"卓越品质所倾倒，而是见证了社会传统和历史经验。通过对三种脚本的媒介事件中观众身份的观察，戴扬和卡茨发现，"竞赛""征服"

---

① Daniel Dayan and Elihu Katz, *Media Event: The Live Broadcasting of History*, Cambridge: Harvard University Press, 1994, pp. 25-53.

② Max Weber, *Economy and Society: An Outline of Interpretive Sociology*, Berkeley: University of California Press, 1978, pp. 212-300. 中译本见［德］马克思·韦伯：《经济与社会（第一卷）》，上海，上海人民出版社，2010。

③ 在另外一些英文文献中，也被称为"权威的理想类型"。

和"加冕"，这三种媒介事件的脚本确立了不同的权威模式，而且与韦伯的"合法性的理想类型"——对应。以"竞赛"为脚本的媒介事件与"理性/法律型权威"的合法性类型对应，以"加冕"为脚本的媒介事件与"传统型权威"的合法性类型对应，以"征服"为脚本的媒介事件与"个人魅力型权威"的合法性类型对应。[1]

（三）特纳的影响

美国人类学家特纳的仪式过程理论是戴扬和卡茨媒介事件理论的第三个渊源。[2]特纳认为，无论是在传统社会还是现代社会，仪式操纵着社会变迁。这种社会变迁是借由所谓"通过仪式"实现的。通过仪式是"伴随着每一次地点、状况、社会地位，以及年龄的改变而举行的仪式"。[3] 大多数仪式都是"通过仪式"，其具有三重结构，即仪式的三个阶段：分离阶段、阈限阶段、聚合阶段。在"分离阶段"，仪式主体（个人或社群）脱离旧有身份、地位、思想等文化状态。在最重要的"阈限阶段"，仪式主体进入一种"模棱两可"的过渡状态，身份差异消失了，并表现出对旧结构的反动。在"聚合阶段"，仪式主体获得新的身份，并被寄予了一定的期望值。而媒介事件可以分为两大类，一是"恢复性事件"，包括皇室婚礼、典礼、纪念仪式等政治仪式，其强调的是"过去"。电视直播在特定时间打断人们的生活，使之重新审视这些过去的经验。二是"转变性事件"，这些事件强调社会秩序的改变，试图促使社会成员接受和支持这种社会变化。在戴扬和卡茨看来，转变性媒介事件是阈限的来源。[4]

第二节　媒介事件理论的验证与修正

戴扬和卡茨关于媒介事件的研究，很快引起了当时社会学和文化研究领域内资

---

[1]　Daniel Dayan and Elihu Katz，*Media Events：The Live Broadcasting of History*，Cambridge：Harvard University Press，1994，pp. 41-45.

[2]　Mihai Coman，"Liminality in Media Studies：From Everyday Life to Media Events"，in Graham St. John（Eds.）*Victor Turner and Contemporary Cultural Performance*，New York：Berghahn Book，2008，pp. 94-108. 或参见：James R. Compton，*The Integrated News Spectacle：A Political Economy of Cultural Performance*，New York：Peter Lang，2004，p. 19. 以及 Tanya Goodman，*R Eyermam JC Alexander Staging Solidarity：Truth and Reconciliation in a New South Africa*，New York：Routledge，2016，p. 75.

[3]　［美］维克多·特纳：《仪式过程：结构与反结构》，黄剑波、柳博赟译，94 页，北京，中国人民大学出版社，2006。

[4]　同上书，95 页。

深学者的兴趣，其中最具标志性的是美国社会学家亚历山大（Jeffrey Alexander）和美国文化研究代表人物凯瑞（James Carey）。亚历山大作为新功能主义代表人物，当时在耶鲁大学社会学系，正在和学生们从事一项关于建构文化社会学（Cultural Sociology）理论的"强大研究项目（Strong Program）"①，其中就包括了有关媒介与仪式的研究。而凯瑞在当时由于提出"传播的仪式观"，将美国大众传播研究（特别是媒介史研究）纳入美国文化研究而蜚声国际。二人除了都关注大众媒介与文化（仪式）研究，还和戴扬与卡茨一样受到涂尔干的影响，因而从不同视角对媒介事件理论进行验证与修正。

一、媒介事件中的受众作用

受到涂尔干的影响，戴扬和卡茨认为，社会存在一个"神圣中心（Sacred Center）"，媒介事件强化并维系这一神圣中心，最终整合社会。"神圣中心"是一种价值体系，作为文化传统而存在。亚历山大同样关注这个"神圣中心"，在他那里"神圣中心"是社会文化现象，是"意义的文化体系建构的焦点"。所以"神圣中心"的内涵取决于不同的文化体系，也就是说，文化建构"神圣中心"。"神圣中心"也是道德和社会力量，在道德和社会维系方面发挥作用，其形式是随着历史发展而变化的。媒体通过传播和协商有关"神圣"或"渎神"的符号而参与建构"神圣中心"的内涵。质言之，"神圣中心"可以抽象理解为一种有媒体参与、被文化建构、随历史变化的意义。②

基于这样的认识基础，亚历山大修正了戴扬和卡茨的观点。③ 他认为，媒体必须通过受众的接受才能建构群体身份和一种共同的情感统一体。公民社会的维系不仅依

---

① 亚历山大本人关于"Strong Program"的一个理论性说明，参见：Jeffrey Alexander and Philip Smith, "The Strong Program in Cultural Theory: Elements of a Structural Hermeneutics", in Jonathan H. Turner (Eds.) *Handbook of Sociological Theory*, New York, Springer, 2006, pp. 135-150.

② Jeffrey C. Alexander, Ronald N. Jacobs & Philp Smith, *The Oxford Handbook of Cultural Sociology*, New York: Oxford University Press, 2012. 或参见：David Herbert and Marie Gillespie, "Introduction: Social Media and Religious Change", in Marie Gillespie, David Eric John Herbert and Anita Greenhill (Ed.) *Social Media and Religious Change*, Berlin: De Gruyter, 2013, pp. 1-14.

③ Jeffery C. Alexander, "Cultural and Political Crisis: 'Watergate' and Durkheimian Sociology", in Jeffrey C. Alexander (Eds.) *Durkheimian Sociology: Cultural Studies*, Cambridge: Cambridge University Press, 1988, pp. 187-224.

赖于法律、选举等政治性手段，更重要的是文明社会本身是一个符号传播的领域。公民社会的每一个成员时时刻刻都在进行一种时而合作时而斗争的"符号性对话"，这些对话围绕着成员身份而展开，也就是说，这个符号性对话是关于谁属于或不属于这个社会的。正是这种符号性传播建构了群体身份和情感统一体。由于符号性对话的介入，公民社会被分成两种——"指示性的（Indicative）"和"虚拟性的（Subjunctive）"。前者是指"真实存在的公民社会"，其核心话语是"是什么（Reality as it is）"。后者是一个"标准化的公民社会"，即一个具有乌托邦性质的、想象出来的公民社会，其核心话语是"应该是什么（Reality as it ought to be）"。媒体的作用就是尽量使"真实存在的社会"与"标准化的社会"保持一致。在亚历山大看来，这就是"仪式"。

这个解释与戴扬和卡茨的区别在于，媒介介入的机制及观众的作用。亚历山大认为，观众对待媒介事件的反应不是一致的，媒介事件的社会后果是一个复杂的协商过程。观众不是一个整体，文化意义是由分散在整个社会网络中的无数个体参与建构的，而媒体仅构成文化环境。"文化环境"（也称"仪式语境"）包括"两层结构"：一是语义结构，即文化环境中有一套为传受双方共同理解和使用的语义系统，传受双方凭此进行对话；二是叙事结构，即围绕一种二元对立式的角色（如英雄/反派）进行叙事。二元对立不是凭空想象的，而是依据当代社会既有评价标准而确立的。

亚历山大研究了美国"水门事件"中观众对相关媒介事件的反应。[①]"水门事件"后仍有84％的美国民众支持尼克松。但一年后，尼克松却被视为公敌，威信一落千丈，最后迫于压力辞职。亚历山大指出，在这个转折过程中，1973年"水门事件"听证会的电视直播至关重要，它令"水门事件"变成一宗媒介事件。在电视直播中，媒体搭建了文化环境，根据当时美国社会的民主原则建立了"英雄"和"反派"这一对二元对立的叙事角色："英雄"是美国式民主社会的维护者，"反派"是美国民主社会的破坏者（尼克松）。在"水门事件"中尼克松的行为是对美国民主原则的破坏，体现了"真实存在的社会"与"标准化的社会"之间的差距，这使公众感到尼克松是对实现"标准化的社会"的威胁。在媒介之外，社会网络中的个体间也进行着符号性对话。尼克松和他的拥趸不可能屈从于这种"英雄/反派"叙事角色的划

---

① Jeffrey C. Alexander and Ronald N. Jacobs, "Mass Communication, Ritual and Civil Society," in Tamar Liebes and James Curran (Ed.) *Media, Ritual and Identity*, London: Routledge, 1998, pp. 23-41.

分，他们要做的就是消解这种二元对立，一边提出未经法律程序而弹劾尼克松是对"标准化的社会"的反动；一边强调尼克松的种种政绩，淡化其"反派"身份。亚历山大认为，这一媒介事件的后果（尼克松辞职），是尼克松及其拥趸在符号性对话中失败所致。

二、媒介事件的类型界定

凯瑞在 1975 年发表《传播的文化研究取向》一文，明确提出"传播的仪式观"，1977 年又在《大众传播与文化研究》中加以重申。凯瑞认为，从仪式的角度看，"传播"一词与"分享"（Sharing）、"参与"（Participation）、"联合"（Association）、"团体"（Fellowship）及"拥有共同信仰"（The Possession of a Common Faith）这类词有关。传播"仪式观"的核心，"是将人们以团体或共同体的形式聚集在一起的神圣典礼"。[①] 他对戴扬和卡茨的媒介仪式理论也充满兴趣。但他指出，戴扬和卡茨对媒介事件三种脚本的划分具有局限性，因为一些听证会的电视直播在电视史上不仅具有重要地位，也具有媒介事件的特征，但这些媒介事件既不属于"竞争"，也不属于"征服"或"加冕"。凯瑞认为，这些媒介事件往往造成"持久斗争并且对政党造成长期的政治后果"，其作用"不是弥补社会裂痕和整合社会，而是加强和制造社会分歧。不是为了促进社会核心价值观的广泛认同，而且强调多种价值观之间的分歧"。与戴扬和卡茨的"竞争""征服"和"加冕"相对应，凯瑞使用了文化人类学中的三个语词"羞辱（Shame）""降级（Degradation）"和"排斥（Excommunication）"来概括这类经典媒介事件理论所不涵盖的媒介事件脚本。[②]

和凯瑞一样，利比斯（Tamar Liebes）也对媒介事件脚本（类型）理论进行了验证和补充。利比斯是戴扬和卡茨的学生，作为媒介事件理论的奠基者之一，她从 20 世纪 80 年代中期开始就使用戴扬和卡茨的理论框架进行有关媒介事件的研究。1996 年巴勒斯坦哈马斯武装组织在以色列使用自杀式恐怖袭击，以色列电视台取消了所有常规性电视节目，改为 72 小时的电视直播。这一媒介事件引发了当时已在希伯来

---

① ［美］詹姆斯·凯瑞：《作为文化的传播——"媒介与社会"论文集》，丁未译，7、28 页，北京，华夏出版社，2005。

② James Carey, "Political Ritual on Television: Episodes in the History of Shame, Degradation and Excommunication", in Tamar Liebes and James Curran (Ed.) *Media, Ritual and Identity*, London: Routledge, 1998, pp. 42-70.

大学传播研究所执教的利比斯的重新思考。①

利比斯认为，尽管戴扬和卡茨明确区分出新闻事件和媒介事件（比如认为"肯尼迪被刺杀"是新闻事件，"肯尼迪国葬"是媒介事件），但有时庆典式的媒介事件（Ceremonial Media Event）是对先前的创伤性的新闻事件（Traumatic News Event）的补偿。例如，"肯尼迪国葬"作为媒介事件是对"肯尼迪被刺杀"这样一个创伤性新闻事件的补偿。电视直播始于创伤性新闻事件，随后传媒制造庆典式的媒介事件，弥补观众心理创伤，这时电视直播才会结束。利比斯将这一完整过程称为"灾难马拉松"②。

与经典媒介事件一样，"灾难马拉松"也时常打破日常报道的节奏。但二者的区别在于，经典媒介事件通过营造群体感来聚合观众，而"灾难马拉松"往往打破这种群体感。电视通过渲染恐慌和恐怖的画面，增强观众的心理创伤。另一个重要的区别是，经典媒介事件是由媒体和其他组织或个人共同参与生产的，因此这些组织（包括媒介组织）中的权力精英在一定程度上主导着媒介事件的呈现方式。而"灾难马拉松"则可以看作是对权力精英利益的威胁和损害，因为"灾难马拉松"（例如美国"9·11"事件）的主导权不仅不在权力精英手上，甚至有时掌握在恐怖分子手中，以致使媒介事件沦为"恐怖主义的媒介化"③。此外这种"灾难马拉松"对民主进程也产生了负面效应。一方面是原先的公共权威的形象受损，"反对党领袖、前任军方高层，以及先前提出某些见解却被驳回的专家们"取得了更多的话语权。另一方面由于"灾难马拉松"的创伤性特点，由观众组成的社会群体迫切要求执政者采取解决措施，导致执政者往往绕过理性辩论而直接采取一些非理性的解决措施。

随着美国"9·11"事件、卡特里娜飓风等灾难性事件的发生，利比斯的"灾难马拉松"理论为越来越多的研究者提供了启发和理论框架。有学者指出，近年来西方学界对"灾难马拉松"的研究已经逐步取代了对仪式性媒介事件的研究。④ 连卡茨

---

① Tamar Liebes，"Television's Disaster Marathons：A Danger for Democratic Processes？" in Tamar Liebes and James Curran（Ed.）*Media*，*Ritual and Identity*，London：Routledge，1998，pp.71-84.

② 在一些文献中也被称作"媒介灾难"。

③ Simon Cottle，"Mediatizing the Global War On Terror：Television's Public Eye"，in Anandam P. Kavoori and Todd Fraley（Ed.）*Media*，*Terrorism*，*and Theory*：*A Reader*，Lanham：Rowman& Littlefield，2006，pp.19-48.

④ Johanna Sumiala，*Media and Ritual*：*Death*，*Community and Everyday Life*，London：Routledge，2013，pp.84-86.

本人都承认近年来对于媒介事件的研究重心已经从研究"竞争""征服"和"加冕"转移到研究灾难、恐怖事件和战争。卡茨与利比斯指出,这种研究重心的转移主要有三个原因:一是媒介技术和组织的发展。在戴扬和卡茨初步提出媒介事件理论时,少数电视台垄断电视直播,收视较为集中。伴随数字和移动技术发展,媒介事件的收视越来越分散。二是电视观众普遍表现出犬儒主义,对政府和新闻来源的信任度降低。三是媒介事件已丧失了其神话性的魅力,在整合社会方面的力量式微。①

三、媒介事件的新特征

美国学者亚历山大、凯瑞和利比斯的上述观点,被视为对经典媒介事件理论的补充和修正。② 这些补充不仅被卡茨认可和吸取,而且促成了戴扬对经典理论的进一步修正。戴扬承认,"从《媒介事件》出版后至今15年过去了,世界改变了,我们也从新的经验和其他人对我们研究的批评中学到了很多"。③

戴扬认为,他与卡茨的经典媒介事件理论需要修正,归根结底是因为媒介事件的结构(即"语义""句法""语用")发生了变化。在语义层面,"意识形态领域已经发生了巨变"。20世纪90年代初,冷战刚刚结束,全球格局以和平为主,爆发战争的可能性较小。而21世纪初,民族冲突比20世纪90年代要严峻许多,因此媒介事件在语义层面也变得不再以化解冲突和缩小分别为主题,而是更加强调冲突和社会区隔。

在句法层面,"媒介事件的形式已被拆分成彼此分离的要素,有的媒介事件已经合并到了其他的新闻类别(genres)中",原先媒介事件的一些特征已经难以为继,新闻与媒介事件有时难以区分。④

在语用层面,经典理论认为媒介事件使观众聚集在一起,以家庭为公共空间集

---

① Elihu Katz and Tamar Liebes, " 'No More Peace!' How Disaster, Terror and War Have Upstaged Media Events", *International Journal of Communication*, 2007, 1, pp. 157-166.

② James Curran, Tamar Liebes, "The Intellectual Legacy of Elihu Katz", in Tamar Liebes and James Curran (Ed.) *Media, Ritual and Identity*, London: Routledge, 1998, pp. 1-20.

③ Daniel Dayan, "Beyond Media Events: Disenchantment, Derailment, Disruption", in Monroe E. Price and Daniel Dayan (Ed.) *Owning the Olympics: Narratives of the New China*, Ann Arbor: The University of Michigan Press, 2008, pp. 391-402.

④ 在后现代社会新闻与媒介事件难以区分的观点最早由费斯克提出。参见 John Fiske. *Media Matters: Everyday Culture and Political Change*, Minneapolis: Minnesota University Press, 1994, p. 2.

体收看电视直播。然而在当下，这种集中的电视收视行为已经难以达成。

因此，戴扬将这些时代赋予媒介事件的新特征归纳为："祛魅（Disenchantment）""脱轨（Derailment）"和"瓦解（Disruption）"。他没有对这三个语词做出明确的解释，但其对媒介事件理论的修正也是明显可见的。所谓"祛魅"归纳了媒介事件在语用层面的新特点（即在聚集观众方面强大力量的消弭）；"脱轨"定义了媒介事件在句法层面的新特点（即新闻与媒介事件边界的模糊性）；"瓦解"说明了媒介事件在语义层面的特点（即媒介事件的文化意义不是社会整合而是社会区隔）。

第三节　媒介事件的理论拓展

一些媒介社会学者受到戴扬和卡茨媒介事件理论的启发，也基于亚历山大、利比斯和凯瑞等人对经典理论的修正，从 20 世纪 90 年代末开始着手建立更宏观、更具包容性的理论框架，试图以此解释更多涉及大众媒介与社会文化关系的现象，特别是解释大众媒介作为符号性权力在社会文化中的角色。尽管在这些宏观性理论中，有关媒介事件的论述只作为其中的一个部分，但这些宏观性理论却是以戴扬和卡茨的经典媒介事件理论为学术原点的，即以媒介事件的研究为基点而进行更宏观的理论拓展。这些理论包括罗森布勒（Eric W. Rothenbuhler）的仪式传播理论、库尔德里（Nick Couldry）的媒介仪式理论，以及科特尔（Simon Cottle）的"媒介化的仪式"理论。

国内学界常有人将"仪式传播""媒介仪式"（或"媒介化的仪式"）和凯瑞的"传播的仪式观"视为雷同，甚至有人认为"仪式传播"和"媒介仪式"都是凯瑞提出的。事实上，凯瑞不仅从未提出过"仪式传播"和"媒介仪式"的概念，且其"传播的仪式观"对"仪式传播"和"媒介仪式"的影响有限，不可过分夸大。此外，罗森布勒和库尔德里也曾与科特尔有几次论战，说明三个理论不尽相同。此处对他们三位的理论做简要回顾，既可借此看到媒介事件理论在何种程度上影响到媒介社会学者的学理思路，也是对几个争议概念的学术史考辨。

一、仪式传播理论

美国学者罗森布勒在 20 世纪 80 年代初期师从戴扬和卡茨，从事媒介事件理论的研究。他和利比斯一样，也是媒介事件理论的早期奠基者之一。他在当时的主要关注点是以媒介事件理论为框架研究奥运会，并以此完成了他的博士论文①。1998 年他在戴扬和卡茨的经典媒介事件理论基础上提出了"仪式传播"理论（Ritual Communication），而后又以此为学术基点与科曼（Mihai Coman）合作创立了媒介人类学②。

罗森布勒的理论所关注的是传播与仪式究竟是什么关系？其在人们的日常生活中扮演着什么角色？是什么样的机制使得传播和仪式在人们日常生活中发挥效用（effectiveness）？"仪式传播"理论中，核心观念是"传播"和"仪式"，后者尤为关键。罗森布勒所说的"传播"不仅包括大众传播，还包括人际传播、组织传播。和戴扬、卡茨一样，其对"仪式"概念的理解在根源上来自涂尔干，即承认仪式在宗教和世俗生活中的遍在性和基础性作用。其在"仪式传播"理论中的仪式观也直接受到图赫曼（G. Tuchman）和凯瑞的启发。罗森布勒认为，在图赫曼那里"仪式是形式化的、重复的、有套路的行动的综合"。在这种仪式观下，学者们把媒介产品（如电视节目、报纸内容）的消费行为视为仪式性的行为。在凯瑞那里"仪式是传播的模式"，即传播不是信息的传递，而是文化的共享。所以在罗森布勒看来，"仪式"既是名词也是形容词。从名词角度讲，它包括了社会上所有的仪式（Rites）和庆典（Ceremonies）。从形容词来看，"仪式"包括了日常传播活动的所有仪式性的方面。基于这种理解，罗森布勒认为："仪式是人们自愿地使用符号进行模式性（Patterned）的表现，从而影响和参与严肃的生活"；"严肃的生活（Serious Life）"可以理解为"重要的、道德上高尚的"社会生活。③

罗森布勒认为，仪式和传播都有建构社会秩序的功能，而且这种秩序建构是一种符号性的建构。任何仪式都有传播性机制（Communicative）："人们依据正式的（Formal）形式、使用符号表演，以取得社会效果。"比如新娘在结婚典礼上说出

---

① Eric Rothenbuhler, *Media Events*, *Civil Religion*, *and Social Solidarity*: *The Living Room Celebration of the Olympic Games*, University of South California, 1985.

② Eric W. Rothenbuhler, "From Media Events to Ritual to Communicative Form", in Nick Couldry, Andreas Hepp and Friedrich Krotz（Ed.）*Media Events in a Global Age*, London: Routledge, 2010, pp. 61-74.

③ Eric W. Rothenbuhler, Mihai Coman, *Media Anthropology*, Thousand Oaks: Sage, 2005, p. 4. 或 Eric W. Rothenbuhler, *Ritual Communication*, Thousand Oaks: Sage, 1998, p. 27.

"我愿意（I do）"意味着婚姻关系的确立。要想打破这种"秩序"，就需要另外一个仪式（离婚仪式）、经过符号化表演（如递交离婚起诉书）来实现。与此同时，生活中的任何传播现象都可以看作各式各样的仪式，比如点头、握手、寒暄，以及收看电视、阅读报纸都是仪式。所以"仪式传播"概念有两层含义：任何传播都是仪式，任何仪式都具有传播的特性。仪式是价值观的传播性表演（Communicative Performances），借由这种重复性的、持续性的传播性表演，某种文化意义得以维系。传播的仪式性使所有传播的参与者都参与到传播的仪式化过程，通过这种仪式化的传播，传播的参与者实现了所期望的社会结果以及对他人的控制。这就是仪式和传播作为符号性权力介入人们日常生活的运作机制。① 因此"仪式传播"的研究旨趣是日常传播活动的仪式化方面和日常生活的仪式化传播。②

　　罗森布勒认为，有四种传播性表演的形式（Forms of Communicative Performance），其将传播与仪式相统一，构成了"带有仪式表现形式的媒介化的传播（Mediated Communication in Ritual Form）"。其一是仪式的电视直播，也就是戴扬和卡茨所说的媒介事件。其二是仪式化的媒介使用，即对特定媒介或媒介内容的使用已经成为一种责任和规矩。比如在西方的许多酒吧和俱乐部中，电视都只播放体育赛事。在重大球赛（如世界杯）播出时，许多人习惯走出家门，到酒吧里点上啤酒与其他人一同收看。又比如，在许多西方家庭里，人们习惯边吃早饭边收看早间新闻。其三是媒体工作的仪式化，比如日常新闻采编流程的标准化。媒体产品的制作往往通过专业分工实现。在这一过程中，许多行为都是仪式化的。比如每周召开的采编工作例会，还比如大型媒体机构中等级森严的科层制。③ 在我国的大型媒体机构（如新华社）中，新加入的新闻工作者往往要参加半个月到一个月的集体培训。这些培训强化政治导向、培养团队意识、增加业务知识，整个过程正如同特纳所说的"通过

---

　　① Eric W. Rothenbuhler, "From Media Events to Ritual to Communicative Form," in Nick Couldry, Andreas Hepp and Friedrich Krotz (Ed.) *Media Events in a Global Age*, London: Routledge, 2010, pp. 61-74. 以及 Eric W. Rothenbuhler, R Rodu, "Media Events in the Age of Terrorism and the Internet", *Jurnalism si Communicare*, 2010, 5 (2), pp. 34-41.

　　② Eric W. Rothenbuhler, "Communication as Ritual", in Gregory J. Shepherd, Jeffrey St. John and Ted Striphas (Ed.) *Communication as …: Perspectives on Theory*, Thousand Oaks: Sage, 2006, pp. 13-21.

　　③ 近年来西方新闻学界和实务界提出"液态新闻"的概念。"液态"一词是来自社会学家齐格蒙鲍曼提出的一个后现代隐喻，通俗来说，就是形容一切都处于不稳定的状态之中。在液态的新闻业中，这种等级森严的科层制渐渐瓦解。当然，这是新闻业的前沿，在目前国内表现尚不明显。

仪式"。其四是"电视本身承担了宗教功能"。这里"宗教"二字也是一个隐喻，它指的是涂尔干所说的宗教化的生活状态。其表现是以家庭为单位的日常电视收视：每天下班后全家人边吃饭边聊天边看电视，无所谓电视播放什么，这种仪式性的媒介使用行为使得分散的家庭成员重新整合在一起，这表明"我们已经活在仪式传播之中"。① 当然，在新媒体时代，媒介的宗教隐喻不仅仅局限于电视媒体。微信的家庭群、工作群，也都可以看作媒介本身在凝聚群体方面发挥着"宗教功能"。

罗森布勒认为，媒介事件能够吸引大规模的观众参与其中，是因为媒介事件是一种传播性表演的形式（即仪式），媒介事件能够起到效果也是因为它是一种仪式，并且遵循了仪式传播的运作机制。② 因此，罗森布勒试图将日常新闻（routine news）、媒介事件（戴扬和卡茨的经典媒介事件研究中的"媒介事件"）和"灾难马拉松"纳入到仪式传播的解释框架中。③ 从这个角度讲，"媒介事件"在罗森布勒的"仪式传播"中已经不再是作为一种理论，而是作为一种仪式传播现象。

二、媒介仪式理论

英国新闻学者库尔德里的媒介仪式理论可以说是完全基于对经典媒介事件理论的扬弃。他的《媒介仪式：一个批判的路径》一书于 2003 年在伦敦出版，这意味着他至少有十年时间来思考经典媒介事件理论，充分吸收其他学者对媒介事件理论的补充与修正。书名中的"一个批判的路径"暗指对经典媒介事件理论的批判，这恰恰与第四章"反思媒介事件"形成呼应。④

库尔德里首先在两个层面上认同戴扬和卡茨的理论：一是认为电视确实改变了当代仪式的一些情况；二是媒介事件会产生一种特别的收视模式，这种收视模式强调集中观看，并且较为正式，宛若一种"仪式"。⑤ 但库尔德里认为，戴扬和卡茨只

---

① Eric W. Rothenbuhler, *Ritual Communication*, Thousand Oaks, Sage, 1998, pp. 78-88.

② Eric W. Rothenbuhler, "From Media Events to Ritual to Communicative Form", in Nick Couldry, Andreas Hepp and Friedrich Krotz（Ed.）*Media Events in a Global Age*, London, Routledge, 2010, pp. 61-74.

③ Eric W. Rothenbuhler, "Media Events in the Age of Terrorism and the Internet", Jurnalism si Comunicare, 2010, 5（2）.

④ Nick Couldry, *Media Ritual：A Critical Approach*, London, Routledge, 2003. 中译本见［英］尼克·库尔德里：《媒介仪式：一种批判的视角》，北京，中国人民大学出版社，2016。

⑤ Nick Couldry, *Media Ritual：A Critical Approach*, London, Routledge, 2003, p. 72.

借助涂尔干和特纳的理论是不够的，因为涂尔干和特纳对"仪式"的解读（即认为仪式是一种社会整合形式）仅仅是对"仪式"的一种解读。要研究媒介事件（或者更广泛地说，要研究媒介）就必须借助更多的人类学理论。其中最应该值得注意的是英国人类学家布洛赫（Maurice Bloch）和法国社会学家、人类学家布尔迪厄（Pierre Bourdieu），因为这两位学者的仪式观都认为仪式与社会冲突相联系。

布尔迪厄的"场域"理论对库尔德里的影响最大。布尔迪厄认为，社会现实由各式各样的场域组成，每一个场域都自有其"游戏规则"，并提供了一种主导性的价值判断原则。如果人们想要获得资本（布尔迪厄所说的资本包括经济资本、社会资本和文化资本），就必须遵守这些规则和原则。所以个人的行动受到场域的结构化限制，个人做出什么样的行动取决于其在场域中的地位，而这种地位又是由其掌握的各种资本的多寡决定的。布尔迪厄还认为，每个场域不仅自有一套规则，有时候还常常对其他场域产生影响，特别是政治场域，对其他场域的影响几乎是决定性的。为了进一步说明场域之间的互动关系，布尔迪厄区分出同一场域中存在的"两极"：自律（the autonomous pole）和他律（the heteronomous pole）。自律指场域内的一部分只受自身场域规则的限制，他律指场域内的一部分受到其他场域规则的影响。因此，场域内个人的地位不是静止的，而是在自律与他律的互动中动态变化。①

库尔德里认为，戴扬和卡茨对于媒介事件在整合社会方面的作用过于乐观，因为后现代社会的一个特征就是多元化、碎片化。由于不同"场域"的存在，社会秩序及戴扬和卡茨等人所说的那个"神圣的中心"② 不是唯一的而是多元的，不是固有的而是被建构的。③ 问题是，媒体在神圣中心的社会建构中扮演着怎样的角色？库尔德里将经典媒介事件理论称为"涂尔干主义"理论。他认为，经典媒介事件理论的致命问题就在于，过分迷信涂尔干理论中的功能主义成分。他转而自我标榜"后涂尔干主义"，声称"反功能主义"。这里的"反功能主义"针对的是媒体与社会的关系。功

---

① 一个关于布尔迪厄场域理论的通俗介绍参见 Jen Webb, Tony Schirato and Geoff Danaher, *Understanding Bourdieu*, London, Sage, 2004. 布尔迪厄著作的中译本参见：［法］皮埃尔·布尔迪厄：《区分：判断力的社会批判》，北京，商务印书馆，2015。

② 综合库尔德里的所有相关著述，他所谓的"神圣的中心"可以理解成社会秩序，也可以理解成主流意识形态。

③ Nick Couldry, *Media, Society, World：Social Theory and Digital Media Practice*, Cambridge, Polity, 2012, p. 65.

能主义认为，社会之中存在一个"神圣的中心"，这个"神圣的中心"是固有的，媒体传播这个"神圣的中心"。"反功能主义"则认为"神圣的中心"是被媒体建构的。

库尔德里指出，媒体与社会的关系之中充满了权力运作。在现实中，一个社会里可能并不存在什么神圣中心，但为了让人们相信社会中有一个神圣中心，媒体不惜变为神圣中心的代言人，作为一种符号性权力介入了人们的日常生活，以一种称为"媒介仪式"的机制使人们相信媒体建构的神圣中心就是真实的神圣中心，使人们认同媒体是唯一可以接近神圣中心的中介①，这就是所谓"媒介化中心的神话"。借由对这一神话的维系，媒体实现了对社会秩序建构的合法化。

那么这个被称为"媒介仪式"的机制是怎样运行的呢？库尔德里首先给出"媒介仪式"的一个定义：媒介仪式不是指当代大众媒介的某些方面具有仪式性，而是指"一些行动，这些行动围绕关键的媒体相关的区别而组织。这种行动加强了媒介化中心神话，并使之合法化"。② 这其中最重要的是"媒体相关的区别（media-related categories）"，因为"区别"的生产与再生产是最为关键的机制。"区别"一词可以理解成一些标签，这些标签附着在"媒介化中心的神话"之上，既是"媒介化中心的神话"的特征，也使得维系"媒介化中心的神话"成为可能。"区别"包括：

一是"直播（liveness）"，其假定通过大众媒介人们可以获取最直观的社会现实，因此人们必须立即接触大众媒介。

二是"媒体人性化（media personality）"或"名人（celebrity）"，其假定出二元对立关系，即媒体人/非媒体人、名人/普通人。

三是"媒体世界（media world）"，其假定媒体呈现中的世界与人们日常生活的世界不同，且前者地位高于后者。库尔德里认为，正如涂尔干认为宗教仪式围绕"神圣/渎神"的区别而组织和进行，媒介仪式是围绕"媒体的人事物"和"日常的人事物"的区别而组织和进行。这种区别带有权力的不平等性，这种权力的不平等使得"媒体是社会中心"的神话自然化。所以"媒介仪式就是那些生产和再生产这

---

① Nick Couldry, "Media Rituals, Beyond Functionalism," in Eric W. Rothenbuher and Mihai Coman (Ed.) *Media Anthropology*, Thousand Oaks: Sage, 2005, pp. 59-69. And Nick Couldry, "Media Rituals: From Durkheim on Religion to Jade Goody on Religious Toleration", in Christopher Decay and Elisabeth Arweck (Ed.) *Exploring Religion and the Sacred in a Media Age*, Burlington, Ashgate, 2009, pp. 43-54.

② Nick Couldry, *Media, Society, World: Social Theory and Digital Media Practice*, Cambridge, Polity, 2012, p. 66.

些区别的实践，借此强化媒体的社会中心地位"。①

基于这种批判性的理论关怀，库尔德里将媒介事件重新定义为"大规模的、基于事件的、媒体聚焦的叙事，这样的叙事加强了媒介化中心的神话"。② 至此，所谓媒介事件已经从传统理论中对社会的整合，转化为对"媒介化中心的神话"的强化，以及对社会秩序的符号性建构。

三、媒介化的仪式理论

科特尔曾先后在澳大利亚墨尔本大学和英国卡迪夫大学从事媒介社会学研究。他的学术关注点在于研究那些高曝光媒介现象（high-profile media phenomena）如何介入当代人们的日常生活并扮演参与性角色。③ 基于此，科特尔提出了媒介化的仪式（Mediatized Ritual）理论。"媒介化的仪式"是指"那些特殊的表演性的媒介现象，用以维持和调动集体情绪和团结一致，这种集体情绪和团结一致以一种价值认同的虚拟导向为基础"。④ 媒介化的仪式的特点：一是具有高曝光度；二是在不同时间、空间内不同媒体的集体参与；三是对公众的集体情绪产生影响。

媒介化的仪式包括六种类型，实际上就是把六种理论囊括在"媒介化的仪式"⑤的定义之下。

一是科恩（Stanley Cohen）的道德恐慌（Moral Panics）理论。道德恐慌是一种周期性的由媒介参与的社会过程，在这个过程中媒介通过符号性的表现手段（渲染、放大、强化，甚至歪曲），对某种具有潜在威胁的"他者"进行刻画。这样的刻画增加了社会成员对于"他者"的恐惧感，使得社会成员普遍认同那些旨在消除这些潜在威胁的手段、政策乃至价值理念，客观上达到"对集体道德边界的社会控制"。

---

① Nick Couldry, "Media Rituals: From Durkheim on Religion to Jade Goody on Religious Toleration", in Christopher Decay and Elisabeth Arweck（Ed.）*Exploring Religion and the Sacred in a Media Age*, Burlington, Ashgate, 2009, pp. 43-54.

② Nick Couldry, *Media Ritual: A Critical Approach*, London: Routledge, 2003, p. 67.

③ Simon Cottle, "Mediatized Ritual: A Reply to Couldry and Rothenbuhler", *Media, Culture & Society*, 2008, 30（1）, pp. 135-140.

④ Simon Cottle, "Mediatized Rituals: Beyond Manufacturing Consent", *Media, Culture & Society*, 2006, 28（3）, pp. 411-432.

⑤ Simon Cottle, *Mediatized Conflict: Understanding Media and Conflicts in the Contemporary World*, Berkshire, Open University Press, 2006, p. 56.

二是戴扬和卡茨的媒介事件理论。

三是"冲突性媒介事件（Conflicted Media Events）"，这些事件展现了种族、阶级、性别等社会文化方面的深层次斗争。科特尔认为其理论来源是菲斯克（John Fiske）。

四是利比斯的"灾难马拉松"理论。

五是"媒体丑闻（Media Scandals）"，这主要是指卢尔（James Lull）和辛纳曼（Stephen Hinerman）有关丑闻报道的研究。

六是"媒介化的公共危机（Mediatized Public Crises）"，其理论来源是亚历山大在 20 世纪 90 年代末对经典媒介事件理论的修正。

从动机上讲，科特尔将六种理论归为"媒介化的仪式"，这只是为了说明大众媒介作为符号性权力介入人们日常生活的方式。他的理论由于"无所不包"而显得过于宽泛、松散，缺乏原创性和理论性，这致使"媒介化的仪式"提出之后就招致批评。[①] 但将媒介事件相关理论纳入"媒介化的仪式"，再一次体现了媒介事件理论在传播与仪式研究中的关键地位。[②]

综上所述，本章前三节介绍和梳理了媒介事件理论在西方学术语境中的发展脉络。媒介事件理论受到社会人类学理论的影响，始终与社会人类学中的重要概念——仪式——相联系。自戴扬、卡茨起，媒介事件理论关注仪式对社会的整合或分化、大众媒介对"神圣中心"的强化或建构或取代。"仪式传播"从仪式与传播的角度，通过建立更宏大的理论框架来解释媒介事件和其他媒介现象；"媒介仪式"赋予媒介事件理论新的仪式观（即从新涂尔干主义到后涂尔干主义），进而激发经典媒介事件理论的新活力；"媒介化的仪式"试图将媒介事件理论和其他理论一同纳入媒介社会学的宏观研究范畴，解释大众媒介作为符号性权力介入人们日常生活的传播现象。当然，伴随着媒介技术更新、大众媒体的发展，社会生活中的媒介事件也呈现出多种多样的形态，成为学术研究的对象。媒介事件理论通过借鉴多学科的理论

---

① Nick Couldry, Eric W. Rothenbuhler, "Simon Cottle on 'Mediatized Rituals': A Response", *Media, Culture & Society*, 2007, 29 (4), pp. 691-695. 以及 Friedrich Krotz, "Media Connectivity: Concepts, Conditions, and Consequences," in Andreas Hepp, Friedrich Krotz etc. (Ed.) *Network, Connectivity and Flow: Conceptualizing Contemporary Communications*, New York: Hampton Press, 2008, pp. 13-31.

② Johanna Sumiala, *Mediatized Ritual: Expanding the Filed in the Study of Media and Ritual*, Sociology Compass, 2014, pp. 939-947.

资源，而加以修正和拓展，以回应社会现实所提出的问题。

在当今的新媒介环境中，"媒介事件"在人们的日常生活中随处可见，并表现出不同以往的特点。西方媒介事件理论被翻译到中国后，引起中国学者的关注和探讨，但也存在概念界定不清的问题。① 本章所搭建的西方媒介事件理论的基本框架和研究路径，可为人们认识和分析身边的各种媒介事件提供思考维度。在国内的诸多媒介事件（如 G20 杭州峰会、国庆阅兵、"双十一"购物狂欢节、奥运会等）背后，重大事件是如何通过媒体仪式化呈现的？这种仪式化在何种程度上塑造和强化社会群体的价值认同？媒体对重大事件报道的机制及后果如何？这些问题涉及传媒、仪式和文化三方面的关系与互动，也是考察和分析国内媒介事件现象的一般路径。在媒介事件中，受众是不可缺少的角色。因此，了解媒介事件理论也有助于提高公众的媒介素养，以批判性视角认识媒介事件的特点，思考个人参与的实际意义。

第四节　"假事件"概念辨析

国内学者经常将"假事件"概念与"媒介事件"相联系。由于相关理论译介不充分，"假事件"概念在国内常常被误读。有的认为"假事件"和公关界的"制造新闻"相同，有的则指出布尔斯廷的假事件是一个关于新闻真实性的新闻伦理问题，把"假事件"等同于"虚假新闻"。因此有必要厘清"假事件"概念，以免与"媒介事件"混淆。"假事件"绝非一个空洞的语词，而是布尔斯廷对当代美国大众文化和媒介文化的理论思考，涉及问题广泛。梳理这套理论话语，有助于我们思考文化研究的理论视角、进一步理解当代媒介文化。

"假事件（pseudo-event）"概念由美国学者布尔斯廷提出。布尔斯廷是 20 世纪 60 年代保守主义史学最重要的历史学家，一生共出版 22 本著作，其中《图像》(*The Image or What Happened to the American Dream*，1962 年出版）与其增订本（*The*

---

① 董天策、郭毅、梁辰曦、何旭：《"媒介事件"的概念建构及其流变》，载《新闻与传播研究》，2017（10）。此文指出："无论传播实践还是学术研究，'媒介事件'都是无法绕开的一个重要概念。事实上，它早已成为公关实践、传播理论、文化研究等多学科视域中的重要议题，人们使用'媒介事件'概念，引述有关'媒介事件'的论述，已是家常便饭。然而，迄今为止，不少论者对'媒介事件'并没有清晰而透彻的理解，以致中国语境中的'媒介事件'成为学术研究中一个相当混乱的表述。"文中辨析了"假事件"与"媒介事件"的区别、新媒体事件（网络公共事件）的特点。

Image：*A Guide to Pseudo-Events in America*，1964 年出版）是布尔斯廷在芝加哥大学晚期最著名的作品。此书所创造的"pseudo-event"一词不仅被广泛使用，更被收入美国字典，引起了同时代传播学者麦克卢汉和施拉姆的注意并回应。布尔斯廷原文中的"假事件"究竟涵盖什么内容呢？从全书着眼，"假事件"是指那些并非自然而然存在的"人造的新奇事物"[①]，其目的是满足人们"过分的期待"和过剩的消费欲望。布尔斯廷认为，美国社会到处充斥着"假事件"，是一个"假事件"构成的"图像世界"。图像世界与真实世界有别，甚至独立于真实世界存在。

一、新闻：满足人们信息需求的假事件

"假事件"不胜枚举。布尔斯廷在书中先后分析了五种假事件——新闻（主要是专访和新闻发布会）、明星、旅游产业、电影电视和广告。最先分析新闻是因为"人们过分期待中最简单的欲望就是对于新奇事件的大量需求"，新闻作为人为生产的"假事件"在人们日常匮乏的直接经验之外，提供间接经验，满足了人们过剩的信息需求。当新闻成为日常消费品，人们对新闻的关注超过了自然发生的事件。新闻作为对人们匮乏的直接经验的补偿是相对于自然发生的事件的幻象。这种幻象即"假事件"。

消费社会促成了新闻的批量生产。随着新闻产品消费规模增加，当记者"无法发现新闻，他就要制造一个"，以满足人们的需求。在这里，制造新闻并非编造新闻。布尔斯廷指出"制造"是指专业记者主动搜集素材，将具有"新奇"价值的信息如实地报道给消费者。这些事件都是完全真实的，但是不像灾难性事件那样自然而然地发生，而是要经过编排。当然，作为"假事件"的新闻生产也没有什么不好。布尔斯廷认为这是美国社会和新闻业发展不可避免的现象，因为"媒体必须要有料！人们必须要知道！"[②]

这种新闻生产是典型的"假事件"，其具有"假事件"普遍存在的五个特征。一是人为生产。其比自然发生的事件更有趣，更吸引人，而其参与者（访谈对象）往往是根据报道需要被选择的。二是以消费为目的。"策划这种事件的直接原因就是要

---

① Daniel J. Boorstin, *The Image：A Guide to Pseudo-Events in America*, New York, Vintage Books, 1992, p. 9.

② Ibid., pp. 25-37.

报道和制造它。因此，它的发生需要根据媒体报道和生产的方便来安排。衡量其成功与否，要看它是否被广泛报道。在时间上通常是人为确定的（而不是随机事件），在发生前，就会对外宣布其即将到来"。三是与现实（Reality）存在的关系暧昧。换言之，作为假事件的新闻既不是完全独立于客观现实存在，也并非是现实存在的呈现。四是可信的"幻象"。"它是一个自我实现的预言"。比如，某个候选人在电视访谈中表现良好，人们就会认为这是一个好的候选人，即便他现实中的情况很糟。质言之，"假事件"不是"假"在事件本身，而是营造了一种可能与现实状况不一样的"幻象"。这种幻象具有可信性，导致人们依此做出判断。五是大众化。假事件具有庞大的群众基础，无论哪种地位阶层和教育水平，任何人都可以消费假事件并从中获得满足。

　　总之，在论述新闻是一种最典型的"假事件"中，布尔斯廷搭建了"假事件"的理论框架。其最为核心的理论观点："假事件"是基于满足人们"过分期待"而人造的事物，它区别于自然状态下发生和存在的事物。泛滥的"假事件"形成一种与现实关系暧昧的"幻象"，不仅带给人们比真实存在更多的快感和满足，甚至取代了真实在人们心中的地位。布尔斯廷正是在这样的理论框架下，在后续章节中对明星、旅游产业、电影电视和广告进行分析的。因此布尔斯廷说，新闻所代表的"假事件"是"我们当代社会整个机制的写照"。[①]

二、明星："人的假事件"

　　"假事件"不是一套关于"事件"的话语，也与伦理无关。《图像》中涉及新闻事件的篇幅不到全书四分之一。在第二章，布尔斯廷就立即探讨了一种与"事件"没有任何关系的"假事件"——明星。他将英雄的式微和明星的批量生产称为"人的假事件"。

　　质言之，明星作为"假事件"是为了满足人们对人类"伟大特质"的消费渴望。英雄是具有伟大特质且有名的人物，其伟大特质源于其举世瞩目的成就。他们如同偶像甚至"半神"，在民间传说中口耳相传，以其光辉事迹和伟大人格鼓舞着一代又

---

　　① Daniel J. Boorstin, *The Image：A Guide to Pseudo-Events in America*, New York, Vintage Books, 1992, p. 36.

一代的美国人，但 20 世纪以来旧式英雄及其事迹式微。

当英雄人物逐渐消失，明星作为一种"假事件"便开始取代英雄人物在民众心中的地位。名气与伟大特质曾一度统一于英雄人物一身，但进入 20 世纪后，名气逐渐与伟大特质剥离。大众传媒高度发达，曝光度等同于知名度，名气可以被人为制造，以至于平常无奇之人也可一夜成名。布尔斯廷指出："明星就是那些因其知名度而被知晓的人。"除了名气之外，明星和普通人别无二致。他们仅是"为了满足我们对于人类伟大特质渴望而被制造出的"。换言之，是那些想要看到明星的人创造了明星。

明星与英雄人物在本质上大相径庭。传统的、自然而然让人熟知的名人叫作英雄，比如拿破仑、凯撒，他们具有伟大品质和卓越成就，是真正伟大的人。而人造的名人，叫作明星。明星是基于市场需求被媒体制造的，他们鲜有伟大特质，仅拥有一个众所周知的名字。英雄在长期的民间传说中代代相传，因此英雄的诞生距今越远，越有英雄气概，以至于远古的史前英雄近乎半神形象。而明星则可完全依靠媒体力量瞬间打造，他们来也匆匆、去也匆匆，随着时间推移，新明星渐渐取代老明星。英雄令人们印象深刻的是他们的伟大人格，"越伟大的英雄越难以辨认其五官"。明星则恰恰相反，他们靠各自的个性彼此区分，他们独特的发型、穿着，出众的五官突显个性，令大众印象深刻。

正如所有"假事件"都正在取代自然而然存在的事物，明星也有取代传统社会中英雄的趋势。一方面人们越来越期待新明星的出现，媒体对明星的报道也远超过对英雄的宣传。另一方面，旧式英雄如果不被媒体报道便逐渐为人们淡忘，而那些真做出某些英雄壮举的人，如果不通过媒体曝光，不被打造成明星，也难以存在于公众视野之中。"当某人同时以明星和英雄的身份出现，他的明星身份往往遮蔽了其英雄身份"[1]，恰如奥斯卡影片《比利·林恩的中场战事》所展现的那样。

三、旅游业：满足奇妙体验的假事件

人们总是期待奇异的经历，渴望在司空见惯中发现奇异之处。人们过分追求奇

---

① Daniel J. Boorstin, *The Image: A Guide to Pseudo-Events in America*, New York, Vintage Books, 1992, pp. 66-73.

遇，以至于"奇遇"不再是偶然。如今，奇异成为一种卖点，奇遇成为向人们兜售的商品。这最终导致旅游成为"假事件"的一种症候。

在欧美，早期的旅行只属于少数特权阶级的经验。传统意义上的旅行具有严肃性，并非为了娱乐。旅行者在旅行前要充分准备，对目的地的要事先了解。传统意义上的旅行比较艰苦。旅行者不仅要花费大量时间，还要承受旅行过程中的艰苦环境，面临无法预知的风险。

与古代的旅行不同，当代美国人所进行的是旅游。在旅游中，他们期待获得更多的陌生感和体验感，期待仅用几周时间，在不必面临危险的情况下体验危险所带来的兴奋感。对游客来说，想见识"奇异"，只需到就近的旅行社报名即可。因此，游客形成奇怪逻辑：奇异必须以商品的形式提供给他们，钱必须花得值，行程必须按其设想的那样安排。旅行社因此就要不断满足游客的需求和想象。

20 世纪后，积极的旅行者减少，被动的游客增加。游客是被动的享乐者，他们期待有趣的事情，却不主动去寻找那些奇异事物。便利的交通和舒适的住宿令游客不必再忍受旅行者曾忍受过的痛苦。商品化的团队旅游中，行程早已预先规划，团费包含保险，为游客解决了后顾之忧。因此，在舒适便捷的旅途经验之外，游客获得的是一种残缺的在地经验，游客与当地居民和文化缺乏接触。除购物等个别场合，导游无微不至，游客不再需要和当地人打交道。所有的景点和旅游项目都由旅行社精心规划，原汁原味的文化反而被景点喧宾夺主。

布尔斯廷认为，所有的旅游景点都具有"不自然的、假事件的性质"。旅游指南、电视剧、电影、报纸刻画出目的地的各种细节，令游客心驰神往，形塑着人们对目的地的期待和想象。而游客几乎从未意识到那些被符号建构的图景并非原汁原味的事物。于是，为了迎合游客的兴趣和期待，"地方性的仪式被放大、润色甚至改变"。当游客身处景点，他们希望能够见识到期待的图景，拍摄到与想象中一致的照片，于是他们需求更多假事件（比如通过人造光提升景点采光度）的配合。布尔斯廷总结道，在旅游中，"我们并非望向窗外，而是面对镜中的自己"，人们远行不再是为了看到真实的世界，而是为了验证自己想象中的那些图景。①

---

① Daniel J. Boorstin, *The Image: A Guide to Pseudo-Events in America*, New York, Vintage Books, 1992, pp. 77-117.

四、影视改编：文学经典的消解

图像革命①对文学艺术原本带来冲击。19 世纪开始，文学与艺术作品向社会大众普及。为了让"艺术作品为未被教化的人们觉得温和且易于理解"，它们遭遇"断章取义、篡改、掺水，并脱离语境"。②

在图书出版领域，印刷物料成本降低，图书装订工业化成为"书籍民主化"③ 的显著特征。新的廉价的印刷技术和书籍生产方式增加了读者数量，扩大了信息规模，改变了文学作品抵达公众的方式。文学作品的缩写版和文摘流行开来，其流行程度和认知度甚至超过原著。最终，缩写和文摘不再是引导人们阅读原著的辅助工具，而变成"原著"本身。这些缩写和摘要如同政客安排的新闻发布会和旅游景点，都是为了满足人们的期待。布尔斯廷将这种现象称为"文学假事件"。

布尔斯廷呼应了本雅明的诸多观点。本雅明认为，技术"不仅能复制一切传世的艺术品，从而以其影响开始经受最深刻的变化，而且它还在艺术处理方式中为自己获得了一席之地"④。布尔斯廷指出图像革命以其精湛的机械复制技术实现对原本的批量生产。埃及、希腊和罗马的经典雕塑不再独一无二，博物馆商店中的 1∶1 复制品可任人采购，价格便宜。文学艺术的原本借由通俗化过程被分散为各种形式，其精髓从原本中脱离，被简化为消费品上的图案。复制品和简化品广泛流通，畅销世界，却遮盖了原本的光芒，"人们反而更熟悉那些复制品。事实上只有复制品才真正流行，并带给我们更多乐趣"⑤。

影视剧对大众文学态度影响更为强烈。电影技术突破了舞台限制，无法在戏剧中呈现的小说情节可通过影视拍摄和后期剪辑轻松表现。尽管影视剧只是图像，小

---

① 布尔斯廷从未明确定义"图像革命"。参酌其多本著作，"图像革命"概指 20 世纪工业复制技术对图像的批量生产。

② Daniel J. Boorstin, *The Image：A Guide to Pseudo-Events in America*，New York，Vintage Books，1992，p. 120.

③ 在布尔斯廷所有著作中"民主（democracy）"都并非在政治学意义上使用，而是带有普及化、大众化、通俗化的意思。

④ Reba N. Soffer, *History, Historians, and Conservatism in Britain and America*，Oxford，Oxford University Press，2009.

⑤ Daniel J. Boorstin, *The Image：A Guide to Pseudo-Events in America*，New York，Vintage Books，1992，pp. 120-177.

说才是原本，但人们看得更多的却是这些改编自小说的影视剧。这样，影视剧就逐渐成为同名小说的可替代品。相对于小说，影视剧是一种"假事件"，对大多数人来说，它们比小说更加鲜活，更加令人印象深刻，以至于人们在提到一部文学名著时首先会想起的是同名影视剧。

本雅明指出，"现代大众具有着要使物在空间上和人性上更易'接近'的强烈愿望，就像他们具有着接受每件实物的复制品以克服其独一无二性的强烈倾向一样"[①]。复制品的流行是基于现代人对复制品的正当需求。但布尔斯廷认为，人们的这种过分期待是危险的，它令人们过分重视自我感受，追求商品消费带来的快感，忽略了对文艺原本的审美。在消费影视剧时，观者"无法被无名的偶像满足"，他们想要的不是一个强有力的角色，而是具有鲜明特征的明星。然而，明星分散了人们对原著的注意力。大众已不太关注某个明星能否演好一部改编作品，而是关注某个戏里是否有明星。在图书出版领域也是一样的，大众更关注作者是否有名，而忽略文学作品本身的质量。拍摄秀丽风景，并不会令人们更加热爱自然之美，只会令他们更加喜爱自己的相机。各种音乐被集成在专辑中，人们依据心情选择特定的歌曲播放。音乐专辑相对于现场音乐会，是一种"音乐假事件"，乐音沦为听者特定时刻内心情绪的映射。[②]

五、图像（广告）：自我实现的预言

布尔斯廷认为，20 世纪的美国到处充斥着图像。图像成为人们日常交谈的议题、引领美国社会生活的走向。在图像革命的影响下，人们承认环境塑造个体，也笃信个体可改造环境。欲望的无限膨胀，对改造环境的过分自信使人们对非自然的"假事件"充满热情。"假事件"就是一切人造之物——新闻、明星、旅游产业、电影、电视节目都是"假事件"。人们相信通过一己之力，凭借那些人造事物就能填补深邃的欲望之壑与匮乏的经验之殇。

图像本身也是一种假事件。布尔斯廷所说的图像"不是商标、设计图案、广告词和口号，或易被记忆的图片"，也不是对现实的媒介化呈现，而是"对于个人、机

---

① ［法］瓦尔特·本雅明：《机械复制时代的艺术作品》，90 页，北京，中国城市出版社，2002。
② Daniel J. Boorstin, *The Image*: *A Guide to Pseudo-Events in America*, New York, Vintage Books, 1992, pp. 120-177.

构、公司、产品或服务的刻意而精心制作的个性侧写"。这是"一种更加抽象的图像——我们时代的特殊产物"。当人们在这个意义上使用"图像"一词,"我们就必须承认我们所见之物与现实存在之物的分野,我们表达了对所见之物(而非现实存在之物)的强烈兴趣"。布尔斯廷明确指出,图像不是对现实的呈现,而是取代了现实。

广告是最为典型的"图像"。布尔斯廷以广告为例,论述了"图像"的基本特征。其一,图像是基于某种目的被专业人士制造的。其二,为服务特定目的,图像必须具有可信性。为使其可信,图像又不能违背常识。其三,图像令人被动,即图像的制造者和消费者必须与图像融为一体,被动地迎合图像的隐喻。比如一旦某个公司的形象被公众熟知,这个公司及其全体员工就必须按照被公众熟知的形象那样去运作、行事。质言之,图像一旦为公众熟知,就构成了人们生活的外在标准,人们被动遵循这一标准生活,削足适履,最终"我们彻底地根据图像调适着我们的行为"。所以图像不是现实的反映,而是制造了现实。其四,图像是既"生动具体"而又"简约暧昧"的。其在表现上既异常富有吸引力,又"介于想象和感官之间、期待与现实之间",因此,图像能够被各种利益人群接受。

最为重要的是,图像是一种"自我实现的预言",其本身暗含价值判断,"正确""优秀""高档"等品质都通过图像不证自明。汽车广告图像以各种奢华元素营造高档汽车的品质,"高档"不言自明,更令人们深信不疑并趋之若鹜。由于图像的诸种特点和诱惑性,当代美国人变得只注重图像而不怎么在乎现实,人们甚至对图像充满期待。

因此,和其他"假事件"一样,图像在本质上折射出人们内心的欲望。而当图像经由现代科技而普遍化并最终主宰了人们的思维方式时,人类欲望被进一步激发,"过分的期待"蔓延疯涨。"图像革命"的原罪由此而起并难以消弭,引发出更多"假事件"。图像既是"假事件"的一种,又是假事件的结果和诱发其他"假事件"的根源,这也是为何布尔斯廷在论述新闻、明星、旅游产业、影视改编之后才论及图像的逻辑归因。

六、镜像效果与大众觉醒

至此,布尔斯廷分析了五种"假事件":新闻、明星、旅游产业、电影电视、广告。布尔斯廷指出，几个世纪以来指引美国民众的美国梦已经变成美国幻觉。梦是一种理想，一种能够让人们清楚与现实分开的追求，他们为了梦想而努力。幻觉则是一系列的图像，令人误以为现实而不自知。图像——新闻、明星、旅游产品、影视剧、广告——构成了人们日常生活的语境。在这个语境之中，一切真实都是非真实。

随着图像批量生产，无论在美国国内还是国外，越来越多的人们不知道什么是美国梦，而只知道美国的图像。制造图像在美国成为日常营生，而人们对图像趋之若鹜。图像无处不在，而当现实不断迎合图像，人们便越来越难以区别现实和图像。毋宁说，已无必要区分现实和图像，因为图像就是现实。而美国人孜孜以求的新鲜体验，不过是"体验的图像"而已。

"这是一个发明的时代。人造品变得司空见惯，自然的东西变得矫揉造作。"① 在一个发明的时代，人们越是对新鲜的体验充满期待，就越少获得真实的体验。当体验沦为一种发明，那些与人们兴趣不符的真实的存在都会被人们忽视，无法被人们体验。质言之，人们所欲体验的早已为自己所预料、设计。图像像一面镜子，人们消费图像并孜孜以求新鲜的生活体验折射出着人们炽烈的欲望和想要掌控一切、创造一切的文化自恋情结。布尔斯廷称这种现象为"镜像效果"②。

如何避免镜像效果？布尔斯廷指出，唯一的办法就是人们必须清醒地意识到自己强烈的欲望和过分的期待。每一个个体都要为图像（假事件）的泛滥而负责，因为正是他们过分的期待和欲望引发了更多的假事件。因此"我们每个人都必须自我觉醒，必须节制我们的期待。第一步就是要去尝试接受一个事实：在我们想象和图像之外或许本来就存在着一个现实"③。

综上可见，布尔斯廷所谓"假事件"不关乎新闻伦理，更不关注新闻真实与否，它在整体上是论述基于消费社群"过分期待"而制造的人造事物如何改变美国人日常经验并最终取代客观存在的"现实"。用《图像》一书第一版序言中的话说，"这是一本关于自我欺骗的艺术，关于我们自己如何隐藏现实的书"。全书研究的是

① Daniel J. Boorstin, *The Image：A Guide to Pseudo-Events in America*, New York, Vintage Books, 1992, p. 253.

② Ibid. , p. 255.

③ Ibid. , p. 260.

"20世纪美国人生活中的那些迷人的非现实",因为正是这些非现实"主宰了当代美国经验"。[①]"假事件"便是构成非现实环境的各种人造事物。布尔斯廷的上述观点,上承李普曼、本雅明,下启鲍德里亚(Jean Baudrillard)、德堡(Guy Debord)、波兹曼(Neil Postman)、拉施(Christopher Lasch)等,不仅具有学理价值,在学术网络之中也有重要地位和影响,在西方被视为超现实主义理论的前奏。[②]

[①] Daniel J. Boorstin, *The Image or What Happened to the American Dream*, Atheneum, New York, 1962, Foreword.

[②] 相关理论梳理参见郭毅:《超现实主义前奏:重访"假事件"理论》,载《新闻界》,2019年第2期。

6

第六章

人类交流问题的辩证思考

　　一般来说，我们并不像哲学家那样思考问题，我们会尽力让别人了解自己所传达的意义，但不会思考两个心灵之间进行交流的基础是什么。为什么有时候我们能通过交流达成一致意见并采取协调行动，而在很多时候，即便是我们最亲密无间的亲人，也无法通过言谈或者其他方式消除我们内心深处因交流失败而产生的"孤独"感？多年来，传统的主流传播学倾向于将交流的失败归罪于信息技术的缺陷，比如通信技术在信息传递的速度、范围、效果及噪声干扰等方面存在的不完美，但事实上，技术和信息传递只是影响人类交流的一个重要因素而非全部因素。例如，智能手机时代人类信息传递的能力确实得到了空前的发展，但这没有使得人们相互之间的信任、沟通与和谐关系远胜于口语或书写时代的人们，而人们对于交流失败的体验也丝毫没有比通信时代之前的人少。

　　因此，如果从一个更加广泛的传播论域、一个更加带有根本性质的层面上看，有关人类传播活动的研究，其最重要的基础应该建立在对人类经验的理解上，而不是对技术因素的苛责上。无论是语言还是通信技术的改进，都只是改善交流的外部条件而非全部条件，技术因素无法触及和改变的乃是人类内在经验性质的特殊性。相对于感知和经验性质这样的原初性议题而言，语言或通信技术在交流活动中的作用，都只能是派生性的问题。德国哲学家胡塞尔通过严格而彻底的还原性分析表明："语言性的意向没有知觉意向本源和根本。用技术化的术语来说，它们是被建构的意向……语言的意义是通过与世界的前语言和前述谓的打交道才建立起来的。"① 这即是说，对于原初事物的感知与经验乃是形成语言和意义的基础。这个现象学的观点与美国实用主义者威廉·詹姆斯的观点完全吻合，正是威廉·詹姆斯，为早期的美国传播研究提供了心理学和实用主义哲学的依据，也在事实上开创了美国传播研究的心理学传统。然而，长期以来，传播学界对这位思想家的贡献重视不够，直到 21 世纪即将到来的时候，他关于人类交流性质的杰出思想才得到重视。为了理解人类交流问题的理论基础，有必要梳理詹姆斯的基本观点和方法。

---

　　① 〔丹〕丹·扎哈维：《胡塞尔现象学》，李忠伟译，25 页，上海，上海世纪出版集团，2007。按，"述谓"指陈述，或者句法陈述。

第一节　人类交流是否可能问题的缘起

一、从彼得斯《交流的无奈》一书说起

当代美国学者彼得斯在《交流的无奈：传播思想史》（*Speaking into the Air：A History of the Idea of Communication*，或译为《对空言说：传播的观念史》）一书中深入发掘了詹姆斯的遗产，他在詹姆斯的著作中发现了被人们遗忘了的（或者干脆就根本没有注意过的）真知灼见，这些见解的最基本方面促成了彼得斯关于人类交流失败的杰出研究。这项研究最终荣获 2000 年美国传播学界的最高奖项——美国传播学会奖。在这本完全不同于传统传播学面貌的著作中，彼得斯探讨了从古希腊哲学家到现代思想家的广阔历史纵深中各时代思想家关于交流问题的论述。詹姆斯在全书中占据了一个关键点位置，他是彼得斯所论述的众多哲人中少数几个重要的人物之一，因为詹姆斯为彼得斯全书的研究提供了理论上的重要基础。或者换句话说，彼得斯深入发掘了詹姆斯的遗产，从而发展了关于人类交流失败的杰出研究。

这种判断基于这样的事实：一方面，关于詹姆斯的研究，彼得斯在书中不仅时常涉及，而且还设专题加以探讨，从篇幅看就可见其地位重要；另一方面，更为重要的原因在于：在对全书起到提纲挈领作用的序部分，彼得斯在阐释他的研究主题时，明确地表明了与詹姆斯思想的密切关系。他引用詹姆斯在《心理学原理》中关于心灵交流困难的论述来陈述《交流的无奈：传播思想史》的主旨所在，并将这一主题的理论基础建立在詹姆斯的心理学理论上，而这一理论就是詹姆斯关于意识的私有性和心灵交流的鸿沟的论述。詹姆斯认为，个体意识的相互隔绝，不同的思想流之间的割裂，是自然界中最绝对的割裂。彼得斯指出："根据这个观点，人的硬件连接，受制于个人私密的经验，交流的问题由此而生。……詹姆斯发现的跨越历史的、既定的东西，具有历史的意义和偶然的意义。尽管今天所谓'交流'问题，对人类似乎是一个挥之不去的问题，从穴居人到后现代人都是如此，然而，只有等到詹姆斯的时代，交流这个观念才获得了宏大而哀婉的属性。"[①] 彼得斯在詹姆斯关于

---

① ［美］彼得斯：《交流的无奈：传播思想史》，何道宽译，4 页，北京，华夏出版社，2003。

思维之间的断裂是绝对的断裂的论断基础上提出人类交流总归于失败的结论，并在这一观点之后提出替代性的方案：人们应该彻底放弃追求人类交流完美效果的梦想，放弃以自我为中心、试图通过不断改进交流技术手段以追求自己想要达到的交流效果的迷梦；而代之以相互之间在道德和伦理上的宽容与理解，尽可能站在他人的视角和立场上来进行交流，这样才能使人类交流更为有效。彼得斯在詹姆斯和其他思想家那里接受教益并最终完成了他关于交流失败的主题研究。

对于詹姆斯来说，他要考虑的问题远不止"交流是不可能的"这样倾向鲜明的主题。他关于交流的研究并不是在"传播"的论域中有意识地展开的，而是在论述人的心灵和意识的复杂状况及其根源和影响的时候展开的。从哲学的角度上看，交流的性质具有更加复杂的特征。在彼得斯的观点之外，人们不难发现，詹姆斯对于心灵之间的交流的可能性也进行了研究，他感兴趣的是：既然个体心灵之间的鸿沟和割裂是绝对的，一个思想不能直接进入另一个思想，而且按照传统的观点，"不管物理的对象可能是什么情况，一个意识的事实据说（而且确实说得似乎很有道理）如果被视为两个不同心灵的一个部分必然要陷于自相矛盾"①。那么，人们在现实生活中的相互交流是怎么回事？这种个体之间的思想交流是如何可能发生的？思想交流得以进行的基础是什么？在交流的问题上，詹姆斯坚持的是断裂的绝对性和联系的相对性的辩证，从交流的完美效果和无障碍沟通的理想看，交流是不可能实现的人类梦想；但从交流所行使的功能和实践意义上讲，交流不仅是可能的，而且是心灵与心灵、心灵与世界的关系中最重要的一种关系，它对于有机体的生存和利益的实现具有重要的意义。

从当代传播学视角看，詹姆斯尝试讨论的这样一些难题，属于传播理论中最基础的元理论问题，也是最具有基础性意义的问题。然而奇怪的是，除了彼得斯等少数新生代学者之外，很少有现代的传播学者关注詹姆斯所关注的这些人类传播现象中最为基础的问题，在这些最基础的方面，现代传播理论几乎没有提供能与詹姆斯等哲学家的成果相媲美的研究。

---

① ［美］威廉·詹姆斯：《两个心灵如何能知一件事物》，见《彻底的经验主义》，庞景仁译，89页，上海，上海世纪出版集团，2006。

二、威廉·詹姆斯：为早期美国传播研究提供心理学和哲学基础

威廉·詹姆斯在美国近现代思想史上具有极其重要的学术地位。作为美国历史上第一位享有世界声誉的哲学家，詹姆斯将发轫于皮尔士的实用主义原则发展为系统的学说，使之成为"美国精神"的标志；作为世界公认的美国现代心理学之父，詹姆斯开创性地提出了机能主义心理学的学说，并与他同时代的美国心理学者共同开创了世界心理学历史上的美国时代。詹姆斯的思想和学术贡献启迪了包括约翰·杜威、乔治·赫伯特·米德、库利在内的一大批美国思想文化巨擘，共同孕育了美国历史上第一个哲学社会科学学派——芝加哥学派。詹姆斯留下的有关人类交流与传播的遗产颇为丰厚，只是由于 20 世纪 30 年代以后，实证精神兴起，行为科学导向的传播研究盛极一时，詹姆斯、杜威、皮尔士、米德等人所开创的实用主义传播研究淹没不兴。迟至 20 世纪末，此一学术传统才重新回归学界视野，作为重要思想资源而被引入对美国经典传播学的改造。

约翰·杜威曾总结性地指出，威廉·詹姆斯的思想主张共性与个性相统一。在 1920 年到中国讲学期间发表的题为《现代的三个哲学家》的系列演讲中，他指出："詹姆斯注重人类的共通的普通的根本的初等的之点，但同时也注重个体的特别不同之点。……这个两点，一方注重共通人性，一方注重个体，反对绝对派的学说，极为重要。因为他后来的哲学的重要部分都根据于这两点来的。他自己取两个名词：一个是根本（彻底）的经验主义，一个是多元主义。前者主张人类经验是共通普遍的，……后者注重个人都有特别个性。"[①] 詹姆斯关于人类交流问题的见解恰如杜威所说，体现了他的哲学在共性与个性上的平衡特点。一方面，人的经验具有共通性和普遍性，因而不同心灵可以知道相同事物，人类交流有可能性基础；但另一方面，每个心灵都是独特的，必然具有不同于其他心灵的特殊性，因此，不同心灵之间的沟通是有限度的、暂时的、变动的和不稳定的。追求人与人之间完美的沟通传播效果，即一个心灵与另一个心灵在经验的整体性意义上达到绝对融合，从根本上讲是无法实现的。

---

① 袁刚、孙家祥、任丙强编：《民治主义与现代社会：杜威在华讲演集》，239 页，北京，北京大学出版社，2004。

詹姆斯从实用主义意识哲学及心理学角度出发，研究人类交流的可能性与不可能性，他的意识论和心理学思想主要体现在《心理学原理》及其简写本《心理学简编》，以及《彻底的经验主义》中。不过，在《实用主义》《信仰与意志》《宗教经验之种种》等哲学和宗教哲学著作中也能看到他的相关论述。在詹姆斯所生活的时代，哲学与心理学之间的关系还十分密切，有时候两者难以区别。或者说，哲学与心理学是同一个问题的不同方面。杜威将詹姆斯的心理学视为他的哲学的一个非常重要的组成部分，1920 年他在中国的演讲中指出，詹姆斯最重要的著作是《心理学原理》，因为詹姆斯"后来哲学的原素都包含在这个里面——他的哲学是从心理学下手的"[①]。这代表着绝大多数学者的看法，和詹姆斯一样，杜威、米德等哲学家一般都是心理学家；不仅如此，几乎所有早期的美国社会科学家（包括传播学家）都与心理学有极其密切的关系，他们的哲学思想、政治学思想、社会学思想都有来自心理学的影响。心理学的影响是如此重要，以至于已经有学者提出，不仅社会科学，并且现代哲学都是起源于现代心理学的。[②] 这种看法并非没有道理，而在詹姆斯和杜威的身上体现得尤其明显。詹姆斯的心理学与实用主义哲学和彻底的经验主义之间的关系是如此密切，以至于我们很难将它们截然区分。很多时候，它们都是纠缠在一起的，比如关于"意识"的研究，它既出现在詹姆斯的心理学著作中，也出现在他的哲学著作中，为了便于研究，我们只能将其集中在一个统一的主题下来讨论。因此，这里需要强调的一个问题是，人们对詹姆斯思想体系所作的划分只是一种为了便于了解而进行的大致上的分类，而不是对他的思想体系的界限分明地严格划分。另外，由于詹姆斯的思想涉及的问题比较多，我们不能在此全面展开，只能结合他的思想中与人类交流问题密切相关的部分来展开论述。

第二节　交流传播的心理学及意识论基础

詹姆斯的实用主义心理学通常被视为对威廉·冯特心理学进行批评的结果，它

---

① 袁刚、孙家祥、任丙强编：《民治主义与现代社会：杜威在华讲演集》，238 页，北京，北京大学出版社，2004。

② ［美］爱德华·S·里德：《从灵魂到心理：心理学的产生，从伊拉斯马斯·达尔文到威廉·詹姆斯》，李丽译，北京，生活·读书·新知三联书店，2001。

展现了一种完全不同于冯特心理学的新理论，这种理论与达尔文的进化论密切相关。詹姆斯的理论是在美国社会历史环境中产生的，是适合美国社会需要的心理学，它打破了冯特将意识视为静止的意识元素在心灵统觉的作用下组合而成的看法，将第一原因的哲学传统下形成的关注心理内容研究的心理学引导到实用主义哲学指导下注重个人经验和心理过程的机能主义心理学。詹姆斯对他的这种实用主义的机能心理学的研究对象进行了界定："心理学是关于心理生活的科学，涉及心理生活的现象和条件。"① 这里的现象指的是直接经验中发现心理学的研究对象，"这些现象是诸如我们称之为情感、欲望、认知、推理、决定等之类的东西"②；条件指的是身体，特别是大脑在心理生活中的重要性。詹姆斯认为，意识必须在它的自然构造中来加以考察，这个自然构造就是生理性的人。这种生物学意识，即强调大脑对意识的影响，是詹姆斯心理学的典型特征之一。《心理学原理》中表达的这种关于心理学范围的思想在《心理学简编》中得到了进一步的重申，他说："心理学的定义最好按照兰德教授所给出的词句加以理解，即心理学的定义乃是对意识状态的描述和解释。意识状态是指感觉、愿望、情绪、认识、推理、决心、意志以及诸如此类的事件而言的，对它们的解释必然包括对它们的原因、条件和直接后果之类的可以加以确定的东西的解释。"③

根据他对心理学研究对象的理解，詹姆斯展开了他对机能心理学的论述，这些论述不仅对心理学发展，并且对众多传播思想家都产生了直接影响。

一、意识存在吗？

作为一种新的心理学，詹姆斯必然要在关于意识的理解上提出不同于传统心理学的独到见解，这种新的意识观念不仅是新心理学的基础，而且也是詹姆斯实用主义和彻底经验主义哲学的基础。因此，如何重新界定意识和思想成了詹姆斯新心理学首先需要解决的问题：意识究竟是什么？是对现实的摹本和表征吗？它是以什么形式出现的？詹姆斯在早期发表的一些讨论心理学的论文中，就已经开始阐述他新机能主义的意识观了，1890 年出版的《心理学大纲》可以说是对新的意识观的最为

---

① ［美］威廉·詹姆斯：《心理学原理》，田平译，1 页，北京，中国城市出版社，2003。

② 同上书。

③ James, William, *William James：Writings*, 1902-1910, New York, NY：Literary Classics of the United States, 1987, p. 1.

全面的、深入的论述，不过詹姆斯还没有充分论述新意识观与实用主义哲学和彻底经验主义之间的关系。为了引起人们对他的新的意识观的普遍重视，1904 年，他提出了一个让所有的人都颇感意外的问题：意识存在吗？在这样一个看来不是问题的问题下，詹姆斯在《心理学大纲》的基础上对新意识观进行了强调。1905 年，他又发表了题为《意识的概念》的演讲，阐述了新意识观在其彻底经验主义和实用主义哲学中的基础性的地位。他的新意识观的目的就在于破除二元论基础上的旧意识观，主张一种多元论思想的新意识观，即将意识视为大脑机能所产生的结果，而不是什么物质实体意义上的事物，也不是对于物质事实的摹写或者表征。

在题为《意识存在吗？》的演讲中，詹姆斯提出了他的问题："过去二十年来我曾对'意识'之是不是一种实体表示过怀疑，过去七八年来我曾对我的学生们提出过这样的一个意见，即意识是不存在的，并且打算告诉他们在经验的实在里边有着同意识的实用价值相等的东西。现在我觉得把意识公开地、普遍地抛弃掉的时机已经成熟了。"① 詹姆斯关于"意识不存在"的论断有些耸人听闻，显然与人类常识相违背。经验告诉我们，意识和思想确实是存在的。这一点詹姆斯也表示承认，事实上，詹姆斯在这里只想以一种陌生化的方式强调自己的观点，以引起人们的注意，而不是没有条件地全面否定意识的存在。他解释说："我的意思仅仅是否认意识这一词代表一个实体，不过我却极端强调它确实代表一个职能。我的意思是：物质的东西是用存在的原始素材或性质做成的；而我们对物质东西的思想与此相反，没有什么存在的原始素材或性质来做成它们；有的只是思想在经验中行使的职能，而且为了行使这职能，我们就求助于这种存在的性质，这种职能就是认知。为了说明事物不仅存在而且被报道，被知，就要把'意识'设定成为必要的条件。谁要是把意识这一概念从他的第一本原表里抹掉，谁就仍然必须设法以某种方式使这种职能得以行使。"②

可见，否定意识的存在只是反对将意识视为一种物质的实体。传统的意识观从意识与物质、观念与事物、精神与世界的二元对立角度上看待意识，将意识视为不同于它的对象的实际存在的某种东西。不仅如此，传统哲学和心理学将认识作用的

---

① ［美］威廉・詹姆斯：《意识存在吗》，见《彻底的经验主义》，庞景仁译，3 页，上海，上海世纪出版集团，2006。

② 同上。

两端划分为主体和客体、主观和客观；主体认识客体，主观表现客观，如果不承认物质和思维之间的异质性，那么人的认识作用就不会发生，主客体、主客观两方面的划分也是没有必要的。詹姆斯试图打破这种根深蒂固的二元论，他的观念并不在于反对人的认识功能，相反他强调：从意识的认识功能或者"从经验之间的彼此之间的关系"来理解而不是从物质实体的角度上理解意识的话，意识就是存在的，即"存在并且做成'意识'这一词所指的那方面真理的，是经验的各部分所具有的被报道、被知的易感性"。① 詹姆斯认为，作为一种功能的意识而不是作为一种内容的意识，这正是心理学所要研究的对象。

同样，他也不反对主客观、主客体之间的划分，并承认它们之间存在的不同和差异，但是这种不同和差异并不是二元论所主张的那种两者在"实际本质上"的差异。相反，他认为，主客体、主客观的划分是在"纯粹经验"的结构中存在的划分，这种划分具有其重要性，但这种划分并不意味着认识作用所连接的两端是异质的事物。"主体和客体、被表现的和表现的、事物和思维等属性，意味着一种在实践上的区别，这种区别是极端重要的，然而仅仅是属于职能范围的，绝不像古典的二元论所讲的那样是属于本体论范围的"，或者说，"某些经验可以通过一些有明显特征的中介经验把这一些经验引到那一些经验上去，使这一些经验起所知的事物的作用，那一些经验起认识主体的作用；人们用不着走出经验本身的网络，用不着借助于任何超越的东西，就完全可以给这两种作用下定义"。② 可见，"表现者"和"被表现者"、"主观"和"客观"的划分只是经验在它们彼此的相互关系中所扮演的不同的角色而已，"我们一定要记住：在自在的经验里并没有什么被表现和表现的二元性"③。在这里，詹姆斯以他的"纯粹经验"的同一性来消解传统意识观中的二元对立。在他看来，意识和意识的对象在实质上并不是异质的，相反，他们是同质的，也就是说"思维和现实是同一的材料做成的，这种材料就是一般经验的材料"。④ 在另一处他表达了完全相同的意思："我的论点是：如果我们首先假定世界上只有一种原始素材或质料，一切事物都由这种素材构成，如果我们把这种素材叫作'纯粹经

① ［美］威廉·詹姆斯：《意识的概念》，见《彻底的经验主义》，庞景仁译，159 页，上海，上海世纪出版集团，2006。

② 同上。

③ 同上书，15 页。

④ 同上书，149 页。

验'，那么我们就不难把认知作用解释成为纯粹经验的各个组成部分相互之间可以发生的一种特殊关系。这种关系本身就是纯粹经验的一部分；它的一端变成知识的主体或担负者、知者，另一端变成所知的客体。"①

由此，我们看到詹姆斯所讲的"意识并不存在"的真实含义并不在于将意识从哲学和心理学的讨论中取消掉，而是要否定二元论（也是我们通常理解的）的意识观念，在彻底的经验主义的基础上来重新界定对意识的理解。"意识含有一种外在的关系，而并不表示存在的一种特殊素材或方式。"考虑到我们的经验的特性，在对意识的理解上，应该采用经验之间的相互关系（这些关系本身也是经验）的视角，才能更好地厘清意识存在或不存在的问题。

既然意识并不是对物质世界的摹本或者副本，那么，意识与世界的关系中就不存在意识是否符合外部世界的问题了，也就是说，传统意义上的真理的标准问题在新的意识观基础上被彻底消解掉了，代之而来的是伴随对意识的认知功能的强调而出现的真理的功能性的标准，即衡量一种认识是否是真理的标准发生了改变：这种认识是否能够实现一种实际的效用，使得拥有这一认识的主体能够在与他的环境的关系中感受到巨大的满足，产生这种满意或者满足就是认识的最主要的功能。尽管真理标准问题与我们如何认识世界的问题相关，然而，我们在这里并不想将问题引向由这一新的意识观引发的范围广阔而复杂的论域中，而是希望集中揭示这种意识观与传播研究的关系。为了论述这个问题，我们需要根据詹姆斯的意识观进一步探究詹姆斯在意识功能的产生方面的观点。

二、意识如何产生？

意识无疑是来源于物质世界的，但如果它不是对客观世界的机械反映的话，它又是如何产生的呢？这个问题涉及詹姆斯从早年开始就一直没有放弃过的人本主义的立场，他在1878年初发表于《冥想哲学杂志》第12卷的论文《斯宾塞对心灵之定义》一文中就阐述了这个立场：他的研究对象始终集中在人这个有机体身上，在这个自然的环境中拯救他自己，维护他的兴趣。这些兴趣，这个无可归结的"目的因

---

① ［美］威廉·詹姆斯：《意识存在吗》，见《彻底的经验主义》，庞景仁译，33页，上海，上海世纪出版集团，2006。

素"在任何关于心灵的叙述中必然是一个参照中心或参照点。詹姆斯在评价斯宾塞把心灵当作"内部的"和"外部的"关系的适应点的观点时指出，他的缺点在于没有认识到这种适应点乃是相对于有机体的兴趣的。"因此，斯宾塞的公式，如果它有任何明确的意义的话就必须重写如下'正当的或合理的心理活动包括着响应与外向关系而建立这样一种内向关系，以利于这个思想的生存或者至少有利于他的物理的福利'。"① 在詹姆斯看来，心灵（意识）始终努力地为了它的兴趣和利益而适应环境，这种适应伴随着成功与失败，但不管怎样心灵都不会停止它对外部世界的主动探究，这种为适应外部环境而进行的活动是心灵（意识）的最首要的一种功能，在这基础之上，认知、追求真理和信仰等活动才得以展开。也就是说，意识产生在其动机和目的性上是很明确的，它是由于人需要在自然界和社会中解决生存难题和满足兴趣需要才产生出来的。

然而，仅有产生意识的目的和动机是不够的，在詹姆斯看来，意识的产生具有不同于传统意识观的摹本说的独特性，这种独特性来自于意识的选择性功能。意识不是一种无中生有的创造，更不是像一面镜子那样对外部世界的消极的反映；确切地讲，意识是基于有机体的需要而对它所遭遇到的外部世界加以有选择性的注意、接触、记忆……的结果。心灵或意识乃是一个能动的选择者，"一个具有多种同时存在的可能性的舞台"②。它并不会将它所遇到的所有外部刺激都纳入意识中来，而是有选择地对外部世界的刺激加以处理。

意识的这种选择性机制是由大脑的生理学特性决定的。从生理科学的角度讲，完整地注意和感觉世界是做不到的，一个人不可能对在一个时刻呈现于他面前的整体的世界进行感知。我们的感官自身就是一个天然的选择器官，"在运动的无限混乱（物理学告诉我们外部世界就是由此组成的）之中，每一个感觉器官都挑选出某种速度范围之内的运动。它对这些运动做出反应，却完全忽略其他运动，就好像它们根本不存在一样。它因而就以一种客观上似乎没有正当根据的方式强调了特定的运动；……我们的感官通过留意这种运动并且忽略其他运动，而为我们构造了一个充满着差异、鲜明的特色、突然的变化和逼真的明暗对比的世界"③。例如，当我们在

① ［美］拉·巴·佩里：《现代哲学倾向》，傅统先译，340页，北京，商务印书馆，1962。
② ［美］威廉·詹姆斯：《心理学原理》，田平译，395页，北京，中国城市出版社，2003。
③ 同上书，390～391页。

穿越马路的时候，我们会注意到交通指示灯和特定方向上的行人与车辆，这些特别加以注意的事物（交通指示灯，特定方向上的行人、车辆）只是此刻呈现在我们面前的数量相当可观的事物之中的极少一部分。选择注意这些东西是因为这些事物是与我们顺利而安全地穿越马路的目的有关，对于与这一目的无关的那些事物，是"视而不见"的。"我们都见过大量的苍蝇、蛾子和甲虫，但是，我们（除了昆虫学家以外）对其中的哪一个说出过任何独特的东西呢?"① 可见，在感知事物和认识事物的时候，"心灵选择了自己做主，它决定将哪种特殊感觉看得比所有其他感觉更为真实有效。因此知觉涉及双重选择。在所有出现的感觉中，我们主要注意能够对未出现的感觉有所表明的东西；在这些感觉所提示的所有未出现的联系中，我们又挑选出非常少的一些，来表示典型的客观实在。我们没有比这更精美的选择活动的例子了"②。可见，人们所谓的"客观"的东西也只不过是一些选择之后的结果，而并不是对事物的原模原样的摹本。

为了说明这一点，詹姆斯将人类认知活动中不同层次的选择性机制意义做了分析，让我们看到：除了感觉经验，在人类理性认识的层面上、审美的层面上以至于更高的伦理道德的层面上，选择性机制都普遍地存在并决定着这些高级人类智力活动的状况，从而也决定了我们对于世界的感知和认识。

"所有的推理都依赖于心灵将作为推理对象的现象的总体分解为部分、并且从这些部分中挑选出那个在我们特定的紧要处境可以导致正确结论的特殊部分的能力。另一种处境需要另一个结论，并且要求我们挑选出另一个元素。天才人物是这样的人，他总是在恰当的点位入手，然后取出恰当的元素——如果那紧要处境是理论的，这元素就是'理由'，如果是实践的，那就是'手段'。我在这里将自己局限于这一简要陈述，但是它可能足以表明，推理只是心灵之选择活动的另一种形式。如果现在我们转到心灵的审美部分，我们的法则就更加显而易见了。艺术家众所周知地选择他的东西，他拒绝所有相互不和谐以及与其作品的主要意图不和谐的色调、色彩和形状。那种使艺术作品高于自然之作的统一、和谐、和如 M·泰恩所说的'特征的趋同'（convergence of characters），完全应当归功于排除。任何二个自然的主题都

① ［美］威廉·詹姆斯:《心理学原理》，田平译，393 页，北京，中国城市出版社，2003。
② 同上书，392 页。

会是这样，如果艺术家有充分的头脑去抓住它的某一个特征，将其当作是典型的，并且抑制所有与之不和谐的、仅仅是附带的东西。

进一步上升，我们就到达了伦理学的高度，在这里，众所周知，选择是最高的统治。只有当一个行为是从一些具有同等可能性的行为中选择出来的时候，这个行为才具有伦理的性质。确认对正当行为的论证，永远将它们保持下来，抑制我们对更加奢华的生活方式的渴望，让脚步在艰辛的道路上不退缩，这些就是典型的伦理力量。但比这些还要更多；因为这些所涉及的，只是满足已经被人看作是至高兴趣的手段。典型的伦理力量必须走得更远，必须要在一些具有同等强制性的兴趣中，选择出哪个兴趣将要成为至高的。这里所讨论的是一个最为意义（味）深长的问题，因为它决定着一个人的整个生涯。当他思考着，我犯这个罪吗？选择那个职业吗？接受那个职位，或者和这个有钱人结婚吗？——他确实是在几种具有同等可能性的未来品格之间进行选择。他将要成为什么，就由这一时刻的行为决定了。叔本华用这样的论证来强化他的决定论，他说对于一个特定的确定品格来说，在特定情况下只有一种反应是可能的。他忘记了，在这些伦理的关键时刻，人们意识到似乎成问题的是品格的性质自身。那个人的问题与其说是他现在应当选择做出什么行为，不如说是他现在决定要成为什么样的人。"[1]

根据上述论述，显然，这种选择性的机制的产生可以说既是大脑机能的局限性所在，也是大脑机能的创造性所在，它充分说明了大脑的功能是帮助人达到他的目的、满足他的兴趣。对于詹姆斯来说，"意识的内容不如它的效用重要；值得重视的是它的机能而不是内容。意识的主要机能就是选择。……意识引发机体的目的并服务于这些目的，其首要目的就是通过适应环境以求生存。……意识的选择即是指其动作总是趋向某种目的。川流不息的选择流影响着知觉和行为：'总之，心灵作用与它所获得的材料，类似于雕刻家作用与它的石料。'詹姆斯的心灵不是感觉主义的被动的白板，而是'为目的而斗争的战士'，它积极投身于实际的经验世界"[2]。

三、意识流

詹姆斯关于意识的新观念中最为人所知的，或者说影响最大的就是他提出的

---

① ［美］威廉·詹姆斯：《心理学原理》，田平译，393～395 页，北京，中国城市出版社，2003。

② ［美］托马斯·H. 黎黑：《心理学史》，李维译，481 页，杭州，浙江教育出版社，1998。

"意识流"的观念，这一观念与他的彻底的经验主义所主张的"经验流"是一脉相承的。詹姆斯反对冯特将心理学的对象界定为意识的内容与元素的观点，他相信心理生活是一个整体，是变化着的总体的经验，意识是流动的过程而不是心理元素的组合与聚集。由此，他提出"意识流"（Stream of Consciousness）这一概念来反对那些忙于探寻思想元素的"内容心理学"和"构造心理学"学者。这些学者当时正主导着心理学研究的方向，将人的意识和心理人为地分析为若干元素，所谓心理也就是这些元素的集合，心理元素分析的关键是寻找一种人的心理内容中普遍的、共性的东西以便加以把握，并使用这些分析出来的带有普遍性的心理元素的组合关系来解释人类的心理现象。詹姆斯认为，这种做法是完全错误的，是"心理学家的谬误"，因为意识不是一些可以人为割裂的片段和元素。它的最基本的特征在于：它是整体上的，具有私人的单一性质并且始终是在"进行着"的。"对于我们（作为心理学家）来说，第一个事实就是某种思想在进行着。我用思想这个词不加区分地表示各种意识形式。如果在英语中我们可以像说'下雨了'（It Rains）或者'刮风了'（It Blows）那样说'思想了'（It Thinks），我们就能够最简单、并且用最少的假定来陈述这个事实。由于我们不能这样做，我们就必须简单地说'思想在进行着'（Thought Goes On）"。① 那么思想是怎样进行的呢？詹姆斯认为，思想的进行就像河流的流动那样川流不息，是"意识流"。而"意识并没有对它自己显现为被砍碎了的碎块。像'链条''序列'这样的语词，并没有恰当地将它描述为它最初将自己呈现出来的样子。它完全不是由元素联合起来的东西，它是流动的。'河'或者'流'的比喻可以使它得到最自然的描述。在后面谈到它的地方，让我们称它为思想之流，意识之流，或者主观生活之流"。②

意识之所以具有这种"进行着"的、整体意义上的"流"的特性，主要是因为它具有的五个基本特征：

一是意识是属于个人的。它反映的是个体的经验，因此要寻找共有的元素就是一种蛮干的行为。

二是意识和思想是在不断变化的。赫拉克利特指出：人不能两次踏入同一条河

---

① ［美］威廉·詹姆斯：《心理学原理》，田平译，316 页，北京，中国城市出版社，2003。

② 同上书，335 页。

流。这个观点得到了詹姆斯的借鉴和运用，他指出：意识的性质也与此相同，"我所特别关注的那种变化，是在可感知的时间间隔中发生的变化；我想要强调的结果是，一种状态一旦消失就不会再发生，并且不会与它以前所是的东西相同—"①。

三是意识是可感知地连续的。这一点与上面谈到的意识的变化特征密切相关。詹姆斯认为，意识不仅是不断变化的，而且是连续不断的。连续的意思是指没有破裂、裂缝或者分界线。根据前面关于意识属于个人的观点，詹姆斯主张人与人之间的意识和思想之间的裂缝是自然界中最大的裂缝，但是这种断裂在单一心灵的界线之内的情况则恰好相反："在每一个个人的意识中思想都感觉到是连续的。这个命题有两个意思：1. 即使是在存在时间间隙的地方，其后的意识也感觉到好像它与这之前的意识同处一处，它是同一个自我的另一部分；2. 意识的性质从一个时刻所发生的变化，从来都不是完全突然的"②。从后面这一点，我们可以推导出：对于一个个体来说，在不同时间里的意识之间的关系是一种连接性的关系，它们可能会在一定的情况下连接，可以通过一些媒介连接起来，但这种连接是可以看得出分别的，不是相互之间的融合，过去的经验和现在的新的经验之间的关系只是相接的关系。这一点对于考察不同意识之间交流的可能性的性质具有重要意义，我们将会在后面的论述中展现出来。

四是人的思想似乎是在处理独立于它自己的对象。也就是说，它是认知的，或者具有认识（Knowing）的功能。"意识到了其自身的认识功能的心灵，对它自己扮演了我们所说的'心理学家'的角色。它不仅知道显现在它面前的事物；它还知道它知道它们。这一反身状态（或多或少明确地）就是我们习惯性的成年人的心理状态。"③

五是意识和思想具有选择性。"在思想时，它总是对其对象的一个部分比对另一个部分更感兴趣，它始终在迎接、排斥或者选择。选择性注意（Selective Attention）和有意意志（Deliberative Will）现象当然是这种选择性活动的明显的例子。但是我们很少有人能够意识到，它是如何不间断地在通常不是用这些名称来称呼的操作中

---

① ［美］威廉·詹姆斯：《心理学原理》，田平译，322 页，北京，中国城市出版社，2003。
② 同上书，332 页。
③ 同上书，375 页。

起着作用"①。意识的这一特点与思维和意识之间的断裂，从而与完美交流的不可能性有着极大的关系。

对以上五个方面的基本特征的考察，足以使詹姆斯提出完全不同于传统心理学在意识和思想特性方面所作的论述。他的目的是要将心理学的研究对象确定在一种整体意义上的、连续的、不断变化的、强调个体特性的并有其生存目的性的意识（思想）上，而这种新的意识的观念也完全符合他所主张的彻底的经验主义的哲学观念，或者更准确地说，它就是他的这种哲学观念的大厦最为基本的构成基石之一。

以上的论述表明，詹姆斯的新的意识观将"心理生活"作为科学心理学的研究对象，意味着心理学的研究重点在于意识的机能和意识的过程的研究，而过程研究包括了心理和意识的各种活动、各种状态之间的互动和相互影响，也包括了生理过程对于意识的影响。对于意识和思想内容的分析也就变成了对于人的复杂的内在生理和心理传播过程的研究。

詹姆斯关于意识的功能的论述改变了传统哲学和心理学的意识观，他的思想影响了那些研究传播问题的学者，他们在詹姆斯新的意识观的启发下就传播与观念的产生及其社会影响等诸多问题进行了探索，并由此得到了许多关于传播的重要论述，这些论述至今仍被视为传播理论中的重要成就。最明显的就在于一些与个人或群体意识相关的理论方面，比如，新的意识观改变了人们对于媒介新闻"客观性"的理解，人的意识不是对于外部世界的消极反映，不是外部世界的摹本或者副本。因此，新闻这一心灵和意识的产物的真实的意义只在其功能上，这些信息是否是真实的要看它所引起的行动是否能够实现行动者的利益，满足他的要求。而媒体所提示给公众的拟态环境往往误导公众，这些媒体信息导致公众采取错误的或与其目的不相符合的行为。公众的行为是基于媒介提示的环境而做出的，但这些行为却要在实际的客观的世界中发生影响，这样的一种观念与行为之间的背道而驰必然只能是缘木求鱼，根本不能实现公众所要追求的目标。在詹姆斯论述了意识的选择性机制几十年后，美国实验心理学家在实验室里用实验方法证明了这种机制，这些实验结果和结论被写入了美国传播学的经典教材中供学生们学习，但是这些所谓的科学实验的基本结论，早在它们产生之前就已经被詹姆斯论述过了。

---

① ［美］威廉·詹姆斯：《心理学原理》，田平译，389 页，北京，中国城市出版社，2003。

第三节　人类交流的不可能性与可能性

一、思维间的裂缝是最绝对的裂缝：思维之间完美交流的不可能性

我们先来看看詹姆斯是如何论述交流的不可能性的。根据彼得斯的观点，交流的不可能性或者说交流的失败问题，在詹姆斯那里，事实上是指交流活动由于受到个体思维和意识特性的影响而使得交流效果必然受到限制。从整体上看，人类交流活动是无法达到使两个思想和心灵完全沟通融合的境界的；因此，从总体上讲，交流的结局往往是失败的。詹姆斯为探讨人类交流的性质提供了最基础的心理学和认识论上的理论依据，虽然他没有直接对人类交流的具体情形做出论述，但在他哲学化的论述中确实已经包含了他对人类交流性质的看法，从他提供的心理学和认识论哲学基础去推导出对人类交流性质的看法是水到渠成、顺理成章的事情。

根据我们在前面所介绍的詹姆斯新意识观的基本观点，意识和思想是其选择性机制的结果，"意识始终主要是一种选择机制（Select Agency）。无论我们所说的是最低级的感觉中的意识，还是最高级的智能中的意识，我们都发现它总是在做着一件事情，在呈现于其注意之前的几种材料中选择出一种，强调和注重这种材料，并且尽可能地抑制所有其他材料。得到强调的东西，总是与意识感觉到在当时极为重要的某种利益紧密联系着的"①。心灵致力于它所接受的资料，就像一位雕塑家致力于他的石块，通过放弃特定材料的某些部分完成自己的作品；雕塑家不同必然导致雕塑作品的不同，想象两个不同的雕塑家会创造出完全相同的雕塑作品是不可思议的事情，事实上，在机械复制时代出现以前，这种情况是绝不可能发生的。

同样，"从来没有两个人被认为是以同样的方式进行选择的。我们每一个人都将整个宇宙分裂为两半；而且，对于我们每一个人来说，几乎全部的兴趣都隶属于这两半中的一半；但是我们都在不同的地方画出这两半之间的分界线。当我说我们都用相同的名称称呼这两半；这名称分别是'我'（Me）和'非我'（Not-me）时，人们立刻就明白我的意思了。在每一个人类心灵可以称之为我或者我的（Mine）的那

①　[美]威廉·詹姆斯：《心理学原理》，田平译，395页，北京，中国城市出版社，2003。

些部分中，这心灵所感觉到的那种完全独特的兴趣，可能是一个道德之谜，但它却是一个基本的心理学事实。没有哪一个心灵能够对其邻居的我和对他自己的我产生一样的兴趣。邻居的我和所有其他事物一起被归于异质的一群，以此为背景，他自己的我以令人吃惊的鲜明对照突出了出来。如洛采在某个地方所说，甚至连脚下的蠕虫也将它自己苦难的自我与整个残存的世界相对照，虽然它对它自己和对那个世界可能是什么，都并不具有清楚的观念。对于我来说，它只不过是那个世界的一部分；对于它来说，我也只不过是那样的一部分。我们各自都在一个不同的地方将宇宙一分为二"①。这段《心理学原理》中的文字正是彼得斯引入《交流的无奈：传播思想史》序论中用以说明人类交流必定要失败这一基本立场的理论依据。

根据詹姆斯的这个理论，彼得斯指出："从心理学上来说，我们的感知和感情，都是我们每个人独特的东西。我的神经末梢以我的大脑为终端，而不是通达你的脑子，不存在什么中央交换器，所以我不能把我的感知发送到你的感知里去。也没有什么'无线'接触，所以我不能把自己的直接经验传送给你。"② 在这里，我们必须意识到，完美交流是一个经验融合的问题，而不是心灵的相邻或者说连接的问题。完美交流也就是两个个体的经验的完全相同或融合，两个心灵所获得的经验之间可以相互置换而不再产生理解上的鸿沟，詹姆斯的生理学基础的意识理论否定了这种可能性。但这并不意味着不同心灵之间在某一经验对象上产生相邻或者连接的可能。在这种心灵相接的情况下，两个心灵可以共享同一个经验对象，也就是说，两个心灵是可以知道同一件事物的。正如我们在后面所要看到的，詹姆斯作为强调经验连接和过渡关系的彻底的经验主义哲学家，是非常重视不同个体之间经验相邻和连接的。当然，心灵的连接，也即对同一经验对象的共享是有条件的，不是绝对的。在共享一个经验对象的情况下，他们对这一对象的具体的经验方式和经验结果仍然是不同的，因为个体在意识选择机制等生理基础方面存在着绝对的差异性，他们的经验是不能完全融合的。

除了选择性机制的理论预示出人类完美交流必然失败的命运之外，詹姆斯还在意识的个人属性中特别强调了个体意识之间相互沟通的困难。根据前面所介绍的詹

---

① ［美］威廉·詹姆斯：《心理学原理》，田平译，396～397 页，北京，中国城市出版社，2003。
② ［美］彼得斯：《交流的无奈：传播思想史》，何道宽译，5 页，北京，华夏出版社，2003。

姆斯"意识流"理论的基本观点，意识和思想都是整体性的存在，这种整体性的存在"趋向于个人的形式"。詹姆斯认为："思想趋向于个人的形式，……是个人意识的一部分，……我们自然涉及的唯一意识状态，是在个人的具体而特殊的我的（I's）和你的（you's）意识、心灵和自我那里发现的意识状态。每一个心灵都守着它自己的思想。心灵之间没有给与或者交换。思想甚至不能直接进入另一个人的意识（而不是它自己的意识）中的思想的视野。这里的法则是绝对的孤立和不可还原的多元论。似乎基本的心理事实不是思想，不是这个思想，也不是那个思想，而是我的思想，每一个思想都被人所拥有。同时性，空间上的接近，性质和内容的相似性，都不能将思想融合在一起，思想由属于不同的个人心灵这道屏障给分离了开来。这些思想之间的裂缝是自然中最绝对的裂缝。每个人都会承认这是真的，只要我们只坚持与'个人心灵'这个术语相应的某种东西的存在，而不暗示任何关于其性质的特殊观点。"①

为了强调这一点并与传统心理学进行区别，詹姆斯甚至将心理学的研究材料界定为对"自我"的研究以取代传统心理学对"思想"的研究，他说："基于这些看法，我们就有可能把个人的自我，而不是思想，当作心理学的直接资料。普遍的意识事实不是'感觉和思想存在着'，而是'我思想'和'我感觉'。无论如何，心理学不能怀疑个人自我的存在。……无论我们对于使思想得以出现的那种形式的个人自我可以进行什么样的进一步分析，这都是（并且必须一直是）真的，即心理学所研究的思想确实不断地趋向于呈现为个人自我的组成部分。"② 显然，他的意思并不是要反对研究"思想"，而是为了在最基本的分歧上显示出新心理学与传统心理学的区别。"自我"与"思想"相比较而言，强调了心理学研究对象的个体性、整体性、经验性和单一性。并且，对于一个自我来说，它拥有的思想并不只是一个而是许多，如果我们不使用"自我"来替代作为一个整体的"思想流"的话，必然会导致论述上或理解上的混淆不清，我们可以说"一个自我具有多个思想"，但如果说成"一个思想具有多个思想的话"，就一定会产生很大的表达和理解上的困难。因此，思想与思想的交流实质上是一个自我与另一个自我之间的交流，这种交流受制于他们各自

① ［美］威廉·詹姆斯：《心理学原理》，田平译，318 页，北京，中国城市出版社，2003。
② 同上。

拥有的意识特性的限制，这些特性导致了个体意识的相互隔绝，这是人类既定的特征。

这里必须指出的一点是，詹姆斯的思想非常复杂难懂，有时候前后论述甚至看起来颇为矛盾，事实上，之所以发生矛盾主要是由于他所论述的问题过于复杂，以至于必须在不同的层面上加以具体的理解才能得到确定的答案。比如，在意识的个人性特点这一点上，我们不应该将它与他所说的自我意识的形成过程并不是完全由"自我"来决定的论述相对立起来，这一点我们在后面谈及自我意识时会特别提到，个人意识的个体性就其作为一个正在"进行"着的整体来说，就自我的"个人认同感"来说，或者就其"精神自我"的角度上说是与别的意识和思想断裂区分的。意识与思想总是具体的主体的意识和思想，而且从人的意识和思想的整体上看，它必定是仅仅属于个人的，世界上不会出现两个人的思想是完全相同的情况，"思想"的相通和融合——也即人们所追求的传播效果的完美的那种境界，即便有也只能是暂时的、转瞬即逝的。从整体上讲，两个思想或者说两个"自我"之间的裂缝是无法弥补的，思想因为自我区别的绝对性原则而永远无法达到融合和完美沟通。另一方面，就个人意识的产生过程来说，个人意识固然是一种人各不同的选择机制的结果，但"在我的心里和你的心里，原初世界材料（world-stuff）的被放弃部分和被选择部分在很大程度上是相同的。人类作为一个整体，对于它要注意和命名什么、不要注意和命名什么，在很大程度上是一致的。而在受到注意的部分中，我们以非常相同的方式选择注重和优先的东西，或者次要和不喜欢的东西"①。除此之外，意识的选择机制也受制于它与其他事物或其他思想的"关系"。因此，设想由完全自主的精神实体独立形成意识或思想并不是经验主义的主张，而是柏拉图和黑格尔等理性主义哲学家的设想，詹姆斯指出：在科学心理学领域中，"灵魂"或者作为第一原因的"先验自我"完全没有存在的必要。

由上面所述可见，尽管不同自我的意识之间存在难以抹平的、绝对的断裂，但也不是不可沟通的，只不过这种沟通不可能是完美的，它具有暂时的、相对的、不稳定的、具体的特性，总之，它是在一定条件下形成的短暂的现象。因此，自我存在着社会性的一面，社会自我、物质自我都需要在个体与他人和外界事物的"关系"

---

① ［美］威廉·詹姆斯：《心理学原理》，田平译，396页，北京，中国城市出版社，2003。

中形成。因此，詹姆斯所说的意识既是绝对个人的，同时也是社会性的，关键看是从意识的整体性归属的层面还是强调意识的形成层面来谈论这一问题。

事实上，在指出这一点的时候我们已经涉及了詹姆斯所谈论的交流的另一个方面的情况，也就是交流的可能性问题，不过詹姆斯关心的问题是这种即便是暂时性的、有条件的沟通交流得以进行的理论基础是什么？或者用詹姆斯自己的话讲，"两个心灵如何能知同一件事物"？这个问题对于传播研究的重要性和基础性的地位，可以借助这样的假设加以认识：如果两个心灵不能知道同一件事物，或者说不同的心灵之间不能彼此相接的话，"传播"还会发生吗？现代传播研究者也许会觉得这样的问题实属多余，因为心灵之间的相接和能够知道同一件事物乃是一种生活的常识。但是对于哲学家和心理学家詹姆斯来说，这个问题甚至是根本性的问题，是构建他自己的哲学理论的最基础的、最重要的问题。这样我们不得不在这里将研究的方向转向詹姆斯更加复杂而艰深的哲学思想上去，按照他自己的说法，他的哲学叫作"彻底的经验主义"。心灵的相接问题是他论证自己的这一哲学体系的一个核心的观点。

彼得斯的研究所抓住的只是詹姆斯关于思想的裂缝的观点，也就是交流的个性差异方面的问题；但对于心灵相接的问题，也即交流的共性方面的问题，传播研究界还没有人像彼得斯发展思维裂缝的理论那样发展这一理论。然而，既然我们已经讨论了詹姆斯心理学中关于思想裂缝的观点，讨论了他对于个体差异特性的强调；那么，为了保持问题的完整性，作为人类交流共性层面之基础的心灵相接的问题便不能不提出来加以介绍，因为正如杜威所断言的那样，个性与共性相统一或者相平衡才是詹姆斯哲学的特征。不过，这个问题由于还没有得到传播理论家的发展，因此，这里所介绍的只是詹姆斯本人的观点，这个观点与上一个观点（交流的不可能性）相比，具有更加纯粹的形而上学特征，基本上是一个纯粹哲学上的问题。

二、两个心灵如何能知同一件事物：不同心灵之间交流的可能性

在开始讨论交流的可能性之前，再一次强调上一部分中已经谈到的一点，那就是不能将完美交流的不可能性与交流的可能性混淆起来。完美交流或者说两个个体经验相互融合进而两个思想相互融合是不可能的。从生理学角度上讲，经验和思想

之间差异的鸿沟是绝对无法弥合的；但这并不意味着人类交流是不可能的，交流的可能性存在于不同个体之间的经验和思想（由经验组织而成）的连接性、过渡性关系。对于不同的心灵来说，在某一特定情境中共有同一个经验对象是完全可能的。如果不注意"融合"与"连接""相接"之间的差异，会给我们理解詹姆斯的思想造成一定的困难。另外还应注意的问题是，交流的不可能性的理论依据主要是詹姆斯的生理学基础的心理学，而交流的可能性的依据主要是詹姆斯的彻底的经验主义哲学，当然，这两个理论依据之间并没有截然的界限，它们作为詹姆斯思想体系的两个重要的方面，在基本的主张和精神上是一致的，并且，彻底的经验主义是在詹姆斯的心理学基础上发展出来的，也是对其心理学观点的修正和补充。

詹姆斯认为，从常识上看，"各人心灵共有同一对象这一看法本身并没有什么特殊的逻辑上的或认识上的困难，它站得住或站不住就在于事物与其他事物的连接性关系之一般的可能性如何"①。通常，不管是普通人还是从事传播研究的学者都不会对这样的形而上的问题发问，因为我们不加论证就可以有效地凭借常识来行事，在心灵相接的问题上，我们不会遇到逻辑上或认识上的困难。同样，对于将主体与客体对立起来的二元论哲学来说，不同心灵知道同一对象的问题也并不是一个难以解释的问题，因为在二元论哲学看来，主体与客体是两个性质不同的事物，它们是由完全不同的材料构成的，也就是说在本体论意义上，主体与客体是完全不同的。"主体和他的客体都被视为绝对不连续的实体；从而，客体对主体的呈现，或者主体对客体的'领会'，都曾经认为是具有悖论的性质，而为了克服这种悖论，就不得不发明出各种各样的理论。各种表象论都把一种心理的'表象'、'影像'或者'内容'放到这个鸿沟里作为中介。"也即是说，主体认识客体、反映客体是需要通过第三种充当中介的事物来完成的，这一中介事物就是客体的表象。而对于各种常识理论来说，"根本不管什么鸿沟不鸿沟，都说我们的心灵能够用超越的一跳越过这个鸿沟。各种超验主义理论都认为鸿沟不是有限的智者所能越过的，他们引进一个绝对来让它担当这个一跳"。② 对于理性主义的二元论哲学来说，心灵的内容是由各种表象构成的，而不同心灵对同一表象进行感知、反映和认识是完全可能的，只是不

① ［美］威廉·詹姆斯：《一个纯粹经验的世界》，见《彻底的经验主义》，庞景仁译，56 页，上海，上海世纪出版集团，2006。

② 同上书，36 页。

同心灵的这种反映和认识活动在接近客体真实状态的程度上有所不同而已。并且，在不同心灵或主体之上存在的是一个更高的本体，它可以充当一个连接不同心灵之间关系的存在。但是对于经验主义来说，心灵的相接就不是这样一个顺理成章的问题了。

根据詹姆斯彻底的经验主义的观点，心灵与世界都是由同一种材料构成的，他把这种材料称为"纯粹经验"，意识事实与物质事实的差别不是构成材料上的差别、不是本体论意义上的差别，而是经验在不同的结构中的具体安排上的差别；或者说，心灵和意识是"纯粹经验"在某种结构中进行组织的结果，而物质世界是"纯粹经验"在另外的一种结构中组织的结果。意识主体对世界的感知和认识不是通过世界的表象中介来进行的，对于彻底的经验主义来说，他们不需要在物质世界和心灵之间设定一个第三种的存在物，也不需要设定一个高高在上作为联结不同心灵关系的本体存在。那么，在缺乏联结经验之间各种关系的更高的本体的情况下，经验主义势必要寻找其他解释途径来弥补在人的整体经验作为多种多样的具体经验合成物这一问题上的缺陷。

传统经验主义将联结机制归结为人的理智的作用，认为人类获得的经验是一个个孤立的片断，它的边缘是可见的，经验之间的联结需要理智的作用来帮助完成，换句话说，他们否认经验之间存在的各种关系，或者虽然承认具有这种关系，但这些关系本身并不是经验的一部分。他们"一向倾向于抹杀事物的各种连接，强调事物的各种分离。贝克莱的唯名论，休谟之认为我们所辨识的任何事物都是'松散分离的'，就好像它们'毫无连接的样子'的这种论断，杰姆斯·穆勒之否认相似的事物有任何'实际'共同的东西，并且把因果连接归结为习惯的相续；约翰·穆勒之把物理的事物和自我两者都说成是由不相连续的一些可能性组成的，以及联念和心尘论之把整个的经验一般地化成七零八碎，都可以作为我上面所说的意思的例证"①。正是在对待经验的连接性关系这一点上，詹姆斯的哲学与传统的经验主义具有很大的不同，他的经验主义强调经验的统一性质，力图将经验视为一个连续不断的整体，它就像河流一样，是经验之流，而不是各种孤立的经验片断的联结。他认为，经验

---

① 〔美〕威廉·詹姆斯：《一个纯粹经验的世界》，见《彻底的经验主义》，庞景仁译，30 页，上海，上海世纪出版集团，2006。

之间、经验与其他事物之间都存在着广泛的关系，并且"连接各经验之间的本身也必须是所经验的关系，而任何种类的所经验的关系都必须被算作是'实在的'，和该体系里的其他任何东西一样。……我所指的彻底经验主义，对待连接性关系十分公道，却又不像理性主义那样地对待它们，理性主义一向认为只有在某种高高在上的方式中才有连接性的关系，就好像事物的统一性和事物的多样性是完全属于不同领域的真理和生命力似的"①。詹姆斯通过强调经验的连接性关系本身也是实在经验，强调经验之间存在的"连续性""过渡性"关系来建立一种新的按照事物的"票面价值"来对待它的经验主义哲学，力图克服传统经验主义和理性主义在经验和事物在连接性关系这一点上的弊端。他对心灵的相接的问题，也就是两个心灵如何能知道同一件事物的问题的阐述正是在这样的一种哲学背景之下提出的，并且对它作了彻底经验主义哲学基础上的解释。

在心灵的相接问题上，休谟和贝克莱这样的传统经验主义的看法是："我们的全部个别的知觉都是个别存在，而在这些个别的存在之间，心灵永远不能知道任何实在的连结"②，"每个观念（它和我名之为经验的东西在说法上是等值的）的内容都完全是内在的，并且没有那种与它们同质的，以及它们的存在可以由之而连接起来的过渡。你的纪念堂和我的纪念堂，即使当它们都是知觉时，也是彼此毫无关联的。我们的生命是一堆杂凑起来的独我（论），照严格的逻辑只有一个上帝才可以由之而组合成为一个'宇宙'，即使是一个'谈论的字宙'（'论域'）。在我的对象和你的对象之间没有什么动力之流。我们各人的心也永远不能会合在同一个东西上"。对于这种极端片面地否定心灵相接的观点，詹姆斯予以批评："这样的一种哲学是彰明昭著地不足为信的。它的'冷酷、勉强、不自然'的程度达到了极点；很可以怀疑的是：即使把它看待得如此郑重其事的贝克莱自己，当他走过伦敦大街时，是否就真的相信他的心和他同行的心所看到的是绝对不同的城市。"③ 显然，詹姆斯不认同休谟和贝克莱这样的传统的经验主义者在心灵相接的问题上的观点。他认为，经验是具有

① ［美］威廉·詹姆斯：《一个纯粹经验的世界》，见《彻底的经验主义》，庞景仁译，30 页，上海，上海世纪出版集团，2006。
② 休谟、贝克莱语，转引自［美］威廉·詹姆斯：《一个纯粹经验的世界》，见《彻底的经验主义》，庞景仁译，52 页，上海，上海世纪出版集团，2006。
③ ［美］威廉·詹姆斯：《一个纯粹经验的世界》，见《彻底的经验主义》，庞景仁译，52 页，上海，上海世纪出版集团，2006。

连续性和过渡性的，同一事物可以通过经验的连续过渡关系成为不同心灵共同的对象，也即"我们各人的心至少在某些共同的对象上会合"①。为了阐明这一点，詹姆斯分别从逻辑上、辩证法和认识论等多个角度对此进行了论证。

从逻辑上讲，如果我不假定不同个体的心灵可以在某些共同对象上会合的话，或者说两个心灵不能知道同一件事物的话，那么，我就绝对没有理由来设定他人的心灵的存在。"我为什么设定你的心？因为我看见你的身体用一定的方式在行动。它的姿势、面部动态、言语和行为，一般说来，都是'有所表示的'，所以我断定它和我的身体一样也是由于像我的内部生活一样的一种内部生活所策动的。这样从类比上做出的论证就是我的理由，……如果你所策动的身体不就是我看见的那个身体，而是你自己的某种复制的身体，我所看见的你的身体和这个复制品毫无关系，那么你和我就是属于不同的宇宙，对我来说，说到你那就是愚蠢的。……在我的宇宙中我叫作你的身体的那一知觉性的部分里，你的心和我的心相遇合并且可以叫作相接。你的心策动那个身体而我的心看见了它；我的各种思想就像转成它们的和谐的认识的完成那样转成那个身体；你的情绪和意志就像原因转成其结果那样转成那个身体。但是那个知觉同我们的其他一切物理性知觉是连在一起的。它们和它是属于同一质料的；而且如果它是我们的共同所有物，那么它们也必须是我们的共同所有物。……因此，在实践上，……按照我所维护的原则，一个'心灵'或者'个人意识'是代表着通过某一些确定的过渡而跑到一起的一连串经验的名称，而一个客观实在是为不同的一些过渡所连结起来的一连串相同的经验。如果一个同一的经验能够被计算两次，一次是在心理的结构里，一次在物理的结构里（就像我时常在我的关于'意识'那篇文章②里所指出它能够被计算两次那样），那么我们看不出为什么它不可以由于进入三个、四个或者随便多少个不同的心理结构而计算三次、四次或者随便多少次，正如同一个点如果放在各线相交的点上，就可以引出许多不相同的线一样。取消任何一些结构不会毁坏经验本身或经验的其他结构，正如同取消任何一些从点上引出的线不会毁掉其他的线，或者毁掉点本身一样。"③ 从物理事实上看，

① ［美］威廉·詹姆斯：《一个纯粹经验的世界》，见《彻底的经验主义》，庞景仁译，53 页，上海，上海世纪出版集团，2006。

② 这里指的是《意识存在吗？》一文。

③ ［美］威廉·詹姆斯：《一个纯粹经验的世界》，见《彻底的经验主义》，庞景仁译，53～55 页，上海，上海世纪出版集团，2006。

既然两个或两个以上的不同的活动过程可以通过同一的物理事物一致与这个事物得以同时在每一过程中起到作用是完全可以理解的，就像在一个点上可以有多条直线交会的那种情况；那么，两个或两个以上的意识流是不是也可以包容同一经验单位以使这个单位得以同时是一切不同的心灵的一部分经验呢？面对这样的设想，很可能就会随即出现这样的一种诘难：物理事实与意识事实并不是一回事，"物理的事物是被假定为常住不变的，并且有它们的'状态'，而一个意识的事实则只存在一次，并且就是一个状态。它的 esse（存在）就是 sentiri（被感觉）；它只有在被感觉的范围内才存在；而且它分明地、毫不含糊地恰恰就是所感觉的那个东西。然而现在所考虑的假说却会使它不得不是含含糊糊地被感觉，现在被感觉为我的心灵的一部分，同时又被感觉为不是我的心灵的一部分，而是你的心灵的一部分（因为我的心灵不是你的心灵），而这要不是把它加倍，使它进入两个不同的事物中去，或者，换言之，要不是复归于普通的二元论的哲学，认为彼此孤立的心灵各个都分别地以表象的方式把它的对象认识作为一个第三事物，看来就是不可能的——而这样一来就会完全打消了纯粹经验的图式"①。

要解决这一难题，关键是要找到一种办法使得纯粹经验的一个单元可以进入和算在两个不同意识流里面而不变成两个单元。那么，为什么要保持纯粹经验在进入和算在不同的意识流中时仍是一个单元而不是两个单元呢？原因很简单，如果是两个单元的话，那么这就表明它们变成了两个不同的经验，这也就否定了詹姆斯关于经验的连续性和过渡性关系的论断，那么，你的心灵就是你的心灵，我的心灵就是我的心灵，我们的心灵之间仍然没有共同的部分，没有交会点；也就是说，一个经验对象不能同时既是你的又是我的，在他进入你的心灵之后它就不再是我的了，它在与你和我的两个关系项中变成了两个不同的经验。而这种结论正好符合传统经验主义关于经验是孤立片断而不是连续的经验流的论断。事实上，针对詹姆斯的观点始终存在着一种常见的辩证法上的诘难，这个诘难的典型的表述就是：一个关系项如果放在另一个关系里就必须是一个内在本质上不同的关系项。或者说"一个关系项进入了第二个关系在逻辑上就不能和原来的关系是同一的关系项"②。这种对于事

---

① ［美］威廉·詹姆斯：《一个纯粹经验的世界》，见《彻底的经验主义》，庞景仁译，89 页，上海，上海世纪出版集团，2006。

② 同上书，70 页。

物联合的理解就是所谓的"通透"型的联合，即"一在全中，全在一中（人们可以称之为总汇联合）"的联合方式。而詹姆斯的彻底的经验主义所说的连接性关系是"连锁"型联合，其特点是"两个本身是分离的部分却可以通过一些媒介来结合在一起，它们各自同这些媒介连结着，而整个世界最后也同样可以由于某种连接性过渡的途径结合起来，通过这种连接性过渡，从它的一个部分过渡到另一个部分是永远可以分得出的。……在一个连锁的世界里，部分的交会是经常被经验到的"①。因此，詹姆斯要维护其彻底的经验主义哲学、维护他关于经验的连接性和过渡性关系的思想，就必须证明纯粹经验的一个单元在进入和算在两个不同意识流里面时依然是一个单元，这样，两个心灵才算是在某种情况下有了交会点，才产生了"连锁"型联结，而不是理性主义者的"总汇"型联结。

詹姆斯采取的办法是先论述一个纯粹经验是如何随便单独地进入一个意识流里去的。看看它从"纯粹的"状态变成"有意识的"状态的过程中究竟意味着什么？然后再据此解释一个纯粹经验单元如何被多个心灵所共有。詹姆斯运用了他在自己的心理学中发展出来的一些洞见，尤其是他在有关"自我"的理论中阐述过的心灵将经验"据为己有"的观点。他认为：在纯粹经验变为"有意识的"情况下，意味着发生了两件事："第一，一些新的经验已经加了进来。第二，这些新的经验已经担负了某一种可指定给某一所假定的单元的关系。"②

一方面，无论物质还是思想，它的构成材料都是"纯粹经验"，这样，意识或者物质只是"纯粹经验"在不同的情境之下扮演的不同角色而已。我们看到，当经验同时处于心理结构和物理结构这两个不同的结构中时，它既是属于心理结构的又是属于物理结构的，但它仍然还是一个单一的东西。比如，一支笔对我们来说，我清楚地看见它放在我的桌子上面，并且我可以通过使用它来确定它是一支物理实体意义上的笔，它在我的身外存在着。同时，当我不论在什么情况下谈论或者想到了这支笔的时候，它又是存在于我心里的。另一方面，在这种情况下，"就笔的接续者们（指有关笔的新经验）以另外一种规定好了的方式与笔不同来说，笔将不作为一个物理事实，而是作为一个心理事实存在于笔的接续者们的结构里。它将变成一个过渡

---

① ［美］威廉·詹姆斯：《一个纯粹经验的世界》，见《彻底的经验主义》，庞景仁译，74~75 页，上海，上海世纪出版集团，2006。

② 同上书，90 页。

的'知觉'，我对于笔的知觉"①。他所说的"另外一种规定好了的方式"就是指"纯粹自我"中的新经验对于过去经验的回忆机制，正是这种机制造成了将过去"据为己有"，并以此来确认自我的连续性和同一性；也就是说，在这种机制作用下，自我获得了"人格认同感"。詹姆斯对此作了详细的解释：

> 我在我的《心理学原理》论"自我"一章里，曾经把每一个个人意识的连续同一性解释为称呼这样的一个实践的事实，即新的经验（过渡的思想）到来，它们（这些新的经验）回顾老的经验，觉得它们"温暖"，欢迎它们并且把它们据为己有，作为是"我的"。这些操作，在把它们拿来从经验上分析时，意味着以下几个相当确定的东西：
>
> 1. 新的经验有过去时间作为它的"内容"，在那时，它是一支"曾经是的"笔；
>
> 2. "温暖"也是关于笔的，这是从一组感觉（唤起了的"兴趣"、转过来的"注意"、使用了的"眼睛"，等等）这个意义上来说的，这组感觉曾经和笔紧密地相联结，并且现在一直不断在生动活泼地再现出来而且永远继续再现出来，虽然由于现在的笔（它可以仅仅是一个影像），所有这种生动活泼性可以是已经过去了；
>
> 3. 这些感觉是"我"的核心；
>
> 4. 无论什么，一经同它们联合起来，至少是在那一个时刻，就是"我的"——如果同"手——感觉"联合起来，就是我的用具；如果仅仅涉及"眼——感觉"和"注意——感觉"，就仅仅是我的"知觉"。
>
> 以这种回顾的方式而作为我的知觉实现的笔，就这样出现为一个"意识"生活的事实。但是，它只有在发生了"据为己有"这种情况范围内才是这样；而"据为己有"是全部加到原初"纯粹的"笔上去的一个后来的经验的内容的一部分。……

---

① ［美］威廉·詹姆斯：《一个纯粹经验的世界》，见《彻底的经验主义》，庞景仁译，90 页，上海，上海世纪出版集团，2006。

通过这样一种"温暖的"记忆机制的作用，詹姆斯解决了关于意识的连续性和在断裂之后的相接问题。同样，他认为这种机制对于解释一个纯粹经验如何进入自我而成为自我意识也同样有效。通过外部纯粹经验与内部经验的连接性关系，一个纯粹经验得以进入一个个体的意识，并成为该个体自我经验的一部分。

詹姆斯认为，在回答了一个纯粹经验如何进入一个个体的意识的问题之后，那么，它如何能够进入两个意识之中的问题也就迎刃而解了，因为，这里的原理是一样的，并不需要更多的其他理论解释。他说："显然，什么新的种类的条件都用不着补充。我们所要设定的一切，就是一个第二后起经验，它同第一后起经验是并行的，同时的，在它里边，类似的据为己有的行为也当发生。两种行为互不相扰，也不与原来的纯粹的笔相扰。它将安然地沉睡在它自己的过去里，不管多少像这样的接续者通过它们各自的据为己有的行为而过去了。每一个接续者都将把它作为'我的'知觉来认识，每一个接续者都将把它划归'有意识的'事实。……同一经验出现在两个意识中这一悖论这样一来就似乎根本不是什么悖论了。"①

基本上来讲，詹姆斯关于两个心灵如何知道同一件事物的问题是一个以彻底的经验主义哲学"关系"论密切联系在一起的哲学问题。从詹姆斯的复杂、艰深而又晦涩的论述中，我们可以发展出关于传播研究的一些观点。根据詹姆斯的理论，我们也许对传播关系这种事物或经验之间的连接性关系有一个合理的理论推导，即传播是连接不同心灵（意识）到同一经验对象上去的活动，这种连接性关系是连锁型的，即不同的思想和意识之间通过传播关系（连接性关系）而连接起来，连接的状态（效果）可以是交会的（分享共同的经验或信息，但并不是整体上的完全融合），也可以是相邻的或相接的（这两种状态都没有交会，却可以相互连接在一起）。不管怎样的连接状态，经验和事物之间的关系都不会是相互取代意义上的那种联合关系（即总汇联合）。因此，在思想和意识的交流问题上，尽管不同个体之间完全可以同时拥有同一个经验对象，可以在经验上有交会之处，但是就个体的思想和意识作为一个完整的连续不断流动的经验组合而言，它们彼此之间个体性和断裂性并不会受到这种连接性关系的影响。也就是说，在交流的问题上，个体之间的差异是无法消

---

① ［美］威廉·詹姆斯：《两个心灵如何能知一件事物》，见《彻底的经验主义》，庞景仁译，92 页，上海，上海世纪出版集团，2006。

除的鸿沟。既然我们的意识经验可以相互连接而形成或交会，或相邻，或相接的关系，那么我们应该致力于承认彼此差异、尊重彼此差异、理解他人的愿望和要求，并尽可能通过某些连接性过渡途径结合起来，以形成一个既有丰富个体差异，又能相互宽容理解的和谐世界。这也许就是中国古人在交流问题上所阐发的"求同存异"的根本原则的一种传播哲学上的解释吧。①

---

① 对本章内容的进一步了解，可以参考王颖吉：《威廉·詹姆斯与美国传播研究》，北京，北京师范大学出版社，2010。

7

理解科学及其媒介技术建构

　　探究（研究）作为人类最基本的活动之一，与人类的生存发展息息相关。而在当今这个时代，"科学"这一近代以来兴起的探究形式俨然已经成为所有探究模式中的"宠儿"，被赋予了极其重要的地位。然而什么是探究呢？它对于人类的意义何在？什么是科学？科学这一多少具有神圣性的词语究竟意味着什么？我们之中的大多数人对于探究与科学有过于简单化、单一化或者说理想化的定义和解释，忽视了其复杂性与多样性。一方面，严格意义上的科学概念与公众话语中所谓的科学具有较大的差异，公众层面的科学话语是一种社会建构的产物，对于那些专门从事科学研究工作的科学家来说，公众的科学话语与他们的工作并不完全是一回事。另一方面，即便是严格意义上的科学研究，也并不是独立自执，不受外在条件影响的智力性工作。对科学与技术之间相互关系的考察有助于我们理解科学仪器这样的技术性媒介对于科学研究所产生的重要影响。毫不夸张地说，当今科学的发展进程及其发展方向，会受到仪器条件的制约，先进仪器的使用已成为科学研究的前提条件。换句话说，当代科学（虽然并非所有领域）在某种意义上也是一种技术建构的结果。

第一节　人类探究及其方法

　　研究也可以称为探究，它是人类最基本的活动，是人类生存能力和生存手段的体现。通过这种活动，人们认识自然与社会现象，并寻求与自然界和社会的和谐共处的途径，发展出人与人之间、人与社会和自然界之间的良性互动关系。

一、什么是探究——从怀疑到信念

　　对于人类探究活动的心理学和认识论起源的说明多种多样，其中美国科学家和哲学家 C. S. 皮尔斯对于这一问题的论述较为清晰。他的观点一个世纪以来不断被人们引述和发展，尤其在美国，众多社会科学和传播研究方法论著作中，他的观点或者以他的观点为基础的讨论极为常见。事实上这些论述的影响早已超出美国本土范围，对于其他文化传统的学者来说，这些论述也是极有价值的。

　　皮尔斯在题为《信念的确定》（1877）和《如何使我们的思维变得清晰》（1878）两篇论文中，将关注的焦点集中在思维、信念、行动和效果之间的关系上，并深入探讨了人们获取知识的不同方法，以及这些方法分别具有的优缺点。皮尔斯认为，人们必须适应生存环境所带来的种种挑战，当人们面临新的生存或生活挑战时便会因为无法处理这一事态而产生怀疑的心态，这种心态的具体体现是：我们会体验到怀疑和焦虑不安的情绪，为了应对这种情况，我们便开始进行思维，寻求某种能够应对怀疑和焦虑的意见。这种意见可以消除我们的怀疑和焦虑，它之所以能够具有这种消除怀疑和焦虑的功能，是因为我们相信这种意见是正确的，能够将我们的行动引到正确的道路上去。比如，当我们要到一个陌生的地方去旅游时，我们会因为一时无法形成到达该地旅游的最佳乘车路线信息而进入怀疑和焦虑的状态，于是我们在这种状态下寻求解决问题的方案——可以通过打电话咨询、上网寻求帮助或者向身边的朋友求助等方式去加以探究，当我们相信思维活动得到的结论是正确的时候，也即我们获得某种信念时，我们便不再怀疑和焦虑，而是在这信念的指引下采取行动——背上行李，按照我们相信是正确的那个路径图（即信念）上路。

由此可见，怀疑与信念是两种不同的心理状态。怀疑是一种犹豫不定、焦虑不安的心理状态；而信念则是没有怀疑，没有犹豫不定和焦虑的状态。而我们的思维活动"是由怀疑的焦虑激发起来的，当获得信念时，这种活动就平息下来；所以产生信念是思维的唯一功能"[1]。我们之所以探索是因为我们有怀疑与焦虑，我们之所以安宁是因为我们生活在自己的信念或信仰之中，享受由此带来的放松。因此，在皮尔斯看来，所谓探究活动就是"促使人们为进入信念状态的拼搏"。换句话讲，探究就是人们为了达到一种信念的心理状态而进行的努力和拼搏。探究的唯一目的在于使某种意见确定下来。事实上，更准确点讲，探究要确定的那种意见，乃是我们认为是真实的意见，因为只有这种意见才能满足我们的期望，符合我们的要求，或者给我们带来实际的好处。

对于思维、探究、怀疑与信念之间的关系，我们可以做这样一种整理：

首先，思维的本性是探究，而人们的探究性思维活动总是从怀疑开始的，当达到了信念状态时，思维活动便告一段落了，两者先后有别。

其次，"怀疑是一种不安宁和不满足的状态；我们力求使自己摆脱这种状态而进入信念的状态。信念是一种安宁和满足的状态……我们固执地坚持这种信念，不仅

---

[1] ［美］查尔斯·桑德斯·皮尔斯：《皮尔斯文选》，涂纪亮、周兆平译，90页，北京，社会科学文献出版社，2006。

是相信，而且是恰恰相信我们的确相信的事物。"① 怀疑的功能是促使我们进行探究的努力从而达到信念的状态，而信念的功能是形成我们的有依据的行动，不过这种形成行动的机制并不一定是即时的，"而是使我们处于一种状态，即当有关的情况发生时，我们将以某种特定的方式采取行动"②。

最后，"信念引导我们的愿望，形成我们的行动。"这是信念的功能，在有信念的状态下，人们可以根据自己的信念来形成行为的习惯，所以信念是行为的心理动力。怀疑不能产生这种效果，在怀疑的状态下人们无所适从，难以产生行动的动力，也难以形成行为的习惯。皮尔斯在《如何使我们的思维变得清晰》中总结出信念的三种特性：

其一，它是我们意识到某种东西。

其二，它平息了怀疑引起的焦虑。

其三，它导致我们在我们的本性中建立起一种行动规则，或者简单说，是一种习惯。当思维平息了怀疑所引起的焦虑（这是思维的动机）时，思维就松弛下来，并在达到信念时获得瞬间的安宁。可是，由于信念是一种行动规则，其应用又引起进一步的怀疑和进一步的思考，因此信念既是思维的一个终点，同时又是它的一个新的起点。这就是我为什么允许自己把信念处于安宁状态的思维的原因，尽管思维本质上是一种活动。③

二、人类获取知识（信念）的基本途径与方法

我们将我们信以为真的意见（观点）称为知识，因此，信念（一种意见或观点）的确定在很大程度上被人们置换成知识的确定，事实上，这种置换隐藏了思维、探究的心理根源与机制。皮尔斯指出，确定信念具有不同的方法，这些方法包括固执己见的方法、尊崇权威的方法、先验主义的方法、科学的方法。除了这几种方法以外，后来的学者们还总结了一些新的有关人们获取知识的途径和方法，包括"传统和常识""媒介环境"等。

---

① ［美］查尔斯·桑德斯·皮尔斯：《皮尔斯文选》，涂纪亮、周兆平译，72 页，北京，社会科学文献出版社，2006。

② 同上。

③ 同上书，92 页。

（一）固执己见的方法

这是一种凭借个人直觉经验获取知识的方法，是所有方法中最为原始、最为基本的一种方法。显然，任何知识的获取都需要以个人直觉经验为基础，皮尔斯在这里强调的是：固执的方法缺乏理性思维的特征，也不太考虑公共知识的约束力，而是固执己见地以自己的直觉经验为知识的来源。采取这种方法的人不太考虑别人对其观点的质疑，也不太考虑他的观念符不符合实际的需要，甚至还会忽略这些观念将会产生的实际效果。他们之所以固执己见，其中的重要原因在于："一种稳定的、不动摇的信念将使心灵获得高度的安宁。"① 一旦这种稳定而不动摇的信念发生了改变，人们便会面临怀疑和焦虑的状态，这也许正是我们不太愿意主动地、反思性地尝试着改变自己想法的原因。

不过这种固执己见的方法往往是难以贯彻到底的，它往往会在实践中受到挫折和教训。固执己见的方法在实践中会带来很多麻烦，如果固执地相信自己不会被火焰灼伤的人在遇到火焰时是要吃大亏的，他必定会因为实际的体验而改变自己的观念；在中国近代时期，曾经有一些义和团的成员坚定地相信他们可以刀枪不入，但是当他们在战场看到自己的同伴因为刀枪的伤害而受伤和死亡时，他们最终也必须改变那些由于宗教性观念所带来的固执的信念，从而保护自己不受伤害。因此，采取固执己见这种方法的人常常会在这种方法所带来的好处和坏处之间权衡利弊，当这种方法能够为他带来心灵上的安宁和平静而又不会产生实际的危害时，他便倾向于采取这种方法获取知识；但是如果这种方法所产生的危害已经超过了它所带来的好处的时候，他便倾向于终止采用这种方法。

（二）尊崇权威的方法

固执己见的方法是基于个人意志而采取的方法，而对于生活在群体中的人们来说，必须面对很多由于集体的意志而产生的观念，这些观念必须得到共同的认可，否则人们之间很难进行顺畅的交流与社会协作，很难顺利地处理公共生活中的事务。因此，观念的公共性要求也成了人们获取知识的一个重要的条件。国家、社团、宗教群体和其他社会组织或者机构在人类知识的获取过程中扮演着重要的角色。我们

---

① ［美］查尔斯·桑德斯·皮尔斯：《皮尔斯文选》，涂纪亮、周兆平译，74 页，北京，社会科学文献出版社，2006。

应该看到这种获取知识的方式具有其存在的必要性和好处，同时它也同样存在着明显的缺陷和坏处。

尊崇权威的方法往往使得人们能够在共同的知识信念基础上形成共识，维持社会精神层面的稳定和协调。"与固执的方法相比，它在精神和道德方面具有无法估量的优越性。它的成就与此成比例地增长；事实上，它一再创造出许多极其辉煌的成果。在暹罗，在埃及以及在欧洲，它促使人们把巨大的石块堆积起来，建造许多雄伟壮丽的建筑物，足以与自然界最伟大的作品媲美。除了地质时代外，没有任何一个时代像这些时代那样广泛地通过信念把人们组织起来。"① 然而，从另一方面看，权威观念并不总是没有问题的，权力阶层往往将组织和协调社会的观念改造为最有利于他们获取利益的工具，于是这些知识及其传播便成了维系、复制社会压迫与剥削的工具，对于那些接受权威知识的人群来说，权威的方法意味着将自己按照权威的意愿塑造成为精神上的奴隶，或者生活在意识形态幻象之中而无法认识自身利益的人。

当然，这种尊崇权威的方法总是能够被一些特立独行的思想者所识别，"即使在受到教会高度控制的国家里，也会发现某些人不受那种环境的约束。这些人拥有较为广泛的社会感；他们看出其他国家和其他时代的人所信奉的观念大大不同于他们自己从小就被教导应当信奉的观念……他们坦率的性格也使他们不能拒绝这样的想法：没有任何理由把他们自己的观念看作比其他民族、其他国家的人们的观念具有更高的价值。这样一来，他们的头脑中就产生了怀疑"②。一旦怀疑产生，这些善于思考的人就会探索新的获取知识的方法，以便搞清楚自己所怀疑的事情究竟是怎么回事，在一种新的方法中寻求新的信念，以平复他的怀疑与焦虑。

（三）先验主义的方法

先验主义的方法是那些善于思考的人喜欢采用的方法，他们既不听命于思维的自然倾向性的控制，也无法在权威知识的专横跋扈中保持心灵的平静。他们于是对自己的想法进行精心的思考，并力图证明自己的信念具有充分的知识根据，合乎永恒理性的要求。这种方法与固执己见的方法具有相类似的地方，两者都注重个人的

---

① ［美］查尔斯·桑德斯·皮尔斯：《皮尔斯文选》，涂纪亮、周兆平译，76 页，北京，社会科学文献出版社，2006。

② 同上书，77 页。

见解，但是两者之间差别也是巨大的，先验主义的方法注意理性思维的运用，是主动运用思辨推理的思维活动，其思维结果具有逻辑上的严密性和合理性，有时候甚至具有非凡的洞察力。形而上学的哲学家们正是通过这种方法获得有关世界的知识的。

这种方法及其知识体系的最大特点在于：它们"通常不是依据于任何观察到的事实，至少不是在较大程度上依据于这些事实。这些体系之所以被人们采纳，主要因为它们的基本主张似乎'合乎理性'。这是一个恰当的表达方式，它并不意味着符合于经验，而是意味着我们发现自己倾向于相信它。例如，柏拉图发现天体之间的距离是与那些产生和谐的和音的弦的长度成比例的……从理性的观点来看，这种方法比我们在上面所成熟的那两种方法之中的任何一种都更加明智，更加值得尊重"。不过，这种方法的缺点也是明显的，因为它不依赖事实，而依赖一种类似鉴赏能力的个人素质和能力，而这种鉴赏力往往是仁者见仁、智者见智的，有点像人们看待时尚时的情况。正因为如此，采用这种方法的形而上学哲学家们很难就一个问题达到完全一致的意见。

（四）科学的方法

那么能不能找到一种方法能够弥补以上三种方法的缺陷呢？这种方法不固执于个人直觉经验，也不迷信权威，同时也不像先验主义的方法那样依赖个人的鉴赏能力和素质，也即可以通过这种方法达成一种具有公共属性的真理。换句话说，"借助于这种方法，我们的信念不是取决于任何人为的东西，而是取决于某种外在的永恒之物——取决于某种不受我们思想影响的事物。……外在永恒性必须是影响或可能影响每一个人的东西。虽然这些影响像个人状况那样必然是不同的，然而方法必然如此，以使每个人的结论都是一样的。这就是科学的方法。……科学方法的基本假设就是：存在着一些真实之物，它们的性质完全不依赖于我们对它们的看法；这些真实之物按照固定不变的规律影响着我们的感官，尽管我们的感觉随我们与对象的关系的不同而不同。不过，通过利用知觉法则，我们能够通过推理而弄清楚这些事物其实真正是怎样的。任何人如果具有充分的经验并做出充分的推理，就会得出真正的结论"①。

---

① ［美］查尔斯·桑德斯·皮尔斯：《皮尔斯文选》，涂纪亮、周兆平译，81页，北京，社会科学文献出版社，2006。

与其他三种方法相比，科学方法具有的优点是"这种方法的经验没有将我们引向对它产生怀疑，相反，科学研究在确定意见的道路上已经取得了一些令人惊奇的胜利，这为我们不怀疑这种方法或者它所依据的假设提供了说明"。在皮尔斯看来，科学方法可以使我们自己得出的意见与事实相一致，"没有理由说明为什么前三种方法的结果也一定能够做到这一点。科学方法的特权就在于它能得出这个结果"。

值得注意的是，尽管皮尔斯本人从事自然科学研究，因此对于自然科学的研究方法充满敬意，但他并不排斥其他几种方法。就他本人作为美国历史上最重要的哲学家和思想家的事实而言，皮尔斯的方法显然并不仅仅是自然科学的，也是思辨性的。因此他明确主张各种方法都会有一些自己特殊的好处，在特定的情境下可以比其他的方法更加恰当，也即"不要以为前三种用以确定意见的方法没有任何比科学方法更加优越之处。与此相反，其中每种方法都有各自特有的适宜之处"①。结合皮尔斯所创立的实用主义哲学的精神，我们不难理解他关于方法的多元性和情境性强调，完全出自于他的哲学立场，即判断一种方法好坏的依据要综合考虑自己的实际情况、自己的目的或所希望得到的结果与实际所得到的结果的关系。只要一种方法的使用能够引导人们实现其正当合理的欲求和目的，那么这样的方法就是好的方法。既然皮尔斯在陈述各种方法的论述中并没有对某一种方法做简单的优劣判断，而是比较客观地陈述其利弊好坏，因此，他也鼓励那些选择了自己的方法的学者，忠实于他自己选择的逻辑方法，并且避免一叶障目地排斥其他方法的使用。

第二节　科学及其话语建构

在前面所述皮尔斯获取知识、确定信仰的方法中，科学的方法被赋予了特殊的优点，这种方法通常能够将人们引向研究目标的实现。皮尔斯所谓科学方法指的是自然科学意义上的科学方法。在他生活的时代，人文和社会研究领域的探究活动及其结果刚刚开始被人们赋予"科学"的名称。但是在后来的发展中，科学事业的成功已经使得它的面目变得越来越模糊，随着这一名词变得越来越具有神圣性，它的

---

① ［美］查尔斯·桑德斯·皮尔斯：《皮尔斯文选》，涂纪亮、周兆平译，83 页，北京，社会科学文献出版社，2006。

应用范围也越来越大，以至于早已超出了学术研究的范围，甚至成为社会各阶层的人们随意加以利用的意识形态话语。

一、科学的流俗解释

几乎所有介绍研究方法的著述都需要回答与科学相关的问题，因为无论人们所谈论的是否真的是科学，都非常期盼自己所介绍的方法能够戴上"科学"的王冠，即使这一愿望不能实现，那也至少应该被视为"科学"事业的同盟者。科学如此重要，以至于美国经典传播学的目标始终都是在向科学致敬和看齐，它们惯常的关注焦点通常是传播学如何成为一门被人们认可的新兴科学，对于美国学术环境中的知识事业而言，得到科学的正名是一件极其重要的事情，即便是人文和社会知识领域的研究也一定要模仿自然科学，以便使自己的工作看起来像是科学的事业。没有科学正名的知识事业很难在现代学术体系中获得生存发展的机会。

然而"科学"究竟是什么呢？当我们问及这个问题的时候却很难精确地表述清楚，在最一般的意义上这个词的意思就是指自然科学的研究体系及其知识，但传播研究和媒介文化这样的探究活动毕竟在研究对象领域、话语模式、目的宗旨等方面都不同于自然科学，也没有办法严格照搬自然科学的研究方法和理论来从事人文与社会性质的传播与媒介探究活动。因此，当我们将自己的知识事业定位为科学的事业时，我们需要对"科学"做出一些适当的解释。

对于什么是"科学"，现在流行的教科书倾向于给出一个简洁的定义，如："科学研究是一种对一个或多个变量进行有组织的、客观的、受控的、质化或量化的经验分析。"[①] 这样的定义简洁明了，具有它在教学和学习中的价值和功能，能让学生们关于"科学是什么？"的问题得到回答。但教科书在给出科学定义的时候往往不会对围绕着"什么是科学？"这一问题所产生的复杂而多元的观点详加介绍，因此，这个简洁的答案极容易产生误导，使读者误认为这一定义所代表的乃是对于"科学"之本质的普遍定义，而不是一种非本质的权宜性概念解释，是众多科学理念中的一种。一旦读者被这样误导，那么他们对于"科学"就会产生相对狭窄的理解，这将

①　［美］罗杰·D. 维曼，约瑟夫·R. 多米尼克：《大众媒介研究导论》（第七版），金兼斌等译，9页，北京，清华大学出版社，2005。

会影响他们对这一术语的更加多元化和开放性的理解，而这样的多元开放理解是我们面对当代科学话语时所需要具备的视野，这种视野对于学习传播研究方法来说也是至关重要的。

二、寻求普遍单一的"科学"定义是困难的

我们寻求普遍有效定义的一种常见的办法是，首先辨识出事物的一些基本特征，依靠这些特征，我们可以归纳和抽象出能够描述这些特征的定义，这样的定义就可以被视为有关某事物的具有普遍性的定义。如果我们希望寻求"科学"的定义，也需要先辨识出科学所具有的那些具有区别性的本质特征，然后在这些特征的基础上归纳出有关科学的定义。经常被提到的有关科学的标识性特征包括如下一些方面：

一是科学研究是从经验事实中得到的知识。以经验事实为基础进行研究，这一点可以将科学与某些纯粹思辨的工作如哲学区别开来。

二是科学研究是运用理性去观察事实的方法与结果。从经验事实出发固然重要，但对于经验事实的照面必须以理性的运用为前提，失去这一前提则无法保证这种照面的结果能够形成科学知识。运用理性意味着要么对经验事实进行归纳后形成普遍性结论，要么从一种普遍原则出发对具体的经验事实进行观察和分析。

三是科学研究具有客观性。这种客观性首先应该理解为是对自身主观偏见的克服，即在研究过程中尊重经验事实的逻辑而不是屈就于自己的个人好恶。这一特点体现了科学研究需要对自身的既定意识框架保持反省和怀疑。

四是科学是由事实证据支配的组织化和系统化的知识。

五是科学是科学家共同体认可的知识。

科学家共同体是指在科学观念、价值观和研究方法等方面能够相互理解和交流意见的松散的、虚拟的共同体。这一共同体成员相互之间的见解可以互不相同，但他们的工作能够得到彼此的回应和理解，相互之间能够进行专业性对话与交流。在某些科学知识与方法的认识方面，科学家共同体可以达成一致，而这种共识性的知识通常可以称为科学定律。

……

这样的一份科学特征的清单还可以延展下去。

看上去我们对于什么是科学的确定性认知可以从这些特征中找到，需要做的仅

仅是对这一份清单进行进一步完善，并从中归纳总结出有关科学的本质属性。然而，事情并没有看起来这么简单，对于科学特征的列举清单显然是难以完结的，并且这样的列举也存在局限性和风险。一方面，人们对哪些特征是科学所独有的本质特征持有不同的意见。另一方面，即便是对那些最具有常识意义的特征，我们如果认真分析起来也是存在疑问的，不足以构成描述科学本质所需的那种条件。

例如，科学研究的客观性原则通常被认为是科学研究的一个重要特点，但客观性原则通常被人们解释为研究中科学家要避免自己的主观性，让自己在不带有个人主观见解的情况下从事研究。事实上，这种原则是很可疑的，它需要专门的进一步解释才能确保自身的合理性。最根本的问题可能是：客观性是如何可能的？主张客观性的人基本上都不会思考这样的问题，因为这种认识论意义上的反思属于形而上学的范畴，而形而上学是思辨性的而非经验性的，因而是不客观的。无论如何很明显的一点是，客观性并不能被理解为无前提性，不能理解为在完全排除主观意识或意义框架的前提下开展研究。因为人只能在特定的意义框架或前人的基础上才有可能看到事实，完全没有既定意义框架的大脑虽然是最具有客观性的大脑，但这样的大脑却不能看见任何事物。正像美国哲学家威廉·詹姆斯指出的那样，婴儿眼中的世界是一个杂乱喧嚣的世界，他的眼睛只能接受感官上的刺激信息，但却无法对这些信息加工整理并形成图像，因为他的大脑中并没有用以整理信息的意义框架。这种情况也适用于身处完全陌生的环境之中的人们在进行观察时所遇到的情况，比如一个普通人和一位训练有素的植物学家一起走到丛林中，他们因为大脑的意义框架和前见储备不同，所看到的经验事实也完全不同。只有当一个人的大脑中已经有了蕨类植物的知识的时候，他才有可能在丛林中辨识出这种植物；相反，对于不知道蕨类植物为何物的人在极其丰富多样的丛林植物中，是看不到这样的植物的。

所以，客观性不可能是指婴儿大脑那样的无前提性，而是指这样的一种思维努力，这种努力旨在帮助我们进行信息整理，以对某种观念的思维定式进行反省和克服。当我辨识出某种植物是蕨类植物时，我意识到这是一种思维定式的结果，于是我可以假设这种植物其实并不是蕨类植物。如果想要得到有关这一植物的新的知识和理解，我就必须克服我既有的知识框架的影响，将这些既有的思维框架和知识悬搁起来，以便能够在一个客观的基础上来研究这一植物。这可能就是客观性的一个比较合理的解释，但我们不难看出当我要在新的客观性基础上对这一植物进行重新认识时，我依然还会依赖大脑中存储的知识和意义框架，以便发展出新的知识。因此，从某种意义上讲，客观性其实只能以一种主观性替代另一种主观性，没有主观性的客观性是不存在的。虽然客观性的原则通常被人们视为科学研究的重要特征，但事实上它只有在保留主观性的前提下才会是可行的。

另一方面，几乎所有的这些特征都很难被确定为科学所独有的特征，这些特征在其他知识领域中也会得到同样的重视，甚至是更多的强调和更充分有力的论证。仍然以客观性原则为例，它并不是经验科学或者自然科学独有的原则，而且也是某些哲学家所强调的根本原则。相比于胡塞尔的现象学来说，实证科学对于客观性原则及其可能性条件的认知与追问显得要随意和松散得多。胡塞尔宣称现象学是一种严格意义上的科学，因为它的全部努力很大程度上就是要回答这样的一个问题：纯粹客观性的认识是如何可能的？从而为真正的科学事业奠定一个坚实的基础，科学的客观性基础其实是一个源自自然科学的问题，但自然科学和实证主义在这一点上基本上都持有自然主义的态度，所谓自然主义的态度其实就是非反思性的态度，也即对认识的可能性条件缺乏反思的态度，具体表现则是在提出将客观性原则作为科学研究的基本原则的同时，却不从认识论的角度提出并回答这样的问题：纯粹客观的认识是如何可能的？显然，缺乏反思性的质疑正是经验科学的致命缺陷，自然科学无暇顾及这样的反思，而实证主义则倾向于将这样的问题抛诸脑后，或者以视而不见的态度来对待它；然而这种鸵鸟策略并不能平息人们心中的疑问，它反而成了实证主义的软肋，为那些充满疑问的人发起攻击树立了靶子。

如果说单独一两条特征不足以让我们在科学与非科学之间划定界限的话，那么同时满足一组特征的做法是不是能够帮助我们找到这样的界限呢？确实，从逻辑上说如果我们增加对科学进行定位的视角和条件的话，我们是可以实现逐步聚焦的。但正如我们在前面已经谈到的，一方面对于哪些特征才能被视为识别特征本身就是存在疑问的，另一方面这样的一组特征应该按照什么样的原则被确定并组织成一个识别系统而发挥其功能也是存在极大不确定性的。

可见，尽管我们已经设法通过多种途径寻找有关科学的确定性意见，但却没有办法获得满意的结果。实际情况或许正如萨米尔·奥卡沙所说：我们并不能找到被我们称为"科学"所共同具有，且不被"非科学"所拥有的那种科学之"本质特征"。不仅如此，就连"关于科学拥有'本质特征'的设想都值得怀疑。毕竟，科学是一种多元性的活动,包含了范围广泛的不同学科和理论,也许它们共享一套能够定义何为科学的固定特征,但也许这种特征并不存在"①。据此,要想从本质论意义上在科学与非科学之间确定一个明确的划分标准几乎是不可能的事情。正是基于这样的原因,我们才将科学视为一种在历史上被建构起来的观念及其话语,而非本质意义上的永恒的自然之物。也许,有关"科学究竟是什么?"的最可靠的回答就是历史以来的那些科学家的工作与思想,以及人们就科学研究问题所发表的各种论述,而这样的回答必定是多元而具体的。但在历史的话语空间中,哪些思想属于科学,哪些不属于科学;哪些观念及其话语属于科学,哪些不属于则是仁者见仁、智者见智的事情了。

三、"科学"的概念及其历史建构

正如前面所述,"科学"是难以有一个普遍而确定性的定义的,这一术语本身就具有了非常复杂的含义。在当代社会中,"科学"有时候被视为与伽利略、牛顿、爱因斯坦这些名字相联系的事物,有时候被视为一整套的哲学和方法论体系,有时候被视为一种现代社会学术研究的制度系统,有时候则被视为一种知识的体系,有时候又被视为一种探究真相的精神与态度,还有的时候更被视为一种意识形态的权力话语。概念理解的多元化表明,科学对我们生活的方方面面都产生了极其深远的影响,以至于即使我们从不同的视角切入,都能够发展出对于科学概念的特定理解和解释。面对如此多样而复杂的概念意义,我们或许需要在科学本身的发展史中去梳理一下这些概念意义的演化过程,以便能够看清楚科学究竟是如何从一种知识探究实践转变为一套系统的知识体系和制度化机制,并进而被运用到文化和政治领域中,成为一种权力话语的。

在"科学"的概念发展史中,我们可以清晰地看到:当代社会所有关于"科学"的观念,都源自人类探究的实践活动,尤其是对于 16 世纪以来的"科学革命"及其遗产的理解和解释。在这场"科学革命"中展现出来的新的探究方法,以及由此形成的知识形式,就是我们现在所谓科学的最为核心的、最基础的含义,也就是人们通常所说的自然科学意义上的那种探究努力和知识形式。

---

① [英]萨米尔·奥卡沙:《科学哲学》,韩广忠译,16 页,南京,译林出版社,2013。

现代科学的历史通常可以上溯到 1500—1750 年的欧洲科学革命，在这场科学革命中，一些不同于过往时代的崭新的世界观和方法论得以涌现，这些新的探索及其成就基本上彻底转变了人们对于世界的看法。以亚里士多德的自然哲学和中世纪神学为代表的旧的知识体系结束了在欧洲的统治地位，人们开始循着新时代的思想家们的足迹探索未知的世界。早期科学革命中的第一个关键的成就是哥白尼的日心说，它打破了此前在欧洲延续了 1800 年之久的地心说模式，对于基督教神学和亚里士多德的权威形成了前所未有的挑战。哥白尼的结论建立在两个基本的方法论原则之上，一方面是对运动着的物体进行实际的观察；另一方面是对空间中的物体运动进行数学上的计算。这两个方法是现代科学有关经验观察和定量分析方法的雏形，这些方法被开普勒和伽利略所继承和发展，尤其是伽利略的工作显得尤其重要。

伽利略不仅强调实际观察的重要性，而且还发展了观察的手段，即使用仪器来帮助观察，从而大大拓展了科学观察方法的适用范围。此外，他特别强调数学在研究工作中的基础性地位，被视为首位使用数学语言描述物质世界中的真实物体运动状况的学者。中世纪的欧洲人普遍认为上帝之书写有两个文本，一个是《圣经》的文字文本，而另一个则是自然。伽利略的独特之处在于，他认为自然这个文本是用数学书写的，因此要研究和描述自然的奥秘应该使用数学的语言。这与当时人们对于数学工具的看法大不相同，那时候数学被视为仅仅适合于用来处理纯粹抽象的事物，而不是具体的物质世界。如今人们对于数学语言的使用已经不再陌生，并且它早已经异化为一条衡量一项研究是否具有科学性的不恰当的标准。除此之外，伽利略的重要性也体现在对于实验方法的发展上，他主张以实验来检验理论假说的真伪。他的自由落体理论可以看成是对这一方法的运用，这一实验的结果改变了人们对亚里士多德结论的认识。伽利略的成就是多方面的，现代科学研究所应用的那些方法在伽利略那里都已经基本上成形了，他因此被视为欧洲科学史上第一位现代意义上的科学家，他所开创的那些研究的原则和方法在笛卡尔、培根、牛顿等人的研究和论述中得到了进一步的发展。在随后的时间里，"科学"逐渐摆脱了宗教的禁锢和迫害，取得了前所未有的成功。

不过，在自然科学兴起并迅速获得成功之后，作为一种回应非自然科学领域的学者开始质疑人们对于"科学"含义的理解和解释过于狭隘。它的指称范围事实上并不应该被限定于"伽利略—牛顿"体系的范围，而是应该包括探讨精神现象和社会现象的其他知识形式，并且精神科学所遵循的原则与方法和自然科学并不相同。这种看法无疑具有充分的合理性，因为从词源学上看，"拉丁词语 Scientia（Scire，学或知）就其最广泛的意义来说，是学问或知识的意思。但英语词 Science 却是 natural science（自然科学）的简称，最接近的德语对应词 Wissenschaft 仍然指一切有系统的学问，不但包括我们所谓的 science（科学），而且包括历史语言学及哲学"①。可见，"科学"一词的实际含义其实要比自然科学的范围更加广泛，自然科学成为"科学"一词最核心、最基础的含义并非自古如此，而是随着自然科学在现代社会中的空前成功和巨大影响而形成的。

科学的概念史表明，"科学"并非自然存在的事物，而是一种在历史中被建构起来的观念及话语。指出这一点并不是说对科学含义的理解和解释可以任意进行，也不是说科学仅仅是一种观念而不是物质实践活动。相反，我们所说的"科学"乃是对人们的某种特定认知实践活动及其成果的表述，由于人们的实践是不断变化和发展的，因此有关"科学"概念的理解和解释也是历史地变化着的。对于这一点我们在任何有关科学思想史的论著中都可以找到证据，哥白尼时代的科学概念与爱因斯坦时代的科学概念所指称的概念意义并不完全是相同的，牛顿时代科学的含义与海森伯格的科学含义也相去甚远。

因此，科学哲学家查尔默斯指出，"不存在这样一种关于科学和科学方法的普遍主张，它可以适用于所有科学和科学发展的所有历史阶段"②。也就是说，要回答"科学是什么？"这样的问题，必须通过详细地考察科学发展的历史，在历史语境中把握各个时代的科学家们的工作与观念，在此基础上我们才有可能对于科学做出一些具体的而非抽象的论断。此外，即便是同一时代的科学家共同体中，对于科学的理解也是不同的，更为明显的差异性则来自于文化传统的差异。例如前面所谈到的对于"科学"一词的英国式理解和德国式理解之间就存在的巨大差异。因此，当查尔默斯以提问的方式将"科学究竟是什么？"作为他的著作标题后，他接着解释说这个问题是一个误导性的问题。这样的问题倾向于引导人们去寻求有关科学的本质意义上的确定性说明，但这样的说明即便有也是被历史地建构起来的，又在历史中不

①　[英] W. C. 丹皮尔：《科学史》，李珩译，1 页，北京，中国人民大学出版社，2010。
②　[英] A. F. 查尔默斯：《科学究竟是什么》（第三版），鲁旭东译，287 页，北京，商务印书馆，2007。

断被消解或修正的东西，因而并不具有永恒的确定性及绝对的合法性。

总的来说，对于科学，我们最好将它仅仅视为人类因好奇或者实践需要而进行的一种智识性努力。虽然人们对它的理解因为具体时间、文化背景不同而有差异，但它也有一些共识性的特征是得到公认的。例如，首先，科学是一种智力性实践活动，是人类立足于自己的生活需要，而对未知领域展开的心智探究实践。其次，科学是一种求真务实、努力不懈地追求真理和真相的精神与态度。尽管不同思想范式的学者对于真理和真相的理解各不相同，但这并不妨碍他们依照自己的思想逻辑去努力探索他们的真理，而这些严肃的智力探索，最终都会成为人类知识的一部分，造福人类的生活。再次，科学在思维表现和符号形式上体现为系统性的思考及由此产生的知识及学问。当然，上述特征也可见于宗教这样的智力活动之中，因此还需要指出的是：尽管科学经常被人们以宗教的态度加以接受和崇拜，但宗教与科学的界限仍然不能混淆，而区别两者的关键就在于，科学具有自我反省与批判的精神，也具有理解多元思想的包容性，并且它承认自己的局限性，它并不像人们所期待的那样，能够解决人类社会的所有问题和困难，也并不能取代艺术、伦理和宗教在人类生活所占据的重要地位。最后，科学也需要承认自己的结论并不是绝对正确的，而是可错的、可修正的。科学精神之所以伟大而崇高，恰恰就在于它既具有实事求是的态度，也具有自我反省和多元包容的精神。

四、作为权力话语的科学

如前所述，科学成为现代世界的重要观念和话语主要是 16 世纪以来的"科学革命"使人们的社会生活产生了翻天覆地的变化所导致的。在人类历史最近的三百多年时间里，"科学"逐渐摆脱了宗教的禁锢和迫害，取得了前所未有的成功，并且逐渐演化成为一种合法化的标签，用以鉴别和判断知识的合法性质。得到"科学"的认证就意味着某人的陈述及其方法都是具有合法性质的，可以在社会人群中大行其道；相反，如果他的陈述被贴上了"不科学"的标签，那么这就意味着一种否定性评价，也即它们缺乏存在的合法性，不应该在人群中加以传播。显然，作为合法性标签来使用的"科学"本身已经与当初在宗教和世俗之见的禁锢压迫之下艰难推进的科学研究不是一回事了。自然科学事业的空前成功使得它在毁灭了人们对上帝和诸神的信仰之后，登上了接受万民崇拜的偶像位置。在新一轮的宗教性崇拜中，科学成为一种意识形态意义上的权力话语，尽管人们并不清楚"科学"究竟是什么，甚至从没提出过这样的问题，但这并不妨碍整个社会对它的顶礼膜拜，正如古代世界的人们曾经毫无怀疑地崇拜诸神和上帝一样。

如今的世界所面临的状况，正是美国科学哲学家费耶阿本德所指出的那种科学的非理性肆意泛滥的情况。狂热的科学崇拜使得科学从一种知识探究活动演变为带有盲目性和非理性色彩的新宗教。费耶阿本德将第二次世界大战之后人们将科学意识形态化之后加以滥用的行为称为"科学沙文主义"，这不过是一种被认识到却无法加以克服的时代病。"科学沙文主义"在学术界和高等院校的显著表现，就是急不可待地将各个研究领域都冠以科学之名。英国科学史学者查尔默斯指出："许多研究领域现在被它们的支持者描述为科学，他们大概要尽力暗示，他们所使用的方法像传统科学如物理学和生物学一样是有牢固基础的，并且有可能取得丰硕的成果。现在，政治科学和社会科学已经成了常见的用语。……图书馆科学、管理科学、演讲科学、森林科学、乳品科学、肉类和家禽科学以及丧葬科学，都出现在大学的教学提纲中了。"① 这样的清单在中国也是如出一辙的，但凡某人在灵机一动的情况下捕捉到了纷繁芜杂的世界中某个特定的值得引起关注的对象，不管有没有先期进行深入考察，分析论证，便匆忙地将它以"……学"来加以命名，于是我们就有了"彩票学""风水学""报纸编辑学""新闻评论学""媒介管理学"及"传播学""新闻学"或者"媒介学""文化产业学"等新名词。尽管人们并不一定明确这里的"学"指的就是科学，但以科学之名为自己正名和加冕的意图还是极其明显的。事实上，正如前面所谈到的，我们在谈论学术和知识的时候，往往以科学话语作为开端，这一事实本身就标示了我们这个时代的症候。与此相对照的是，这样的问题完全不会出现于古代中国或者希腊人的思考范围，因为他们并不生活在科学昌明的时代，因此完全没有如今普遍存在的那种急需科学正名或者加冕的合法性焦虑。

第三节　仪器与科学的革命

传统的科学史观认为科学发展是连续的，但美国科学哲学家库恩认为科学进步

---

① ［英］A. F. 查尔默斯：《科学究竟是什么》（第三版），鲁旭东译，10 页，北京，商务印书馆，2007。

是科学范式转换的结果，并不是累进式的。库恩忽视了仪器作为技术媒介物在科学范式转换中所起的作用，而伊德等人注意到了这一点。仪器在改变人的知觉、呈现不可知事物、扩大科学研究范围、转变科学思维和方法、促进新科学理论的接受等方面有着不可忽视的作用。常规科学的解谜活动借助仪器得以更有效地进行，而仪器的使用酝酿了科学范式的转换。

一、作为技术媒介物的仪器

从 20 世纪下半叶开始，有关科学哲学的研究就已经对作为现代性后果的传统科学哲学进行了批判。作为笛卡尔无条件"我思"和康德纯粹理性运作之结果的启蒙理性，不断遭到怀疑和批评，建立在启蒙理性基础之上的传统科学观念也同样经受了冲击。

由于技术与媒介之间存在着难以厘清的同构关系，因而在现代媒介与仪器之间也不存在泾渭分明的界限或差别。从本质上看，"媒介"作为标示技术人工物的术语，它所强调的是其"物质"及"功能"两个方面的性质，尤其是后者，正是它才将这一术语与其他标示技术人工物的术语区别开来。毫无疑问，媒介是技术的产物，在这一点上，它与仪器没有什么不同。不过仪器主要用于科学研究领域，通常指称的是科学研究中所使用的特殊工具，而媒介一词通常见于文化和信息传播领域，以突出其由此达彼的中介功能。

媒介与仪器都属于技术人工制造物，这为我们认识两者的关系提供了本体论意义上的基础。也就是说，如果从技术人工物的视角上看，社会化媒体与仪器并不是大众传播意义上的社会媒介，但通常是这些社会化媒介的先导，社会媒介的研发与孵化通常由科学技术领域的仪器社会化、产业化后产生。比如，电影院中的电影放映源于光学仪器的反射光学原理，电视媒体源于透镜仪器。1884 年，尼普考夫（Paul Nipkow）为一个机电的电视装置所申请到的专利，不外就是包括有一台望远镜，以及将图像画面或物体分解成有待逐个传输的像点。因此仪器可以被视为一种原媒介或者源媒介，这是科学仪器与社会媒介之间的基本关系。

由于当代技术媒介的多功能化和复杂化，无论是社会生活领域的媒介还是科学领域的仪器，都呈现出系统化的特征，也就是说它们不是单个的技术物，而是由多种技术物所构成的技术体系。伴随着这一趋势，社会媒介与科学仪器之间的区分越来越模糊，很多科学领域的仪器现在也广泛地运用于社会媒介之中，如计算器、计算机、远程通信仪器、精密仪器等，这些仪器的社会化应用不再像从前那样需要较长的社会转化时间，而是出现不久后便会应用于社会媒介领域。因此，我们甚至只能依据技术人工物被运用的领域，将它们称为仪器和社会化媒介，但事实上它们并非完全不同的事物。

仪器作为一种技术人工物，它既是物化了的科学理论，同时也是科学革新的动力。

二、科学范式及其革命动力问题

20 世纪 60 年代在西方文化史上具有特殊的意义，法国 1968 年的革命作为一个标志性事件，集中反映了知识界对于启蒙运动以来的现代性进程及其后果所进行的反思与批判，这种反思和批判集中体现在对主体、理性、科学、历史等问题上与现代学术的对抗和反叛上。胡塞尔在意识哲学的传统中提出了对于科学客观主义的质疑，并最终从笛卡尔"我思"哲学（脱离世界的绝对意识）走向了生活世界，将绝对主体及科学客观性的解释引向对其社会历史文化的先验性条件的反思。

此一道路在德国哲学家海德格尔那里体现为，将意识现象学转变成对"存在"，进而到"本有"的追问。从《存在与时间》[①] 到《哲学献文》及后期著作，所展现出的不仅是对启蒙时代以来主体和意识的绝对优先性的解构，而且也是在"境域""境缘"视野中对存在问题的追问。

对"我思"哲学及其基础上产生的理性与科学的自主性传统的更重要的冲击来自于索绪尔学说所酝酿出的语言学转向。由于语言是一种社会历史和文化的现象，也是与意识不同的物质现象，因此，随着运动的展开，那种设想理性和自我意识具有绝对权威、无限自由的意识哲学与科学观念逐渐失去了昔日的辉煌。意识与科学的历史结构、连续性与断裂性、物质性和条件性逐渐成为思想界探索的主要议题。

在关于知识及其历史的断裂性方面，20 世纪 60 年代先后出现了两个标志性的成

---

① ［德］马丁·海德格尔：《存在与时间》（中文修订第二版），陈嘉映、王庆节译，北京，商务印书馆，2016。

果，一是 1962 年库恩出版的《科学革命的结构》，二是福柯在 1966 年出版的《词与物》。① 这两本书的核心观念"范式"和"知识型"存在着未经协商的相似性，它们都强调并且没有证据表明福柯和库恩之间存在相互联系和影响。他们所提出的观念是在北美和欧洲大陆分别产生的，这一现象在某种程度上体现了时代历史的结构性。

"范式"与"知识型"分别在自然科学和人文科学领域对科学和知识的历史连续性提出了挑战，而这一挑战的背后则是对启蒙时代以来理性、历史、主体自洽性和自主性观念的反叛。两者都强调不同历史时期的科学知识具有"不相容性""不可通约性"，都会随着时代的变迁而改变。不过福柯的知识型概念在知识断裂性方面体现的态度更为坚决和彻底，而库恩则更倾向于同时考虑科学知识的连续性和断裂性两方面的辩证关系。由于科学的非连续性和非理性因素在过去的科学观念中极少被提及，因此，"科学革命"与常规科学"范式"转换更多地引起了人们的注意，库恩的"范式"理论标志着科学哲学史上社会历史学派的兴起。

福柯在其著作中对于理性主体的消解非常明显，库恩则在这方面的体现较弱一些。不过，我们需要强调的是，无论是库恩还是福柯似乎都还没有来得及对他们所提出的"范式"转换和"知识型"转换的动力因素详加分析，尤其是对于这种转换过程中技术媒介所起到的至关重要的作用没有加以论述。动力因素的缺失引起了学者们的关注，在对动力因素提供的解释中，德国思想家弗雷德里克·基特勒和美国技术现象学家唐·伊德、澳大利亚科学哲学史专家约翰·A. 舒斯特等人都做了不少探索性工作。基特勒 1980 年出版的《1800/1900 话语网络》中对福柯知识型的断裂进行了媒介动力的归因，也就是说是新媒介技术的引入导致了知识型的转换。伊德和舒斯特则致力于发展出基于现象学的技术中介动力论，也即将科学仪器视为导致科学革命和科学范式转换的重要动力因素。这一研究的目的是明显的，科学并不仅仅是绝对"我思"和理性的产物，技术人工制造物的参与甚至主导了科学知识的生产和变革。这种观点对传统的科学史观形成了强大的冲击。传统的科学史观倾向于认为，科学是连续的、积累的、内部自主进化的发展过程。

---

① ［美］托马斯·库恩：《科学革命的结构》，金吾伦、胡新和译，北京，北京大学出版社，2003；［法］米歇尔·福柯：《词与物——人文科学的考古学》，莫伟民译，上海，上海三联书店，2016。

　　库恩提出了科学知识增长的一种新模式。他认为科学进步是范式转换的结果，科学史是断裂的，不是累进式的。伊德将库恩作为分界点，把科学哲学分为旧科学哲学和新科学哲学。伊德认为，旧科学哲学遵循柏拉图主义和机械主义传统，是没有给予技术太多关注的科学，而"新科学哲学不仅开创了对科学及其发展的不同视角，而且以这种视角探寻了对哲学的技术关注"①，使科学聚焦于技术、实践和知觉。但是，即便是这样，他说："整个新科学哲学保留了一种退化的柏拉图主义，因为它对科学的物质具身、对科学的技术维度仍然是麻木的，它所忽视的一个明显和关键的领域显然是仪器。"② 在此，伊德提示了新科学哲学对仪器的忽视。诚如伊德所说，"在新科学哲学中，不是仪器被完全忽视，而是仪器明显只是充当背景的角色"③。在库恩那里，仪器似乎被假定为观察的条件，并没有被作为科学范式转换的影响因素而受到重视，但是伊德认为，"新仪器在范式转变中起到了前奏的关键作用，库恩却很少意识到"④。

　　忽视技术及其人工制造物在科学发展中的作用的传统由来已久，不过也并不是完全没有进入科学哲学家的视线。例如德国著名哲学家胡塞尔在 20 世纪 30 年代的《几何学起源》⑤ 一文中，对于几何学如何从原初实践知识中抽离，经过文字媒介的记载形式而实现知识积累和革新，并进一步发展成为一种脱离了生活世界的抽象科学的过程进行了展示。这一研究已经涉及了科学范式转换的媒介性和物质性。这里虽然没有谈及仪器，但文字与仪器同样是具有物质性的技术人工物，由此似乎给人一种即将发展出某种技术中介理论，用以解释科学革命的范式转型的可能。但事实上，如果联系同一时期的《欧洲科学的危机与超越论的现象学》来看，这种可能性的发生概率并不大。在《欧洲科学的危机与超越论的现象学》中，胡塞尔的兴趣主要集中在伽利略将数学作为科学研究的普遍工具所产生的效应上，而对于伽利略的望远镜制作工作，以及望远镜运用于天文观测所产生的影响却未加关注，然而，正

---

① Don Ihde, *Instrumental Realism: The Interface Between Philosophy of Science and Philosophy of Technology*, Bloomington, Indiana University Press, 1991, p. 8.

② Ibid., p. 45.

③ Ibid.

④ Ibid., p. 46.

⑤ ［德］胡塞尔：《欧洲科学的危机与超越论的现象学》，王炳文译，427 页，北京，商务印书馆，2001。

是望远镜的使用才最终导致了一种基于科学仪器而发生的天文学革命。因此，伊德认为胡塞尔提供给我们的伽利略形象并不完整，那个没有脱离生活世界，自己动手制作望远镜的伽利略并没有被展示出来。

三、仪器对科学范式转换的影响

从肉眼视觉到以仪器为媒介的视觉是一个漫长的历史发展过程。仪器这一技术中介物的介入，使得人类的知觉获得了前所未有的延伸。仪器以居间调节的方式改变了人类的知觉和客体的呈现方式，从宏观和微观上使得不可见的事物显现出来，拓展了科学研究的范围，导致科学思维与方法的改变，最终对科学范式的转换产生不可忽视的重要影响。

（一）仪器改变了人类的知觉结构和现象的给予方式

在以仪器为中介的视觉中，我们发现存在很多不同于肉眼视觉的变化，比如由仪器本身带来的色散效应以及物体呈现的一些特殊方式。

伊德通过将亚当和伽利略进行对比来强调仪器的作用。生活在前技术时代的亚当用肉眼观察世界，而拥有望远镜的伽利略可以通过仪器来感知世界。借助仪器，我们可以发现哪颗星星离我们更近，而前技术时代的人们只能发现哪颗星星更亮。在这一演变历史中，伽利略的望远镜功不可没，它发现了：1. 月亮上的环形山和陨石坑；2. 金星的相位；3. 木星的卫星，这一观测开始使伽利略陷入与宗教裁判所的纠纷；4. 太阳黑子。[①]

在早期望远镜的使用中，我们还能通过观察星星圆盘和月亮的表面尺寸的变化速度，来发现距离远近的线索。这些都是当时借助望远镜才能观察到的现象。可以说，望远镜的发明和使用为科学的视觉建立了一种新的以仪器为中介的范式。在这个范式中，望远镜位于伽利略和天体客体的"居间调节"的位置上，产生一种深刻的变化，使月球上的山脉陨石坑得到一种相似性的放大，并成为可视的。仪器的介入为科学范式注入了新的元素。

技术中介改变了我们知觉的形式、我们经验世界的方式，还有我们的科学实践。

---

① ［美］唐·伊德：《让事物"说话"——后现象学与技术科学》，韩连庆译，71 页，北京，北京大学出版社，2008。

我们可以感受到肉眼观看和以仪器为中介观看的细微差别。从形式上来说，仪器处于我和我观看的东西之间的位置，"我—世界"的关系就变成了"我—技术（仪器）—世界"，由此，仪器产生了一种新的、居间调节的人类视觉形式。在伽利略对望远镜的使用过程中，他是这样通过望远镜将他的"看"具身化的：伽利略—望远镜—月亮。仪器必须能被"技术地"看透；它必须是透明的。如果仪器的透明度不高，那么看透就是不可能的。不管近似"纯粹"透明是如何在经验上实现的，只要透明度足够高，那么技术具身就得以可能，这是具身的一个物质条件。

从存在论上来说，我们经验世界的方式也被改变了。借助仪器所实现的视觉转化不管多么细微，我们的身体空间感觉都被改变了，在物理上的空间距离没有改变的情况下，远处的事物好像被拉近了。而且当我们的实践中出现工具倾向时，我们就已经脱离过去直接知觉的生活世界而进入到科学世界中。人类对科学的探索也将依赖于功能越来越强大的仪器，而越来越强大的仪器也将不断延伸人类知觉的界限，推动科学革新。

（二）仪器使不可见者显现

仪器使得肉眼不可见的事物在微观或宏观维度上被展现，扩展了人类的知觉能力，也使科学研究得以深入到不可知的领域。毋庸置疑，当代科学是被仪器所拓展的科学。怀特海在《科学与近代世界》一书中提到，"在现代科学中，我们的想象力水平之所以会更高，并不是因为我们具有更精微的思维能力，而是因为我们有了更好的仪器，在过去 40 年中，科学界发生的最重要事件就是仪器设计的进步"[①]。

在实验中，观察是数据的主要来源，而且"虽然有'肉眼看见'的观念，但是科学家们的观察很少局限于此，通常用仪器来观察对象或事件。在 20 世纪的科学中，'看到'的东西很少能够只凭人类感官就观察到"[②]。观察是一项技能，而使用仪器可以更好地观察。

很多实验用于检验理论，在这个过程中，可以使检验更有力的仪器得以发展。哈金举了卡罗琳的例子，"卡罗琳·赫歇尔（威廉·赫歇尔的妹妹）发现的彗星比历史上的任何人都多。她一年就发现了 8 颗。……每当没有云彩的夜晚，她都坚守在

---

① ［英］A. N. 怀特海：《科学与近代世界》，何钦译，111 页，北京，商务印书馆，2012。
② ［加］伊恩·哈金：《表征与干预》，王巍、孟强译，136 页，北京，科学出版社，2011。

观测站……她使用的装置使得自己能够在每天晚上一点一点地浏览整个太空，从不忽略任何角落。这一装置直到1980年，才由米歇尔·霍斯金重新构建。当她'用肉眼'发现了奇怪的东西，她会用好的望远镜更仔细地观察"①。可以说，仪器提供了科学观察的可能性，是获取科学知识的前提。正如伊德所说，"实际上，是莱顿瓶（Leyden jar）的发展打开了通向发现电学现象的大门"②。

伊德进一步认为，仪器可以从微观和宏观两个层面揭示未知的世界，"仪器的无限扩展，使对世界的微观和宏观特征的探究成为可能"③。放大镜体现的是一种最简单的放大——缩小结构，人们可以透过放大镜看到物体被放大后的特征。光学显微镜是相较放大镜更为复杂的仪器，它可以将人类肉眼观察不到的物体的微观特征可视化。这是对仪器的放大可能性的推进。在这个连续统一中，电子显微镜具有比光学显微镜更高的分辨率，其根据电子光学原理，使物体的微观结构成像。这里，人们感知的不直接是物体，而是电子显微镜呈现的图像。

我们发现，人类意向性逐渐被仪器的"意向性"能力改变，仪器可以揭示未知的事物、不可见的事物。普通照相术保留了被拍摄物体与表象之间的同构，但红外线照相术和光谱照相术使得物体的内在特征进入人类的视野。仪器的"意向性"能力使人类对世界的认识不再局限于肉眼可观察的范围内，使人类走进未知的领域，并使新的科学知识的产生得以成为可能。

（三）仪器导致科学思维与方法的改变

库恩眼中的常规科学的本质是解谜，而在解谜过程中，实验的作用是功不可没的。如前文所述，在实验过程中，仪器可以使检验更有力。在强调实验的作用时，伊恩·哈金认为，"科学哲学家们总是讨论理论与实在的表象，但是避而不谈实验、技术或运用知识来改造世界"④。哈金还将波意耳与胡克做了比较。波意耳是理论家，而胡克是实验家。胡克"第一个制造了全新的反射望远镜，发现了一些重要的新恒

---

① ［加］伊恩·哈金：《表征与干预》，王巍、孟强译，145页，北京，科学出版社，2011。

② Don Ihde, *Instrumental Realism：The Interface Between Philosophy of Science and Philosophy of Technology*, Bloomington, Indiana University Press，1991，p. 46.

③ Don Ihde, *Technics and Praxis：A Philosophy of Technology*，Dordrecht，D. Reidel Publishing Company，1979，p. 35.

④ ［加］伊恩·哈金：《表征与干预》，王巍、孟强译，121页，北京，科学出版社，2011。

星。他了解木星是围绕木星轴旋转的，这是一个全新的思想"①。但是波意耳比胡克更为人熟知，原因之一也许是科学中偏爱理论家的成见。

库恩在《科学革命的结构》中曾轻描淡写地提到，科学活动早期搜集的事实局限于信手可得的资料，其中包含某些神秘莫测的资料，这些资料是"从像医学、历法制定和冶金术这些已经确定的技艺中得来的。因为这些技艺易于提供不能按因果关系发现的事实，所以，技术经常在新科学的突现中起着重要的作用"②。有些在某个时刻无法观察的客体，随着仪器的发明，就成为可观察的了，反常的出现也就成为自然而然的事情了。

而且，随着仪器的进步，科学还逐渐形成了对视觉呈现的偏爱，科学实验结果的可视化使得新理论在一个可检验的语境中更易被接受。伊德认为，技术建构的视觉是"第二视觉"，是独特的、仪器建构的科学视觉。第二视觉作为对第一视觉的补充，推动了后现代科学的发展。到 20 世纪，影像成为第二视觉的影像，它采用从红外线光谱到紫外线光谱这一范围的影像，超越了普通视觉知觉，并借助仪器将之转译为可视图像。当代复杂的影像技术的发展推进了科学对视觉的偏爱，扩展了现象的范围，并将这些现象表达为视觉形式，构成了一种视觉形式的解释学。哈金也认为，"肉眼无法看得很遥远或很深入，有些人需要眼镜才能看得到东西。扩展感官的一种途径是使用更具创意的望远镜和显微镜"③。

在用仪器可视化前，人们对新理论的接受可能基于较主观的逻辑判断。英国科学史家梅森曾说，哥白尼用以支持他的学说的论据，主要属于数学性质。至于开始的时候人们之所以愿意接受哥白尼体系，那是因为它比托勒密的体系更具逻辑简单性。④ 也就是说，哥白尼学说被接受并不是因为其得到更多事实的确证。但是在科学仪器介入后，新理论的被接受就开始依赖于事实的确证。那么，人们如何确认仪器所呈现出的影像是真的而不是人为产物呢？尤其是处于解释学关系中的仪器。哈金认为，如果不同的物理技术能够看到同样的事物，这个事物就不是仪器的人为产物。

① [加]伊恩·哈金：《表征与干预》，王巍、孟强译，122 页，北京，科学出版社，2011。

② [美]托马斯·库恩：《科学革命的结构》，金吾伦、胡新和译，14 页，北京，北京大学出版社，2003。

③ [加]伊恩·哈金：《表征与干预》，王巍、孟强译，146 页，北京，科学出版社，2011。

④ [英]斯蒂芬·F. 梅森：《自然科学史》，上海外国自然科学哲学著作编译组译，118~121 页，上海，上海人民出版社，1977。

"我们之所以确信，是因为使用截然不同的物理原理制造出来的仪器，观察到相同样本具有非常相同的结构。"① 可见，仪器建构了科学群体的认同体系，得到仪器检验的科学结果将更有说服力，仪器的介入使得科学思维与方法都发生了质的改变。

（四）仪器使用过程中的诠释导致科学范式的转换

仪器使用过程中的诠释，对新科学理论的提出和接受也起到了推动作用。在当代的复杂的仪器使用中，人们事实上可以得到的仅仅是观测数据，而不是透过仪器看到事物，如果要看到仪器观测的事物，就必须对观测数据进行解释，并将其图像化。新的领域和现象的展示意味着科学家必须用新的理论应对新的现象，用新的思维和方法诠释新的科学现象，这无疑会引发科学革命和范式转换。

与过去的科学哲学相矛盾的是，当代科学哲学家都倾向于承认科学研究中那种无条件的客观性观察及对观察结果的客观说明是值得怀疑的。首先因为在科学活动的过程中，诠释学的因素几乎无所不在。在仪器的使用问题上看，仪器的发明是科学理论的物化结果，并且仪器的使用和观察标准也需要科学家约定，在仪器使用前需要对仪器进行校准。其次，仪器所收集的观测结果则需要科学家进行选择，这种选择有时候会因为科学家的主观因素而显示出差异性。最后，对于选择的观察证据，科学家会加以解释，解释的过程也是理论建构的过程，经过这样的建构，科学发现才成为人们所理解的科学模式。因此，仪器对于科学理论的革新作用比较明显地体现在科学理论需要根据仪器观测结果来进行重新建构。无论是传统光学望远镜还是当代电子显微镜，仪器中事物给予的方式及人们的知觉结构都会发生变化。对于观测的结果，只有通过诠释才能变成能够被理解的科学理论。而且这种由物（仪器）的中介因素引起的诠释需求是随着仪器的复杂性升级而逐渐增强的。

如当代电子显微镜具有比光学显微镜更高的分辨率，但在这里，人们所知觉的不是物体本身，也不是物体的透视形象，而是电子显微镜呈现的技术图像。与早期仪器相比，人类与科学仪器的关系从具身关系发展到了诠释学关系。范·弗拉森也说，"从放大镜到低倍显微镜，就是从我们用肉眼能够观察的东西过渡到不用仪器就无法观察的东西"②。

① ［加］伊恩·哈金：《表征与干预》，王巍、孟强译，167 页，北京，科学出版社，2011。
② 同上书，152 页。

还有，从空间探测器发出的照片要经过双重的转译过程。金星表面的影像是对表面领域的展示，聚焦了各种各样可能的图像和对比，这些在视觉格式塔中可以被即时看到，但是这种结果不能用当前的技术以这种方式发送出去。因此，它被"转译"成能传送的数字编码。"仪器看到的东西"被转变为一系列数字，通过无线信号传送给接收者；这些信号被重新组合为一些模型的，并被放大至再现几百万英里以外的照片。实际上，没有人能通过阅读这些数字来感知其中的含义，只有在线性的数字文本被重新转译为一种即时的视觉图像后，人们才会看清楚火星上的山脉是否和月球上的相似。红外线照相术能探测到物体表面辐射的红外线，从而使人类观察到肉眼不可见的事物，并以另一种形式展现出来。

没有仪器的话，地心说和日心说的争论也许永远没有结果。正是由于仪器对未知世界的可视化呈现，仪器对人类知觉和能力的扩展，使得科学探究不断发现未知的领域。新的未知世界的呈现对于科学理论的革新提出了律令，也就是说对于新的仪器观测结果，科学理论必须进行不同于之前的仪器条件下所进行的解释，这种重新诠释的过程事实上也就是科学断裂性的动因，仪器观测的结果往往成为导致科学革命和范式转换的基础。常规科学的解谜活动借助仪器更有效地进行，而反常的出现也将通过仪器来得到压制或者发展。当反常得到足够发展时，最终科学革命发生，科学范式得到转换。仪器在科学的每一步发展中都起到了不可忽视的作用，哪怕是在常规科学中，仪器的使用也酝酿了下一次科学范式的转换。

8 | 第八章
新媒介与视觉沉浸

沉浸是一种感知力，源自智慧生命对此时此刻自身存在状态的领悟。视觉感官是人类实现这一领悟的重要来源。体外化信息媒介的不断发展，极大地拓展了人们观察外在世界的可能。但人作为意志主体，其与视觉媒介之间常常存在某种客体的距离感，这导致沉浸体验的不完整。为了改善这种体验上的残缺，媒介科技正不断做出努力。新媒体发展的一个关键变革在于从主体对客体的凝视，演化为主体聚身于虚拟环境中的主观体验。这个变革的外在表征就是新媒体的"沉浸性"。本章从这一属性切入，展开对视觉媒介进化史的讨论，由历史积淀中看到传播对沉浸的渴求，进而将目光引向新媒体发展前沿的两个关键点：虚拟现实与增强现实，从中凝练其媒介特征、介绍其媒介应用实践，从文化角度提出值得深入思考的问题。

第一节　媒介历程与视觉层次

在新媒体与视觉文本融会贯通的过程里，视觉内容本身未见得有太多变化；但生成、传递、呈现这些视觉信息的媒介在"革新"中仍然扮演重要角色。"工具"的变化绝不仅仅属于"技术层面"，新媒体为视觉传播带来的虚拟、沉浸、交互及广博的共时性空间，极大地改变了信源和受众之间的矢量关系，主体与客体间——看与被看的平衡稍纵即逝，被动的主体愈发为新媒体的零距离互动所裹挟，它者化面临消解。所有这一切最终会透过视觉文艺的传播效果，折射、映现出整个社会文化的改变。

时移世易，新媒体不是绝对概念，媒体的"新"具有相对性。相较于远古洞穴中的岩画，简牍的轻盈便携在两千年前就具有新颖的媒介特性；其后，东汉的造纸术、宋代的活字印刷术、15世纪古登堡的印刷机、1912年胶印设备面世，再到21世纪初电子墨水屏的成熟，代代传承，技术的每一次变革无不映刻出媒介的"革新"。20世纪以来，媒介发展的速度明显加快，从原理到应用的间隔普遍缩短；技术间互补性的增强使得新旧媒介的关系，由简单的"取代"演化为多元叠加、复杂共生。因此，技术迭代所带来的不只是媒介革新，更多的是媒介嬗变。新媒体在当代并不一定意味着"去旧更新"的断裂；透过多种技术的融合与延展，人们可以站得更高，回望视觉文艺发展的脉络，分析媒介在其中的作用，意识到前序的不足，反过来更清晰地理解新媒体在今天的视觉文艺使命。

一、媒介的演进与人本精神的回归

就历时性而言，美国学者哈特①将媒介的演进分为三个系统：

一是示现的媒介系统。这是最为基础的交流方式，即面对面传递信息的媒介，主要指人类的口语，也包括表情、动作、眼神等视像化表达，这是由人体的感官或器官本身来执行的媒介功能。

二是再现的媒介系统。包括绘画、文字、印刷和摄影等，这类系统对信息的生产和传递需要使用工具或机器，但对信息接受者来说则不需要。

三是机器媒介系统。包括电报、电话、唱片、电影、广播、电视、互联网等。这些媒介的传播一方需要使用机器，接收一方也必须使用机器。

这三个系统之间并没有绝对的继承性，也没有出现明显的"取代"。在今天，每一个系统都不曾消亡，形成了复杂共生的局面。但是，技术仍然在历时性上显现出一条清晰的脉络：即由身体器官，到体外化传播介质，再到机器和电子媒介，可见人类对信息的渴求与对媒介的依赖正一步步加深、递进。

从共时性看，人类信息的传递由人内传播、人际传播、群体传播、组织传播、大众传播等范畴构成。特别是体外化传播机制的不断演进，使得人与人之间的信息聚拢日渐增强，随之带来社会公共领域中"知识场域"的凝聚，公众意识和国家意志逐渐树立。现代性社会成熟的标志之一，是以大规模工业化复制而快速形成信息的全域播散。面对势如破竹的大众传播全覆盖，法兰克福学派曾一度抱持悲观态度，认为个体声音在大众媒介面前全无还手之力。② 主流话语一旦形成，技术的天平又向着个性化信息表达的方向倾斜。

互联网一方面助长着信息泛滥，另一方面又为原本淹没在主流话语中的亚文化与自由精神赋权，开辟了崭新的传播时代。继而，以社交网络、微博与微信为代表的新一代传播媒介又由大众传播回到群体传播的范畴之中，社交群落提升了信息沟通的兴趣和反馈，增强了信息传播的有效性。而自媒体和可穿戴设备的崛起进一步预示着：人类信息的传递正在由大众传播向群体传播、人际传播、人内传播"回潮"。这种回流

---

① 郭庆光：《传播学教程》（第二版），28 页，北京，中国人民大学出版社，2011。

② ［德］马克斯·霍克海默、西奥多·阿道尔诺：《启蒙辩证法：哲学断片》，渠敬东等译，上海，上海世纪出版集团，2015。

并非步步退化，它体现着新技术在社会文化演进中所代表的人本精神的回归。这里需要明确，可穿戴设备的兴起，并不是退化到示现媒介系统中——依靠身体器官而进行的原始信息传递，而是延伸着人的感知。新媒体向人际和人内传播的回潮，不是远离了技术，而是以技术将人包裹得更为严密，甚至已经成为器官或身体的外延。

二、从视觉结果到过程体验

某种意义上讲，麦克卢汉所谓"媒介是人的延伸"[①] 预示着这样一种可能，即媒介作为"桥梁"的中介状态正在消逝，它与人的客观距离正在泯灭。试想：由烽火传信，到电影院中的银幕；进而由客厅里的电视机，到卧室床上举着手机目不转睛的你，再到虚拟现实（简称 VR）眼镜与视网膜间几乎可以忽略的边际……"技术已经消失"，因为"我们身在其中"。[②] 当主体与媒介融为一体时，视觉文艺就步入了新的阶段，它不再如绘画、摄影那样追寻再现的宗旨；亦不沉迷于电影、电视的屏幕表达。再现媒介和机器媒介所提供的再现或表现——总是将信息幻化成某种空间的印记、成为客体，继而生成传播与消费的"结果"。然而客体距离的消逝——主体与客体间的占有或从属关系变得模糊起来，使得人们对结果的消费愈发困难，取而代之的是沉浸式体验，即"身在其中"。现在可以意识到，这里的新媒体有别于大规模工业复制的空间印记，即结果；而趋向于时间与空间相交叠的感知，即过程。聚身性的融合，特别类似于回到体外化传播的前序阶段，即依靠身体器官（口头表达、情态、动作等）所进行的示现性交流。其实质并非再现性"结果"，而是即时性"语境"。只不过，新媒体已超越了原始的、以语言为中心的示现语境，越来越呈现为以视像为核心的多元感知语境。

视觉在新媒体传播中仍然占有绝对的分量，就其趋向而言，它正逐渐摆脱空间印象的单一结果，而愈加以时空交叠的情境化方式提供聚身化体验。这个过程受到接受习惯与硬件发展的制约，尚需要漫长的演化。但原有的视觉文艺欣赏方法已受到挑战。那种从架上艺术发端、由银幕与荧屏所继承和发扬的、稳定的文艺表达逻辑正在被削弱和消解。确切地说，原有的那种透过影像本体构建"起承转合"的故

①　［加］马歇尔・麦克卢汉：《理解媒介：论人的延伸》，何道宽译，北京，商务印书馆，2011。

②　S. Penny, *Critical Issues in Electronic Media*，NY，State University of New York Press，1995，p. 237.

事逻辑，继而在银幕背后负载作者意志层面上的理论映射，最终得以勾勒社会文化的宏大叙事法则，正面临松动。

具体而言，在影像本体上，电影中借以形成作者创作风格的各种拍摄手法，用光、色彩、构图、角度、镜头运动、场面调度、剪辑节奏与配乐等，原本体现出作者对视觉美感与观念诉诸的驾驭。其创作不论在时间或空间上，均与观众保持着绝对的距离，构成了作品的单向度传递。而从 VCD 到 DVD 再到网络新媒体的出现，极大地丰富了受众参与影像传播的机会。他们通过豆瓣一类的论坛发帖互动、对影片进行评分和评价；用自己的电脑对电影重新剪辑与再创作，形成"恶搞"风潮；在观看的过程中通过"弹幕"进行在线交流，构成平行于影像空间的另一个互动语境。我们看到，在最近的 20 年里，视觉文化在影院之外的放映端飞速拓展，以创作为核心的影像本体正过渡到与受众参与紧密联系的互动过程之中，寻求新的突破。另一方面，在创作端，虚拟现实一类的情境式感官体验给原有的银幕和荧屏以巨大的冲击，由作者来决定构图、选取角度、操控镜头运动的传统影像本体在虚拟现实中失效了。观影主体获得极大的自由度与选择权，但同时又面临"引导缺失"所带来的方向迷茫。

在故事逻辑上，依据时间轴线性前行的开端、发展、高潮、结局，构成了影像表达中稳定的时间流和事件流。数字化的新媒体在创作端所带来的非线性剪辑，以及观看端所掌握的快进模式，在影像生产与播映上开启了非线性的可能及观影意识。媒介文化的快速延展，使观众不再拘泥于固定套路的故事结局，为影像寻求多元交互的情节走向甚至是可选择的角色与结局，已成为视觉艺术探索中的一个重要趋向。故事层面的多元开放性，体现出文化的个性舒展，以及后工业文明对长久以来时间所铸就的元叙事及其话语霸权的空间反驳，但这仍然有赖于媒介革新提供实践上的可能。

在作者意志表达上，电影银幕作为公众意识的信息凝聚、电视机作为家庭群落的核心聚拢作用，正在被移动媒体日新月异的"多屏时代"所分散、摊薄。手机使受众接触信息的生活场景趋于零散化。原本凝聚起"乌合之众"的大众知识场域再次面临分割、破碎，大众信息传递的有效范围正在向由兴趣、专业化、血缘及地缘统合起来的无数个社交群落收缩。随之而来的是，受众个体对公共信息接受差异的扩大，即个体间可能在不同时间、由不同的信源、从不同深度和角度、以不同的框架来接受信息；自媒体的泛滥可能加剧差异的衍生。其结果，在视觉文艺中，物象所提供给受众的能指及其背后作者所暗含的所指意象间，原本稳定而固化的联系因这差异而产生松动的情况愈加频繁。新媒体促进了视像化信息的爆炸性增长，加剧着文艺中视觉能指的漂浮；"互联网＋"所引发的共享经济蓬勃发展（例如共享单车或影视资源的共享）打破了空间及其表征间原有的占有关系和意义锚定，视觉的所指意象出现前所未有的滑动。

在社会文化的映现上，视像及其意义间的指涉愈加模糊，导致性别属性的拓展和心理外延的泛化。女性男性化、男性女性化倾向上升为一种文化现象，消解着原有的阴阳间对立统一的二元格局。类似的情形延展到意识形态上，就表现为主流意志的灌输和单向度的宣传逐渐式微，这与亚文化的多元拆解不无关系。法兰克福学派二期将其推演为：从主体为中心到交往理性的现代性进路。[①] 视觉媒介的主体由印刷、胶片及模拟信号的单向度生产迅速拓展到具有交流能力的互联网之上，数字符号的泛滥在进一步开掘虚拟空间的同时构成视觉表象的堆砌，意义的"无深度"指向消费的浅薄与平面化。我们看到文化的映射从英雄叙事走向平民叙事的每日生活，从时间累积的现代理性转向空间反驳的后现代荒诞。

空间所具有的多元性、广义性和非线性使视觉文化具备对抗理性深度的天然姿态，然而这并不意味着视觉的发展方向就是浅薄的消费，媒介的递进正努力对抗消费所带来的虚无。《阿凡达》以来的 3D 电影（甚至带有动感座椅的 4D 影院）正为平面的银幕拓展新的感知深度。电影大片里，纯数字特效所带来的临场震撼可以使能指和所指实现最大相似，过眼云烟虽然精彩并非耐人寻味；与胶片凝重的历史感相比，数字化堆积而成的视觉符号缺乏某种过往的时间深度，因而在抽象上表意更弱。这是为什么最近的电影特效又回到物理模型与数字虚拟的混合搭建上来——为观众带来某种真实的物理纵深感，提供久违的心灵悸动。有关新媒体的话题并不总是突破，其中还包含着回归，体现出视觉文艺不竭的循环。当然，不论新媒体如何发展，它最终都指向所服务的对象——人。

总的来说，传统的影像透过媒介变革不断超越自我、超越线性叙事、超越宏大的理论映射与文化映现，折射出媒介影响下的视觉文化嬗变。但这已经不足以概括新媒体语境下的文艺创新了，在技术引导下，人的观赏欲望有着更新的增长点。

① ［德］尤尔根·哈贝马斯：《交往行为理论》，曹卫东译，上海，上海人民出版社，2004。

三、艺术中的沉浸体验

虚拟现实的产生源于人类对两个方面的不懈渴求：一方面，追寻看与被看间——主客体距离的泯灭，即"入画"的沉浸感；另一方面，对空间的数字化复制与扩大生产，即对空间再生产的强烈愿望。

就第一点而言，人们总希望为架上艺术（如绘画）的平面性带来些许变化，使之看起来不再是与观赏主体间完全割裂的两个对象，而将观者引入到画面之中，构成某种三维视角的联系。在中国，汉代的墓葬画像砖上可以看到古代艺术为此而做出的努力：在群臣朝贺的场面中，一排排人物除正面或侧面像以外，还出现了斜面像的勾勒，使平面表达具有景深的厚度；北魏时期，佛教立体造像兴盛起来，进而与石窟艺术相融合，为平面绘画提供了立体的观赏空间；敦煌早期壁画中，已有依据宗教人物的重要性而进行身形塑造的大小差异；唐代绘画进一步将人物的大小与空间远近相关联，画中景物虽边际模糊、无界无束，却体现出局部的原始纵深感。到宋代《清明上河图》已运用成熟的散点透视技法，令街道、桥梁、船只、商铺、人物等丰富的场面透过散漫的多个视点聚合在一个画面里，将世俗生活的细节予以详尽地表现。

在西方，文艺复兴为几何在绘画中的渗透带来契机，焦点透视技法蓬勃发展，即在二维平面上利用线和面趋向会合的视像错觉原理，烘托景物的三维艺术表现力。如达·芬奇的名作《最后的晚餐》中，画家利用直角边线向心点集中的原理，引导观者视线形成视觉中心和封闭式纵深构图，同时以餐桌为水平线横亘在前方，构成画面的稳定。与散点透视不同，焦点透视塑造一个生动的切入视角，着力营造与观者融为一体的空间实感。当然，平面绘画总要与观者保持一定距离，这成为后者融入"画境"的巨大阻碍。于是，在 15 世纪初的意大利布兰卡契礼拜堂，马萨乔尝试用横向弯曲的平面作画，将观者的左右视野包裹在一组近似半圆弧状延伸的宗教壁画中，这样绘画空间就有效地将面对它的人包围起来。这种原始的"沉浸感"在更早的中国（比如敦煌）洞窟绘画中也得以运用，即洞窟不仅为宗教艺术遮风避雨，它在创作的一开始便可能成为构思的一部分，为壁画及造像的空间立体感（或沉浸感）造势。1900 年巴黎世博会上，电影刚刚问世不久，法国人塞宋就开始尝试环幕电影，在一个直径约 32 米的圆柱形大厅内，他用十台 70 毫米电影放映机，从大厅中心向四周放映世界各地的城市风光，用银幕营造出密闭空间内的全景视场。总之，人们从未放弃对自己脑后景物的兴趣，而追求"周知"的结果往往使观者自身陷入艺术表达所勾勒的空间之中。

　　然而，文艺空间实现了对人的身体的包裹，却难以提升感知的纯度。无论洞窟还是环幕，身体总以不合时宜的在场性提醒着观者：你和视觉文艺之间存在距离，你在看而不是沉浸其中。怎样能够去除环境干扰的因素而融入纯粹的视觉感知中？早期的电话机设计提供了启发：为了避免杂音和环境干扰，人们在接听电话时用听筒堵住耳朵、用麦克风尽量接近嘴唇。机器与媒介器官越接近，它所得到的有用信息越多、所受外界干扰越弱。沿着这一思路，人们开始幻想一种装置，能撇开身体而直接为人的眼睛提供视觉信息供给。1932 年，英国作家赫胥黎在他的反乌托邦小说《美丽新世界》里，以公元 26 世纪为背景描述未来世界的种种场景。① 其中就提到一种戴在眼前的观影设备，可为观众提供视听甚至嗅觉等感官体验，以营造出沉浸式的电影世界。这一幻想成为 VR 构思的起点。20 多年之后，人们才为头戴式的观影器材设计出原型图，开启了虚拟现实技术应用的新篇章。

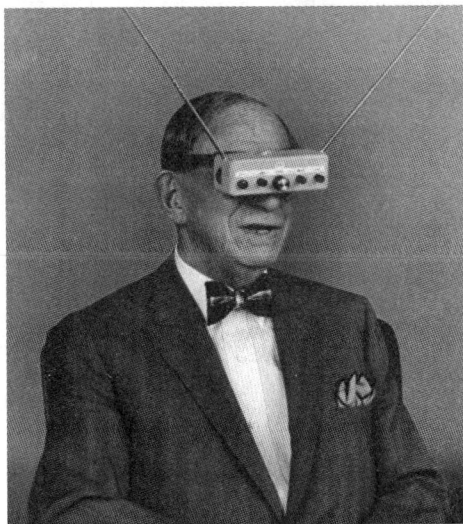

图 8-1　1963 年未来学家雨果（Hugo Gernsback）在《LIFE》杂志上刊发了他所幻想的虚拟现实设备，一款名为"Teleyeglasses"的头戴式电视收看装置。

---

① ［英］奥尔德斯·赫胥黎：《美丽新世界》，陈超译，上海，上海译文出版社，2017。

第二节　虚拟现实技术与实践应用

一、虚拟现实技术的早期实践

有关"虚拟现实"的讨论在媒介研究中正持续升温，它的英文名为"Virtual Reality"（简称 VR），指运用数字化手段对现实进行仿真体验的计算机模拟系统；是利用电脑模拟产生三度空间的虚拟世界，提供用户关于视觉、听觉、触觉等感官的模拟，让用户如同身临其境一般，具有在场观察三度空间的无限可能。人们在进行位置移动时，电脑可以立即进行复杂的运算，将精确的三维世界视频传回产生临场感。

关于虚拟现实设备，除上文中所提到的未来学家们的科学幻想以外，1968 年计算机科学家伊万·萨瑟兰（Ivan Sutherland）制造出一个真正的头戴式显示器，取名为"达摩克利斯之剑"。[①] 这是对虚拟现实最早进行实证的装置，能够显示一个简单的几何图形网格并覆盖在佩戴者周围的感知环境上。由于具备真实的电子光学显示能力，系统有着异乎寻常的重量，而不得不吊在天花板上以分担使用者头颈部的压力。"达摩克利斯之剑"是西方人熟知的历史典故。[②] 从表面上看，它正像是悬在头上的利刃，为体验者带来不安；但从另一个角度讲，这个典故也暗示着"感觉的交换"——某种在真实情况下不可能体悟到的虚幻现实。如今，科学家们利用可视化电子装置代替利剑，可以使达摩克利斯体验到君主的风光，也为现代观众的虚拟世界开启了无限可能。

到了 20 世纪 70 年代，美国航天局为培训航天员开发了"VIVED VR"，是一个安装在头盔上的 VR 设备，配备了一块中等分辨率的 2.7 英寸液晶显示屏，并结合了实时的头部运动追踪显示功能。

1987 年日本任天堂推出了配合电视游戏机使用的 Famicom 3D System 游戏眼镜。

---

① Sutherland, I. E., "A head-mounted three dimensional display", Proceedings of AFIPS 68, 1968.

② 公元前 4 世纪在西西里岛东岸，古希腊的移民城邦叙拉古，统治者狄奥尼修斯二世有一位朝臣名叫达摩克利斯。后者奉承他的君主说，作为一个拥有权力和威信的伟人，狄奥尼修斯实在很幸运。狄奥尼修斯于是提议，与他交换一天的身份，那样他就可以切身体会到首领的命运。在晚上举行的宴会中，达摩克利斯非常享受成为国王的感觉。当晚餐快结束的时候，他抬头才注意到王位上方仅用一根马鬃悬挂着的利剑；这令他立即失去了对美食和美女的兴趣，并请求狄奥尼修斯放过他，他再也不想得到这样的幸运。

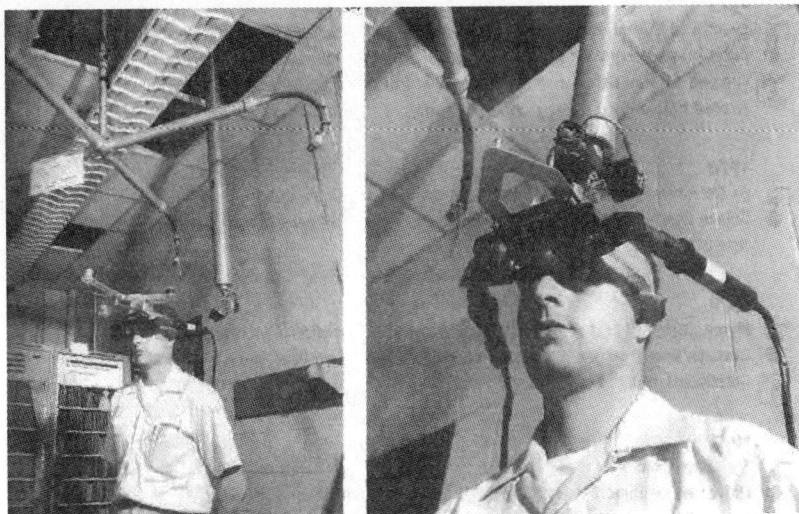

图 8-2 过重的"达摩克利斯之剑"只能吊在天花板上

1993 年世嘉公司在美国消费电子展上推出了虚拟游戏眼镜"SEGA VR"。至此，VR 开始了由专业应用向游戏消费类应用的转折。索尼、HTC、脸书等巨头纷纷踏上虚拟现实硬件的探索征程。零距离的沉浸式体验成为目前 VR 硬件的主攻方向。

人们对虚拟空间的应用热忱似乎来不及等待 VR 硬件播放手段的成熟就早已展开。计算机图形学及其图像处理技术在建筑、工业设计等领域中已有很长的应用历史，消费领域中的数字电影特效和游戏场景的虚拟搭建也早已探索出成熟的应用路径。近年来，伴随互联网的高速发展，博物馆的虚拟展示也大规模拓展：从早期卢浮宫网站推出的数字化藏品展示，到欧洲对庞贝古城（意大利）的虚拟复原，再到北京航空航天大学对物质文化遗产（如圆明园）的数字化重现……透过计算机虚拟建模的方式进行空间表达，这已不是什么高难度的科学范畴。甚至，在虚拟建模的基础上进行图形比对，可进一步将虚拟技术推向可视化搜索领域。例如在刑侦稽查中，人们运用计算机对数据库中的身份图像进行大规模比对，用以缩小范围、锁定嫌犯；或利用高精度扫描对兵马俑出土残片进行大规模录入，之后让计算机自行比对拼合，以提高考古修复工作的效率。更精进的虚拟建模甚至可以参与对古代干尸的数字化复原。总之，虚拟成像表达了人类对数字化空间再生产的强烈愿望，但大部分的数字虚拟创作仍建立在"计算机建模"的基础上，时间和精力投入巨大，在没有足够的 VR 观看硬件适配的状态下，仍停留在二维平面输出的水平上，缺乏空间感上的包裹和沉浸体验。

二、"全景视频"技术的当今发展

VR真正的爆发是在2015年前后，缝合软件的成熟使多台固定角度的广角相机有可能通过流媒体（实景摄像）的方式构建实时运动的360°全景空间。与传统的计算机建模相比，实景VR有着显而易见的优势：它无须运行建模软件，可节约大量的渲染时间和运算精力；比起计算机模拟效果，实景摄录的现实感更强、更逼真，最新的3D VR摄像系统甚至能轻而易举地构建出三维立体的实景空间。当然，在交互性的嵌入上，实景拍摄不如计算机建模在程序结合上那么方便。

最初的民用VR实景拍摄系统由6～12台小巧的运动相机（如GoPro相机）通过特制的金属框架拼合而成，每一台相机只负责摄录一个角度的运动图像，拍摄完成后将每台相机的存储卡数据依次导入电脑，再开启拼接软件对各个角度的图像进行缝合，之后用普通的视频软件进行剪辑和后期处理，即可使用VR播放器进行全景观看。随着拍摄硬件的集成化发展，也逐渐出现了一些具备全自动缝合的高端一体化VR相机，这类设备是专门为VR拍摄而设计的，缝合精度及成片效率明显提升，已具备新闻采编和直播应用的水准。

拍摄端的精进使全景观影需求出现井喷式的增长，也带动了VR播放端的硬件发展。从媒介技术的延展上看，VR视觉播放硬件大致分成三个主流形态。

第一种形态被称作"需要外接计算平台"的VR眼镜，以HTC VIVE、Oculus Rift、索尼PS VR为代表。这类眼镜内置固化的显示系统，但核心的计算能力（中央处理器、图形加速器、内存等）需要通过线缆与电脑或游戏主机相连而获取。因此，这类设备的图形处理能力强、适用范围广、迭代升级容易、显示精度有保障、接口丰富，可连接各种外设操控硬件（如手柄、红外或体感控件），交互娱乐性强，适用于高端游戏及综合视觉体验中，商业延展价值高。另一方面，外接处理器的VR硬件相对庞大、沉重，在便携性上有着致命的短板，难以在汽车、火车、飞机等交通工具上作为随身携带娱乐系统使用；线缆的长度也限制了佩戴体验的空间移动性，使其只能固化在商场或固定的展示环境中应用。

第二种形态源自谷歌在法国的两位工程师，他们充分运用智能手机作为通用的计算与感应平台（手机内置处理器和方位传感器），尝试设计移动播放软件在手机上实现 360°分屏显示，再将手机置于配有凸透镜的特质纸板眼镜盒中形成一个虚拟现实的原型设备。这个简易的纸盒眼镜被称为谷歌 Cardboard VR 眼镜。由于其结构简单，很快被亚洲的工厂所效仿，中国一地就有上百家 VR 眼镜制造商在购物网站上售卖这类 VR 眼镜，价格从 25 元到几百元不等，原来的纸板也升级为工程塑料。优势在于，其对各种手机的适配性极强，消费者无须添置任何电子硬件即可体验 VR；由于处理器、方位传感、内存、电池都内置于手机，它的便携性大大增强、应用场景趋于生活化；成本的低廉蕴藏着巨大的普众化潜力，利于虚拟现实向大众消费市场的拓展。但由于各类手机的尺寸、分辨率不一致，导致这类设备的沉浸效果一般，也缺乏足够的交互界面和接口，互动体验不足。所以，这类设备只适用于家庭 VR 视频、低端游戏和 VR 新闻阅读等生活场景。

第三种形态被称作"VR 一体机"，它建立在弥补前两种形态不足的基础之上，将处理器、传感器、内存、电池、按键等电子设备集中于 VR 眼镜，提升了便携性、移动性；又内置了高精度、大视场角、色彩丰富的显示系统，提升分辨率、增强了沉浸体验。但这种高度电子集成化产品的软硬件升级潜力相对有限，系统复杂拉高了它的设计制造成本，连接外部设备的能力不强。因此，一体机更适用于商业展示和专业应用范畴。

在未来，硬件观看设备的提升主要向着高解析度、大视场角、快速动态显示及全景声场四个方面演进。VR 眼镜的屏幕解析度直接关系到观众对虚拟空间的仿真体验，提高屏幕分辨率势在必行，4K 以上的全高清显示系统将普遍应用于 VR 体验。虚拟现实头盔在视场角方面仍显局促，观众佩戴时很容易感受到眼眶四周的边框，这极大限制了身临其境的"代入感"，因此扩大视场角度成为硬件设计的关键。方位传感器需具备敏锐的随动反应能力，并将体验者的细微移动与显示内容做相应的匹配，在传感和显示中处理速度稍有迟疑便会形成拖影，造成观者的晕眩或不适。声音也是 VR 影音体验中的重要一环，传统的立体声场建立在观众与屏幕间固定的方位上进行输出，左右声道构成一条轴线与屏幕方向近似垂直；而 VR 需要随观众视场的方向变化输出全向的声音，被称之为"全景声场"，即与方位传感器随动的声音程序，才能提供良好的沉浸视听体验。

在 VR 视听设备日趋成熟的今天，虚拟现实业态呈现出明显的分野。一部分力量以原有的计算机建模为基础，占据编程的优势，面向游戏市场拓展交互的可能性，在商业广场等人口密集区建立大规模"虚拟现实体验店",快速形成商业盈利模式,这类模式的显著特征是计算机动画和强交互操控特性,用户参与性强,但系统复杂、成本高、画面真实性相对较弱。另一部分力量借助最新的 VR 相机,以实景拍摄为基础、全景视频缝合为优势,面向直播、家庭、博物展示、新闻纪录等领域,努力拓展沉浸效果;在旅游、房产、科普、教育、广告等特殊应用场景,具有广泛的发展前景,这类模式对计算机建模的需求相对较弱、开发周期短、成本低廉、操作简易,符合碎片化信息传播对时效性的迫切要求。这类模式的显著特征是逼真的全景视效,但尚缺乏交互接口和操控界面,给用户提供的互动机会有待提升。以发展的眼光看,虽然两类模式具有明显的技术区别,但其发展方向殊途同归。为了给用户营造沉浸式的虚拟体验,就必须还原场景的真实性,动画建模就必须向实景成像技术靠拢;要提升沉浸感,就必须改善虚拟现实与用户之间的交互,互动越自然,感知就越真实,因此实景 VR 就必须要向计算机编程靠拢,以提供更多的交互接口和互动性。未来,动画 VR 与实景 VR 在应用上一定会突破技术壁垒、相互借鉴,向着合流的方向演进。

三、虚拟现实技术的应用

虚拟现实技术已被应用于新闻、纪录片及视频消费领域。作为一种媒介,在带来新的视觉沉浸的同时,也产生了一些值得思考和探讨的问题。

(一) VR 新闻:带入亦或裹挟?

虚拟现实在新闻纪录领域的应用,随着 VR 实景拍摄技术的普及迅速拓展开来。这一技术对新闻故事的讲述方式所产生的影响或许是最有趣的改变。2014 年 12 月,总部位于美国纽约的线上视频新闻公司 Vice News 尝试以虚拟现实技术对纽约百万人大游行进行了报道,让人有机会一睹 VR 应用在新闻报道中的情景。这次游行是人们为了抗议被警察杀害的黑人公民埃里克·加纳(Eric Garner)和迈克·布朗(Mike Brown)以及这两个案件中大陪审团的初审判决。

Vice News 的报道使用了全景 VR 摄像系统,跟随女记者爱丽丝·斯派瑞的脚步穿行在游行中,使受众以沉浸视角置身于游行队伍中。斯派瑞作为出镜记者,让这一报道不再是有关周围环境的被动体验;她成为一条引导性的线索、贯穿于 VR 新闻报道之中。与早期沉浸式演示视频相比,这一尝试将沉浸式新闻体验又推进了一步。

这则 VR 新闻片可通过苹果或安卓手机下载应用观看，并支持廉价、即插即用的谷歌 Cardboard VR 眼镜，而无须三星和 Oculus Rift 等昂贵的虚拟现实硬件，是虚拟现实叙事在谷歌 VR 放映端所取得的创新之一。

值得注意的是，有关纽约百万人游行的 VR 新闻报道在放映时发生了意想不到的情况。沉浸式的新闻现场还原，给多数观众带来情绪上的亢奋，特别是那些在种族问题上对黑人所受不公正对待抱有同情的观众在佩戴上 VR 眼镜浏览新闻时显得尤为激动，话语评论明显增多、用词相对极端。而另一部分观众，尤其是对游行持保留或批评态度的群体，在戴上 VR 眼镜后多表现出情感上的不适或不悦，认为虚拟现实的方式将他们裹挟进了一个与自己完全不相容的环境之中，难以接受。这种针对后者的放映效果，是这则 VR 新闻的报道者完全没有预想到的。人们可能对游行本身态度模糊、不置可否，但当 VR 将观众带入到游行的新闻现场时，情况就大不一样了。这使我们意识到，VR 不同于其他传播媒介之处，即带入感对客体距离的泯灭。

谁与谁的距离呢？这里需要讨论的是新闻受众与新闻现场环境之间的距离感。事实上，自 19 世纪中叶"便士报"开启大众化新闻阅读的那一刻起，不论书籍、杂志、广播、电影、电视、互联网，其所承载的新闻信息与受众之间总存在着一定的"距离"。距离感，给予受众某种安全的慰藉，他们清楚地知晓自己所处的时间空间与新闻时空是有距离的；距离使新闻的受众成为主体、新闻信息本身成为被审视的客体，进而主体对客体做出冷静、客观而富有理性逻辑的处理和判断。这种他者化的客体亦导致新闻信息呈现出"结果"的一面，使新闻成为符号化或视觉化的产品供大众消费；继而形成一个由现代理性所主导的、新闻信息所维系着的"公共信息知识场域"，使人们虽身处异处，却能够因一张报纸、一个屏幕而将关注的目光聚焦在一起，形成社会焦点，现代性的国家理念和公民意志由此诞生。可以说，在最近的两百年里，大众传播所做的正是通过大众媒介将散落各处、一盘散沙的"群众"凝聚在"公共信息知识场域"之中，开启了现代性对"公众"的塑造。"公众"指身体上相互远离，意识上由大众媒介连接的人群。与之相比，"群众"是在身体上相互接近，因而情绪上容易相互感染的人群。因此，"群众"显然更具有人情味，亦容易滋生情绪。虚拟现实所带来的改变，不在"虚拟"而在"现实"——其媒介效果超越了结果化的客体信息场域，将受众直接带入沉浸式的新闻现场之中，提供过程性、参与式的体验。受众与新闻之间不再是对信息结果的占有，而是自主选择式的主观体悟。这个体悟并不完全受控于新闻生产者对信源和媒介的控制，因此有理由相信：VR 的沉浸确实有可能导致受众情绪的加速蔓延，继而使（传统的）大众传播所塑造的理性"公众"向着非理性的"群众"退化。虽然 VR 目前的受众规模尚不具备挑战舆论阵地的实力，但就舆情研究的角度看，应引起足够的重视。毕竟，情绪是相对极端的、冲动的、偏执的、专横的，沉浸式的体悟对情绪的煽动有着天然的捷径，只要群众所处的环境传达出某种集体情绪，就无异于将"沉默的螺旋"倒置过来，成为集体行为的话语扩音器，群众可能不假思索地坚定认为那是不容辩驳的"公理"甚至热血沸腾，同时丧失了距离感所带来的冷静、怀疑、谨慎与批判性思考。

360 度带入感的生成与距离感的丧失，从另一个侧面威胁着信息传播的普众性，信源不得不考虑信息与信宿间观点的耦合问题。在中国，当一个革命历史博物馆探索利用虚拟现实技术将日军侵华的典型片段（如：南京大屠杀）进行沉浸式重塑和再现时，便会陷入两难。如果让全景镜头跟随一队日本兵进行烧杀抢掠，我们就等于将接受革命教育的 VR 观众裹挟为侵略者；如果将镜头置于被屠杀的同胞之中，我们又等于将和平年代的观众带入到血腥恐怖的屠刀之下忍受屈辱。这两种方式显然是今天的观众所不能接受的，即使对于日本观众而言，这个展示设想到底是宣扬了和平精神，还是助长了军国主义情绪？其合理性仍值得商榷。历史就是历史，它终究是一个与现实保持着距离的结果。虚拟现实若硬将这时间的距离泯灭、将结果演化为历史过程的沉浸，就必须面对受众的主观性与历史情境之间的适配性。事实证明，过于血腥、暴力的内容或带有强烈政治偏向或民族仇恨的暗面，在丧失"距离"的情况下就有可能影响与受众观点的耦合，造成意志裹挟。相反，与受众情感方向一致、正面而积极的内容在历史情境中更容易与受众达成契合。2016 年，为纪念红军长征胜利 80 周年，新华网制作了 VR 交互体验装置《飞夺泸定桥》，在博物馆试映时即受到热捧。借助虚拟现实技术，该装置穿越历史沧桑巨变、还原真实长征路线，观众佩戴上 VR 眼镜的刹那间仿佛置身于 1935 年 5 月 29 日的泸定桥西岸，前方是枪林弹雨与密布火墙，脚下是横亘湍急河流之上的悬空铁索。虚拟场景中的观众手持驳壳枪，在扣动扳机的同时，即刻化身成飞夺泸定桥的勇士，身临其境地感受革命先烈浴火重生的震撼体验。历史真相在强烈的视觉冲击力下不言自明，长征精神在前所未有的沉浸式体验中不言而喻。

(二) VR 纪录：距离的泯灭与同理心

VR 技术的发展为受众的信息感知带来前所未有的变革，直观地体现在对"距离感"的消解之上。如果说报纸实现了信息传播的"TNT"(Today News Today)，使今天的新闻在今天得以呈现；而电视又实现了信息传播的"NNN"(Now News Now)，使现在发生的事情得以现场直播；那么，VR 所带来的则是信息的"直接浸入"。不论"TNT"还是"NNN"，总在时间或空间上与受众保持着某种距离感，而 VR 所带来的正是对距离感的抹杀。VR 不只是对空间的重塑，也是对时间的重塑。虚拟现实能够撼动此时此刻观众自身对物理空间的感知、覆盖物理时刻，这是它最具革命性的影响。即，信息传播的时空观念被颠覆，用 VR 技术呈现的新闻与纪录片已没有本质区别；在 VR 面前，历史的时间性被碾平，成为永恒的当下。

从信息的技术适用性看，大多数新闻场景并无绝对必要采取 VR 报道方式。VR 的制作周期长、阅读成本更高，对网速的要求也超过了 4G 移动网络的承载能力，在"时新性"上难以体现其优势。对于一般的城市新闻、时政动态、社会新闻，人们只关心"发生了什么事儿"，快速、简明、高效地获取信息就够了；受众不大会为了了解"政府工作会议的内容"而大动干戈地购置一台 VR 眼镜。还有一些深度报道，例如财经报道、人物通讯，同样不适合 VR。反之，人们发现那些带有浅表视觉吸引力的内容、包含视觉奇观的新闻题材更适合做成 VR。特别是因人为环境隔绝导致无法亲临现场的时候，比如 2016 年 4 月 27 日网易传媒用 VR 将观众带入切尔诺贝利核事故 30 年后的现场废墟中。当然，视觉的浅表并不意味着肤浅，VR 也尝试展现深刻的内涵。《纽约时报》首个 VR 新闻就选择了新闻故事：《The Displaced（流离失所者）》[①]，报道了战争对儿童的影响。这类题材需要现场感，但没有多少人能去到中东战场，VR 将带来巨大的震撼。我们不知道刺鼻的烟火味，不知道炸弹掀起层层气浪后留下的久久耳鸣，不知道眼看着亲人倒在枪口下的恐慌，我们更不知道饥饿是怎样侵蚀一条生命，但这些却实实在在地笼罩着战区的孩子们。他们生活在我们无法想象的天空下，恶魔的手总是将他们带离自己的家园，甚至带离这个世界，徒留

---

① 谭利娅：《纽约时报联手谷歌踏入虚拟现实世界》，http：/world. huanqiu. com/exclusive/2015-10/780931. html? agt=1882，2015-10-21。

孤独的身影和痛苦的回忆。影片中，虚拟现实技术以三个孩子的视角展现他们周围的环境——千疮百孔的教室，一片致命的沼泽，年轻流亡者的辛苦劳作等，旨在揭示当下最悲惨的人道主义危机。此外，2015 年联合国在全球范围内支持拍摄了四部有关民生的 VR 新闻纪录影片，分别关注叙利亚难民生活、非洲埃博拉疫情、印度恒河的卫生及中国南方山村中的留守儿童。其中，由财新传媒承接摄制的 VR 纪录片《山村里的幼儿园》将目光投向湘贵地区的大山深处，那里的年轻人都已进城务工，留下的是孩童与老人。影片中孩子娇小的身影与空旷而阴暗的屋棚形成巨大的反差，体现出精神上的"孤零"。这里，我们看到 VR 在空间沉浸体验方面为纪录片带来的新意。联合国高级顾问兼电影制片人加博·阿罗拉谈到本片时说："中国正在经历一场前所未有的经济增长，正变得越来越富有。但我认为，人们应该关注那些落在后面的人，那些在挣扎着的人。"① 虽然在物质上这些留守儿童不一定有多么匮乏，但与父母的长期分离造成他们精神上的缺失。使用 VR 是因为它更容易让人产生"同理心"，即通过"沁入感"突显出空间的沉寂与窘迫。

（三）VR 视频：迷失与互动

与传统视频相比，VR 在视觉信息的生产与呈现上有巨大的不同。传统视频在拍摄环节，可以通过取景、构图、景深、景别等因素彰显出作者的选择性意图；在后期制作环节，可以对每一帧进行剪接，因此很容易在内容上筛选出有利于表现自己立场和利益的视觉信息；甚至操纵议程设置，进而影响公众心中对这些议题的重要性排序。而 VR 属全景摄录，上下左右全部画面基本上都被捕捉，原有的蒙太奇及镜头运动（推、拉、摇、移、跟、升、降等）难以施展，留给作者裁剪的选择性亦大幅缩水。这样做的结果，使视觉生产的作者将视觉信息的主导性让渡给了左顾右盼的观众，后者的自由度大为拓展，但同时又陷入新的"迷茫"。这突出地表现在两个方面。

一方面是观看方向的迷失。即观众面对 360 度的自由空间不知道下一秒应该看什么方向。这里，空间的极大拓展与线性的时间逻辑形成矛盾而非匹配。观众一旦获得了空间窥视的自由度，受到视场角的限制，他们的目光就难以聚焦在同一个方

---

① 《财新传媒发布国内首部 VR 纪录片〈山村里的幼儿园〉》，http://m.sohu.com/a/31509656_195134，2015-09-11。

向上；空间共识的瓦解使视觉信息在时间上难以串联起表意逻辑，剧情就难以向既定的方向延展。这一缺陷在"随意游走"的 VR 展示/展览环境中表现得尚不明显，但在 VR 剧情片或 VR 新闻中却是致命的。目前，初步的解决方式是通过人物、醒目标志物、箭头、具有方向感的声音以及出镜记者的解说等，对观众予以"焦点/兴趣点"的引导；然而，这种方向性引领或暗示一旦形成，VR 与传统视频的选择性"构图"就没有本质的区别了，VR 也就失去了它存在的价值。

另一方面是观众身份的迷失。同传统银幕或电视屏幕相比，VR 的场域沉浸性使它取消了与观众之间的安全距离，视觉信息对于 VR 观众来说不再是客体，而是与主体相融合的"在场"。这个变化导致受众身份认同与角色人物之间的紊乱。例如，用 VR 展现一个典型的求婚场面，戴上 VR 眼镜后，观众看到面前一个帅气的小伙儿手捧钻戒、单膝跪地，深情地说"我爱你"；观众继而将视角向后扭转 180 度，看到一个姑娘流着幸福的眼泪说"我愿意"。此刻，观众自身的"在场"就颇显尴尬，因其身份难以解释。当然，相比于剧情片或新闻，VR 游戏就好得多；强交互所带来的参与感使后者可以将作用力（例如射击或体感动作）施放于所沉浸的虚拟空间之中、形成交互并获得必要的反馈。这样，观众在虚拟环境中就不是一个"多余的旁观者"，而是被赋予了某种"天然的角色"。可见，在未来 VR 要想化解观众身份的尴尬，交互是一个必然的发展方向。

在虚拟现实中，交互性感知有很多种方式。观众随自身兴趣随意转动颈部选择观看方向，这本身就是人置身于自然并与自然相交融的存在方式。沉浸式全景为观众提供了"选择性观看"视角，奠定了 VR 构建天然交互性的视觉基础。在视觉之上，若进一步融合其他的感知渠道，即可拓展出丰富而逼真的虚拟互动应用前景。例如虚拟的"高空踩钢丝""墓穴寻宝"就很好地将视觉影响力作用于心理交互层面，为受众营造惊险、刺激的紧张感。而 VR 游戏在手柄的基础上，衍生出各种具备"触感"的游戏附件（模仿枪械、棒球棍等），进一步提升了沉浸体验的交互性实感。这种方式已被规模化运用到专业消防领域，虚拟火警演习使消防训练的逼真性与费效比大为改善。类似的交互模式也正在博物馆、展览会、医疗培训、教育、旅游等场景中逐步探索。声音是视听感知中的另一个基础元素，身临其境的沉浸感有很大一部分来自于声效的逼真。在传统影院模式下，其所营造的"立体声"是假定观众面向银幕方向观望，继而单向输出左右声道信息，是模拟状态下的立体声；而 VR 所面临的声效问题就复杂得多，全景观看模式导致银幕方向的不确定，观众的瞻前顾后、左顾右盼使得左右声道无法满足他们对方位感的判断，这时就必须搭建起一套具有交互能力的全景声场，即可根据观众的朝向改变，实时调整声音方位（远近、强弱）的互动化声音程序，进一步提供"声"临其境的交互实感。

第三节　增强现实：与实境交相辉映

如果将"虚拟现实"（VR）理解为通过不透明的头盔（VR眼镜一类的HMD）将观众与真实世界遮蔽开，并提供虚拟视听信息的通用媒介平台；那么"增强现实"（Augmented Reality，简称AR）就是通过透明的光学合成装置，将虚拟信息应用到真实世界，使真实环境与虚拟物体实时叠加在一个画面或空间内同时存在的通用媒介平台。二者的本质区别在于：前者将虚拟与真实世界"阻断隔绝"，后者用虚拟与真实世界"叠加共生"。换句话讲，VR所呈现的人物、场景都是数字化虚拟出来的，是把观众的认知带入一个虚拟世界；而AR所呈现的人物、场景是部分真实与部分虚拟的结合体，是把数字化信息带入到现实世界中。VR硬件的灵魂是头盔（或VR眼镜）；而AR硬件的灵魂则是摄像头，以及将拍摄画面与虚拟信息相结合进行处理与展示的内核芯片。因此，AR更加倚重摄像头及其本身的位置与影像间的角度精算，其通过图像识别技术，使屏幕上的虚拟世界可以和现实世界场景进行叠加、融合与互动。

一、拓展日常生活中的可视化逻辑

增强现实的设想相对新颖，应用场景丰富、市场潜力巨大。在数字出版方面，目前已有涉猎AR技术的儿童书籍上市。借助手机、平板电脑等终端设备，读者可按书中指示下载相关AR软件，并结合每一页的纸质信息在屏幕上获得匹配的虚拟图像，如侏罗纪世界中的恐龙、大航海时代的战舰、《绿野仙踪》的童话世界等。这些静止甚或动态的虚拟影像一方面丰富了文字出版的视觉内容，另一方面也为读者的认知拓展出鲜活的想象空间。

在数字化展示方面，AR技术的应用为博物馆带来了虚拟交互的巨大潜能。观众在陈列柜前驻足观看的同时，可通过手机APP对展品实物（或展品说明）进行扫描识别，在虚拟终端上获得有关展品背后的文字信息或三维图像，甚至可以拖动图像进行360度、由外到内的全景观赏。在此，AR使博物陈列摆脱了单一视角、单向传播的他者化客体角色，使观众由纯粹被动的陈列信息接受者变成了可根据自身兴趣、多角度自由调取展品信息的博物馆参与者。这个身份的转变，从根本上有赖于AR展示环境的深刻变革——在实物展品的基础上叠加数字化、虚拟化的展示实践，有利于对博物馆展示信息的多层次、多角度、多元化呈现，开拓了博物馆陈列与展示工作的新局面。

渗透到日常生活中，AR也尝试解决一些实际问题。例如，消费者在商场看到心仪的家具时，经常拿不准其风格、款式、大小、颜色、摆放等因素是否与自己的家居环境匹配。宜家就借助于AR技术开发了网上试用平台，将售卖的各型家具进行精确三维电子化搬到手机里，消费者可以在家中调取某型家具的虚拟图像与真实的居室环境相匹配，为购买抉择提供实地参考。类似的应用比比皆是，如装修时利用AR计算房屋面积、为墙面选择一种颜色等。如此，将虚拟的物象与生活实景紧密联系，就促进了实体空间与电子时空的交汇融合。一方面为生活情境拓展出虚拟的新视野，另一面也为虚拟景观寻找到真实的"落脚点"——更好地与地缘生活相接轨，成为AR较之VR的关键优势之一。电子商务领域对这一优势的认知正在凝结成共识，几年前还在发展VR购物的电子巨头们正将目光转向AR。在家具的基础上，全球的互联网购物平台正努力将增强现实应用到诸如服装鞋帽、生活器具等其他品类的网上消费体验之中。一个增强现实的"虚拟量脚器"便可准确地获取买家的足部尺寸，大大削减因尺码偏差而导致的鞋类网购换货成本。AR就像一座桥，连接着商品与消费者个性化需求。很快，增强现实还会参与到商品的个性化定制中，以减少不必要的生产库存。

以AR为基础的"实景引导"系统，能够解决GPS定位在"最后一公里"导航方面的不足。传统导航模式基于俯瞰形式的地图，放大到一定程度时精度就会受限，特别是在人口密集、鳞次栉比的楼宇间，引路成为一件困难的事。增强现实基于生活实景，通过智能化识别和方向导引信息的虚拟叠加，可以很好地解决这一问题。更重要的是，AR实景导航可穿透建筑物内部，在室内空间中拓展出更为多样化的应用趋向。在医院，增强现实可完成从咨询、挂号、问诊、化验、取药等成系列的室内方向引导服务，并联通电子医疗系统以优化就诊效率、减少等候时间。在政府办

图 8-3 虚拟家具与真实家居环境的结合

公窗口，人们面对繁杂的办事流程往往不知所措，AR 可以将手续步骤化、流程化，并实时引导、介入、答疑解惑。这里，通过信息叠加与增益，增强现实正在重新梳理、建构一种新形态的"空间秩序"；与纯粹的想象空间不同，AR 对于空间的参与能够渗透到日常生活的实体景观之中。这是与传统传播形态分类（人内传播、人际传播、群体传播、组织传播、大众传播）不尽相同的一种"人与自然相融合"的新型传播视域。它突显出场景在传播中的重要性，不仅仅是社交场景，而是更为广阔的生活场景中的方方面面。增强现实通过对场景的沟通交流与程序线性化，改善了人在空间中原本的无序性，使人对空间的感知有更加明确的掌握，或者说有更加明确的行动方向。

二、AR 的景观增益及其对时间的影响

在空间的线性化以外，增强现实还有助于促进视觉景观的增益，这很可能是广告产业的下一个增长点。对传统的视觉广告来说，一个基本矛盾在于广告内容与其所宣传的产品本身存在时空割裂。这与大众媒介（如报纸、杂志、电视）缺乏同受众生活沟通的黏性有关。直观地讲，一个消费者在电视上看到一则洗衣粉的广告，他并不能马上买到这款产品；即使是互联网时代，线上消费与线下体验之间仍然存在距离感；更不用说这些广告本身可能成为淹没消费者真实需求的垃圾信息。而 AR 参与产品推销的优势在于，它并不关注广告的长期效果与品牌价值，而回归到产品本身，这有赖于增强现实对虚拟信息与产品实物的实时叠加和互动。以超市为例，

增强现实可针对这个生活中重要的仪式化消费场景提供虚拟信息。用户佩戴 AR 眼镜步入超市，在浏览商品实物的同时，摄像头通过智能识别，将与消费者距离最近的几个商品的信息（如营养成分、产地、售价、生产日期、打折或促销活动等）叠映在眼前并随着消费者脚步的移动适时切换虚拟信息。如果消费者事先导入购物清单，AR 可根据购买需求及超市商品摆放位置的远近，合理安排选购顺序并进行虚拟引导，同时屏蔽那些用户无意购买的商品的信息。AR 的推销策略是强调短期广告效应、侧重拉升短期购买力，在消费者对某件商品感兴趣时适时介入、补充虚拟信息以吸引消费注意力，又在很大程度上避免了垃圾信息对用户的烦扰。增强现实的"实地"属性与受众的在场需求贴合紧密，辅助式介入而非聚光灯式的"强行突入"，都使得广告的属性由强推变为温和的说服。未来，不只是商场、超市，街上的一切商贸集市都可以为自身设计一个"虚拟招牌"，人们佩戴 AR 设备行走在街上，只要目光所及之处就能结合"实景"接收到这些促销信息。甚至需要张扬自我的人，也可以为自身构建一个虚拟的外延、吸引他人的关注。

当然，视觉景观的虚拟并不仅限于商业内容，增强现实所带来的空间增益反过来可能对时间构成影响。时间对于过往的回溯，总是存在于人们脑海中的"印象"或"回忆"。虽然过去总是在空间中威胁着要重塑自己，但老照片或怀旧式的银幕表达总是与现在进行时的空间状态保有相当的距离。正因如此，人们缅怀过去、铭记现在、憧憬未来，却很少会在现实的空间境遇中混淆时间的秩序。而 AR 技术的应用可能改变这种秩序。在欧洲，人们致力于将赫拉神庙这一奥林匹克精神的发祥地在增强现实中重建。游客可以在神庙外用手机近距离识别废墟上残存的石柱。系统计算好位置和角度后，会在手机上叠映出神庙古迹复原的三维效果。在中国，人们尝试在圆明园遗址风貌的基础上，利用 AR 技术在遗址现场实时直观地恢复出昔日的壮丽场景。同理，日本的一家旅游公司正开发名为 Smart Tourism 的 AR 眼镜，当游客戴上它便可立刻被"传送"回过去，看到已经不复存在的历史建筑。

如果将对历史的缅怀拉近到往昔怀旧的层面，那么增强现实对宏大历史空间的重建，又将进一步渗透到集体记忆甚或私人印记之中。在北京国际设计周的展览上，艺术家通过增强现实技术将早已拆毁的北京城门（阜成门）叠映于它的原址——车水马龙的西二环路（阜成门大街）之上，再现消失的建筑。"无论是群体还是个人的记忆，它们曾经附着的实体可能是一座城门、一处老屋、一个热闹的传统市集、甚至是一位碎碎念的老人。在城市的快速变迁中，随着这些记忆载体的迅速消亡，我们能够找回印证记忆的现场越来越少。"① 增强现实恰恰将现实空间与我们记忆中"附着的实体"并置在一处，它不仅仅是回忆和叙事的背景，更是人们日益增长的视觉文化需求中不可或缺的一部分。越来越多的文化故事在它曾经绽放的实地被挖掘和重现。早在 2013 年，荷兰埃因霍芬设计学院（Design Academy Eindhoven）的伊尔丝·赫斯特博克就曾实施一个名为"车窗外的历史"的艺术展示。她将公交车的车窗替换为带有 GPS 装置的透明智能显示屏，伴随公交行使路径的变化，乘客可以轻松了解到公交车驶过的每一个地方的历史景象。"乘客还可以根据自己兴趣点打开相应的文字、图表或者视频片段。30 分钟的车程，好比上了一堂小型历史课。"历史也可以变成"打发时间"的小把戏——当你坐在车窗旁发呆时，途经之地曾发生的重大历史事件会自动"跳"出来为你讲故事解闷。② 在中国，手机地图 APP 正尝试将人们对空间的认识与它的过往联系起来。当用户走到一个地方，手机会把地图上与这个点相关的历史、建筑、人物等信息呈现出来，并允许用户参与编辑这个地理位置的故事。走在北京胡同里，通过 AR 可以看到曾经生活在这里的人、他们的亲情、他们的私人回忆与悲欢离合。过往的一切都好似在增强现实中实现了加达默尔所说的"视域融合"③。以前，博物馆记录着一个城市的变迁；今天，这些变化正加速地发生在我们生活的日常。AR 将博物馆搬进每日生活的视野，将地缘中遗失的古建筑、过往的人和事进行基于实境的重现式关联、叠映与融合；将受众带回到过往的时间中，挖掘和转译生活场景中的文化遗产，重拾个人和集体记忆，为三维的空间增添了第四个维度——历时性的视觉体验。以往谈及文化遗产，人们通常会用"保护"一词来延续它在"历时性"层面中的生命价值；而今"转译"成了文化遗产的热词，说明人们更加注重文化的"共时性"拓展。AR 正体现出历史、文化与记忆在当代视觉传播中的新兴价值，它既是时间在空间中的增益，又是空间对时间的参与式改造。

---

① 《增强现实 AR 文化遗产保护经典案例解析》，AR 酱，https：//335284. kuaizhan.com/82/61/p3554584895dec9.

② 《车窗外的增强现实：一路坐公交，一路围观历史》，载《21 世纪商业评论》（文化版），2013-12-11。

③ ［德］汉斯-格奥尔格·加达默尔，《哲学解释学》，夏镇平、宋建平译，上海，上海译文出版社，2005。

图 8-4　再现阜成门

图 8-5　AR 中，北京胡同里的私人回忆

综上所述，媒介发展历程的总体趋向，正在虚拟现实与增强现实的渗透中得以验证。那就是，新媒体正向着人际和人内传播回流。社交，是媒介提升受众黏性的重要议题。从这个角度看，AR 更加社会化，而 VR 则更加专注于营造沉浸式体验。沉浸的确很难与他人分享，可恰恰是疏于社交的沉浸，大大拓宽了人内传播的感知界限、促进了情感宣泄。不论是虚拟景观的沉浸，在视觉意象中所实现的聚身性包裹；还是增强现实，在地缘实境中所呈现的视觉增益，他们最终指向的都是"人的延伸"。所不同的是，前者营造出纯粹的虚拟时空；后者则拓展出空间的延异，即在时间维度上对空间实境的叠加与延拓。在此我们看到，媒介作为浅表视像符号交换的平台与"桥梁/中介"状态正在退潮，纯粹的空间他者化或客体意识正在消解；取

而代之的，是媒介对时间维度的推崇，聚身或沉浸的最终意义都不单独指向空间，而是时空意象的全方位变幻。人没有能够摆脱技术的藩篱，却以技术将自身包裹得更严密，媒介俨然成为身体的一部分。这既是空间的外延，更是时间意念上的延展或迷失。

探讨"聚身沉浸"这一新媒介属性，有助于辩证地思考其背后蕴藏的深意。在第一节中，从媒介史的视角，对媒介将主体与客体做他者化分离的过往历程予以探讨；而在第二、三节中，由于虚拟现实和增强现实的出现，使"分离"转向"弥合"，这是信息由一种"传播的结果"向"过程式参与"的重大转向。这个转向既充满不确定性，又为今后的视觉生产带来不少问题，诸如 VR 新闻对受众情绪的裹挟、VR 影像给观众带来的身份迷失等。机遇与挑战面前，我们的视觉文化何去何从？是否要坚持过程参与式的"沉浸"体验？到底是人们的文化选择决定了新媒介技术的发展方向，还是媒介技术的延展本身已铸就了我们的视觉文化接受习惯？伴随着新媒介技术的发展，对视觉文化的认知能力，也是大学生不可忽视的文化素养。

9 | 第九章
大众传媒的女性话语

自近代化媒介产生至今，女性从看不见的存在逐渐发展成为媒介传播的对象。传播与女性相关的话语成为大众传媒显示女性存在的一种方式。随着媒介的商业化发展，传媒认识到女性作为消费者的价值，媒介上关于女性的内容空前丰富，而新媒体传播的商业化和自主性，也为展示女性存在和女性发声提供了条件。在媒介化社会中，传媒是我们获取新闻和信息的平台和渠道，而其信息传播所建构的媒介环境还会影响我们的认知。大众传媒包括互联网上关于女性的传播内容，都是复杂的社会活动的再现，其中包含着传统男权文化的渗透、媒介市场的影响、主流意识形态的再现，以及从女性主义视角的发现。

第一节　女性主义与媒介话语

一、女性主义与社会性别

女权主义和女性主义（feminism）是关于媒介和性别的学术研究中经常遇到的两个概念。女权主义是"一个全球性话语"[①]，其在各国各地区的现代化和全球化进程中被接受的情况是不同的。在当代中国，"女权主义"被一部分学者和激进分子的小圈子所接受，因为"人们对'女权主义'的刻板印象是，女权主义者憎恨男人，渴望夺权，支持女权主义的都是一些'男人婆'"。[②]而女性主义则比较柔和，是一个带有政治意味和学术意味的概念。在中国，"feminism"一词的翻译经历了从"女权主义"到"女性主义"的转变。女性主义被认为是更符合中国实际的翻译，因为中国并没有发生过西方的女权运动，而且也符合中国妇女在争取自身权利的时候的温和态度。[③]但是英语语境的人认为，该词的意思有悖于性别平等，因为"它往往被认为是一种推崇阴弱女性特质的意识形态，实际上强化了两性的人为区分，有悖于男女平等的追求"[④]。

"feminism"被翻译成女性主义还是女权主义，称呼上的不同并没有改变其核心

---

①　王政、高彦颐：《女权主义在中国的翻译历程》，1页，上海，复旦大学出版社，2016。

②　同上书，2页。

③　黄剑：《从女权到女性——西方女权主义理论在中国的传与变》，苏州大学博士学位论文，2004。

④　王政、高彦颐：《女权主义在中国的翻译历程》，2页，上海，复旦大学出版社，2016。

和内涵。为了研究的便利，本书采纳女性主义的说法。女性主义是在女性争取平等和解放的过程中形成的理论，它从女性立场出发，呼唤女性的价值，其目标是争取女性在政治、经济、社会、文化等领域的平等。在如何实现上述目标的探索中，女性主义形成了不同的理论流派。尽管彼此的路径各异，但女性主义的不同流派在抵抗父权制的压迫、探索实现性别平等的途径和方法上是相通的。

社会性别是女性主义的关键词。与生物性别相比，社会性别是社会建构的产物，是两性在生物性别的基础上，由社会对两性的角色、气质进行定义的结果。西蒙娜·德·波伏娃在《第二性》中，分析了不同历史条件和文化环境对女性的影响，分析男孩和女孩的不同气质是如何被建构的："女人不是生就的，而宁可说是逐渐形成的……决定这种介于男人和阉人之间的、具有所谓女性气质的人，是整个文明。只有另一个人的干涉，才能把一个人树为他者。"① 这段话概括了生物性别和社会性别的不同，前者是先天形成的，后者是后天被建构的。

二、女性主义发展的三个阶段

面对性别不平等，寻求解决之道是女性主义的共同话题。而在世界范围内女性问题的发现，可以追溯到文艺复兴时期。16—17 世纪中叶，欧洲文艺复兴运动的兴起"不仅是文化的黎明，而且也是妇女史上的黎明。"② 此后，思想家和学者们对女性主义进行不同层面的阐释。女性主义坚持两个立场，"一是政治立场，一是学术立场"③，因此，女性主义在思想层面是一种社会理论，在实践层面是女性争取平等权利和地位的社会运动。从历史的视野看，女性主义运动可以分为三个阶段：

第一阶段是 19 世纪后期—20 世纪前期。这一阶段的行动者认为，权利的不平等导致女性地位低下，因此在理论上产生了自由主义女性主义。受自由平等、天赋人权启蒙思想观念的影响，女性主义者争取妇女权利，主张通过立法来改变男女法律上的权利不平等。

自由主义女性主义吸纳了西方自由主义天赋人权的观念，以资产阶级革命中自由平等、天赋人权等理论为依托，认为女性和男性天生拥有一样的理性，法律应该

---

① [法]西蒙娜·德·波伏娃：《第二性》，陶铁柱译，161 页，北京，中国书籍出版社，1998。
② [美]坦娜希尔：《历史中的性》，童仁译，299 页，北京，光明日报出版社，1989。
③ 倪志娟：《女性主义知识考古学》，5 页，北京，高等教育出版社，2012。

赋予女性与男性相同的权利。每一个社会成员都应得到和男性一样的政治、经济、教育等权利，以发挥自己的潜力。因此，一批女性主义者倡导建立中性法律，制定反性别歧视的法律，争取女性在资本主义社会内的政治、教育等权利。

自由主义女性主义也存在不足和乌托邦的幻想，因为它"忽略了女性在整体上处于不利地位的社会事实，忽略了女性在群众内部也存在着巨大的个体差异及亚群体差异，而一味地认为妇女解放只能依靠个人努力"①。同时，其所吸纳的基于资本主义中产阶级基础上的天赋人权理论，仅仅代表了白人中产阶级女性的立场，而忽略了女性群体的多样性。

1920年和1928年，美国和英国女性先后获得选举权，这标志着第一阶段的行动取得了一定的成果。但是，这一阶段的运动也有其局限性：一是它着重争取和男性同样的权利，而没有提到男女性别差异基础上的平等；二是在争取权利的过程中承认男性话语中的理性是高于感性的，这在本质上并没有摆脱对男性话语的无意识认可。

第二阶段是二战后到20世纪60—70年代。面对第一次女性主义运动中存在的只关注白人女性和不触及父权制本质的局限性，这一时期的女性主义开始寻找性别不平等的深层原因。1949年西蒙娜·德·波伏娃出版的《第二性》一书，分析了历史变迁中女性的权利、地位和处境的实际情况，提出妇女受压迫的根源是整个社会的制度框架。性与性别不同，社会性别的分析范畴在这一时期开始出现。1970年凯特·米利特出版的《性的政治》一书，批判了男权制和男权文化，该书指出："在对两性关系的制度进行客观的研究之后，我们发现，现在，以及在整个历史的进程中，两性之间的关系就是如马克斯·韦伯所定义的那样，是一种支配和从属的关系。在我们的社会秩序中，尚无人认真检验过，甚至尚不被人承认（但又十足制度化了）的，是男人按天生的权力对女人实施的支配。通过这一体制，我们实现了一种十分精巧的'内部殖民'。"②按照米利特的上述观点，女性广泛受压迫的深层原因，是根深蒂固的父权制将女性置于一个被动的、劣势的地位。

受20世纪中叶蓬勃发展的社会主义运动的影响，女性主义者尝试探索性别不平

---

① 王森：《后现代女性主义理论研究》，25页，北京，经济科学出版社，2013。
② ［美］凯特·米利特：《性的政治》，钟良明译，38页，北京，社会科学文献出版社，1999。

等与社会经济生产的联系，两性关系也是阶级关系，"妇女摆脱压迫的道路就是克服妇女的异化和消除劳动的性别分工"，① 但是，马克思主义对阶级压迫的强调，在某种程度上削弱了女性主义对父权制文化的批判，这容易导致性别盲点的出现。

第三次女性主义运动的开始时间和重心，说法不一。有的说产生于20世纪80年代或90年代，有的说其重心是社会运动或理论思潮。在后现代思想家的影响下，女性主义发生后现代转向，"强调女性内部的差异，主张应从性别、种族、阶级及性倾向的交叉性中关注女性的地位，并认为个人赋权感比集体的政治责任感更重要"②。后现代女性主义对男性霸权进行解构，认为关于对世界的一切解释、有关这个世界的意义中存在男性霸权。同时，它既不赞同本质主义对生理和遗传的强调，也不支持普遍主义以人性解释一切，强调权利的文化历史特殊性和独特性，性别的差异也是因为社会、文化和历史背景的不同而不同。该理论主张以性别差异为基础，在承认个体差异的前提下寻求具体的平等。

朱迪斯·巴特勒1990年出版的《性别麻烦：女性主义与身份的颠覆》一书，被认为是后现代女性主义的代表作。③ 该书认为，没有必要区分社会性别和生理性别，因为从社会存在开始，所有的身体都被社会性别化了。每个人都处于性别表演的行为中，社会性别是一个人表演行为的结果，它"不是规定的和固定不变的，而是不确定和不稳定的，是表演性的。"④ 巴特勒的"性别表演理论"提醒我们，性别不是固定的，而是在表演中形成的。每个人时刻都处于表演状态，而这有利于我们认识自己的行为，因为"当我们认识到我们是在表演，就可以对在其中运作的权力进行操纵、重新建构，然后把它写进这个表演的脚本之中"。⑤

三、女性话语的生产

在后现代理论中，原本是语言学领域的术语"话语"，开始具有哲学和社会学的维度。以福柯为例，他关注权力在语言形成中的作用，其知识权力生产观认为权力

---

① 李银河：《女性权力的崛起》，103页，北京，中国社会科学出版社，1997。
② 何佩群：《女性主义运动的第三次浪潮》，载《文汇报》，2011-12-26。
③ 王淼：《后现代女性主义理论研究》，101页，北京，经济科学出版社，2013。
④ 转引自王淼：《后现代女性主义理论研究》，102页，北京，经济科学出版社，2013。
⑤ 宋素凤：《多重主体策略的自我命名：女性主义文学理论研究》，96页，济南，山东大学出版社，2002。

参与创造知识，而知识又生产了权力。福柯的权力观，不是传统的被占有、自上而下的、集中的权力，而是运行的、自下而上的、分散的权力；权力不是集中于某个机构，而是弥散于整个社会，是存在于国家、法律和阶级之外的权力。福柯认为，权力只存在于行动中，其运作方式主要是生产的，具有创造性。"权力对知识和真理的生产，是权力的生产性和创造性的体现"，权力"是社会文化构架中必要的、充满活力的积极因素"，"是话语运作的无所不在的支配力量，社会性和政治性的权力总是通过话语去运作"。①

后现代女性主义借鉴福柯的"话语即权力"，接纳了福柯的权力形成说，强调女性话语权，倡导女性充分争取话语权，用女性视角争取女性的话语，为从权力角度分析媒介话语提供了新视角。

（一）媒介上的话语

话语（discourse）是人们说出来或写出来的语言，是"由一组符号序列构成的，它们被加以陈述，被确定为特定的存在方式"。但是，话语不是简单的运用符号进行内容表达，还涉及复杂的社会实践，因此"话语所做的事远比运用符号指称事物要多得多，更重要的是，这些多出来的东西是无法被还原为语言的"。② 话语是传递意义的语言，更是主体对社会和文化进行认知的结果，是社会建构的结果。

话语是语言学分析的对象，同时也是媒介传播的内容。托伊恩·A. 梵·迪克在《作为话语的新闻》一书中认为，媒介的生产是在特定的媒介环境、媒介体制下进行的，这些因素影响着媒介的内容。大众传媒本身就是一种公共话语，话语研究就是探索媒体信息的意义、结构或影响。梵·迪克以报纸新闻为蓝本，将新闻的采集视为一种社会活动，将新闻视为一种公共话语，社会历史、文化因素都会在新闻加工生产的微观过程中得以显示。因此，新闻话语中带着意识形态，它对事实的表现和文本结构的处理，反映了社会主流意识形态和媒介的生产环境。③

新闻不仅是简单的、记者对事实的选择和报道，更是通过选择和报道来表达观点，把事实解释为有意义的事件。新闻媒介建构事实的同时也在建构意义，由于任何新闻传播都只能在特定的传播关系中进行，传播关系实际上就是权力关系，传播

---

①　王森：《后现代女性主义理论研究》，41～42 页，北京，经济科学出版社，2013。

②　转引周宪：《福柯话语批判》，载《文艺理论研究》，2013（1）。

③　［荷］托伊恩·A. 梵·迪克：《作为话语的新闻》，曾庆香译，12 页，北京，华夏出版社，2003。

关系又取决于特定社会的权力结构。① 媒介话语的本质是以意识形态阐释意义、体现权力。因此，话语研究分析的任务不是简单地分析语言符号使用，而是要揭示话语背后权力和知识的共生关系。

（二）女性新闻和女性话语

按照梵·迪克"新闻是一种公共话语"的看法，大众传媒上的女性新闻就是关于女性的公共话语，这类话语的言说者是大众传媒的信息传播者。

关于女性新闻的界定，陈阳在分析评价学术界关于女性新闻分类的基础上，认为学术界讨论的四种女性新闻②并不能够涵盖中国女性新闻的全部，"女性新闻"在中国的内涵更加复杂。为此，她区分了四种女性新闻：女性报刊的报道，包括新闻与非新闻，即它想传达什么内容给女性受众；提到女性的新闻，即出现"女性"或"妇女"字眼的新闻；关于女性议题的新闻，即报道女性关心的话题的新闻，如抚养孩子、家务劳动和家庭暴力，此时，新闻里可能没有直接出现女性；女性主义视角的新闻，即提到任何女性运动组织或其活动家对社会生活任何领域的观点的新闻，即新闻是否从女性立场进行报道，而非新闻里是否提到了女性。③

上述对女性新闻的分类，揭示了媒介关于女性话语的几种状态，这种分类立足于女性媒介的新闻，但也可用于非女性的大众传媒中的女性新闻。如果以话语分析的视角来看待大众传媒上的女性新闻，就会对四种女性新闻特别是女性主义视角的新闻有进一步的了解，因为它就是女性主义理论介入女性话语生产的结果。而且，女性新闻和其他新闻一样，在生产过程中会受到历史文化、媒介资本、意识形态和女性主义的影响。

大众媒体的新闻报道中渗透着意识形态，也会反映作者的价值观和政治态度。女性新闻的生产离不开传统文化环境，根深蒂固的性别歧视、男尊女卑的历史文化，会形成新闻接受的社会心理基础；国家制定的支持性别平等的政策和法律，构成了

---

① 刘立刚：《新闻传播过程中传播者权力的生成》，载《新闻与传播研究》，2013年第10期。

② 这四种女性新闻包括：一是女性作为新闻的行动者（news actor）出现的新闻；二是某些被认为与女性相关的特殊议题的新闻，其中，有些新闻涉及女性的特殊经验（如生孩子和性工作），有些则不一定是只有女性才会经历的体验，但是传统上被认为（应该）由女性承担的事务（如养育孩子和家务劳动）；三是由女记者所报道的新闻；四是从女性立场出发进行的新闻报道。陈阳：《碎片化的女性新闻：对〈中国妇女报〉的内容分析（1990—2002）》，载《妇女研究论丛》，2006年第4期。

③ 陈阳：《碎片化的女性新闻：对〈中国妇女报〉的内容分析（1990—2002）》，载《妇女研究论丛》，2006年第4期。

性别平等的主流意识形态；站在女性立场以女性视角观察和思考问题的女性主义也会渗透在女性新闻中。作为媒介市场上竞争的主体，媒介的内容生产也离不开市场的影响和资本的控制。这些都是建构女性话语的因素。

第二节　影响媒介女性话语的因素

以福柯的权力观为视角，媒介中的女性话语，受到多种因素的影响。媒介的内容就在这样的框架中被生产。美国媒介社会学家帕梅拉·休梅克认为，影响媒介传播内容的社会因素包括媒介的传播者、媒介的制作方法、媒介组织内部的要素、媒介组织外部的要素、社会意识形态等。[①] 无论是福柯的权力观，还是休梅克的媒介社会学，都向我们揭示了媒介话语生产中的复杂因素。

一、男权文化对女性话语的影响

(一) 男权制度和男权文化

男权制是自原始社会末期出现的男性占统治优势地位的社会现象，泛指包括家长制、父权制等形式在内的一切男性支配形式。

随着生产力水平的提高和私有财产、私有观念的出现，父系社会开始出现。恩格斯指出："母权制的被推翻，乃是女性的具有世界意义的失败。丈夫在家中也掌握了权柄，而妻子则被贬低、被奴役，变成丈夫淫欲的奴隶，变成生孩子的简单工具了。"农业社会初期生产方式的转变带来了男性地位的提升，男性以其在创造生产力方面的优势，获得对物质资源和对人的支配力，进而掌握社会的主导权、分配权。"历史地看，父权与夫权不仅是人类一切权力及统治的表现形式之一，而且是一切权力与统治的起源。'父之法'在某种意义上亦即统治之法，并且是一切统治之法的开端。"[②] 父系社会很快就发展出一个集皇权、族权、父权合一的中央集权等级社会。

在古代社会，家族是最基本的社会单位，在家族内部男性家长拥有判断是非的绝对权力。因此，男权制是通过支配权而不是亲属关系来体现的。随着近现代法律

---

① 转引自张宁：《媒介社会学——信息化时代媒介现象的社会学解读》，146 页，广州，中山大学出版社，2010。

② 孟悦、戴锦华：《浮出历史地表——现代妇女文学研究》，3 页，郑州，河南人民出版社，1989。

的发展，由家父扮演的男权所拥有的对家族内部的人和财的掌控权，从家庭领域转移到公共领域，并由国家制定的法律来取代其控制权。但是，男权意识在诸多领域依然存在。美国激进女性主义学者米莉特正式提出"男权制"概念。她认为男权制是社会建构的产物，通过意识形态领域渗透、生物学的假说、家庭社会化、经济和教育上的低地位、立法文学风俗上的强权，阶级、神话和宗教及心理控制等渠道维持加强男权制，并由此建立一种权力关系，实现男性群体对女性群体的统治。军队、工业、技术、高教、科学、政治机构、财政，这个社会所有通向权力的途径，全都掌握在男人手里。政治的本质就是权力，甚至那一超自然的权力——神权的权力，连同与它有关的伦理观和价值观，以及我们文化中的哲学和艺术——或者就像 T. S. 艾略特曾经评说过的那样："文明本身，都是男人一手制造的。"①

在中国古代，父权制在夏商周时期逐渐确立，两性的权力和社会地位的差距日益扩大，女性在历史上开始成为"看不见的存在"，而父权在国家机器的结构和运转中体现出关键地位。西周认为商代必亡的原因是"牝鸡之晨，惟家之索"和商纣王"惟妇言是用"，②将政治腐败和王朝衰微归因为女性干预，从此名正言顺地将女性排除在政治权力之外；在性别制度方面，西周设定"亲亲、尊尊、长长，男女之有别，人道之大者也"③ 的制度。《周礼》以嫡长子继承制度为基础，确立宗法制和分封制，形成"阶级与性别的双轨等级制"④。嫡长子继承制之下，王位和财产必须由嫡长子继承，只有男性才有继承权，男女地位的差异、男尊女卑开始有了制度的根据。宗法制确立了男性继承财产和家庭核心的地位，以及承担家庭经济和决策权力，而女性只能通过生育嫡长子改变地位，成为传宗接代的工具。因此，父权和夫权成为一个家庭中同时存在的两种男权形式。先秦秦汉之际，男女夫妇之间的尊卑关系已为社会所普遍认同，宋元以后则进一步被强化。在封建皇权的支持下，男性全面掌握政治权力，并建立各种各样的制度，同时也维护了自己的优势地位，男权思想也得以充分发展。

（二）男权文化对女性的定义

在历史上，男权社会通过制度设计和文化规训将两性地位和身份进行划分，并

---

① 转引自李芬：《现代男权制理论的沿革》，载《社会》，2003 年第 2 期。
② （清）阮元校刻：《十三经注疏·尚书·牧誓》，北京，中华书局，1979。
③ （清）阮元校刻：《十三经注疏·礼记·丧服小记》，北京，中华书局，1979。
④ 杜芳琴：《发现妇女的历史——中国妇女史论集》，58 页，天津，天津社会科学院出版社，1996。

演绎出男性主导、女性依附的基本关系，形成了性别不平等的模式。在两性分工方面，原本是受特定生产力水平所限制而形成的"男主外，女主内"的分工模式，被人为地固化并赋予不同的价值，男性从事的事情价值高，女性从事的事情价值低。基于这种分工，在文化中也形成了对两性气质的定义和优劣对比，并进一步对女性形成歧视和污名化。

父权制和男权制的称呼，经常交替使用，二者在本质上没有区别。"一个社会是父权的，就是它有某种程度的男性支配（male-dominated）、认同男性（male-identified）和男性中心（male-centered）。这样的社会造成对女性的压迫，这就是父权社会的关键面向之一。"① 在男权制社会里，男性在社会各领域和家庭内部占据权威的位置，可以获得较多的财富和收入，男性被认为是优越的群体；父权社会是男性认同，是以男性作为是非的评判标准，"只要我们认为好的、欲求的、完美的或正常的，都与我们怎么看的男人和阳刚气概有关"。因此，社会将"注意的焦点放在男人身上以及他们的作为上"。②

两性气质是一个被社会话语权力和文化观念定义的概念。相对于男性阳刚气质的理性、竞争、独立、主动、精确，女性阴柔气质则是感性、依赖、接纳、模糊等。有利于控制的气质属于男性，需要控制的气质属于女性。文化描绘和认可的控制、竞争、坚韧等阳刚气质与父权社会中的工作价值相吻合，而配合、平等、柔弱、直觉等女性气质则被贬低。在父权社会里，女性有价值的就是身体，是男性欲望投射的对象。

两性气质在消费主义中得到强化，身体的价值需要通过消费来实现。消费主义（consumerism）是指一种毫无顾忌、毫无节制地消耗物质财富和自然资源，并把消费看作是人生最高目的的消费观和价值观，是二战后发达资本主义鼓励消费政策的产物。中国改革开放以来，消费主义伴随着跨国公司的商品、广告、代理人和机构陆续进入，其借助媒体特别是时尚杂志，宣传消费不仅带来舒适、新奇，还带来身份、美丽气质及权力。消费的目的不是满足自然的生理需要，不是日常生活的一个必要环节，而是寻找精神满足和表现自我价值。

---

① ［美］亚伦·强森：《性别打结——拆除父权违建》，成令方等译，22～23 页，台北，群学出版社，2008。

② 同上书，24 页。

（三）男权文化在媒介话语中的呈现

在现代社会两性平等的法律和政策框架中，男权制对两性权力关系的支配已失去合法的存在空间。但作为一种传承上千年的文化，男权文化具有稳固性，并在信息传播中被复制和体现，对人的意识和认知产生影响。新闻的生产是一种社会性生产，其对事实的选择和解释难以避免地包含着男权文化和传统性别意识，进而表现在新闻话语的建构中，男权文化借助新闻报道的框架无形中影响公众的认知。

例如，公共场合的性骚扰是一个棘手的问题。2012 年 6 月 20 日晚上，上海地铁第二运营有限公司官方微博"上海地铁二运"发布了一条微博："乘坐地铁，穿成这样，不被骚扰，才怪。地铁狼较多，打不胜打，人狼大战，姑娘，请自重啊！"配图是一名身着黑色丝纱连衣裙的女子背面，由于面料薄透，致使旁人能轻易看到该女子内衣。该微博引发网上论战，并引发线下抗议行动。以该微博的逻辑，性骚扰的原因是女性穿着暴露。女性受害者有错在先的归因逻辑，是"荡妇羞辱"在现代传媒的再现。某新闻报道《女子连生 4 个女儿 丈夫先后 3 次起诉离婚 法官这样判》①，报道了法官以不准离婚作为对丈夫重男轻女的惩罚。文章以把妻子当作生育机器的丈夫为吸引眼球的噱头，但报道的归因分析逻辑混乱，不是改变落后的性别观念，而是爸爸要担责保护家庭成员的安全，将女性的命运寄托在男性的庇护之下。

消费主义与男权的结合是大众媒介生产"被看"女性的一种手段。现代社会是符号化的消费社会，媒介建构了"消费"等于"美"的观念，女性要想保持美丽，需要不断消费。女性价值就在于外表的美丽，在于成为"男性注视"的欲望对象，由此不断给女性施加"美"的压力。身体成为女性展示自身价值的基础，女性在社会中的评价和自我评价取决于她们的外貌长相。因此，媒介上充斥着美容、瘦身的内容和广告，引导女性只要使用了化妆品装饰自己，就可以吸引男性的注意；而男性给女性买礼物就是爱情的表现。例如，2016 年"×××口红"营销传播，"送我一只口红，每天还你一点"，普通的口红被赋予许多其他意义，正是符号消费时代的产物。社交网络上晒男友送口红的照片文字层出不穷，部分女性认为这是"幸福"的表现。消费时代的广告营销将男性审美移植到产品中，而女性在潜移默化中被动迎合。

---

① 《女子连生 4 个女儿 丈夫先后 3 次起诉离婚 法官这样判》，载《广州日报》，2018-08-23。

在消费主义视野下，女性身体是视觉消费的要素之一。在网络上，女性身体图片作为视觉文化符号的载体，劝说女性围绕身体进行消费。网页上经常充斥着大量的明星美女图片，每幅图片都强调自身的叙事目的，图片下方的文字解说为消费者进行美的编码，诱惑女性进行装扮消费。女性的身体被碎片化，通过编码来表现明星的风情美发、骨感美、优美的曲线、姣好的面容，这些具有编码意义的美，都是各种时尚消费的结果。拥有这些美，不仅使女性年轻，而且使其更自信更有吸引力。在这里，女性不是个性和思想的主体，而是纯粹的消费者。

男权制主宰的文化是在长期的社会历史发展中形成的。根据社会建构理论，性别并不简单是一个关于个体特征的变量，而是一个社会关系体系。这个体系是靠符号结构（Structure of Symbolism）来运转的。这个符号结构不断产生性别规范，并为男女两性的行为差异赋予文化意义，从而在主导个人行为和规定两性关系方面发挥着有力的意识形态方面的作用。我国传统社会通过一系列的男权话语确定了性别结构，在这个结构中含有不可轻易撼动的规范、秩序，两性若想改变这样的话语，需要长久且艰难的剥离过程。

二、女性主义在大众媒体中的呈现

福柯认为"话语处于两种权力类型之间，一方面是支持统治权的、实施强制性的权力倾向，另一方面是反统治性的权力倾向"[1]。在媒介的话语中，如果说男权文化是巩固强制性的权力，那么女性主义就是解构统治性的权力。在媒介的信息传播中，新闻是通过选择和报道事实进行主观性表达，把事实编码为有意义的事件。传播者对新闻的报道，都带着意识形态，通过新闻报道"重构预先制定的意识形态"[2]。信息在传播中强化了传统的性别文化，男性中心的话语并没有提供女性表达的机会。作为一种对抗男权文化、追求性别平等的意识形态，女性主义应该成为媒介话语的建构因素之一，打破男性中心、性别歧视的话语秩序。

（一）女性主义和性别平等

作为一种理论思潮，女性主义主要有三大派别，包括自由主义女性主义、马克

---

① 转引自王缄：《后现代女性主义理论研究》，43页，北京，经济科学出版社，2013。
② ［荷］托伊思·A. 梵·迪克：《作为话语的新闻》，曾庆香译，12页，北京，华夏出版社，2003。

思主义女性主义、激进主义女性主义，近年来又出现了后现代女性主义等。不同流派的女性主义，其解释两性不平等的具体原因时所使用的分析范畴不同，实现性别平等的具体方法和路径不同，但其内容都是对女性处境的反思，对性别问题的关注，共同的目的是对性别不平等的批判，并提供性别平等的思路和主张。

女性主义在反思女性所处不利处境的基础上，从现代理论思潮中吸取营养形成不同流派。从启蒙精神和理性思想中吸取营养，形成了以追求平等权利为目标的自由主义女性主义；马克思主义女性主义基于经典马克思主义关于私有财产、性别分工、妇女受压迫的根源等，启发女性主义者认为资本主义私有制和阶级压迫是女性受压迫的根源，主张消灭资本主义私有制来实现性别平等；激进主义女性主义虽然是全新的思想体系，但它发现了自由主义女性主义的不足，在对自由主义女性主义的反叛中走向激进。① 它以两性的权力差距作为批判中心，走出了以往理论的框架局限。

后现代女性主义吸纳了后现代思想大师的观点，并将话语作为基本分析范畴。话语意味着一个社会团体依据某些成规将其意义传播于社会之中，以此确立其社会地位，并为其他团体所认识的过程。历史文化由各种各样的"话语"组构而成。② 在福柯的理论体系里，"话语"居于中心位置，人类与世界的关系就是"话语"的关系，一切权力都是通过"话语"而获得的。此处的"权力"，不是传统的可以被拥有、可以进行自上而下的压迫性权力，而是被运作的、自下而上的生产性权力。女性主义对传统文化、男权文化的批判，与后现代主义对二元对立、中心化的、本质主义的批判，具有内在的一致性。"二者都致力于颠覆二元对立的逻各斯传统"，"后现代理论对传统文化逻辑的否定为当代女性主义批判传统的男权话语模式提供了强有力的理论武器"。③

受后现代思想家们关于话语的阐释的影响，后现代女性主义者开始重新理解话语及其中的知识。"话语的建构，虽然是人们在理性指引下遵从认知范式所进行的一种实践活动，但在这种实践活动中，真正起作用的是力或权力。"④ 权力作用于建构

---

① 余永跃、秦丽萍：《反叛与激进：西方激进主义女权主义述评》，载《社会科学文摘》，2017年第1期。
② 王治河：《福柯》，158～159页，长沙，湖南教育出版社，1999。
③ 倪志娟：《女性主义知识考古学》，31页，北京，高等教育出版社，2012。
④ 同上书，42页。

文本的过程，而文本是男性的表达，男性成为权力的实施者，因此文本就成为父权制权力得以维护和实施的方式。但是，在福柯的权力观中，权力不能被看作单纯的消极力量，而是不平等关系的集中展示，也是不平等关系各方角逐的领地，有权力的地方就可能有抵制。话语中的权力表现为不平等关系及角逐的空间，这一点在媒介的话语中同样适用。现代社会的大众传媒，女性话语中既有传统父权制文化的无意识呈现，也有性别平等和现代性别意识的角逐与争夺。

中国的女性主义是从西方输入的。最初是"女权"这个词，大约于 1900 年前后在中国出现①。随后变成了女性解放的口号和现代文明的象征。但是，不同于西方国家先有民权革命后有女权运动，近代中国将女权、女性解放纳入了国家话语。辛亥时期，秋瑾等一批女性积极参与革命活动，加入同盟会，创办报刊，组织女军，通过政治革命来实现"女权"——女性的权利。这与许多后发国家一样，在抵抗外国侵略者、建设文明国家体制的过程中，女性的利益从属于民族—国家的利益，② 在实现国家利益的进程中实现女性的利益。

中国的性别平等意识也有特殊背景。新中国成立后，政府不断加强立法工作，逐步推动性别平等的立法和制度深化发展，性别平等开始在我国逐渐具有扎实的政治和法律基础。这种支持性别平等的法律制度的演进是持续的。1954 年 9 月，《中华人民共和国宪法》规定妇女享有和男性同样的权利和自由。1992 年通过了《中华人民共和国妇女权益保障法》。1995 年联合国第四次世界妇女大会上江泽民提出"把男女平等作为促进我国社会发展的一项基本国策"。2001 年国务院颁布了《中国妇女发展纲要（2001—2010 年）》，保障妇女在政治、经济、文化、社会和家庭生活等各方面享有同男子平等的权利。2012 年中共十八大首次将男女平等作为基本国策写入报告。两性在法律上实现了平等，享有同等的权利，承担同等的义务。这种法律制度的变化成为媒介女性话语中抵制传统性别歧视的一种力量。因此，性别平等的观念逐步成为我国的主流意识形态，也逐步被社会大众接受。可以说，中国作为社会主义国家，对女性采取友好的态度，在承认性别平等的基础上，通过立法来保护女性

---

① 高彦颐、王政：《女权主义在中国的翻译历程》，6 页，上海，复旦大学出版社，2016。
② 转引自陈阳：《协商女性新闻的碎片——20 世纪 90 年代以来中国媒体里的国家、市场和女性主义》，3 页，西安，陕西人民出版社，2006。

的权利，有学者称之为"国家女性主义"。① 它强调女性利益与国家利益的一致性，在实现女性解放的过程中，国家居于主导的地位。

（二）中国主流媒体的女性主义话语

我国主流媒体的性别平等传播，立足于国家对性别平等的制度性保护，在新闻报道中维护女性权利。

以《中国妇女报》为例，其作为全国唯一的以女性为目标受众的综合性女报，以维护妇女权益、进行舆论监督为主要内容，用舆论的力量在各个领域争取女性正当权益。例如，其通过舆论质疑歧视性退休政策，最终促使有利于女性权益的政策出台。2000 年 8 月 17 日—9 月 2 日，该报组织"退休年龄不平等导致女性权益受损"系列报道，质疑男女法定退休年龄相差五年的规定，引起全社会关注。越来越多的女性走上了工作岗位，但其退休年龄却要早于男性，连高级知识分子和高级干部也不例外，这一政策显然有悖客观现实和男女平等的国策。2009 年 5 月 1 日，《中国妇女报》率先实行男女同龄退休制度。报社全体员工一律实行 60 周岁退休制；女员工年满 55 周岁后，愿意退休亦可办理退休手续。经过报道，男女同龄退休得到社会的广泛认同。据全国妇联妇女研究所和国际劳工组织北京局共同发布的《退休年龄问题研究报告》显示，"有超过半数的受访者，赞同男女同龄退休"。②

在制度上实现两性平等的时代大背景下，媒介传播性别平等意识的状况如何？有研究者检查了纸媒关于女性的报道，发现党报对女性的报道遵循国家意识形态，鲜有性别歧视的内容。而都市媒体则存在商业逻辑引导下的性别歧视。"相对于男性而言，女性较少地出现在报纸媒体的例行性新闻报道中，处于失语状态；女性即使出现在新闻报道中，也存在着对女性角色的陈规定型和不均衡的描述。"③ 在集体无意识和媒介市场化的背景下，传播者对性别平等的政治法律框架认识和信息传播的选择标准难以真正统一起来，真正体现女性主义的信息传播并没有成气候。

传统主流媒体对性别平等话语的呈现，在一定程度上克服了新闻报道中的女性缺席，传播了性别平等。但是在男权文化和市场化结合的社会环境下，性别平等的

① 陈阳：《协商女性新闻的碎片——20 世纪 90 年代以来中国媒体里的国家、市场和女性主义》，5 页，西安，陕西人民出版社，2006。

② 刘乐：《退休年龄研究报告公布　男女同龄退休不应一刀切》，中国广播网，2011-4-6。

③ 张晨阳：《当代中国大众传媒中的性别图景》，38 页，北京，中国传媒大学出版社，2010。

传播并不天然地具有吸引力，也并不总是持续地出现在媒体的议程中。这导致媒体的性别平等传播效果不佳，对女性的报道存在碎片化倾向，"女性主义在新闻中并没有得到全面的可见性"①。另外，研究者对女性及女性相关议题在媒体里出现的角色进行分析，发现"报道强化性别固定成见（stereotype）和传统性别角色，媒介报道的女性要么是男人的妻子、母亲和家庭主妇，要么是向男人推销商品的性对象，总之女性不是为自己，而是为男人存在的"②，媒介不厌其烦地告诉女性如何做一个优雅的附属品以满足父权社会的需要。

女性主义是影响女性话语的另一个重要因素，其追求的性别平等理念是女性主义对抗性别歧视的依据，因为性别平等"不仅必须推翻父权制的法律和政治结构，还必须铲除它的社会和文化制度"③。所以，性别平等的法律制度的确立，并不意味着媒介女性话语表达障碍的消失。在制度上消除性别不平等的情况下，不能忽视文化和观念中潜藏的不平等，要警觉其以不易察觉的隐蔽方式存在，继续传统不平等性别关系的生产。

三、媒介市场化对女性话语的建构

新闻是"一种经济产品，其生产遵循经济的供求规律"④。传媒业本身也是巨大的产业。因此，媒介上的话语也会受到经济因素的影响。我国在市场经济体制改革后，传媒的运营方式逐步地向市场化、产业化发展，成为强大的经济力量之一。在媒介市场中，媒介不仅把满足人们获取信息需求作为唯一标准，还要体现特色以争取更多用户，占领更大的市场。

大众传播媒介的产业属性不仅体现在传播信息方面，更多地体现在传媒在进行信息行为时前后关联的环节当中。在市场化进程中，激烈的竞争使媒介将生存的经济压力转化为信息传播的内在驱动力。信息属性与利益属性相交织，媒介竞争的加

---

① 陈阳：《协商女性新闻的碎片——20世纪90年代以来中国媒体里的国家、市场和女性主义》，85页，西安，陕西人民出版社，2006。

② 陈阳：《性别与传播》，载《国际新闻界》，2001年第1期。

③ ［美］罗斯玛丽·帕特南·童：《女性主义思潮导论》，艾晓明等译，2页，武汉，华中师范大学出版社，2002。

④ ［荷］托伊恩·A. 梵·迪克：《作为话语的新闻》，曾庆香译，中译本序言，2页，北京，华夏出版社，2003。

剧使得传媒在信息选择和话语表述时考虑对媒介市场的影响。同时，媒介的市场化需要其在市场上获得资源配置，其资金来源需要通过对工商业产品的推广来获得回报。在此背景下，媒介与产业的需求是一致的。为扩大产品销路，消费主义和男权文化的结合，是新形势下传播消费主义的合谋。媒体倡导女性消费，将女性视为凝视的对象，进一步将女性他者化，强化女性的"第二性"和依附性，而不是女性的自主和独立。

（一）女性成为媒介市场细分化的对象

媒介走向市场之后，经济利益成为媒介发展的核心目标。内容是盈利的重要支柱，如何制作关于女性的内容，再现性别问题，直接关系到媒介是否能吸引注意力、带来点击量。虽然女性形象开始频繁地被大众传媒关注，女性出现于公共视野，女性的声音也得以在媒介上传达出来，但媒介对于利益最大化目标的追求，自然而然地使得女性话语的塑造不完全由个人决定，而是会受到资本与市场关系的限制。

女性作为媒介市场中不可忽视的消费者而被关注，进而成为媒介市场细分过程中的一个重要领域，以女性为目标用户的媒介日益增加。中国在改革开放后，女性媒介从单一的女性报纸、女性期刊等纸媒发展到女性电视、女性广播。随着新媒体的发展，女性网站和互联网的女性社区也日益增加，女性媒介成为媒介市场中的新增长点。女性媒介成为媒介市场细分化发展的一个领域，其中最能表现媒介市场化影响的当数时尚女性杂志。中国改革开放初期，时尚女性杂志作为一种舶来品开始进入中国，其以白领女性为目标消费者，内容突出照片等视觉因素，商业广告所占页码往往是杂志页码的¼～⅓，[①] 广告内容以女性高档化妆品、装饰品为主，商业化气息浓厚。

在西方，女性话语在媒介上的呈现，是为了适合传媒吸引读者眼球的需要。只有吸引了受众，才能维持媒介的市场化运作，在竞争的市场中占有一定的份额，从而获取经济利益。即使在以"平等"为口号的西方传媒中，性别也成为显著的且不愿被主流容纳的标签。因此，媒介市场细分化带来了女性媒介的蓬勃发展，女性能够在传媒中发声。但这种声音也许无法真实表达女性意志，因为传媒背后有更为复杂的市场关系。

---

① 王蕾：《时尚杂志：产生、发展及其消费主义本质》，载《中国出版》，2010 年第 2 期。

（二）媒介内容强化传统女性气质

在性别不平等的历史文化影响下，二元对立的性别气质也被建构起来，并成为性别不平等的内容。男性气质（Masculinity）"是指男性具有成就取向和关注完成任务的行动取向的一系列性格和心理特点"，女性气质（Femininity）"是指女性具有同情心、令人亲切、对他人关心等亲和取向的一系列性格和心理特点"。[①] 在描述性词汇中，强壮、坚强、独立、理性、智慧等气质被赋予男性，柔弱、脆弱、服从、感性等气质被赋予女性。上述基于传统历史文化建构的性别刻板印象，被合理化和自然化，加深了性别对立。

在传统的性别不平等观念内化为社会大众心理时，传媒为了追求注意力的最大化，难免会对传统的两性气质进行复制和再生产。媒介的内容营销也表现了市场化的影响。时尚女性杂志通过精彩而有吸引力的内容满足读者对时尚类信息的需求，以内容营销成功吸引读者注意力，再以此为资本向广告商有偿提供有注意力的版面，或将广告植入文本之中，通过场景再现，让用户对广告产品留下深刻印象，进而产生购买欲望。中国以女性为目标读者的纸媒中，《今日女报》和《新女报》是市场化程度相对较高的女性报纸。这些报纸围绕女性传播信息，并采用多种经营方式，在媒介市场上占据一定地位。其内容也存在以女性为卖点、社会性别意识不足甚至是低俗化的倾向。在电视广告中，"女性性别作为吸引观众的刺激点，以女性性别作为商家同观众的交换价值，妇女更多地被电视广告描写为漂亮模特或性对象……精美化妆品、华丽服装、营养食品、整容手术，是妇女实现'理想'和角色期待的手段"[②]。新媒体的运营也受市场化的影响，内容以女性身体为卖点，出现"姐妹长腿性感撩人，女人味十足，身材很是抢眼"之类低俗描述。某门户网站的图片新闻报道中，刻意展示女性身体，将其作为展品以吸引眼球。

无论是男性气质还是女性气质，乃至传统的性别观念，都是历史进程中权力建构的产物。无论介质如何发展，受到市场化影响的媒介都不自觉地在话语中再生产传统的性别形象和性别观念。经过媒体的放大，传统男权的意识形态继续顽固地存在，而表达女性心声、传播社会性别意识的话语仍然缺席。依据阿尔都塞的意识形

---

① 佟新：《社会性别研究导论》，26 页，北京，北京大学出版社，2011。
② 刘伯红、卜卫：《我国电视广告中女性形象的研究报告》，载《青年研究》，1997 年第 10 期。

态研究，意识形态的本质是社会关系的生产和再生产，它的出现是"社会历史的基本结构和人们的生活的实际需要"①，在劳动力和生产关系再生产中发挥至关重要的作用。在此过程中，意识形态具备主体性，通过意识形态的质询和传唤，社会个体被意识形态承认并建构。市场化对媒介话语的影响，最直观的表现是性别刻板印象的加强、传统性别观念的加固，而这一旦成为媒介传播的通识，就会成为影响社会个体的意识形态，而社会个体也会被这种意识形态进一步建构。

四、新媒体对女性话语的作用

（一）新媒体为女性发声提供平台

20世纪90年代互联网出现之后，我国女性网民数量稳定增长，在数量上也占据了"半边天"。在新媒体环境中，每一个网民都是传播者，都可以在网络平台上发布信息和评论，参与信息生产过程。社交媒体的出现，让信息的连接、互动、分享、聚合的网络空间成为可能，并由此形成一个人数庞大的"信息中下层"（Information Have-less）。② 而女性网民是一个人数逐年递增、规模庞大的群体。网络扩大了女性的媒介接触范围，有助于突破传统的传播体系，推动女性利用新媒体发声，因此，其话语生产的影响不容忽视。

新媒体和新技术提供的传播便利让网民的意见表达、形成舆论成为可能，"使弱势群体在话语、经济、文化、社会资本等领域有可能得到权力和能力的提升"③。

互联网的赋权让个性化的性别观念得以在网络空间表达，新媒体提供了性别平等的表达机会，也为人们理解和看待社会生活提供了多元化信息。同时，随着新媒体技术终端的智能化和使用便利性的发展，越来越多的女性网民介入信息生产的过程中。女性的新媒体使用，为赋权女性提供了条件。女性可以便捷地把对日常生活的场景的认识和感想表达出来，进而引发共鸣。因为这种感觉和认知不是喃喃自语，而是性别模式的日常化，具有公共性的一面。个性化的私语有可能引发共鸣，进而上升为社会讨论的话题，这有助于发现生活中的性别不平等，有助于新媒体环境中

---

① 李丽：《论阿尔都塞的意识形态理论》，载《世界哲学》，2018年第2期。

② Damm, Jens, Working-class Network Society：Communication Technology and the Information Have-less in Urban China. *CHINA JOURNAL*，VOL 66，pp. 199-200，2011.

③ 丁未：《新媒体与赋权：一种实践性的社会研究》，载《国际新闻界》，2009年第10期。

的性别平等的话语建构。

　　除了个人化的表达，互联网上还有很多平权之声，包括微信公众号、微博，这些网络平台的言论尽管还显得势单力薄，与微信大号的影响力无法抗衡，但还是发出了自己的声音。

（二）新媒体商业化对女性话语的牵制

　　以网络为代表的新媒介以其低门槛和开放性为女性行使话语权提供了技术条件，但由于男权文化的影响和商业利益的控制，以及女性表达的被动性话语策略，新媒介中的女性表达实质上是女性话语权的"乌托邦"。[①]

　　在新媒体传播中，如何吸引网民的注意，是传播者在海量信息中被关注的基础。同理，女性的新媒介表达只有吸引大量访问者才能发挥自身影响。在网络中，精英因其在现实社会的社会经济地位，故其新媒体传播是最容易受关注的，这也是名人明星的微博、博客长期占据排行榜的原因。普通女性若想被关注，就要靠出位的表达来获得。在普通女性的微博或博客中，个人的情感表达、心灵独白和生活记录很难吸引多数人的注意力，而博主对严肃或宏大的社会民生、政治经济等命题又往往缺乏深入思考。最终，女网民的成名不外乎以下两种途径：一是靠身体写作如木子美；二是靠出位的言论如芙蓉姐姐。对普通女性而言，如无吸引眼球的新颖话题或出位的内容，女性的新媒体传播就不会被网民关注，也就没有机会表现自己的影响力。

　　新媒介为女性自主参与信息传播提供了契机，女性得到与男性同等的话语表达机会，但只有符合媒介市场要求和能最大吸引注意力的内容，才是女性取得流行身份的关键。受父权制文化的长期影响，男性文化成为主流文化，售卖女性特性和刻板印象是媒介谋求商业利润最普遍和最容易的方式。新媒介在理论上赋予女性话语权，让女性自由表达话语，但这种情况下的女性话语难以脱离男权文化。在男权文化的影响下，人们会不假思索地接受它并且继续深化这种刻板印象，新媒介与传统男权文化的结合因此显得更加隐蔽和不易察觉。媒介与市场的接轨是无法改变的趋势，媒介产业化发展越来越迅速，市场对女性话语建构的影响是潜移默化且不可忽略的，女性话语要在这种条件下有所突破的确是个难题。

---

① 　宋素红、杨曦：《新媒介环境中的女性话语权》，载《中华女子学院学报》，2010 年第 5 期。

相较于传统媒体和门户网站，自媒体中的微信公众号在女性话语的传播中具有一定的自由度和灵活性，以特定的商业模式实现了内容的持续传播，这也促使个别女性公众号为公众所关注。

咪蒙[1]的文章涉及两性关系的话题，其标题中的高频词分别是男人、女人、婚姻、吵架、出轨等情感中的负面词。但其在两性关系的话题上缺乏理性，刻意制造男性与女性的对立，通过标签化男性如运用一些网络词语，来形容某一部分人群，夸大他们的缺点，并利用绝对的批评技巧，来制造女性群体的认同感。制造性别对立，是在情感上吸引女性关注；而及时跟进女性新闻，以女性话语发声，也会在理性上吸引女性关注。二者的共性在于对抗互联网中的男性话语，产生特殊的传播效果，增加网络流量。

第三节 社会性别意识与话语更新

一、社会性别意识主流化

在福柯的话语和权力关系中，所有的话语并不全部对权力俯首帖耳，它们也可以被当作"抵抗的指点和反抗策略的起点"。[2] 在女性话语建构的诸因素中，女性主义和社会性别意识可担当建构反抗性策略的起点。

女性主义的理论基础是社会性别理论。这一理论反对生理性别和社会性别之间的必然联系和本质主义性别观，认为性别不平等是社会历史的产物和社会建构的结果。它以社会性别为中心来考察两性的相对关系，并"论证了两性社会性别形成主要是社会建构的结果，从而揭示了女性受压迫的真正原因"。[3]

社会性别意识认为，社会性别是社会权力关系的再现，因此它致力于剖析社会权力关系的构成及其对两性社会位置的影响。因克服性别不平等的策略不同，导致

---

[1] 2019年1月咪蒙因发表虚构的《一个出身寒门的高考状元之死》一文，引发舆论声讨而关闭。其赢利模式值得反思。

[2] 王淼：《后现代女性主义理论研究》，43页，北京，经济科学出版社，2013。

[3] 本质主义性别观以生物性别和二元对立的方法来决定两性气质及生存状态，将公共领域和私人领域分别划归男性和女性，并伴随着男性优强和女性劣弱的结论，导致女性社会角色固化、女性地位附庸化。参见刘利群：《社会性别与媒介传播》，25页，北京，中国传媒大学出版社，2004。

形成女性主义的不同流派。在学术界对女性主义的探索过程中，女性主义在政治层面取得的发展是有目共睹的。社会性别意识主流化被官方提倡并成为一种先进的观念。社会性别意识主流化离不开大众传播媒介对该意义的生产。后现代女性主义认为话语再生产权力，因此，性别平等不仅是两性在政治、经济上的平等，还表现在改变话语内容中的女性缺失和话语建构两性角色的不平等，实现话语建构的平等。如今，在媒介化的社会中，性别平等的实现离不开媒介性别平等话语的建构。这种话语建构是全方位的，是性别平等意识主流化的媒介实践。

社会性别意识主流化（Gender Mainstreaming）是指在各个领域和各个层面上评估所有有计划的行动（包括立法、政策、方案）对男女双方的不同含义。作为一种策略方法，它使男女双方的关注和经验成为设计、实施、监督和评判政治、经济和社会领域所有政策方案的有机组成部分，从而使男女双方受益均等，不再有不平等发生。纳入主流的最终目标是实现男女平等。其作为联合国推动性别平等的主要战略，重点是强调国家立法和政府决策应遵循社会性别平等理念。1985 年，联合国第三次世界妇女大会通过的《内罗毕战略》首次正式提出"性别意识主流化"观念；1995 年 9 月，联合国第四次世界妇女大会通过的《行动纲领》提出了"社会性别主流化"战略性行动方案，强调必须保证两性平等是经济社会发展领域的首要目标，要求将社会性别意识贯穿于社会政策的制定、执行和评估的全过程，并将以此作为提高两性平等的一项全球性策略。

社会性别意识主流化在中国也得到政府的明确支持。1995—2011 年，中国政府连续发布《中国妇女发展纲要》。不同时期的《纲要》均强调大众传媒要在不同层面参与营造性别平等的社会环境：不仅强调媒体传播所形成的社会环境对性别平等的重要性，更要求制定具有社会性别意识的文化和传媒政策，加大男女平等基本国策的宣传力度，增强全社会的社会性别意识，为妇女发展创造良好的社会环境。

将社会性别意识的主流化纳入媒介话语的生产，可以对抗男权文化在不同场景下对女性话语的影响，进而建构起基于社会性别意识的女性话语，这是媒介女性话语的方向。

二、克服性别不平等的集体无意识

人类社会在特定历史条件下形成的性别不平等，经由制度确定和文化的维护和强调，形成了传统观念中的性别歧视和性别刻板印象。历史上形成的传统性别观念，围绕性别气质、性别角色、性别关系、性别分工等，都形成了二元对立的秩序，渗透在日常的话语和实践中，形成集体无意识，直接影响大众的心理和认知。在性别气质方面，女性被认为是感性的，温柔的，是需要照顾的，而男性是刚强的，有力量的，是主导的；在性别角色方面，男性被赋予社会角色，女性被划入家庭角色；在性别关系方面，男性占主动的、优势的地位，女性属于被动的、居于劣势地位；在性别分工方面，男性被认为适合从事挑战性、开创性的工作，而女性被认为适合从事稳定的、照顾型的工作。这种性别观念，本身是社会建构的结果，但逐渐被自然化，成为一种集体无意识，具有不可察觉的影响。

大众传媒的传播者在进行内容编码时，会不自觉地受到这种意识的影响，并将这种集体无意识输入编码过程中。霍尔在研究电视编码时就提出，媒介总是以一种预设的"代码"将制作者的观念、概念、利益及需要输入到"制码"过程中，并形成对大众日常生活、行为规范和行为需要的控制力量。"如何加工（加码），加工成什么样子，……取决于加工者的知识结构以及生产关系和技术条件等因素。这一阶段占主导地位的是加工者对世界的看法，如世界观，意识形态等。"[①] 媒介的女性话语关乎女性对自身形象、地位及相互关系的认识，会潜移默化地形成女性的特定观念和行为规范，进而影响两性的性别意识和行为。当大众传媒周而复始地将"形象"编码传输给大众时，这种心理垄断性就会形成一种文化定义或者命令，大众的个性风格也就从此消失了。[②] 因此，媒介话语中只有渗透了女性主义，两性才可能受到男女平等思想的浸润，从思想上逐渐摆脱过去男权思想的束缚，进而在行为上争取自由平等。

三、传播者需要具备社会性别意识

传播者是媒介话语生产机制中的主体，其自身的思想和意识直接影响着信息采集和传播。如果媒介掌控者、媒介管理人员和普通的记者编辑等传播者具备女性主义思想，则必然会对媒介女性话语的内容和特点产生巨大影响。只有把社会性别意

---

① 陆扬、王毅：《大众文化与传媒》，69 页，上海，上海三联书店，2001。
② 李琦：《大众媒介构建的女性形象：社会性别视角的诠释》，载《湖南第一师范学报》，2008 年第 4 期。

识渗入整个媒介内容生产的全流程，拒绝性别歧视、传播性别平等的女性话语才能够被确立起来。

据《中国新闻业年度观察报告 2014》① 显示，全国新闻从业者中女性数量占比高达 51.5%，女记者在数量上获得了比较优势，这对于传媒业产生女性话语无疑是具有积极作用的。常规的新闻报道标准中缺乏对性别问题的特别规定，不同年龄的女记者具备社会性别意识的程度不同，但据研究者调查，女性记者在新闻判断时会受到性别意识的影响，比较可能产生女性立场，比如改变那些歧视女性的词汇，包括"妇孺皆知""命苦""弱女子"等；而且在一些犯罪题材的新闻中，出于对女性受害者的保护，记者不愿意使用她的清晰图片，避免任何暴露受害者身份的资料，在保护女性隐私权和为公众服务的选择中倾向于前者。② 因此，女性新闻从业人员在总体从业人数中的比较优势，对于性别平等观念在新闻传播中的应用，具有积极的促进作用。

女记者具备社会性别意识的前提是女性立场反思和社会性别意识培训，前者因人而异，后者则可以稳定保证社会性别意识的接受。中央电视台曾有的女性专栏《半边天》③，在开办之初因缺乏性别意识，节目出现了性别刻板印象。但是，经过培训之后，节目内容发生了根本改观。④《半边天》记录的不再是脆弱、依附、遵循"男主外，女主内"传统规则的弱女子，而是有自己的事业和追求、自信和坚强的女性。节目将镜头对准处于边缘化位置的女性，打破了传统电视以男性为主要报道对象的习惯，让社会大众看到了女性的存在价值及性别优势。

传统主流媒体对性别平等话语的呈现，在一定程度上克服了新闻报道中的女性缺席，传播了性别平等。但是在男权文化和市场化结合的情况下，性别平等的传播并不天然地具有吸引力，也并不是持续地出现在媒体的议程中。这导致媒体的性别平等传播效果不佳，对女性的报道存在碎片化倾向，"女性主义在新闻中并没有得到

---

① 张志安主编：《中国新闻业年度观察报告 2014》，北京，人民日报出版社，2014。

② 陈阳：《我国新闻生产的影响机制之研究：以妇女新闻为个案》，载《新闻与传播研究》，2006 年第 2 期。

③ 该栏目虽然停播，但其发展经历说明了传播者具备社会性别意识的重要性。

④ 寿沅君：《〈半边天〉长大了——中央电视台〈半边天〉栏目成长三部曲》，载《妇女研究论丛》，2002 年第 2 期。

全面的可见性"①。因此，传媒需定期开展社会性别意识培训，促进传播者意识到性别歧视和刻板印象对新闻报道的影响，进而在报道中自觉地用社会性别意识来选择和评价。

从根本上说，需要将性别意识培养纳入教育，塑造有性别意识的公民，这既是促进公民素质全面发展的需要，也将在根本上为女性媒介提供有社会性别意识的用户。同时，将社会性别教育纳入新闻传播教育，培养具有社会性别意识的传播者，使传播者成为女性生存环境的监测者。在社交媒体环境中，人人都是传播者，当传播者和用户都养成社会性别意识，社会性别意识成为一种基本常识时，女性话语的传播就会更加畅通。

四、以社会性别意识审视传媒话语

以社会性别意识来审视媒介的话语，意味着女性主义从争取制度、权利、地位的平等，发展到争取文化和话语领域的平等。这是一种专业话语，既不同于直接的政治宣传，也不以吸引注意力为目的去赢得经济效益，而是以表达女性群体的权利、促进性别平等和社会公正，推动性别平等的法律制度在不同领域的落实为目的。这种专业话语决定着女性主义话语生存环境的狭窄，但是，媒介通过传播技巧还是能够以女性主义话语赢得市场，并拓展女性主义话语。

我国媒体在科技报道中逐渐出现性别平等的报道。例如，胡丽丽是一名敢于挑战、拼搏的女科学家，她成功打造"钕玻璃"，备受媒体关注。有同事说"她太拼了，以至于我们经常都会忘记她的性别"，胡丽丽说："不管男女，做一番事业，都要付出，无需刻意打上性别标签。"② 屠呦呦获得国家最高科技奖后，《中国妇女报》的评论写道："她们默默流淌的汗水浇铸起科学大厦的基石，睿智严谨的头脑攻克一道道难关，坚毅有力的双手推动着人类进步的轮毂。"③ 女性不再是困于家庭、扮演辅助者和服务者的形象，而是依靠拼搏、坚持，追求事业成功。媒体倡导女性更多地投身社会，在传统上被男性垄断的领域显示女性的价值。记者的话语表达了对传

---

① 陈阳：《协商女性新闻的碎片——20世纪90年代以来中国媒体里的国家、市场和女性主义》，85页，西安，陕西人民出版社。2006。

② 陈冰：《打造"钕玻璃"的女科学家》，载《新民周刊》，2017年第13期。

③ 莫兰：《更多女性登顶科研高峰还需制度保障》，载《中国妇女报》，2017-01-10。

统女性气质的质疑，传播了女性可以完美胜任公共领域的职责的女性形象。

媒介内容中的社会性别和性别平等话语还体现在反对绝对化平等，考虑到女性的生理差异和母亲角色，进行差异化社会制度性保护。2011年开始，国家自然基金青年课题将女性申请年龄由35岁以下放宽至40岁以下，这是考虑到女性博士从毕业到35岁之间面临结婚生子的实际情况。人民网刊发《扶持女性科研人员成长：同等条件"女士优先"》，列举了其他促进女性科研人员成长的措施，如明确女性可以因生育而延长在研项目结题时间的政策，逐步增加专家评审组中的女性成员人数，等等。这样的报道是媒介女性话语中从性别差异出发，争取女性合理性权利的话语体现。

审视和批判社会上存在的残余封建男权思想，是媒介建构女性话语的方式之一。例如，针对俞敏洪2018年在一次演讲中提到："现在中国是因为女性的堕落，导致了整个国家的堕落。"《光明日报》发表媒体评论员的文章《"女性堕落"的言论根本站不住脚》①，批评"这种所谓的'堕落观'，实际上是陈旧的'红颜祸水'论的翻版。在过去，史家总结经验教训，总是怪罪妃子们太美引得'君王不早朝'；现在呢，就说女性都爱挣钱的男人，所以男人只好挣钱去了，都'堕落'了。这种论调，漏洞实在太多，不是一个现代性的认知逻辑……有人为之辩解说，这只是一时失言。但是，作为公众人物，更应珍惜自己的话语权。尤其是一位从事教育行业的公众人物，其发言具备相当的影响力。当然，公众人物的发言，总免不了在舆论场上接受检验，这也是正常现象，俞敏洪的言论，引起了广泛的舆论反弹，实际也是社会理性提升的表现：人们对男女关系及社会发展规律的认知，已经大大进步了"。由此可见，只有基于现代男女平等的观念，才能深刻揭示这种堕落论来自古代男权文化的逻辑。

在新媒体时代，微博、微信等自媒体让女性更便利地发出自己的声音，性别话题成为自媒体生产热点话题的重要素材，这些热点话题进一步表达了女性的心声，但是要谨防被商业化利用。同时，专业女性主义传播者也注重新媒体传播手段，在微信公众号中，女泉、女权之声等都从专业视角对于当下的社会现实进行批判性思考。在面对社会两性问题的时候，明确表现出对于性别不平等的不满和批评，从性

---

① 容易：《"女性堕落"的言论根本站不住脚》，载《光明日报》，2018-11-20。

别的角度倡导一个更加平等和谐的关系。

本章从女性主义的理论视角，分析大众媒体的传播现象，有助于对女性媒介话语进行深入思考。媒介上的信息都是被建构的，包含有特定意义和价值的话语是对现实世界的再现。每一种媒介都使用一套独特的规则来建构信息，不同的意义就这样在话语中展开，个体往往基于个人经验来解释媒介信息。因此，媒介信息的意义具有强化或抵消某一方面的个体认知的作用。就女性话语而言，媒介在一定政治经济社会文化环境中运作，其文本受到多方面因素的影响。尽管国家在制度上确立了两性平等的法律秩序，但传统的男权意识和性别歧视观念，还会在媒介信息的生产中呈现出来，进而强化性别不平等。性别不平等观念的无意识传播也会因媒介市场化的运行，变得更加明显。同时，随着女性主义和社会性别意识的传播，其会在媒介的女性话语中增加自己的分量，有助于改变媒介女性话语的意义结构和方向。

媒介的女性话语既有商业化对传统性别模式的复制，也存在着突破和创新的空间，这种创新就是质疑媒介对性别不平等话语的复制和传播，真正地为女性发声，促进性别平等观念的传播和社会公正的实现。而这需要媒介用户具备一定的批判分析能力，以及运用社会性别视角生产媒介话语的能力。

目前关于媒介素养教育的研究已经有不少成果，但其中还缺乏社会性别议题。"在大部分论述与教材中，较少或根本没有提及社会性别议题。……似乎媒介运行体制、媒介内容制作、信息传播等均与社会性别无关。……这其实是长期以来传播学界在研究中缺少社会性别敏感的体现。"① 因此，媒介素养教育应该增加关于社会性别意识的批判分析内容，使人们在接触到媒介上关于女性的话语时，能够分析其在复杂的媒介环境中是如何被建构的，其背后的影响因素是什么，进而清晰地认识大众传媒对女性的呈现方式，具备评价和反思的能力。

---

① 卜卫：《关于媒介素养教育作为性别平等倡导战略的研究》，载《妇女研究论丛》，2011 年第 3 期。

10 | 第十章
广告中的文化操纵

广告，是人们日常生活中常见的一种文化现象，不仅提供生活、娱乐与消费等方面丰富多彩的信息，而且展现着一个个或青春靓丽、或高贵典雅的形象，让人们意乱神迷，不断消费甚至过度消费。这就是广告的魅力，一个经由各种符号组成的世界，却能够创造远超实物的感受。本章的主要目的，就是借鉴符号学等理论视角，为广告中的符号"祛魅"，揭示那些符号背后的技巧与运作机制。

第一节　广告中的符号系统

现代意义上的广告，伴随商品经济的发展而产生，并对社会的经济与文化生活产生了深远的影响。它的主要功能是告知商品信息，激发购买欲望，诱导劝服和促成购买。广告是一种话语类型，是指广告传播活动中所产生和使用的一整套"符号"——包括广告文本和语境，符号是广告话语的细胞——广告话语涉及多重符号意指系统。

一、广告与符号

广告中的符号从表面上看，其功能是促销商品，推销一种生活理念，形塑一种经济生活；在更深的层次上是一种精神记号，是意识形态的表征，是一种文化现象。符号学的目的正是研究这些意义产生的原因及其影响，借以厘清广告中符号游戏的真正意图。

（一）符号与符号学理论

符号是指一个社会全体成员共同约定的用来表示某种意义的记号或标记。这种标记所承载的意义，其理解的范围是有限的。日常广告中我们所见的一切包括人、动物、风景、图片等都可以视为符号。所谓符号学就是"关于意义活动的学说"[①]，意义用符号才能表达。而通过解读符号，我们可以揭示符号背后更为深层的文化意义。

现代符号学是在索绪尔的语言符号学、皮尔斯的实用主义逻辑符号学及法国结构主义语言学基础上发展起来的。瑞士语言学家索绪尔是现代符号学的奠基人。他

---

① 赵毅衡：《重新定义符号与符号学》，载《国际新闻界》，2013 年第 6 期。

从语言学出发，提出了符号二元论——符号是由能指与所指所构成的，为符号学奠定了结构基础。其后，被誉为"现代符号学之父"的皮尔斯在索绪尔的理论基础上进行了扩展，提出了符号三元论，包括符号形体、符号对象和符号解释的三位一体关系，明确地建立了符号和实在之物之间的联系。

利用符号学研究广告，在西方兴起于 20 世纪 80 年代。罗兰·巴特是第一个将符号学引入广告研究的。他建构起神话的符号学系统，对于认知广告的造梦机制更加具有理论意义。鲍德里亚的消费社会理论则将符号学与消费主义结合，对广告的研究从文本层面到广告意义、消费主义、社会文化，逐渐深入。

（二）符号的构成

瑞士语言学家索绪尔在《普通语言学教程》中把语言符号看作一个概念和一个有声意象的统一体，有声意象又称能指，概念又称所指。通俗地说，能指意为语言文字的声音、形象；所指则是语言的意义本身。例如，"tiger"这几个字母的组合与读音就是能指，所指就是我们日常生活中所见到的"老虎"那类动物。我们在广告中，看到的商品外形、品牌标识都属于能指层面，所指则是所指向的那类商品，如手表、运动服装等。

实际上，两者之间的关系并非是完全一一对应的，而是具有任意性的。不同的语言符号可以用不同的能指来表示相同的所指。比如"玫瑰"在中文中是这样书写，在英文中则是"Rose"。相同的能指，可以表示不同的所指，例如"xióng"这个发音，其所指可能是"雄"，也可能是"熊"。即使是同一语言符号系统中，可以用不同的能指表示相同的所指，例如，西红柿又可以叫番茄，一些地方土豆也叫作洋芋。索绪尔认为："能指和所指的联系是任意的，或者，因为我们所说的符号是指能指和所指相联结所产生的整体，我们可以更简单地说语言符号是任意的。"[①] 两者之间的关系，是在特定的语言系统和文化中约定俗成的，能指和所指之间的多重关系，也为意义的不确定性留下了张力空间。

（三）神话符号系统

在索绪尔理论的基础上，罗兰·巴特发展了符号理论，其建立的神话理论为我

---

① ［瑞士］费尔迪南·德·索绪尔：《普通语言学教程》，高名凯译，102 页，北京，商务印书馆，1980。

们揭示了广告符号的运作机制①。在他看来，符号就是由一个能指和一个所指构成的。能指面构成表达面，所指面则构成内容面。他把能指和所指结合成一体的行为过程，即为意指作用，而神话就是一种意指方式。

神话符号系统由两个部分组成，第一级符号系统包括形成符号的能指和所指，指涉语言—客体的关系，这是神话为建立系统所要掌握的语言。第二级系统，以第一级系统中的能指与所指的结合，构成其能指，再与自己的所指构成新的符号系统，即神话符号系统。

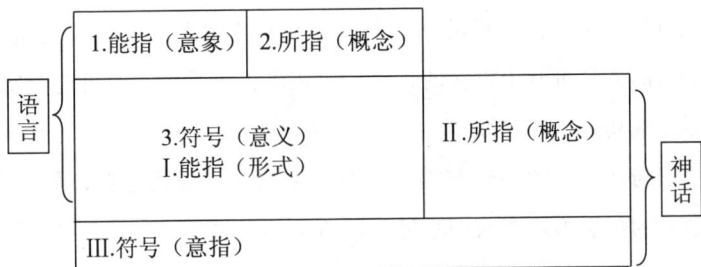

图 10-1　神话符号系统②

其中 1、2、3 是语言符号，其符号意义在能指与所指的组合关系中表现出来。一级系统中的符号作为一个整体，进入第二级系统，与其中的所指构成新的语言体系，即元语言。在这里，原先的能指已经失去了在一级系统中指涉事物意象的确定性，只具有事物的抽象形式。元语言的能指与第二级系统中的所指再形成新的符号意指功能，具备了模糊性与多义性特点。

罗兰·巴特用一张黑人士兵向法国国旗敬礼的图片解释了这一系统的运作：封面中黑人士兵、法国军旗和注视行为构成能指，所指是黑人士兵正在行军礼。两者结合所形成的意指则是"法国是一个伟大的帝国，她的所有子民，没有肤色歧视，忠实地在她的旗帜下服务"，同时也是对法国殖民主义诽谤的最好回击。而当这个意指成为第二系统的能指时，与第二系统的所指如"法国性与军事性有目的的混合"等画面外的概念相结合而形成的意指，则展示了法国至高无上的国家形象、军事力

---

① ［法］罗兰·巴特：《神话——大众文化诠释》，许蔷蔷等译，169～181 页，上海，上海人民出版社，1999。

② 同上书，173 页。

量强大等意义，成为法国帝国性的不在场证明，这些意指可能是模糊而多义的。[①] 神话的建构就是要通过这样的一套话语系统，将原有的符号意义置换为人为强加的意识形态，并予以自然化，将销售意图隐藏起来，让它看上去原本就是如此的。

比如戴比尔斯广告中，钻戒图片与文字作为能指，所指则是戴比尔斯的产品，在第二级符号系统中，原初钻石的符号意义被抽取，与第二级系统的所指——爱情结合起来，形成新的意指，象征着爱情的纯洁、坚贞，于是戴比尔斯的钻戒成为爱情的象征。在该例中，能指跳过指涉"真实"的第一意指系统，直接指向纯粹由联想生发的第二意指系统，让习见的钻戒具有了更加丰富的意义。正是这种方式，让我们日常所消费的物品带有了更多的含义，手表不仅仅是手表，可能是富有的象征、品位的代表或是成功人士的表征。

当这个过程与社会性的心理与需求结合起来时，广告就能够以层出不穷的创意形式来放大商品的吸引力，在人们心目中创造出关于时尚、科技、爱情的文化需求。如苹果手机简洁的字母拼写、反复强调的英文发音、步行街上的大幅海报等，都会让人想到一种工艺细腻、功能多样的移动通信工具。然而进一步来看，"iPhone"一词不是简简单单的6个英文字母组合，而是一种文化的符号。这个符号的意义是非常丰富的，对于不同国家、不同阶层、不同经济条件、不同年龄的消费者来说，它投射出的富有、享受、满足、成就等心理印象，完全是一种身份的象征。同样，路易·威登生产的不再只是一个可以用来携带的皮具，更是通过精致的广告向外界宣告地位、身份、财富，让广告信息接受者在潜意识中无条件认同其品牌定调的产品。"LV"这个词的读写就具有可以描述人物或事件（甚至引导感情色彩）的功能。其实，所有的商品品牌传播都可以用来作为案例说明这一点。

（四）广告产品与符号价值

日常生活中，我们经常接触的广告传播往往有几种形式：

一类是聚焦于产品本身，强调产品的外型、功能、质量与价格等，能指与所指基本是一一对应的，如食品是美味的、可以充饥的，鞋提供运动保护等。

另一种广告则是忽略商品本身的细节，转而去强调审美等心理价值，如衣服是美

---

① ［法］罗兰·巴特：《神话——大众文化诠释》，许蔷蔷等译，175～176页，上海，上海人民出版社，1999。

的，口香糖能够去除口气，这类广告有助于树立更好的个人形象、展现个人身份等。

　　还有一种广告则聚焦于创建品牌文化，通过文化的诉求来打动消费者。耐克的系列广告就很少强调产品本身，更多是通过讲述各种运动故事，来传播"我行我素"的精神；阿迪达斯则是通过不同运动员或运动爱好者在不同险恶环境下的拼搏来诠释"没有不可能"这种运动精神。

　　在我们实际接触的广告中，广告商品已经越来越脱离其使用价值，开始强调外在于商品的某种价值。麦片广告不再强调其果腹功能，而成为小资情调的象征；服装广告不再重视其蔽体与保暖功效，反而成为地位的标志；汽车也不再只是代步工具，而是品位与成功的代言。当我们去消费一件商品时，很多时候我们不是因为某种生理需求的驱动，而是因为被某种文化、某种精神所感动，我们想通过消费去拥有这种文化或精神的象征物——商品，通过消费象征物而体验这种精神或文化。虽然穿上耐克鞋，我可能并不去运动，但是就好像整个人已经具有了"我行我素"的精神。我捋起袖子看表，也可能不是为了看时间，而只是为了展示一下手腕上的百达翡丽表。我们消费的不再只是商品，而是符号。选择雕牌洗衣皂的女人会因为其勤劳和持家智慧拥有一个温馨美满的家，这种广告针对家庭主妇的角色行为增加商品温度，肯定她们在家庭中的付出，提高商品魅力；而蒂芙尼珠宝这种流光璀璨的礼物是对女人优雅美丽、备受宠爱的嘉奖，广告的目的是建立起情侣之间情感馈赠的满足感。因此，一件商品不仅具备使用价值和交换价值，能够满足人的生理需求，同时也具备了符号价值，主要针对人的心理需求，与这种需求相关的想象则是外在强加的，而广告是提升商品符号价值的有效手段。很多情况下，消费者在选择、购买和消费商品的过程中所追求的并不是商品的使用价值或基本功能，而是附着在商品上的文化附加值和象征意义。

　　要赋予一件商品符号价值，需要经过一系列的操作。

　　一是了解消费者的欲望与需求，创造符号。

　　消费者对于广告的解读，可能与广告主的意图并不一致，甚至是相反的。为了让广告更加易于被消费者接受，就必须使用他们喜爱的符号，比如香水的优雅与有气质的女性更加符合，高档手表与成功男性更加适合。

　　二是突出符号的差异性。

　　虽然市场上大量的商品都是同质化的，但每一个商品在营销时都会强调其差异性的特征与市场定位。同样是汽车，沃尔沃强调的是安全，宝马强调的是尊贵，甲壳虫强调的是节省，只有明确的差异化特征才能引起消费者的注意力。从符号学的角度来看，能指与所指的对应不是固定的，而是任意的，在创造差异化的符号时可以标新立异。不过也要注意，符号与产品特性之间的相似性，尤其是明星代言，更要注意这一点。曾经有则香水广告，想突出产品的高贵、典雅气质，结果选择了以狂野、热情为特性的女歌星，两者的特性并不相符，广告也未能取得理想的效果。

三是赋予意义。

通过神话符号系统，将不同的符号与商品并置，让符号与外在强加的意义关联起来。比如，金利来领带原本只是服装的构成部分，主要起装饰作用，但是当领带与具备阳刚气质的男性并置在一起时，原本的服饰就具备了男模特的气质，成为男性的象征之一，希望展示自身男性气质的消费者就应该拥有一条这样的领带。这种需求正好与"金利来，男人的世界"这一广告语相符，将产品与一种普遍性的社会心理需求结合起来。

正是通过这套符号的运作机制，商品符号与外在的意义世界相连，与美好、和谐、美丽、高贵、典雅等词语产生了关系，从而成为这些意义的表征。它需要信仰而非理性，需要人们为之付出和"牺牲"。"广告是反主体的言说方式，它不要人们向内检视自身；只要人们笃信它，通过消费获得来自外部的安慰和幸福感，因此广告永远是一个没有主体的消费神话。"[1]

二、消费社会中广告的符号操纵

随着社会生产与商品经济的高度发达，人类进入鲍德里亚所谓的"消费社会"，社会的发展不再由物质生产而是由消费来推动，只有旺盛的消费才能促进社会生产的进步。后现代主义时期的资本主义是围绕着符号价值结构而组织起来的，人们地位的高低要看其差异性消费逻辑下的消费行为以及展示出的那些产品。"在这种消费逻辑中，根据当前的品位和时尚，一些产品比其他产品拥有了更高的威信和符号价值。"[2] 20世纪20—60年代，经济集中和新生产技术等因素使社会的生产能力大为提

---

① 陈凌：《广告神话：一种反主体批判视角》，载《国际新闻界》，2012年第2期。
② ［法］让·鲍德里亚：《符号政治经济学批判》，夏莹译，23页，南京，南京大学出版社，2009。

高，生产能力的发展推动消费资本主义将越来越多的注意力放在了操纵消费、创造对新的知名商品的需求上，消费资本主义利用广告创造了与新的社会地位有关的产品的需求，因而也创造了一个符号价值系统。

对符号意义的消费成为日常生活中的普遍现象，消费从而成为人自我认同的主要形式。消费对象对于消费者不仅具有物质形态上的使用价值，而且其观念形态上的符号价值越来越成为人们"自我表达"的主要形式和"身份认同"的主要来源。这只是解决了商品消费与符号消费的关系问题，而符号的意义来自何处？这并非是一个个意见或是广告的简单累加过程，消费社会中的消费现象不能从单个的消费对象上予以理解，应把消费对象看作一个整体性的意义符号系统。消费行为与消费品都是能够表达意义的符号系统，消费本质上就是文化。在这种文化结构中，消费可以被恰当地看作一种话语权力系统，它提供给人们的不仅仅是生产和消费某些特定类型的消费品的正当性，而且还有人们据以知觉和思考的意义与概念体系，广告通过大量的符号叠加使人们自觉认同它所提供的"美好生活"的概念。相比于政治宣传，这种影响是潜隐的、潜移默化的。正如鲍德里亚所说，只要把商品当作表达意义和信息的符号，它就属于符号消费。①

在我们所熟悉的社会中，广告中的包装与展示、广告中所表达的时尚与性"解放"、大众传媒和媒介文化、商品的增长和过剩，都反映出了"符号价值"的增长。符号学的特征已经变成支配性的，以至于消费本身也只能作为一个涉及符号消费的过程而被解释。

在消费社会中，消费的对象不再是物品本身或者物品的用途，而是作为符号的商品在整个系统中所具有的意义，是内在于人类活动系统中无穷无尽的差别，消费过程以这样的方式就把我们整合进社会。人与人之间的关系变成一种消费关系，消费物品同时更是在消费差异性所带来的"关系"本身。如果说，在早期资本主义社会人们是通过生产进入社会的，那么，在当代社会人们是通过消费来获取自己在社会中的位置的。也就是说，当我们依循广告媒体所倡导的某种规范和标准消费物品时，我们本质上是通过消费符号来界定自己的。

个人的文化爱好、品位、鉴赏力或情趣，看似只是个人的素养与倾向，实际上

---

① ［法］让·鲍德里亚：《消费社会》，刘成富、全志钢译，3页，南京，南京大学出版社，2001。

却是一种社会实践，与阶级、地位和教育等因素密切相关。社会的分层是客观现实，经济收入、文化程度、社会生活、情感与审美等则是用来划分社会阶层的标准，不同的阶层有不同的品位。广告的受众可以简单地分为两类：一类是无效的消费者。这类受众经济条件较差，购买能力较弱，虽然能够接触广告却无法成为广告主的消费者，或是具有购买力但不购买商品的人群，商品的市场定位可能与他们的身份、地位不符。另一类是目标消费者。这类受众经济条件较好，购买能力较强，在观看完广告之后能够促进广告主商品的销售量。

广告的传播往往会选择那些有钱（购买力）且有闲（能够接触广告并消费）的人作为其目标消费群体，以该群体的情感、审美与品位作为标准，来制作广告、选择广告刊登的媒介播出，尽可能多地吸引那些目标消费群体，并激发那些非目标群体的向往与梦想，将之转化为目标消费群体，从而提高产品的销量。社会标准为广告提供了内容的制作标准，广告则通过创造梦想与精神，来强化社会标准在人们心目中的重要性。在广告中，这种重要性的物化形象就是商品，商品就是梦想，商品就是未来。不仅一定阶层的群体或个人会消费符合本阶层标准的商品，那些阶层相对较低的群体也会通过消费高于自己消费能力的商品，来提升自己的地位和身份。借助大众传播媒介，广告通过"造梦"及"明星"，间接地影响着受众的心理与行为。

商品通过广告包装和品牌定位显示出独特的符号价值，商品的使用价值和交换价值被"符号价值"所代替，这一商品化的进程包含了地位和差别的逻辑，价值被分化体系中商品符号的地位所规定。消费经济慢慢渗透到社会生活和人类体验中时，客体世界成了主宰，人类的健康快乐被界定为对商品的挥霍浪费，商品实现了对社会生活全面统治的阶段，商品消费本身不再能满足基本需求，这就使得原本真实的消费变成了幻觉的消费，这是消费过程中的分离和异化。

第二节　广告生产中的符号

在广告中，产品是如何获得超越使用价值的满足感的呢？当我们看广告时，一系列相对独立的画面在我们眼前闪过，但是最终我们却能从画面的流逝中得到一个全新的意义，即广告主所希望传达的意图。这就需要了解符号文本的生成机制。

一、符号的意义生成机制

符号是用语言表达的，语言各项要素间存在连接关系。索绪尔在《普通语言学教程》中将其概括为句段关系和联想关系，即话语中的各个词是连接在一起的，彼此结成了以语言的线条特征为基础的关系。"这些要素一个挨着一个排列在言语的链条上面。这些以长度为支柱的结合可以称为句段。"同时，"在话语之外，各个有某种共同点的词会在人们的记忆里联合起来，构成具有各种关系的集合。这些集合不是以长度为支柱的，它们的所在地是在人们的脑子里，它们是属于每个人的语言内部宝藏的一部分。我们管它叫联想关系"。① 罗兰·巴特将该理论引入自己的研究，称之为横组合关系和纵聚合关系。② 符号沿着横向的毗邻轴联结，成为组合关系。符号沿着纵向的类属轴替换，成为聚合关系。在横组合层面上，一系列符号按约定俗成的规定和协议有序地排列，形成完整的意义。在纵聚合层面上，不同符号之间的某种共同性要素在记忆中联结起来，形成各种关系的支配集合。

对于广告来说，其文本构成也是如此。横向上不同的意象、画面有序地组合在一起，在纵轴上则是每一个具有某些共同点的意象、画面、句子在人们头脑中所唤起的联想，通过联想来体现广告的意义，通过符号的转换来提升广告作品的意义。比如法国香水品牌迪奥 2011 年"真我"香水的电视广告中展示了这样一个画面：夜空下的凡尔赛宫金碧辉煌，时装会上各路佳丽在时尚大气的 T 台上争奇斗艳。着神秘黑衣的戴墨镜女子沿着旋转楼梯上楼，进入一间金色大厅，仪态万方。大厅有歌颂太阳王功德的油画和巨大的波西米亚水晶吊灯，镜墙装饰气势非凡，高贵典雅。经过一系列动作，女子换好时装，在 T 台上大显风采，迪奥香水瓶的造型与女子婀娜的身形逐渐重合。同时，随着女子的进入，主题曲的唱词，每一个字符都充满了个性，"不想费力讨好""过去""由你我决定"等符号充斥耳间。各个镜头的排列可以看作横向上的组合，形成一个故事；而在纵向上，宫殿、佳丽、T 台、油画、吊灯都在展示着高贵、大方、典雅等含义，与美丽、个

---

① ［瑞士］费尔迪南·德·索绪尔：《普通语言学教程》，高名凯译，170 页，北京，商务印书馆，1980。

② ［法］罗兰·巴特：《符号学美学》，董学文等译，53～57 页，沈阳，辽宁人民出版社，1987。

性、性感的女子形象相契合，将迪奥香水与至尊、至贵的品格关联在一起，展示了广告主希望在消费者心目中所塑造的商品形象，形成一种召唤，完成了符号意义的操纵。

广告定位和诉求在其本质上只是符号的操作，广告主通过独具魅力的编码方式，如广告口号、广告视觉形象、广告标志性音调等，能够赋予消费品本身所不具有的附加价值或个性魅力，从而使得消费者在欣赏广告、消费广告产品的过程中具有了广告所宣传的心理上的享受，提升了消费者的心理满足程度。

二、广告符号的操纵性

广告作为符号，体现了人类的思维方式、文化习俗，同时也在不断构建整个社会符号系统，重构人们的消费习惯和心理习惯。

广告作为一种符号控制手段，一方面告诉受众想什么，通过对产品与服务的差异化，来调动受众心中的需求与渴望；另一方面又告诉他们怎么想，将关于时尚、健康、美丽的标准不断地灌输给受众，成为驱动消费者进行抉择的动力，同时又不断地将其注意力集中于特定商品上，削减歧义的产生，最终将隐含但又明确的意图传达给受众——这个，是最适合你的，是你想要的。

广告符号对消费者的操纵体现在以下几个方面：

一是告知商品信息。

通过突出产品的卖点和为消费者带来的好处，并赋予其一个生动的故事，广告生动地向我们展示出产品的实际功能，有效地将产品特性与我们的生活、生理需求结合起来，调动潜藏在我们内心深处的欲望，从而形成一种焦虑感或是解决问题的动力。在这一层面，广告的信息指向是明确的。

二是创造一种新的感觉。

任何商品都需要创造差异化，才能为消费者认知。这就需要创造一种感觉——商品是新的、与众不同的，以前的产品都是过时的、旧的、不时尚的。在摄影图片、视频或文字描述中，往往会以此为中心展开，突出其所谓的"新""奇""特"，如手机常常强调前后摄像头数量、像素的高低，照片上也往往以强调这个部位为特写；手表往往强调机芯的品质、材质，图片上经常以冷色调为背景，强化手表的曲线，通过这种方式在人们心中创建一种奇特的心理印象。

三是创造一种关系。

前面已经说过，人们购买商品，消费商品，更多的是在消费一种文化价值。从社会学的角度来看，消费的商品实质上不仅是一种商品，而且是一种关系的表征。如果说，一个人在现代社会中的位置是通过政治地位、经济收入、文化水平、人际交往等方面体现出来的，那在消费社会中人与人的关系转由物与物之间的关系体现，通过观察一个人消费的物品，可以判断出一个人在社会中的所属阶层、人际关系和交往的状态。同一类的人消费类似的商品，不同类的人往往在消费的商品上有所差异，有钱人戴的是百达翡丽手表，穷人则可能戴着五块钱的电子表，两者之间很难有共同语言。广告就是要放大这种差异，为消费者创造一个个美丽、温馨的"梦"，其中充斥着消费者梦想进入的阶层才能消费的商品。让人们实现自己梦想的最简单的方法，莫过于拥有一件这样的商品。而将这种关系、这种意义赋予商品，就是在神话符号系统中实现的。

当然，我们可以把这种社会关系看成是以商品为中介而建立起来的，一方面通过对商品的文化与社会功能的强调，形成对目标消费群体的一种召唤与吸引；另一方面，不同的商品之间可以进行相互对照、相互关联，如路易·威登、香奈尔、范思哲、古驰等构成人们对"奢华"服装的概念，卡地亚、蒂芙尼等品牌珠宝是贵妇们的最爱，积家、伯爵、江诗丹顿、劳力士等品牌则是顶级手表的代表，这些商品才是富有阶层应该拥有的，而且只有在这个范围内选择才是富有与身份的象征，否则会被认为"掉价""没品位"。这些商品形成关于品位、梦想的产品集群，将具有同样品位、兴趣与爱好的消费者集中起来，形成以商品消费为表征的群体或阶层。

三、广告符号意义生成的案例分析

2018年，农夫山泉在其官方微信公众号上推出了一则电视广告《什么样的水孕育什么样的生命》，在消费者群体中产生了极大的反响，号称"农夫山泉史上最美的广告片"。本书以此为个案分析商品广告符号组合对消费者行为的影响，从而揭示其背后的文化操纵过程。

表 10-1　农夫山泉的官方微信公众号广告内容解读

符号呈现位置	能指	所指
广告的封面图	紫貂	水源地的主人是野生珍稀动物

续表

符号呈现位置	能指	所指
广告背景文字叙述	森林生态 普通员工	广告制作商并不是水源地的主人，只是大自然真实的记录者和观察者
广告的动态图片	紫貂冒出 山雀飞离 水鸟落地 东北虎走过 水源地泉水涌动 雪地白桦	水源地生态保存完好，地广人稀，水源清澈
广告故事叙述	中外动物纪录片 专家的幕后	

从单则广告来看，在横向毗邻轴上，各种意象有机地组合在一起，紫貂、山雀、水鸟、东北虎、泉水、雪地、白桦都明确表明这是一片人迹罕至的地方。在纵向的类属轴上，通过联想，关于自然的、原生态的、健康的、难得的、珍贵的意义被不断重复、重叠，从而让农夫山泉这个矿泉水具有了高于单纯饮用水的价值。

从系列广告分析，更容易看到这种符号的操纵性。一个品牌从建立到发展，其市场定位是在不断地变化与更新之中的，每一次定位的变化，都会带来广告符号的变化。在农夫山泉进入市场之前，瓶装矿泉水的市场由娃哈哈和乐百氏两家公司占领。农夫山泉1996年凭借强调"农夫山泉有点甜"的广告语而一炮走红，此后20年从"后来者"的角色转变为天然饮用水市场的霸主。通过在央视、地方电视台以及互联网视频网站投放大量精良的视频广告，农夫山泉公司创造了诸多消费符号，在消费者心中留下了"天然""纯净""健康""安全"等品牌认知，与竞争品形成了差异化形象，更是成功培养了如何选择瓶装饮用水的消费理念，累积了大量忠于品牌的消费群。

从农夫山泉的官方微博、优酷视频官方账号及广告行业垂直类网站中，我们找到了农夫山泉从1998—2016年制作的28则视频广告，选择其中影响力较大的7则，梳理了其中的视觉和听觉符号，尝试分解该品牌在传达"优质水源"概念过程中所进行的符号运作过程。表10-2是对这7则广告符号编码的分析。

表 10-2　农夫山泉视频广告

序号	年份	广告语	视觉符号	听觉符号	解释
1	1998	农夫山泉有点甜。	白人女性，家庭主妇，好友推荐；青年男女暧昧邂逅共饮。	主妇聊天的对话场景；青年男女的对话场景。	白人女性切中了家庭主妇的权威崇尚心理；情侣邂逅体现水可传情的附加属性。
			饮用水产品作为道具出现在人物生活中。		
2	2007	您的一分钱，让 20 万孩子第一次感受到了运动的快乐。	接受捐款和帮助之后的孩子们的笑脸；画面色调呈现暖黄色；代表产品品牌形象的一瓶水在结尾露出。	童声独唱为"阳光工程"捐款的主题曲。	将矿泉水从其本身解渴的实际功用剥离，继续夯实"水可传情"的属性。
3	2008	我们不生产水，我们只是大自然的搬运工；农夫山泉有点甜。	某女性喝水，纯净的水流，俯拍千岛湖全景的自然水源地，水流涌动碰撞，动画讲解水中矿物质成分	水声配音：成年男子，声线成熟。	成熟的男声配音体现产品质量的权威感，女性喝水和水源地的意象代表了瓶装水的纯净。
4	2010	新装上市，农夫山泉有点甜。	詹永鹏讲述接受一分钱公益活动捐助的感受。	背景乐：孩子唱诗歌声。	将矿泉水从其本身解渴的实际功用剥离，继续夯实"水可传情"的属性。
5	2014	我们不生产水，我们只是大自然的搬运工。	长白山原始森林，冬季的冰天雪地，自涌泉汩汩流淌，农夫山泉员工在长白山建厂取水。	自然水声，建厂工程声，火车汽笛声；对话：寻水员方强声音实录；纪录片配音：成年男子，声线成熟。（背景音乐轻松活泼）	采用纪实微电影的形式，横向串联静谧的长白山水源地、兢兢业业的寻水员、瓶装水加工过程等视觉元素，寻水员的寻水采访心声、火车鸣笛声、泉水流淌的声音等听觉元素，表达出农夫山泉瓶装水的高质量及厂商的责任心。

续表

序号	年份	广告语	视觉符号	听觉符号	解释
6	2015	我们不生产水，我们只是大自然的搬运工。	视频右上角有"实景拍摄"字样出现，淡入淡出字幕补充介绍实景环境的信息；工程设备部工程师（中国中老年男性，近景镜头，表达观点与工作状态）；挪威设计师简·奥利弗·杰森（Jan Olav Jensen）（中年白人男子，远景全景镜头呈现日常工作，特写镜头直视镜头表达观点）；厂房建筑师约翰·托马斯（John Thomas）（中年白人男子，眼睛局部大特写做认真思考状，伏案设计工作并接受采访表达观点）；瓶型设计师（中国中青年男性，近景镜头接受采访表达观点）。	自然环境音：风雪声、泉水流动涌动的声音、鸟鸣声；人类活动音：锤子钉桩；背景乐：柔和优美，自然舒缓的轻音乐；配音：成年男子，声线成熟。	农夫山泉的水源地经过权威专家保护和建设，企业有严格严谨的环保态度，饮用水产品质量好。
7	2016	含天然矿物质的水。	实验室中身穿白大褂的教授们用实验结果证明矿物质对人体有益，周围是正在认真做科研的研究员和陈列的实验工具与实验品；实验室做介绍的多位专家，中老年白人，戴眼镜头发花白；健身教练在健身房做指导，中青年白人，身材高大威猛，笑容有亲和力。	中文配音：成年男子，声线成熟。	从瓶装水的解渴功用扩展到"健康饮水"的生活理念倡导者形象，通过这则广告转变瓶装水产品与消费者之间的关系为更亲密的朋友关系。
			健身房中正在健身的女性大汗淋漓，健身教练面带微笑给出健身指导。		

从表 10-2 可以看出，1998 年开始农夫山泉就从外观和水质本身着手探寻差异化营销的道路，在确定每个阶段的产品定位后就通过一系列横向意象来夯实这个纵向内涵。例如抓住"有点甜"的口感特点，反复强调该品牌是家庭主妇的最优选择，更有权威色彩的"妻子""妈妈"都在推荐这款水给朋友，她们出色地完成了带给丈夫和孩子营养生活的社会角色，这对中国女性消费者来说具有号召意味。

1999 年农夫山泉开始转变策略，主要强调农夫山泉的源头活水是真正的天然水健康水，从而把自己和众多纯净水区别开来，"好水喝出健康来"，成为 1999 年最响亮的传播语。[①] 2000 年农夫山泉通过模拟水仙花实验场景的"科学普及"广告，结合正式权威的发布会，宣布全部生产的瓶装水均为天然弱碱性水，多次区分矿物质天然水和纯净水的差异，把水质和健康联系起来，建立新的具有"权威科学性"的消费概念——赋予饮用水产品更多的产品功能和符号意义。

除了对瓶装水本身的宣传，农夫山泉公司更是在企业形象建设方面大量投入。2001—2003 年农夫山泉联手申奥组委与希望工程启动"捐出一分钱"活动，提出"为申奥成功捐出一分钱""为阳光工程捐出一分钱"，调动消费者的参与性，并通过后续的电视视频广告介绍捐款是如何使用的，有怎样的实效，制造全民献爱心的公益浪潮，让消费者相信"一分钱"也可以积少成多做成了不起的大事这样的狂欢神话，给予消费者额外的满足感，不仅产生购买产品的冲动，还能获得购买产品的愉悦感。

2008 年国内爆发了三聚氰胺毒奶粉的重大食品安全问题，矿泉水行业也面临着自来水装瓶的信任危机，当时农夫山泉提出了"我们不生产水，我们只是大自然的搬运工"这样的广告标语。这句话的妙处在于心理上的一种强化，语言简短，但是设计精巧，令人记忆深刻。在面对食品安全等问题时，公众认为"加工"＝"不安全"，因而农夫山泉搭建起"搬运大自然"的神话，切入消费者渴望纯净天然的心理。

另一方面，"农夫山泉"强化了自身负责认真又充满敬畏心的形象，语言风格像是在与消费者对话，引导民众产生一种平和亲近的共鸣感，一改之前自信而显得自吹自播的宣传风格，刻意显示出企业的谦逊稳重。广告中出现的国际权威专业人士，从揭秘产品制作的背后来反复强调水源地的"干净""纯净"，男中音沉稳激昂的解

---

① 赵亚：《一句广告语打响一个品牌——农夫山泉市场策略与广告表现漫谈》，载《广告大观》，2000 年第 6 期。

说等听觉符号也在强调出该产品的自然优质，更容易被消费者接受，刺激实际的购买行为。

在 2016 年，农夫山泉进入市场 20 周年的纪念广告中，企业推出了三则以普通员工个人为主角的纪录片广告，投放在中国视频网站的贴片片头位置，并首次在明显处提出用户可以自行跳过长达 3 分钟的片子。这种看似给予用户选择权的行为，反而吸引了消费者的注意，获得了视频网站用户很积极的观看反馈。这种互动方式将是否观看广告的选择权还给网络用户，洗褪消费者在广告面前的客体色彩，这种选择观看广告的引导提升了消费者的满足感。

在影片中，通过呈现小人物寻找水源、守护水源的故事来向大众表明农夫山泉在品质把控上的严格。在《一个人的岛》中农夫山泉通过纪录片视角，展现了"千岛湖岛主"徐忠文的日常工作和生活。浙江千岛湖是农夫山泉的水源基地，运输管道深入水下 50 米，为保障供水正常，也为了防止有人靠近取水口，岛上常驻的"岛主"也成为农夫山泉公司里一个特殊工种。

以上 7 则广告所选择的主人公具备不同形式的权威性，而且音乐灵动、镜头多变，故事情节直指人心，具有形式上的迷惑性，互动过程增加了消费者"主宰"广告的愉悦感，这些都能吸引公众的注意，使消费者的头脑被广告营造的神话攻占。

第三节　新媒体的广告操纵

从互联网 Web 2.0 时代的去中心化，再到如今移动互联网时代的智能硬件"器官化"，这使得普通人的媒介使用门槛不断降低，媒介参与度持续上升，媒介话语权也有了明显的提高。在新媒体环境下，人们已经养成了随时随地接收和处理信息的习惯，而广告所依附的"去中心化"新媒体正不断抢占人们越来越碎片化的真实生活，屏幕空间与真实生活的边界越发模糊，广告越来越能够通过"润物细无声"的方式潜入人们的大脑，为产品和品牌植入新概念。在这种信息环境中，人们会注意到广告符号的偏向和片面，还是会更加盲从和沉浸于广告主所搭建的新型生活方式呢？

新媒体广告营销中的文化操纵具有三个明显的特点：一是广告社交化，它的符号语言"伪装"成"来自朋友的消息"，兜售情绪。二是以"网红经济"与"泛 IP"为代表的广告社群化，它的符号语言模拟"来自权威的消息"，展开造神运动。三是在"大数据"与"云计算"等互联网技术保障下，广告的符号语言以"信息流推送"形式，对消费者释放"来自新闻媒体的信息"织造的"信息茧"。

一、社交化：抢夺"注意力"

广告影响的扩大可以归因于一种新的经济形态——注意力经济的兴起。在媒体极大丰富的今天，信息并不是最有价值的资源，相对而言真正稀缺的是媒介使用者的注意力。在新媒体时代，原生广告与软文广告成为典型有效的广告形式，与传统的、生硬的、粗暴的告知广告不同，其借助社交媒体的东风，强调将广告嵌入消费者沉浸的上下文背景，用温和的符号语言，使内容和形式增加了"亲和力"，形成广告社交化传播的新路径。

（一）原生广告

原生广告是内容营销理念在广告领域的专门化应用，其本质属性是通过融入用户的心流体验实现原生化，它可以采用视频、图片、文章、音乐或者其他媒体形式。[①] 原生广告与社交媒体的页面内容一致、与网页设计一致、与受众在平台上的行为一致，在信息流里发布具有相关性的内容产生价值，最终提升用户体验。通过提供有价值信息的方式，将广告外壳最大程度弱化，符合社交媒体用户被培养出的接受信息习惯，削减用户"广告回避的解码心理"[②]。如插屏原生广告就是在视屏、游戏者启动/暂停/过关/章节切换时出现，但只是起到提示作用，不影响用户体验。原生广告在广告制作的过程中要考虑到内容的呈现形式，与品牌相结合的宣传落点。有关研究基于眼动的实证研究数据以及因子分析，得出了以下结论：广告作品中的商业特征越淡的广告，"表现形式"越突破的广告，内容越新颖有趣的广告，越包括情感共鸣的广告，就越能捕获更多视觉注意。[③]

（二）软文广告

与原生广告的编码原理相似，软文广告则利用用户对新闻或故事的好奇心，生产具有"燃""爆"情绪化的符号，制造能够快速调动消费者情感波动的话题文章，

①　康瑾：《原生广告的概念、属性与问题》，载《现代传播（中国传媒大学学报）》，2015 年第 3 期。

②　杨莉明、徐智：《社交媒体广告效果研究综述：个性化、互动性和广告回避》，载《新闻界》，2016 年第 21 期。

③　喻国明、丁汉青：《电视广告视觉注意模型建构：基于眼动实验的研究》，载《国际新闻界》，2013 年第 6 期。

吸引消费者主动贴近广告，并鼓励消费者对广告本体进行讨论或游戏，引导他们对广告进行再生产。如六神磊磊最擅长通过金庸人物、唐代诗人的故事来发表自己对热点事件看法，他经营的公众号粉丝多达数百万，阅读量几乎篇篇超过 10 万。他擅长选取金庸作品中的人物，挖掘他们身上的特点和引人入胜的小故事，拼贴成为一个逻辑连贯的新故事，最后阐明自己想要评论的时事，而广告则在层层铺垫下一跃而出，给人意想不到的反差感，令读者对广告内容产生更深刻的印象，甚至有消费者为这种广告的新奇性进行二次传播。比如某篇文章，六神磊磊写了三个人：黄药师、段正淳、杨逍，强调了他们身上的两面性，黄药师是"能吹箫的王尔德，会武功的达·芬奇"，太过书生；段正淳滥情而又忠贞，太过流氓；杨逍则是既风流，又专情，既有书生气质，又有流氓个性，是一个完善的结合，"最迷人的家伙，都是两面兼具的，一面书生，一面流氓；一面文艺，一面精细；一面柔和，一面端严。和他在一起，风趣、不割手，但又能让你感觉靠谱"。本来到这里，文章就可以就此完结。但作者笔锋一转，梁朝伟拿着小米手机的画面插入，画面上"双曲面"柔性屏、"一面科技，一面艺术"的字样显现在受众面前，代言与产品本身具有的双重特性，与前文中金庸人物的双重属性巧妙地结合在一起，有效地传达出产品的特点。文章传播了广告信息，但这种软文形式不仅没有招致反感，反而为众多读者所喜爱，一些人甚至在其文章后留言，如果看六神磊磊的文章没有看到广告会感到失望。

二、社群化：包装"平民明星"

在互联网时代，每个人都可以在虚拟空间与现实空间自由转换，甚至互联网的虚拟空间属性早已模糊，"在线"变成一种常态。当媒介用户在线上的行为动作作用于现实环境时，客观现实也越来越带有"拟态环境"的特点。在这种循环中，辨别客观环境与"拟态环境"两者之间的区别，对受众来讲更加困难。传统的符号编码方式正在失效，"广而告之"的大众传播模式不仅成本惊人，也越来越难瞄准核心的消费人群。广告主与广告从业者便思考如何指向特定人群，满足目标受众的消费需求，或者为一部分消费群体创造"独特性"，增加他们的自我认同感和优越感。

"口碑营销"是企业进行营销传播的常用营销策略之一，是影响消费者购买决策的重要手段。在许多情况下，"口碑传播"比大众媒体上的广告或直接促售等方式更有效。口碑营销实际上早就存在，在大众传播媒介诞生之前，人际传播是商品信息传播的主要方式之一，成语"有口皆碑"就是说口口相传的人际传播对于信息传播的重要性。在商业领域，"口碑是由生产者、消费者以外的个人，通过明示或暗示的方法，不经过第三方处理加工，传递关于某一特定或某一种类的产品、品牌、厂商、销售者，以及能够使人联想到上述对象的任何组织或个人的信息，从而导致受众获得信息、改变态度，甚至影响购买行为的一种双向互动的传播行为"[①]。对于商品信息的传播，可以通过口口相传，也可以利用大众传播中介。相比于其他传播方式，口碑营销更为可靠，对顾客具备较高的说服性和影响力，而且转化率高。随着传播媒介的丰富，口碑传播的范围与深度日益提升，口碑营销越来越引起商家的关注。

在更强调交互传播的移动互联网环境中，广告主除了在产品自身符号的定位上挖掘具有差异性和先锋性的"符号价值"，更是将一部分原来是消费者的意见领袖转化为产品宣传的一部分。具有网络传播影响力的人物与品牌产品"联盟"，成为新媒体广告环境中重要的流量入口，平民被包装成明星，他们身上的"逆袭神话"气质吸引了同为消费者的关注，"网红经济"应运而生。

伴随着微博与微信公众号社交媒体平台的成熟，中国自媒体人的队伍不断扩大，各行各业的"意见领袖"发表观点，引领思潮。所谓意见领袖，可以指在一个群体中，经历较为丰富、知识较为丰厚，能够在人际传播中为他人提供信息和施加影响的人。可能是专家，也可能只是一个你身边的普通的消费者或所谓的时尚达人，他们在商品的口碑传播中，充当了商品与受众之间的联结角色。这些人率先尝试使用商品，发文表达自己对商品的感觉与情绪，为其他人提供关于商品的资讯，从而影响了受众对商品的感知与印象，以及其后的购买与消费行为。在自媒体朋友圈中，尤其是在一些受众很难相信其效果的药品、保健品等商品的营销中，他们对于周边的人或是网络中的朋友有着强大的影响力。铺天盖地的广告轰炸可能还不如受众身边的一个真实案例更有效。

随着"互联网＋"成为整个中国市场最火热的商业逻辑，人们传统生活模式中的时间与空间概念被进一步颠覆，商业嗅觉灵敏的自媒体人持续地思考如何动用符号的力量制造更逼近生活的神话，从人们零碎分散的注意力中挖掘盈利模式，从而

---

① 黄英、朱顺德：《二十一世纪的口碑营销及其在中国的发展潜力》，载《管理现代化》，2003 年第6 期。

提升自己在互联网时代的财富价值。其中最显眼的是走红于微博的"电商网红",这些"网红"依靠自身符号建立起来的品牌为电商平台和网络店铺导流,成为一个临时消费社群的黏合剂。他们在网上展示自己的生活状态,定期撰写文章或发布图片,高频度地与粉丝进行互动,时不时地发放"福利",维护与粉丝之间的关系,保持群体的活跃性与积极性。然后根据粉丝的需求来创造差异化的商品信息与感知,用自己的亲身经历来展示商品的风格与个性,形成对粉丝的召唤,并最终将粉丝转变为消费者,向他们推销商品。不仅如此,"网红"往往独立于商家与消费者,以"消费者"的身份发声,自发地推荐产品和使用心得,相比于媒体广告而言,"电商网红"的方式似乎更可信。

对于普通消费者来说,这类"电商网红"大部分是"普通人",是消费者身边的人,但他们懂时尚会穿搭,能够展示自己的独特风采,而且这些服装也不像时装展上的那么高不可及,因而这些"电商网红"具有别样的亲近感和感召力——只要消费者愿意,就可以像"网红"那样靓丽动人。比如号称"呛口小辣椒"的重庆姐妹花,坚持在网上每天进行服装真人秀,并用独到的眼光诠释自己对时尚的理解,引起众人的围观。她们的粉丝数量达到70多万,文章阅读量往往达到二三十万,而她们搭配过的服装成为围观者心中的风尚,购买过产品的店铺顾客盈门。[①]

"网红"层出不穷的实质是网民群体的不断生产和消费——网民付出时间和精力,获得观看他人的欣快感和自我放纵的快感,在后现代主义文化批评中这实际上是真正感情的消失[②]。从大众文化批评角度来观察"网红"现象,在"当代中国社会正面临着一场消费主义文化的侵袭"[③]。在这场消费主义洪流中,消费成为生活的主要意义和目的,人们的消费行为并不仅仅为了满足生理需要,更多的是被人为制造的欲望所支配,这也契合了新媒体环境中广告文化操纵力的发展趋势。

三、信息茧房:制造"虚伪满足"

"信息茧房"的概念首先由美国学者桑斯坦在其著作《信息乌托邦》(另有版本

---

① 徐婧婧:《网络红人+博客的广告效应——以重庆"呛口小辣椒"姐妹为例》,载《新闻世界》,2011年第12期。

② 余霞:《网络红人:后现代主义文化视野下的"草根偶像"》,载《华中师范大学学报(人文社会科学版)》,2010年第4期。

③ 张子娟:《消费主义视角下的"网络红人"现象研究》,暨南大学硕士学位论文,2011。

译为《网络共和国》）中提出。信息茧房是指在信息传播的过程中，媒介用户只注意自己选择的东西和使自己愉悦的通信领域，久而久之，会将自身囚禁于像蚕茧一般的"茧房"中。长期处于过度的自主选择中，失去了解不同事物的能力和接触机会，不知不觉间为自己制造了一个"信息茧房"，传播市场也急速朝着信息乌托邦前进。①

由于互联网、社交网络、移动互联网、电子商务等信息技术的普及，人们已经生活在全方位数字化的媒体空间中，随着线下与线上的交织重叠，个人的行为也以数字信息的形式被保存下来。社交媒体的关注、评论、分享信息，电商平台的购物喜好、订单信息及商品评价，搜索引擎中的浏览记录，网页中的下载记录，手机的移动通信服务信息，卫星定位信息等，个人已经被包围在以搜索引擎、电子商务、社交媒体、移动通信为主要资源库的巨大数据网络中，这些数据就是精准广告依托的根本。精准广告可以根据每个人的不同特征、兴趣与爱好，有针对性地制造出个性化的文案，更有效地吸引特定的受众。

在大数据广告行业，最为典型的广告运作模式应当是实时竞价——RTB（Real Time Bidding）。RTB 的工作原理就是将用户每次浏览页面的数据记录下来，通过"竞拍"的方式售卖给有需求的广告主，其核心逻辑是让"任何人"在"任何时间空间"获取"任何想要的东西"。RTB 模式在产业链上的角色主要有以下几个：一是需求方平台（DSP），即允许广告主访问并购买广告库存的平台，可看作广告主的聚集；二是供应方平台（SSP），即提供广告资源的媒介平台，其功能在于管理广告位的分配、筛选来自不同广告交易平台的请求、管理广告位价格等，是媒体优化收益的工具；三是广告交易平台，即将媒体与广告主联系在一起的在线广告交易市场，如百度、阿里巴巴、谷歌等。

实时竞价的基本流程（简化）如图 10-2 中所示，广告商通过 DSP（Demand-Side Platform，需求方平台）对广告位进行购买，互联网广告 SSP（Sell-side Platform，供应方平台）对广告位进行售卖，交易的方式为公开或私有，公开交易中的实时竞价最为常见。交易流程可以解释为 AD Exchange（广告交易平台）首先向 DSP（需求方平台）发送竞价请求并告知广告位的曝光属性，DSP（需求方平台）接受后需在几毫秒内决定是否竞价及竞价的价格，在此之后 Ad Exchange 将选择出价最高的

---

① ［美］桑斯坦：《信息乌托邦：众人如何生产知识》，毕竞悦译，8 页，北京，法律出版社，2008。

一方赢得竞价，并在极短的时间内把 DSP（需求方平台）所代表的广告主的广告推送到用户的浏览器上。RTB 购买的广告并非传统的广告位，而是一个个差异化的"用户"，同一个广告可能会出现在一部分用户面前，而对另一部分用户完全不可见。[①]

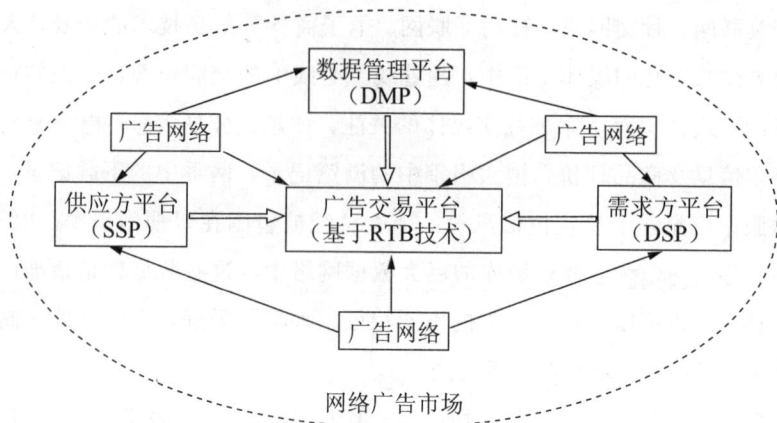

图 10-2 实时竞价基本流程

这个过程也就意味着不同的人接受的广告是不一样的。日常生活中，每个人都会去不同的网站浏览、购物，比如我们在淘宝今天勾选了一些页面的商品，或是购买了某些商品，第二天我们再打开广告页时，与我们昨天网络点击或购买行为相关的商品会大量出现在当前的页面上，例如当我们在当当买了一本书之后，同时在页面中会显示"购买了这本书的人同时也购买了……"的推荐页面。不仅如此，发送给我们的广告文案也会有所不同。这就意味着在商业逻辑的支配下，广告主越来越有可能把握我们的个性、心理与行为特征。通过精确分析用户阅读兴趣，分析用户社交行为数据，根据社交关系中好友的兴趣交叉关联，从而进行商品与服务的推荐，整个信息环境就像是"回音室"，人们设定了话题、观点之后听到的是自己的回音，关注对象的同质化会让用户接收的信息也趋于同质化。[②] 广告也是如此。这种信息分发平台本身是依据海量数据和用户频繁反馈训练搭建起来的个性化信息空间，无疑相当于为广告主以

---

① 李凤萍：《大数据时代的网络广告模式——基于 RTB 的网络广告市场运作模式分析》，载《编辑之友》，2014 年第 4 期。

② 陈滢：《基于个性化推荐技术的"新闻客户端"的使用与满足研究——以"今日头条"为例》，暨南大学硕士学位论文，2015。

低廉的方式找到了精确投放广告的捷径。这意味着，用户自己熟悉与喜欢的"符号"反复跳跃，在这种可以轻易被激发阅读兴趣的信息中产生"满足"幻觉，把隐私与需求提交给数据库换取更多"有趣""有料""有用""科学"的信息。这些有知识外壳的信息，首先打破了消费者对广告形式的抵触心理，接着通过信息流的形式将消费者封闭在充斥着新奇商品的信息环境里，接下来他们将会被不断引导去努力为由新商品堆积出的新生活方式买单，如更健康的"低糖"饮料、更全能的电动牙刷、更有效果的化妆品与新款时装，等等。

第四节 结论：认识广告的本质

本章从广告本身的符号影响力入手，分析广告文化与符号消费相结合对消费者认知与行为层面所产生的影响，进而观察广告中的文化操纵现象。在社交媒体时代，广告营销变得更为潜隐、全方位、多渠道，也越来越难以明确辨识，对于大学生来说，正确认识广告背后的本质是非常有必要的；这也需要具备媒介文化素养。

一、认识广告符号背后的操纵力量

商业广告是一种由广告主付费的信息传播，广告在给消费者提供多种多样的信息，为消费者的生活与娱乐服务的同时贯彻着广告主的意图——向消费者推销不同的商品与服务。在消费社会中，借助于广告宣传和形象化的推销往往使产品的美好特征与真实的美好生活在幻想中合而为一，广告能够赋予产品本身所不具有的附加价值或个性魅力，从而使得消费者在欣赏广告、消费广告产品的过程中具有了广告所宣传的心理上的享受。另一方面，似乎美好生活看上去变得唾手可得，广告也因此成了人们实现自己目的的极为便捷的工具。当消费者在认知中一旦建立起了某种奇妙的链接，这种消费而产生的快感会推着他们朝着一种提前设定好的可被操纵的共识走去。广告所制造出来的"梦"，实际上只是一种推销的手段而已，一种依靠符号而建构起来的营销游戏。人生能否成功，不在于消费什么商品，而取决于消费者自己，这一点是永远都不会变的。

二、分析广告传播的内容与技巧

依靠着符号的操纵，广告不断构建整个社会符号系统，重构人们的消费习惯和心理习惯，甚至是人与人之间的关系，对消费者的影响也不止于消费习惯与购买行为。广告一方面告诉受众想什么，一方面又告诉他们怎么想，将关于时尚、健康、美丽的标准不断地灌输给受众，成为驱动消费者进行抉择的动力，同时又不断地将其注意力集中于特定商品上，刺激着消费者的欲望，不断地进行消费，而且不断地进行消费的升级，从普通商品转向奢侈品，从日常消费转向高频次购买，从正常消费转向过度消费，这也是广告的真正目的所在——为广告主创造更高的价值。因而，在欣赏广告美妙的画面时，消费者需要在头脑中不断对自己提问——这个广告说的是什么？它的主要目标消费群体是谁？它真实的目的是什么？商品与广告中的美女、小孩等符号是如何建立联系的？广告信息是如何来进行说服的？劝服与推销，万变不离其宗，只要理性分析，不难辨别其主旨。

三、认识大众传播媒介在广告传播中的作用

大众传播媒介经营与运作的一个重要目标就是要获取广告费用，以实现自己的经济目标。因而，媒介组织往往会致力于经营大众传播媒介，通过内容的传播如新闻、娱乐、社交等集聚起一定规模的受众群体（通常是有消费能力和消费欲望的人群），获取他们的注意力，然后将注意力（受众）预售给广告主以换取广告费用。在这个过程中，受众实际上被"出卖"了两次，第一次是让受众购买媒介内容如报纸、期刊的发行费，对于广播电视来说则是使用媒介时所花费的精力与时间成本，第二次则是广告费用。为了更好地为广告主销售商品，大众传播机构会采用种种技巧让推销行为褪去商品色彩，而成为一种具备了文化与情怀的物品，或是电视剧中的一件道具，从而让消费者更好地接受其推销意图。随着媒介技术的进步，这种营销的技巧变得更为人性化，就像朋友之间的耳语，同时也更个性化，随时都可以戳中消费者的痛点，让人欲罢不能。对于青少年来说，这种传播方式的影响更难以分辨、更需要予以警惕。青少年不仅需要保持对符号世界的批判意识，同时也需要对新的媒介技术予以关注，了解花样百变的广告文化所具有的操纵逻辑。

11 | 第十一章
风险传播与媒介素养

随着经济全球化发展，我们当下生存的社会已成为一个风险社会。食品安全、环境污染、自然灾害、恐怖动乱……媒体似乎在全天候传递着这些风险信息。尤其是由于互联网和新媒体不断升级换代，风险信息的传播环境已经不同往日，与之相对应，风险社会的信息传播也具备了一些新的特点，这些特点是区别风险信息的标识，也是帮助受众认识和辨析风险信息的重要指引。了解风险信息的特点已成为人们生存发展的基本素养。

第一节　风险概念与风险社会

一、风险概念

风险概念是 16、17 世纪由早期西方探险家们首先使用的，意指在危险的水域中航行。[①] 英国社会学家安东尼·吉登斯认为，"风险概念看起来最初是在两个背景下出现的：它源于探险家们前往前所未知的地区的时候，还源于早期重商主义资本家们的活动"[②]。随着人类社会的发展，"风险"一词不断被赋予哲学、经济学、统计学等领域的更广泛更深层次的含义，并且人们对它的探知越来越倾向于决策和行为后果。从理论上来解释，德国社会学家乌尔里希·贝克认为，风险是个指明自然终结和传统终结的概念。换句话说，在自然和传统失去它们的无限效力并依赖于人的决定的地方，才谈得上风险。风险概念表明人们创造了一种文明，以便使自己的决定将会造成的不可预见的后果具备可预见性，从而控制不可控制的，通过有意采取的预防性行为以及相应的制度化的措施战胜种种（发展所带来的）副作用。[③] 我们可以将风险定义为：个人和群体在未来遇到的伤害的可能性，以及对这种可能性的判断与认知。[④]

谈到"风险"，人们会联系到另外两个词——"危机"和"灾难"，它们之间有着相关性和近似性，但存在着本质差异。风险和危机都具有不确定性的特质，但是

---

① ［英］大卫·丹尼：《风险与社会》，马缨等译，7 页，北京，北京出版社，2009。
② ［英］安东尼·吉登斯，克里斯多弗·皮尔森：《现代性——吉登斯访谈录》，尹宏毅译，75 页，北京，新华出版社，2001。
③ ［德］乌尔里希·贝克：《自由与资本主义》，路国林译，119 页，杭州，浙江人民出版社，2001。
④ 杨雪冬：《风险社会与秩序重建》，16 页，北京，社会科学文献出版社，2006。

随着危机一起到来的损失性后果表明，风险的存在是危机发生的前提，危机就是风险的结果性呈现。然而，不是所有的风险都一定会导致危机，只有在风险未被察觉或者是没有得到有效控制时才会引发危机。在当下的语境中，人们谈起"灾难"时，更偏重于指向自然灾害所带来的后果，这种后果比起危机更严重、更恶劣。而最终目的是要找到治理和解决的方案，以扼制灾难给人类生存和发展带来的毁灭性后果。人们讨论"危机"时，更倾向于通过规律性探讨找到长效管理机制，以建构一个适合发展的相对稳定的环境。人们讨论"风险"时，目的是进行有价值的反思，通过预测适时调整行为。本章内容是基于风险视阈，对风险社会的风险传播现象进行的解读。

二、风险社会

1986 年，德国社会学家乌尔里希·贝克在《世界风险社会》一书中首次提出了"风险社会"（Risk Society）的概念[①]。他认为，"风险社会是一个灾难社会"，是现代化不可避免的产物。今天的社会生活在文明的火山上，"在现代化进程中，生产力的指数式增长，使危险和潜在威胁的释放达到了一个我们前所未知的程度"，"在发达的现代性中，财富的社会生产系统地伴随着风险的社会生产"。[②] 现代工业化文明在不遗余力地利用各种科技手段创造财富的同时，也处处产生和遗留了不可胜数的"潜在的副作用"，当这些副作用变得明显可见，并将当代社会置于一种无法逃避的结构情境时，风险社会也就登上了历史舞台。

乌尔里希·贝克认为，风险社会的突出特征有两个：一是具有不断扩散的人为不确定性逻辑；二是导致了现有社会结构、制度及关系向更加复杂、偶然和分裂状态转变。所以，现在的风险与古代的风险不同，它是现代化、现代性本身的结果。"我的风险理论是以资本主义工业社会为探讨基础的，我认为现代国家所要面临的首要问题已经不是物质匮乏，而是风险前所未有的多样性以及风险所造成结果的严重性，也就是说，我的探讨前提是风险的扩大"。[③] 如果说工业社会中的风险是大部分

---

① [德] 乌尔里希·贝克：《世界风险社会》，吴英姿等译，3 页，南京，南京大学出版社，2004。
② [德] 乌尔里希·贝克：《风险社会》，何博闻译，15、22 页，南京，译林出版社，2004。
③ 薛晓源、刘国良：《全球风险世界：现在与未来——德国著名社会学家、风险社会理论创始人乌尔里希·贝克教授访谈录》，载《马克思主义与现实》，2005 年第 1 期。

人口的贫困化的"贫穷风险""技能风险""健康风险",那么风险社会中的风险关键的一个方面,就是其所特有的"全球性"特点。

从 20 世纪 80 年代开始,一股全球化的力量迅猛发展,不断形塑着我们生活其间的这个世界,越来越多的事件和事实似乎表明:我们正在进入一个乌尔里希·贝克所预设的"风险社会"。

根据风险社会相关理论,现代社会的风险具备以下特点:

一是引发风险的原因具有多样性、复杂性的特点。现代社会的风险不仅来源于大自然,也受人类活动的影响,且随着人类知识能力的提高、活动空间的增大,后者的主导性作用更明显。比如说人类不断拓宽自己的生存空间,伐林建屋,引发了水土流失、温室效应等。

二是从空间上看,风险具有全球性传播的特点。究其本质还是因为人类活动空间日益连成一体,这让风险的酝酿、感染、生存空间也连成一体。

三是从时间上看,风险具有持续性、不可控性的特点。由于现代社会招致风险的原因复杂而多样,这使得对风险的分析、预测变得更加困难,风险的控制也面临着更大的挑战。风险的不可控性带来的后果必将是风险周期的延长,风险的持续发酵,引发次生风险的可能性也增加了。

尽管西方学者们对风险社会的理解和认识有所不同,但在本质上具有相似性,即都以风险社会为视角,对现代人类社会进行审视和反思。风险社会理论为我们理解现代社会提供了重要视角,为反思当代世界与社会发展提供了重要的理论工具,无疑也是理解与反思高速转型的中国社会的一种资源。

三、中国的风险社会

以乌尔里希·贝克为代表的学者认为,风险社会是一个世界风险社会,全球化的过程就是一个风险社会在世界生成和扩张的过程。我们可以清楚地感知到,中国已经置身于世界风险社会的进程中,不仅承受着全球性风险问题,也生产着全球性风险问题。但这并不意味着西方风险社会理论可以分析中国社会的一切风险问题,由于中国正处于高速转型期,我们还需要具体了解中国特殊的社会状况。

改革开放 40 年来,中国社会的市场化、城市化、工业化都取得了举世瞩目的成就,但是这一进程也遇到了前所未有的困难和挑战。在社会高速转型期,传统因素与现代因素在发展实践中相互激荡，风险有了滋长的空间，中国社会出现了许多无法避免又不容忽视的社会矛盾和问题，在当前的风险环境下，我们不仅要关注自然因素、传统因素，更要关注人为因素、现代因素。"作为现代化发展的必然产物，风险是既定存在的客观现实，同时又是被人们感知和建构起来的，它的客观实在性大多是基于快速发展的科学技术和市场经济，它的主观能动性主要体现为人们思想观念的变迁及知识文化的更新。因此，现代化的风险是人与自然共同制造的混合物，对它的解读和分析也会依据视角的不同而有所差异。"[①]

风险的引发动因和表现形式十分多样且复杂，难以有一个统一的分类标准，本章主要将当下社会的风险分为自然风险、政治风险、经济风险、社会风险和技术风险。

一是自然风险。

自然风险一般是指因自然力的异常变化产生的影响所导致的危害人类生产、生活的风险。中国地理环境比较复杂，所面临的自然风险种类繁多，如地震、泥石流、海啸、干旱、水土流失等。这些自然风险、自然灾害之间关系复杂，互为因果，并在现实生活中频繁发生，因此相当被人们重视。

二是政治风险。

政治风险是指政治权力主体为维护自身利益的特定行为或决策，并由此引发的相关风险。目前中国所面临的国内外政治形势比较复杂，区域经济体的不平衡发展等都是引发风险的重要因素。

三是经济风险。

经济风险是指经济主体为维护组织或个人经济利益的特定行为所引发的相关风险，致使各经济主体的实际收益与预期收益相背离，产生超出预期经济损失或低于预期收益的可能性。

四是社会风险。

社会风险是一种引发社会矛盾和冲突，危及社会安全稳定和社会秩序的可能性。社会风险不仅具有一般风险的人为性、破坏性、复杂性等特征，更具有全球性和不确定性的现代化特征。制度转轨、体制变迁使得当下社会风险呈现出"风险共生"

---

① 汤天甜：《风险传播论——以中国电视新闻报道为例》，37 页，北京，人民出版社，2015。

特征，如房价高涨、腐败、贫富差距、食品安全、教育不公平、医疗改革等出现持续性特征的问题，极易引发社会风险。

五是技术风险。

现代化社会中的技术风险主要指由于科技的快速发展，人们的生产生活方式得以明显改变，但与之相伴的危险也日益突出，如核发展在给人类带来能源的同时，也潜藏着核辐射、核泄漏等高风险；转基因技术的发展使得动物、植物免受虫病困扰，但也引发生物多样性损失，破坏生态平衡，甚至造成变异物种出现；电子信息技术、大数据技术的突飞猛进，使人们轻松获取有效信息、提高工作效率，但也容易触发信息安全等问题。

第二节　风险信息与风险传播

风险传播产生于 20 世纪 70 年代，这与西方社会科技争议频发和公众对新兴技术的担忧密切相关。麦库姆斯认为"风险传播可以笼统地界定为研究与风险的描述、评价和管理相关的信息交流过程"[①]。在初始阶段，风险传播一度等同于风险教育，即告知受众哪里会有风险，其状况如何，如何正确看待风险。到了 20 世纪 90 年代中期，风险传播开始了以公众为核心的最新研究阶段，研究重点从描述和分析风险与教育公众转向了对公众风险认知的深入探究。西方的风险传播研究更倾向于研究公众的风险感知，探究影响风险认知的因素。

相对于海外主流的风险感知及其影响因素分析，中国学者较多侧重传播机制、风险管理等实务应用研究。近年来，学者在环境污染、核电、转基因和食品安全等议题上做了大量的相关研究。随着科学在日常生活中不断普及、科技争议的增加和人们越来越关注自身的生产和发展，风险传播受到越来越多学者的关注，在新闻传播领域风险主题的研究也越来越多。[②]

---

① 转引自贾鹤鹏、苗伟山：《科学传播、风险传播与健康传播的理论溯源及其对中国传播学研究的启示》，载《国际新闻界》，2017 年第 2 期。

② 贾鹤鹏、苗伟山：《科学传播、风险传播与健康传播的理论溯源及其对中国传播学研究的启示》，载《国际新闻界》，2017 年第 2 期。

一、风险传播中的媒介角色

与传统社会相比，人们在现代社会面临的风险种类更多，风险后果更严重，风险变得更不可预测，更需要及时获取风险信息来分析风险环境。大众媒介作为风险信息集散地显得尤为重要，但由于传播环境日益复杂，信息在传递过程中难免产生"再生"现象，大众媒介既是风险信息的传递者，也是风险信息的制造者。

（一）风险信息的传递者

在风险传播的领域中，媒体主要是在风险信息的传递中，将信息释放到利益相关者处，完成告知的义务和责任。媒体告知大众风险信息的方式包括新闻报道、评论、图片、影像、声音等，以此影响人们观察、思考、诠释和处理各种信息，通过把某些事件及因素互相联系，建构起风险议题。媒体传播的风险信息通过告知与预警，成为人们感知、认识、判断风险和进行风险决策的重要依据。我们以下面这则新闻为例：

美国对日本核污染食品发布警示①

近日，美国食品药品监督管理局（FDA）针对日本进口食品发布了最新的第99-33进口警示。警示规定，部分日本产品若不通过检验，禁止进入美国市场。最新被禁产品名单包括：鲜奶、黄油、奶粉、婴儿奶粉及其他奶制品；蔬菜及其制品；大米、全麦；鱼类；肉类和禽类；蛤蜊类；海胆；柑橘柚类水果；奇异果等。据FDA透露，警示原因为放射性核污染。4月3日，第99-33进口警示经过修订，增加了多种受日本政府限制的新产品名单，删除了部分无需再警示的产品明细，得出最新的日本进口警示名单，公之于众。

2011年日本8.9级地震引发海啸，其中，福岛第一核电站未能幸免于难，受到很大冲击。之后有一些迹象显示，福岛第一核电站的核反应堆会对周边区域存在放射性污染的潜在威胁。考虑到辐射及核污染会影响到公众健康，美国食品药品监督管理局（FDA）从那时起，就开始加大对日本

---

① 韩冰：《美国对日本核污染食品发布警示》，载《北京青年报》，2015-05-13。

进口产品的监管力度。

海啸一周之后，经日本相关部门确认，福岛第一核电站周边县域中，发现福岛县、茨城县生产的奶制品、新鲜农产品、婴幼儿配方奶粉产品中，存在高于人体可接受量 5 倍的放射性碘。

2011 年 3 月 21 日，日本首相下令，禁止福岛、群马、茨城、枥木等福岛第一核电站周边县域生产的菠菜和 kakina（一种当地蔬菜）进入国内外市场，同时禁止福岛县原料奶输入市场。之后，进口警示产品名单迅速膨胀，同时，受放射性核污染影响的进口警示区域名单也在不断扩大。当然，随着时间推移，也有部分产品从进口警示名单中被删除。

至 2015 年 4 月份，第 99-33 进口警示名单中，日本共有 13 个县域位列其中；涉及的食品种类主要有：大米、全麦、牛奶、黄油、奶粉制品、填充牛奶、乳仿制品、鱼类、金星蛤、海胆类、肉类、肉类制品、禽类、柑橘柚类水果、奇异果、蔬菜及其制品、婴幼儿配方产品。

该进口警示还称，美国食药监局意识到日本政府正在采取措施解决这一问题，将会为日本政府的努力提供支持。FDA 还表示，会与日本政府继续协商，确保这些从受到污染的区域进口的食品不会对美国公民的健康造成威胁，也会继续监测因为日本核污染带来的健康风险，适时会解除进口警示并恢复常规进口。

这则新闻的主要目的就是告知大众现存的风险。日本福岛核事件爆发后，引起了全世界的关注，也引起了世界范围的恐慌，人们对核技术的把控及核泄漏带来的影响等问题十分关注。尽管目前还没有明确的科学依据能够证明福岛地区食品、产品对人类健康有直接危害，但人们对核污染、核辐射的敏感度确实高于其他问题。因此，2015 年美国对日本进口食品进行检测通报，告知美国民众购买日本进口食品可能存在的风险，正体现了作为风险信息传递者的媒介角色。

由此可见，在风险社会的风险景观建构过程中，大众媒介发挥着不可替代的作用。随着互联网技术的飞速发展，媒介全球化已将人们整合到全球性的媒介混合体中，通过媒介，我们对世界的了解越来越广泛、越来越深入，进而对世界上可能存在的风险有更多感知。

（二）风险信息的制造者

媒体传播的风险信息一方面成为人们判断形势、进行决策的依据，另一方面又可能成为引导人们错误认知、刺激人们扭曲的"风险想象"、再生产风险的源头。换句话说，传媒在"拟态环境"中揭示风险、具象化风险景观的同时也参与了风险生产。公众一般难以驾驭所谓的"真实风险情境"，而只能够按照传媒定义的风险去理解现实的风险，这样，"拟态风险"与"现实风险"之间的差异便可能引导受众产生错误的风险认知、判断及扭曲的"风险想象"，从而加剧风险。

例如，2008年的金融危机，我们可以在各类媒体上获悉企业倒闭、银行破产、裁员、降薪、政府经济救援、形势不容乐观的大量消息，报道用语也从"次贷危机"演变为"金融危机""金融风暴"，直至"金融海啸"。这些词语透露着形势越来越糟、风险越来越近、杀伤力极强的含义，经济阴霾笼罩了全球，人们的焦虑、恐慌和不安四处扩散，一点风吹草动都可能扰乱大众生活，招致更大的风险。例如，2008年3月，贝尔斯登自身产品结构陷入危机，于是流动性危机的传闻开始广泛传播。据《华尔街日报》报道，交易商不愿与贝尔斯登进行长期交易：

> 从此刻起的72小时可谓疯狂，这段时间里贝尔斯登被彻底打倒在地，因此也危及全球金融系统的稳定性。本文对20多位现任或前任贝尔斯登管理者、董事、交易员以及其他相关人员进行了采访，向读者展示这家花了85年建起来的大厦如何在短时间内崩塌。
>
> 截至3月13日，许多客户已经把钱从贝尔斯登取出，公司现金储备因此而减少了150亿美元。富达投资这样的公司也拒绝向贝尔斯登提供贷款以维持其正常运营。许多客户都想终止与贝尔斯登的交易，这样的要求已经淹没了公司的经纪伙伴——包括德意志银行和高盛集团。
>
> 下午7点，事情已经变得非常糟糕，以至于施瓦茨打断了摩根大通CEO詹姆斯·迪蒙的52岁生日宴会，询问他是否有兴趣注资贝尔斯登。
>
> 这家经纪公司的突然崩塌完美地印证了一个事实：脆弱而又无情的金融系统建立在充分信任的基础上。每天，价值数十亿美元的证券都基于一个不成文的协议而流通，即要时刻满足兑现要求。如果投资者开始担心贝

尔斯登不能维系这一协议时，信任就会在一瞬间蒸发……①

这些消息迅速引起市场惊慌，投资者纷纷抛售金融股，越来越多的贷款人和客户开始从贝尔斯登撤出他们的资金，尽管贝尔斯登其实拥有稳定的缓冲资本，但市场恐慌终使贝尔斯登因超额流动性迅速地殆尽，在一周内陷入绝境，这不能不说是传媒创造的"海啸语境"带来的严重后果。

二、风险传播中的信息特点

把握风险传播的规律和特点，我们除了需要了解大众媒介在风险传播中所起的作用之外，还应该从风险传播的本质——风险信息的流动——出发，认识风险信息的特点，有助于解读信息、使用信息。

（一）风险信息的不确定性

不确定性是风险信息的重要特征，也是理解风险文化素养的重要内容。随着信息获取渠道和传播主体的多元化，现代传媒的信息容量得到极大提升，并呈现出新的特征，如实时报道、及时更新、超越时空、实现全媒体传播等，在极大丰富信息传播形式的同时，也形成了一种声势浩大、鱼龙混杂的传播现状。面对这种包含着不同层级、不同视角甚至是相互矛盾的信息群，"不确定性"已经成为风险信息的基本特点。2006 年的"多宝鱼事件"就是例证。

多宝鱼药物残留超标严重　上海饭店超市主动停售②

近日，根据污染物监测结果的提示，上海市食品药品监管局组织了对多宝鱼市场的专项抽检，共从批发市场、超市及部分饭店采集 30 件冰鲜或鲜活的多宝鱼样品送检。检测结果显示，除重金属指标检测均合格外，样品中全部检出了硝基呋喃类代谢物。部分样品还分别检出恩诺沙星、环丙沙星、氯霉素、孔雀石绿、红霉素等禁用渔药残留，部分样品土霉素超过国家标准。

---

① 节选自［美］凯特·科利：《贝尔斯登覆灭记（中）》，何焘译，载《商界（评论）》，2008 年第 9 期。

② 节选自龚瑜：《多宝鱼药物残留超标严重　上海饭店超市主动停售》，载《中国青年报》，2006-11-20。

对此，市食品药品监管局召开了专家咨询会。专家认为，抽检结果数据准确可靠，显示了多宝鱼养殖环节的问题。氯霉素、环丙沙星等禁用渔药虽然尚不至于对人体产生急性、亚急性危害，但对肌体的潜在危害不容忽视。如长期大量摄食硝基呋喃类化合物，存在致癌可能。长期食用含抗菌类药物残留的动物食品也将导致致病菌对抗生素的耐药性而影响临床疗效。市食品药品监管局表示将抓紧溯源工作，对违法销售的单位依法予以查处。

......

专家同时指出，应明确"含有致癌物质的食品"和"致癌食品"并非同一概念。因为对肌体产生危害需要一个积蓄过程，长期大量摄食危害物质才可能致癌，偶尔微量的摄入一般不会对肌体产生危害。从目前检测情况看，其他鱼类产品的抽检合格率比较高，市民无须过度担心。多宝鱼的药物残留情况突出，与其生长习性、养殖环境等有关。

尽管当地监管部门并未发布"禁售令"，但申城许多批发市场、连锁超市、饭店宾馆纷纷主动暂停销售多宝鱼。上海沪西、铜川两大水产批发市场已告知相关经营户，暂停多宝鱼的进货。家乐福、乐购、世纪联华、易初莲花等大型连锁超市集团总部，则向各家门店发出通知，要求将多宝鱼全部撤柜暂停销售。

这篇新闻报道提供了多方面的信息：上海市食品药品监督管理局在当地抽检中，多宝鱼样品全部被检出了硝基呋喃类化合物；专家指出，长期大量摄食硝基呋喃类化合物存在致癌可能，多宝鱼养殖使用大量违禁药品存在致癌隐患；又有专家指出，长期食用含抗菌类药物残留的动物食品将使人体产生耐药性……这些信息可以使我们相信的是：多宝鱼被检出了残留药物，可能存在安全隐患。然而含致癌物质的食品和致癌食品的界限是什么？多宝鱼到底还能不能吃？吃多少可能致病？已经吃了的该如何处理，有没有后遗症？这些困惑却没有得到解答。这些新的不确定性导致公众对摄食多宝鱼甚至其他水产品的担心、恐慌和抵制，使"多宝鱼事件"波及水产品行业及其他食品行业，甚至危及国家经济安全。

随着公民认知能力的提升，不少人已经感知到科学知识有时候也是错误的，诸如化学污染、文明病等问题可能超出了人类本身目前的认知范围。尽管在风险产生和发展过程中，各方力量希望为风险进行明确定义，多方信息的汇集可以消除原有的不确定性，但也以更快的速度创造出新的不确定性。所以风险的"不确定性"是一个长久性且难以定论的议题，认识风险本身的不确定性反而成为提升信息可信度的重要指标。

(二) 风险信息的人为性

人为性是风险信息的另一个重要特征。这一特征有两层含义，一方面，理解风险信息的人为性就是直面人类社会工业化、科学发展的双面化带来的次生风险。在当下的风险社会中，人为风险的比重超过了自然风险。很多时候，自然风险也是由诸多人为因素导致的，诸如海啸、地震、雾霾的发生与人类无节制开发之间的层层关系。

另一方面，风险信息的人为性也可理解为信息流动和阐释过程中所具备的人为性特征。事实上，人们对风险信息的理解依赖于一定的语境。根据李普曼的观点，传媒为我们提供了"拟态环境"[①]，但公众通常把媒介塑造的"拟态环境"当作客观环境，并依此去想象生活世界和展现现实行动。然而风险是未然事物，不是以某种已然状态出现的，也就是前面所说的风险信息具有"不确定性"，因此，不同的传媒在选择风险信息、选择呈现方式时都会有所差异，而它们又会与真实风险之间存在或多或少的偏差。

(三) 风险信息的知识依赖性

风险信息的知识依赖性是与媒介文化素养关联性最强的特点。按照乌尔里希·贝克的观念，"风险就是知识中的风险"[②]，风险传播是在知识信息中被改变、夸大、转化、削减、隐匿的。

随着科学技术的发展，新的风险层出不穷。科学技术让我们能够把握世界的一个方面，同时也让我们看到了更多未知的方面，从而使得风险认知需要更丰富的知识积淀。因此，在现实生活中，实际风险与受众感知的风险很难达成显著的一致性，原因就是因为很多风险事件背后往往具备较多的科技链接，涉及各种专业性知识。

---

① ［美］沃尔特·李普曼：《公众舆论》，阎克文、江红译，11 页，上海，上海人民出版社，2006。
② ［德］乌尔里希·贝克：《风险社会》，何博闻译，64 页，南京，译林出版社，2004。

此外，日常经验、认知能力、心理特征等都是影响公众获取、辨别、感知、解释风险信息的因素，不同群体对于同一风险会产生不同的理解与反应。即使对于同一媒体传播的相同的风险信息，不同受众的接受程度也是不同的，其对有效信息的识别、解释和利用程度都不尽相同。

三、风险传播中的常见问题

（一）风险的放大与弱化

20 世纪 80 年代起，美国学者卡斯帕森等人提出了"风险的社会放大框架"（SA-FR）[①]，点明很多风险是在传播的过程中被放大的，在风险的传播过程中每一阶段都有可能会成为一个"风险放大站"，从而产生了超过其本身的影响力，甚至带来了新一轮的风险恐慌。

媒介之所以能够改变世界，是因为它能够改变我们对世界的认知途径和体验方式，改变我们的思维方式，媒介利用它的影响力改变我们的意见并影响社会变化。在遇到风险的情况下，媒介的社会瞭望功效被极度放大，不同媒介都在大力挖掘风险中的争议点，挖掘风险信息的多方价值，从而推动风险被放大，促成社会恐慌的形成。以 2018 年脸书（Facebook）数据泄露门事件的报道为例：

5000 万用户数据"失窃"Facebook 跌近 7％拖累科技股走低[②]

美国东部时间 3 月 19 日，美国三大股指集体回调超过 1％。截至收盘，道指下跌 335.6 点，报 24610.91 点，跌幅 1.35％；纳指收跌 1.84％，报 7344.24 点，交出自 2 月 8 日以来最差战绩；标普 500 指数收跌 1.42％，报 2712.92 点。

19 日当日，深陷数据"泄露"丑闻的 Facebook 跌幅达 6.77％，创下自 2014 年 3 月以来最大单日跌幅。美国东部时间 20 日，Facebook 低开近 3％，随后开始小幅上涨。截至北京时间 22：00 涨至 169.14 美元，但跌幅仍

---

① Jeanne Kasperson, Roger Kasperso, Nick Pidgeon, & Paul Slovic, The Social Amplification of Risk: Assessing Fifteen Years of Research and Theory, in Nick Pidgeon, Roger Kasperson, & Paul Slovic (eds.), *The Social Amplification of Risk*, Cambridge: Cambridge University Press, 2003, p. 15.

② 节选自翟少辉：《5000 万用户数据"失窃"Facebook 跌近 7％拖累科技股走低》，载《21 世纪经济报道》，2018-03-21。

达 1.98%。

在此前的 3 月 17 日，据《纽约时报》《卫报》及旗下《观察家报》等媒体报道披露，多达 5000 万 Facebook 用户信息遭政治数据分析公司剑桥分析（Cambridge Analytica）利用，成为该社交平台上线以来最大规模的数据"泄露"事件之一。

……

受 Facebook 数据事件影响，科技股在周一普遍下跌。

CNBC 计算称，Facebook CEO 马克·扎克伯格当日身家缩水达 60.6 亿美元，尽管如此，他身家仍居世界第四。但以扎克伯格为首的 Facebook 高层在此次危机中的应对却饱受质疑。……

自 2018 年 3 月 16 日，脸书（Facebook）以违反数据收集和保存政策的理由宣布暂时封杀两家裙带机构（CA&SCL）后，媒体都将目光投向了此次数据泄露事件。一家公司（CA）被指，在未经用户同意的情况下，利用在脸书上获得的 5000 万用户的个人资料数据来创建档案，并在 2016 年总统大选期间针对这些人进行定向宣传。媒体消息一出，舆论哗然，不仅是美国社会对脸书数据泄露事件抱有怨言，更引起了世界范围内对数据使用的伦理探讨。数据泄露门不仅波及社交平台，连及互联网行业，甚至波及政治领域。

与"风险放大"相对，风险的"弱化"报道也时有发生。风险传播是一种双通道的互动过程，一方面有关风险的实际情况要传达给利益相关者；另一方面还要搜集利益相关者对风险的反应并反馈给主观事件专家和受众。对风险的任何信息渠道垄断和隐瞒都会带来严重的后果。风险弱化处理多是基于对风险传播的封闭考量，为了方便后期的风险控制，人为弱化风险符号或简化风险传播中的细节，但这也会带来背道而驰的宣传效果，进一步影响媒介的公信力。较为典型的是厦门的反 PX 项目，厦门当地媒体对事件的报道较少，最初的报道源是境外媒体，不少当地民众在新媒体平台获取了这一信息，从而引发了更大程度的反 PX 争论，削弱了当地媒体的公信力。

在当今这个风险信息居多、人人自危的时代，增强受众对信息的信任度是风险传播中的关键，弱化或隐藏风险信息会让受众对信息的质疑声增大，不利于媒体的发展和健康风险环境的建设。

(二)"污名化"传播

现代社会各种风险事件充分说明,风险已经成为公共领域和政治博弈的一个关键概念。在这一博弈中,大众媒体充当了重要角色,它"强烈地影响着社会认同、风险定义、风险选择,以及关于风险的知识,因此媒体是风险意识的核心,也是解释人的风险反应的核心"[①]。在媒介的传播实践中,我们会发现不少由于媒介污名化报道而引发或加剧风险的案例。国内学者董小玉认为,媒体主要通过三种途径进行"污名化"报道:选题强化污名、情感强化污名、单方观点强化污名。[②]

以下面这则 2018 年的新闻为例:

拆违时打伤店主一家三口
鄂州一城管队员暴力执法被拘留[③]

3 月 25 日,一段城管队员殴打一名妇女的视频在网络上持续传播。楚天都市报记者了解到,该视频系鄂州太和镇组织拆违时,城管执法队与一店主发生冲突,一名城管队员持椅子将店主及其妻儿打伤。目前,这名暴力执法的队员已被警方拘留。

昨日,在鄂州中心医院,伤者陈汉林一家三口仍躺在医院治疗。51 岁的陈汉林介绍,他在鄂州梁子湖区太和镇开了一家小食品商店,在太和镇街头,大部分的店铺都在门前搭了遮雨棚,他家也做了一个。不久前,他们接到城管队的通知,沿街两边的遮雨棚系违章建筑,要求拆除。

陈汉林称,3 月 25 日,他的妻子吴回心在家照看店铺,城管队员对他家的遮雨棚进行焊切拆除。在拆得只剩最后一根铁架时,其妻子说了句"别人到时候要是装起来了,我还是会装的"。没想到这句话惹恼了城管队员,随后双方发生了口角,继而发生肢体冲突。冲突中,一名城管队员用椅子,将其妻子和儿子头部砸伤,其他队员则将他摁在地上拳打脚踢,导

---

① [英]彼得·泰勒-顾柏、[德]詹斯·O. 金:《社会科学中的风险研究》,黄觉译,52 页,北京,中国劳动社会保障出版社,2010。

② 董小玉、胡杨:《风险社会视域下媒介污名化探析》,载《新闻大学》,2011 年第 3 期。

③ 节选自梁传松:《拆违时打伤店主一家三口 鄂州一城管队员暴力执法被拘留》,载《楚天都市报》,2018-04-02。

致其一家三口受伤住院。妻子被送到医院后，头部缝了 10 多针，儿子头部
缝了 8 针。……

　　由于城管所监管的对象一般是被当作弱势群体的小商小贩，所以当二者发生冲
突时，大众媒体一般会站在弱势一方，这导致"城管"这一群体在中国媒体上的形
象多数是负面的。上述报道陈述事实比较冷静，但仍然能看到"站队"的痕迹，比
如"没想到这句话惹恼了城管队员"，就明显流露出媒体的情感倾向。

　　媒体有时没有掌握新闻报道中的"平衡"原则，过于强调单方观点，也会导致
污名化。例如，2010 年 1 月 23 日以来，富士康中国相关园区相继发生员工跳楼事
件。截至 2010 年 5 月 28 日已有 16 名富士康员工跳楼。媒体在报道富士康跳楼事件
时，大多热衷于对跳楼数字的强调，有的甚至还带有调侃性质，报道内容也多采用
对富士康员工的访谈，强调富士康的内部管理制度是跳楼的主因。而在 5 月 26 日，
鸿海集团董事长郭台铭召开记者会，回应外界质疑并对跳楼事件作出的解释则被大
多数新闻媒体忽略。在一系列跳楼事件的报道中，媒体的观点呈现为"一边倒"的
倾向，这在大多数受众心中，逐渐形成了"富士康的不人性化、严厉、加班、压力
大"等负面形象，放大了富士康的管理风险。这样被单方观点强化的污名，使人们
忽略员工本身的心理疾病，忽略关注生命本身，又为形成新的风险埋下隐患。①

（三）多方利益集团作用

　　我们处在风险性社会中，但并未时时感受风险，相比于危机而言，风险具有较
强的隐匿性，因此受众对风险社会的认知更多还是依赖于媒体的"风险议程设置"。
由于风险信息的复杂性和传播多样化，媒介在传播风险的过程中往往会出现信息偏
差，信息偏差的背后更多隐藏的是一种多方利益集团竞相左右的权力逻辑，主要表
现为经济利益间的博弈与政治利益间的决策。

　　风险传播中包含多方利益关系人：政府、专家学者、商业机构、媒介组织、民
间团体、公众。各方利益关系人都会利用自己的方式参与风险传播，最直观体现为
干预媒介传播的路径和内容呈现。经济的博弈场表现为各利益关系人在信息传播中
寻求利益的最大化，而忽视公众利益，为了隐藏一些风险隐患，商业机构会收买信

---

① 董小玉、胡杨：《风险社会视域下媒介污名化探析》，载《新闻大学》，2011 年第 3 期。

息传播者。此外,更难掌控的利益博弈是官方机构对风险的参与掌控,在风险传播中大众传媒与官方机构的关联非常密切。由于人们对风险的恐惧心理是政治权威扩展控制权力的一个很好的砝码,在风险沟通中,政治权威对大众传媒的主导性强调会比任何其他时候都更为强烈,风险沟通非常轻易地就与话语权控制和恐慌政治结合起来。① 喻国明提出"官方信息是某些机构按照他们自身的狭窄议程建构所得的,这些议程大都是服务自身并反映机构自身对于效率、可靠和正确的陈述"②。对于风险信息的政府调控也往往表现为政府希望受众理解的样子,甚至在很多时候,关于政治权力的争夺会直接变成一场"媒体战",如2011年3月,叙利亚国内积怨已久的宗教和社会矛盾争夺就是借助媒体资源开展的一次权力博弈。③ 当媒体沦为政治权力的工具,其风险传播也就难以实现真实的呈现,经过博弈后的风险呈现往往带有欺骗性,由此加剧了人们的不安全感。

新媒体的出现很大程度上改变了"风险议题"的发展,公众的议题参与为风险的利益博弈加入了更多不稳定因素,同时也成为不少利益集团在风险博弈中的主要争夺体,公众喜欢发表言论也容易被导向化,公众的参与某种程度上为多方利益争夺加入了新的风险因素。因此公众应时刻警惕,做理智的风险参与者,不仅要看透风险传播背后多方利益群体的参与性,也要善于对风险信息做多方求证和判断,不要被利益争夺所利用,成为新的风险放大站。

四、新媒介环境中的风险传播

(一)新媒介环境的传播特点

1. 风险信息的具象化传播路径

在网络传播环境下,风险信息的传播具有隐匿性、模糊性、不确定性。社会公众需要借助媒体报道的具象化功能,使"看不清"的风险变成可认知的风险。在当下媒体饱和、实时新闻播报的状况下,边远地区实际上是作为一种媒介空间里的虚拟存在而环绕在受众身边的,借助新兴的社交媒体等新平台,风险目击会因为身边

---

① 张燕、陈宝峰:《风险社会公众媒介素养的内涵与养成》,载《现代传播(中国传媒大学学报)》,2011年第8期。

② 喻国明:《网络"放大镜"与民意"无影灯"》,载人民网,2008-07-29。

③ 赵新利、刘晓曦:《从叙利亚危机看媒体的叙事博弈》,载《青年记者》,2013年第31期。

朋友的交叉、事件多样的体验而产生更强烈的效果。在风险具象化的过程中，图像化处理是重要的传播形式，当风险信息出现在社会化媒体中时，图片或视频的视觉冲击力和场景体验是声音和文字信息不可比拟的。表现力极强的风险图片或视频会成为受众判断是否有必要继续消费信息的重要指标之一。在当今的全球风险社会，图像超越了地域的差距，为风险的具象化传播提供了更加多元和有效的途径，也为风险传播注入了一种新的活力。

在风险信息的传播中，新技术的发展和利用加强了风险信息的传播效果，增强了人们的风险体验，同时也带来了一系列新问题。如风险游戏将风险事件植入游戏之中，在增强玩家风险体验的同时，由于其游戏化的本质而产生了对新闻边界的冲击。风险事件追求较强的冲击力和感染力，VR、AR 等新科技开始在风险行业试水，由于对风险报道尺度把握不当而引发关于技术冲击新闻伦理的争论。如用 VR 方式报道动乱现场，强烈的代入感产生较大的现场冲击力，也使得受众在接受信息时产生较大的不适感。此外，网络直播平台的开放利用也使得很多风险性信息直接呈现在直播平台，无需提前获取当事人认同。这种风险传播方式对新闻报道伦理产生了新的冲击，如巴黎暴恐事件中，直播平台将现场的血腥场面快速上传，迫使受众直面亲属朋友遇难的场面，带来新的不适感。可见，风险信息传播在寻求新技术开发利用的过程中，也面临着关于新闻边界、新闻伦理问题的一系列考验。

2. 不同风险话语体系的交织碰撞

风险传播牵连到相关的政治决策、民意沟通和社会舆论，在传播过程中出现了官方舆论场和民间舆论场、主流媒体和非主流媒体等不同体系的话语碰撞。主流媒体是政府的喉舌，在风险传播中需要衡量社会决策和政府公信力等多种因素，积极采用跟政府机构相近的立场对于风险议题进行建构，对风险发声小心谨慎，往往具有一定的滞后性。而民间舆论场对风险的讨论较为活跃，在风险处于苗头之时，社交媒体等自媒体平台上关于风险的争论便活跃起来，如关于转基因食品，官方报道难以定论，民间争论早已一波未平，一波又起。加之民间舆论场有不少商业媒体存在，利益关系使得风险传播出现了鱼龙混杂的局面。风险话语体系的碰撞源于新媒体时代的话语权开放。在各社交媒体平台上，公众喜欢自由发表风险信息或评论，喜欢极端地表达风险意见，恐惧、愤怒等情绪都容易被调动。专家学者等意见领袖在风险领域出现意见争夺或者意见失声，被曝于公众视野下的风险争论更容易使风险走向不可确定性，从而激发起受众的潜在恐慌。

（二）新媒介环境中风险传播的新挑战

1. 网络谣言

由于网络媒体平台准入门槛低、把关人缺位，导致谣言在网络平台兴起后以更惊人的速度和强度滋生。网络谣言常常伴随风险事件而生，容易产生强大的社会冲击力，导致风险被人为地放大。网络谣言一般通过夸大某一新闻要素或重组某几个新闻要素以达到"戏剧化"的传播效果，然后通过网络平台进行重复性扩散，冲击新闻事实，放大风险。

以 2017 年 1 月在社交媒体上流传颇广的 H7N9 禽流感谣言为例，"这条谣传称，广东省深圳市南岭村一男子昨天下午在商业街饭店因吃大盘鸡感染 H7N9 死亡，姓名郝爱军，年龄 43 岁，孩子 15 岁，参与抢救的医生胡海兵已经被隔离，紧急通知，暂时别吃鸡肉、鸭肉、猪肉，因广东省深圳市 5570 头家禽已感染。收到马上发给你关心的人，预防永远胜过治疗"[①]。这则谣言文本提及"抢救医生被隔离"，这就意谓着 H7N9 病毒"人传人"的可能，把"每个人"都潜在地建构为威胁的受害者，扩大了风险受害者的范围。另外，通过诉诸情感目的（"保护你关心的人"），作为主要人物的"你"（网络谣言文本中的信息接收者或者说"每个人"）被召唤为解决问题的英雄，从而动员谣言接收者通过社交媒体进行谣言传播（"转发此信息"）。在这样的动力下，网络谣言传递的风险暴发叙事（放大健康风险的故事）能够以更广和更快的速度传播开来，使得 H7N9 禽流感的网络谣言出现"流爆从众"的现象。[②] 而且，重复性也是网络谣言放大健康风险的一个重要信息手段。不管信息的准确性如何和具体内容是什么，重复性的信息流都可能是风险放大器。"如果一个实际陈述重复若干次，特别是被不同源头重复几次后，人们就更可能相信其准确性。"[③]

2. 网络暴力

"网络暴力"基于网上网下的群体交互行动而具有风险特性，即行为事件的突发性、实施主体的模糊性、演化过程的难控性、表现形式的舆论性、行为后果的实在

---

① 李晓旭：《"深圳男子因吃大盘鸡感染 H7N9 死亡"谣言散布者被抓获》，载《羊城晚报》，2017-02-23。

② 李瑞芳：《网络谣言"放大"健康风险的信息机制》，载《青年记者》，2017 年第 27 期。

③ 黄文森：《风险沟通中网络媒体报道的可信度构建——以人民网 H7N9 禽流感报道为例》，载《新媒体与社会》，2014 年第 1 期。

性和不确定性。网络暴力的盛行为风险信息的科学传播增加了阻力。

无论是网络暴力的发生、演化，还是其后果的社会影响，都具有明显的风险特性。首先，行为事件具有突发性，虽然我们大致清楚哪些网络社会领域容易发生网络暴力，在何时发生、因何事发生，却是难以预测的。其次，实施主体具有模糊性，在网络暴力事件的发生和演变过程中，一般都由不特定的网民群体参与其中，由于身份的隐匿性、行为的跨界性、结构的流动性，因此对新闻源、新闻传播路径难以追踪。最后，演化过程具有难控性，由于网络信息传播的即时性、扩散性、易变性，网络暴力事件一旦发生就容易失去控制，会淹没风险信息的真实面貌，也会阻碍风险的治理路径。从某种意义上来说，对网络暴力的治理就是对风险的治理。

第三节　风险视阈下的媒介素养

在新媒体时代，风险传播系统出现了信息传播新模式，图像化的具象表达、技术化的风险处理手段、多样化的风险舆论场，这些都对受众的媒介文化素养提出了更高的要求。

一、合理化的"风险想象"

受众的"风险想象"是同媒体的"风险预言"紧密相关的，受众的"风险想象"会使媒体所预言的"风险"具有牵连性。在互联网传播环境中，以往的受众兼具信宿和信源的双重身份，在社交媒体平台，受众的信息获取和发布都更加便利，同时而来的是信息的复杂化。人们在快速消费信息时，信息经历的往往是先传播后验证的路径。受众对于风险信息的传播相对具有更高的热情，在感知风险时的第一反应是向自己的熟人社会传播风险信息，以维护其群体利益，而且在传播过程中往往加入个人倾向性表达，不能理性对风险信息作出判断，这种盲目传播的行为导致信息失真，从而带来传播中的次生风险扩大，引发社会的不安情绪。这种熟人化的社交媒体传播模式最先冲击的是受众的"风险想象"。

基于个人的文化水平，每个人对风险的预知想象程度是不同的，但社交关系的风险传播会对个人的想象增加一个较为强烈的指向表征符号，或强化，或减弱，从而使得风险想象加入了更多的个人情绪色彩，加重风险恐慌。如在 2013 年 3 月"马航 MH370 失联"事件发生后，各类伪造国际级权威媒体信源的信息在各大社会化媒体中大肆传播，真假难辨。国内外各大社交媒体中涌现了标示为"马来西亚官方发布""美联社最新消息"或"CIA 调查结论"的信源，不时地披露客机行踪。在这些虚假信息的传播中，受众关于这一事件的风险想象被一次次推向不同的发展想象，"空中爆炸""恐怖劫持""外星人劫持""宇宙黑洞"……各种新奇说法层出不穷，成为社交网站上一大热议话题。此次事件清晰反映了在风险事件中，受众被刺激而产生风险想象滋生的乱象。

风险社会呼吁受众能够具备丰富的科学文化知识，从而在风险争论中根据现有的知识做出合理的风险想象。风险想象与风险判断不同，它早于风险判断产生，往往是人们对于风险信息的第一反应，在风险想象的发展过程中会混入一定的风险判断，从而决定想象是否终止。面对同一个风险事件，基于对风险的不同知识储备和理解，不同的人会有截然不同的风险想象。而媒体的风险建构会在人们的认知中搭建出一个不同的风险再现过程，这个再现过程是客观还是夸大，是悲观还是公正，都基于受众对风险的初步想象。引导受众做出合理的风险想象，即是指在风险信息发布后，引导受众正确认知与此风险关联的因素，在传播中能够剔除多余和夸大的成分，建立一个合适的风险表达场域，降低风险信号的连带危害性。

二、批判性的风险传播

在新媒体时代，存在着海量的信息与冗杂的环境，这需要受众有更高的媒介文化素养，而媒介批判能力是媒介文化素养的核心。媒介批判能力分为媒介批判性技能和媒介批判性态度（倾向），包括信息质疑能力、信息筛选能力、深度解读能力、核实反馈能力等。在媒体的风险传播中，风险传播与风险遮蔽并存，新闻报道的碎片化，议题设置的快速化、娱乐化，都在误导受众对于风险的真切认知，从而遮蔽了较多潜藏的风险，降低了风险社会的能见度。因此，不能停留在对信息的质疑和筛选层面，还要具备对风险信息的深度解读和全面思考的能力。

批判性的风险传播分为浅层次的风险认知与深层次的风险思考，在对风险信息的选择和质疑过程中，由于专业知识和背景信息的不足，一般公众的信息处理能力有限，在解码过程中有简单化和单纯化的倾向。例如，公众在接收信息时只接收自己能理解的信息，忽视难以看懂的专业信息；重视表面信息，忽视深层信息；重视事件本身，忽视原因的读取，因此容易导致对风险的判断失误，这是媒介文化素养缺失带来的批判解读误区。只有对信息有着更全面的思想文化认识，才能理性看待当下的风险现状，做出适度的风险反应。

批判性风险参与已经成为风险沟通中的重要环节，互联网之下的无影灯效应降低了风险获知与风险判断的难度。在众多消息的对比分析中，哪些信息可考证，哪些信息可信度高，受众可以做出较为理智的判断。但是风险信息有较高的知识依赖性和不确定性，这导致受众在风险信息的深度解读中出现一系列的问题，专业门槛和科学知识的局限性是阻碍受众进行深度分析的重要因素。因此在批判性解读风险的过程中，需要相应的科学知识与专家建议作为重要支撑，为受众的深度思考判断提供可能性。不只要学会判断哪些风险是真实有效的，还需要在批判认知的基础上，对风险因何而起、怎样扩散、如何治理等相关问题进行深度思考，这是加强社会风险感知的基础，也是鼓励受众参与风险治理的重要前提，没有批判性解读的风险思考只会为风险治理增加乱象。正如道格拉斯·凯尔纳所告诫的那样："获得一种对媒介的批判性解读能力，是个人和公民应对诱惑性环境的一种重要资源，有助于个人获得一种与占主导地位的媒体和文化打交道的力量，从而提升个人面对媒体文化的自主权和文化教养。"①

三、参与式的风险沟通

始于 20 世纪 80 年代后期的风险传播研究，大致有两个研究方向：一是个人或团体利用媒体进行自我宣传，从而说服大众、改善自身形象，达到宣传和公关的效果。二是风险传播的重点是专家通过媒体对普通公众的传播，属于科学传播的范畴。但这两种解读都过于注重权威，忽视了受众的地位和参与度。与此不同，社会发展到现今，风险传播主要是为公众提供充分的风险情境信息与背景数据，让大家有能力参与关于潜在风险的对话，甚至加入风险决策；风险传播的最终目的是创造一个参与、理性、有解决问题能力的合作群体。随着全社会风险意识的觉醒，媒体意识到风险不再是一个自上而下的传播体系，发挥受众的主观能动性参与风险沟通成为主流趋势。

---

① 转引自杨帆：《媒体暴力与媒介素养》，载《今传媒》，2009 年第 5 期。

　　在参与的过程中，公众与媒介的关系会直接影响风险沟通的效果，进而制约整个社会的风险管理和应对。风险信息的普遍性和知识依赖性对公众的媒介文化素养提出了新的要求，鼓励受众更多地参与到风险沟通中，成为风险信息的主动管理者而不是被动接受者。此外，公众还应做好风险信息的传播监督者，由于风险信息具备较高的社会关注度和时间瞬时性，因此很多媒体对于风险报道只追求短平快的及时传播效果，缺乏对于风险信息的后续追踪，对于风险隐患的原因报道更是缺乏，目前我国大众媒介的利益表达和综合功能多以自上而下或横向性的"舆论监督""批评性报道"的形式出现。因此应该鼓励受众参与到风险沟通中来，作为信息的监督者对媒体和风险管理机构提出更全面的报道要求，监督和引导媒体去做更加深度的风险报道，同时也积极发言，引发媒体行业对风险现状传播的反思，从而为后续的风险隐患提供参考案例。

　　受众参与风险沟通的另一个重要方面是利用媒介资源创建平台，积极发布风险信息。在移动互联网时代，传播技术改变了传播生态，打破了风险沟通中专家知识、日常经验和媒体讲述之间的旧有平衡，加速了新闻生产向民间形式的转变，使公众有更多的风险参与机会。公众参与风险传播是媒体开放的需求，也是建构风险的必然选择，因为风险信息难以预测，风险发生后，媒体在第一时间因不在场而陷入短暂性失语阶段，于是很多时候，先发资源往往来自处于现场的观众，媒体的第一步信息资源也来自对这些一手资料的整合。鼓励受众参与风险传播，积极发布风险信息和个人观点，可以打破风险传播中的官方与专家话语体系，用多方信息来源实现风险现场的深度还原。但是在参与风险传播的过程中，对受众的媒介文化素养提出了更全面的要求，很多时候，风险现场的受众为了追求信息的独家性会发布一些错误信息，或者因为表达语言不严谨造成后期公众的误读，例如，尼泊尔地震时期，有处于现场的亲历者在不加求证的情况下发布了"持中国护照可免费登机"[①] 的言论，一时间引起社会各界的广泛关注，多家主流媒体纷纷转载，造成了恶劣的社会影响。公众在发布风险信息的同时应具备一定的责任意识，发布不可考据或不严谨的信息只会为风险传播增加更多干扰性因素。

---

① 庄庆鸿：《中国护照关键时刻能带我们回家！》，载《中国青年报》，2015-04-28。

四、科学性的风险决策

风险传播研究致力于观察风险信息在专家、风险管理部门、利益团体和民众之间的流动，尤其强调"专家如何将真相告知民众"，其最终目的在于引导政府、企业与民众之间建立新的伙伴关系，并促成良性对话。良好的风险沟通应该建立在对风险信息的成熟反应和风险决策的公开协商之上，充分吸纳社会各群体的信息和观点，鼓励受众参与风险决策，开放专家与民众的对话系统成为发展方向。

具体来说，制定科学性的风险决策对受众提出两方面的要求：

（一）要求受众关注既有的风险方案，敢于提出质疑，挑战权威

风险是不断发展变化的，社会的公开预警机制也需要随着环境的改变做出新的调整。因此，公众应具备社会主人公意识，主动关注和了解现有决策，自下而上输入政治信息流通系统，展示和传递给政府决策者，同时形成一种强大的外部舆论压力，促使政府部门重新审视自己的决策，以回馈民意要求，从而搭建双向沟通桥梁，为决策者和公众共同设定议事日程。

（二）鼓励受众成为风险政策的政治制定者

政治参与是指公众介入政治过程，影响政府行动的意向或实际效果的行为。随着新风险的不断出现，新的风险决策也应配套产生，公众参与政治意味着希望自己的利益、意见和要求能够传递给政府，并对政策决策施加影响。[1]公众的风险话语、行动及传播是推动公共决策的强大的外部力量，也是政府决策的民意基础和正当性来源。相比于选举、参与会议等决策形式，借助媒体平台参与政治决策是一种主要的参与方式。

五、全民式的行动参与

媒介文化素养是一个针对社会范围进行研究的大概念，提升媒介文化素养仅仅强调媒介传播者和接收者的自律是远远不够的，提升风险媒介文化素养需要全社会的动员和各组织的协调参与。在提升媒介文化素养的过程中，我们始终应该如吉登

---

[1] 黄月琴：《风险传播、政治沟通与公共决策的变迁——对两个石化项目迁址案例的分析》，载《当代传播》，2011年第6期。

斯所说，"保持一种这样的心态认知：我们今天生活于其中的世界是一个可怕而危险的世界，这足以使我们去做更多的事情，而不是麻木不仁，更不是一定要去证明这样一种假设：现代性将会导向一种更幸福更安全的社会秩序"①。

（一）社会应注重科学传播的普及，做好信息的专业化监督和开放化自由

风险信息具备较强的知识依赖性和不确定性，基于对科学知识理解能力和水平的不同，人们在解读风险的过程中往往产生较大的差异，其中一个明显表现是专家学者与公众认知系统的不兼容，正因如此，专家学者在风险传播中的公信力频频遭受质疑。这就需要在全社会开展开放性的科学教育，提供更多的科学讲座、论坛与学习机会，为公众提供靠近科学、靠近真实的途径。专家学者作为科学文化知识的主要传播者，则应该顺应时代，调整自己的话语方式和传播模式，用一种更加平民化、易理解的方式参与到受众沟通中来，用更加平等的交流态度来鼓励受众对于科学知识的探讨。做好科学宣传，提升全民的科学意识，这是风险文化素养中最基本的要求，有助于打破风险信息强烈知识依赖性的传播瓶颈。

（二）政府更应做好信息的专业化监督和开放化自由

在风险信息发布过程中，要经过专业人士的鉴定发出负责任的声音。在这个大数据高速传播的时代，为了追求信息的第一时效性，很多风险信息夹杂着大量的不真实性，会直接加剧社会恐慌。政府作为风险信息的沟通管理机构，应做好社会上风险信息的监控和整合，做好信息的专业化把关，给受众传递更专业的风险预防和应对建议。

（三）媒体应注重公信力的重塑，打造兼容性更高的风险信息交流平台

我国大众传媒的风险信息传播力比较弱，还没有形成成熟的传播体系，因此容易出现很多问题，比如报道失衡、缺乏理性等，导致媒体公信力下降。提升风险信息传播能力，一方面，媒体应坚持客观公正的报道方法，做好风险信息的平衡报道。风险信息背后是一个多方利益集团博弈的过程，信息夸大或弱化的现象时有发生，做好平衡报道，不仅包括信息报道中吸纳不同意见、态度，实现观点的平衡，还包括信息获取来源、手段和途径的平衡。另一方面，媒体应追求和公众间强信任关系的建立，即通过整合不同利益群体的风险感知与知识，形成具有建设性的风险沟通

---

① ［英］安东尼·吉登斯：《现代性的后果》，田禾译，9页，南京，译林出版社，2000。

模式，在传播专业知识、保证专业权威的前提下，纳入公众意见并实现"兼容性的参与"，以加强公正性与完善决策，媒体的公开讨论给了受众一个充满活力和开放的信息环境，会促使公众不断思考各种社会问题，变得越来越理性。

综上所述，在现代风险社会中，媒介文化景观多元呈现，社交媒体在构建风险的过程中发挥越来越重要的作用，如何接触和使用媒介会直接影响大众对风险的认知与判断。风险信息的特殊属性为新时代的风险社会加入了新的传播特点，借助图像的风险表征、技术的开发利用，以及不同话语体系的冲突显现促使风险传播中出现信息失衡、夸大处理、污名化表现和利益化争夺，对受众的媒介文化素养提出了更加全面的要求。当下风险社会对受众媒介文化素养的新呼求表现为一个系统化的提升需求，包括合理的风险想象、批判性的风险解读、参与式的风险传播及科学化的风险沟通，受众应提升自我素养参与到风险建构的全过程，来促进风险传播的科学化发展。

媒介文化素养是针对全社会民众的终身教育。在风险社会，对提升媒介的文化素养提出新的要求，呈现为一个政府参与、媒介审核、全民互动的发展态势。提升公众的媒介文化素养，提升全社会的科学参与度和认知能力，有效鉴别风险谣言、积极监督风险决策，形成联合行动防止风险的发生或降低风险带来的损失，这是公民实现自我保护的必要条件，也是风险社会良性发展的重要保证。但是文化媒介素养教育涉及较大的学科跨度和实践难度，有赖于社会各界保持批判的态度和对社会政治、媒介生态的全方位了解，达成对风险的科学性解构。因此，全社会应该保持更加谨慎和严肃的态度来促成媒介文化素养教育的落实，防止次生风险的发生，不仅为风险社会建设健康的传播环境，更为民主、科学社会提供重要的导向和指标。

大学生群体是网络社会的主流群体，也是当下风险社会的主要利益关系人，提升大学生的媒介文化素养成为教育改革中的重点。当下媒介素养教育正在经历一种范式转换，从以前的"学习为主"变为"实践为主"。学校应该为学生提供更多的科学交流、科技论坛活动，引导学生主动去接触社会风险，要将媒介素养课程推广到更多专业，以及融合到更多学科来促进媒介素养教育与其他知识的相互联系和互动，使更多的学生接受媒介文化素养教育。大学生自身也应具备风险意识，注意在新媒体时代中提升自己的风险感知和批判能力，对风险信息加大甄别与探索，主动参与到风险沟通和决策之中，在更多的实践行动中提升媒介文化素养能力。